Monika von Alemann-Schwartz

Die Architekten

Pfeifer & Großmann

Bauten und Entwürfe 1905–1949

Monika von Alemann-Schwartz

Die Architekten
Pfeifer & Großmann
Bauten und Entwürfe 1905–1949

Gefördert durch
die Sparkassenstiftung Mülheim an der Ruhr
den Verkehrsverein Mülheim an der Ruhr e.V.
das Heimat-Scheck-Förderprogramm des Landes Nordrhein-Westfalen

Viele der in diesem Band verwendeten Abbildungen stammen von teilweise schlecht erhaltenen historischen Vorlagen. Verlag und Verfasserin bitten die gelegentlich unbefriedigende Wiedergabequalität zu entschuldigen.

Satz & Layout: Aschendorff Verlag

Printed in Germany

ISBN 978-3-402-24818-8

Geleitwort

Die Architekten Arthur Pfeifer und Hans Großmann haben mit ihrem gemeinsamen Architekturbüro in der ersten Hälfte des 20. Jahrhunderts in Mülheim an der Ruhr zahlreiche Gebäude wie z.B. das Rathaus, den Altenhof, das Klara-Haus, die Saarnberg-Siedlung und viele andere mehr geplant und errichtet. Mit ihren öffentlichen wie privaten Bauaufträgen haben sie über Jahrzehnte architektonische Spuren hinterlassen und so maßgeblich das Gesicht der Stadt mitgestaltet.

Die hier vorgelegte Publikation würdigt erstmals umfassend das Werk dieses seinerzeit bedeutenden Architekturbüros und richtet dabei den Blick auf das gesamte Schaffen dieser Architekten auch jenseits der Stadtgrenzen Mülheims an der Ruhr. Auf diese Weise entfaltet sich ein geografisch wie künstlerisch breit gefächertes Werk, das den turbulenten Jahrzehnten seiner Entstehung architektonischen Ausdruck gegeben und damit Lebenswelt gestaltet hat.

Der Geschichtsverein Mülheim an der Ruhr e.V. hat mit großer Freude die Herausgabe dieses für die Mülheimer Stadtgeschichte wichtigen Werkes übernommen. Monika von Alemann-Schwartz, die sich seit vielen Jahren in zahlreichen Forschungen und Publikationen insbesondere mit Institutionen und baulichen Zeugnissen der Mülheimer Geschichte beschäftigt hat, kann zu recht als ausgewiesene Expertin zu Leben und Werk der hier vorgestellten Architekten gelten. Mit seinem umfassenden Katalog aller nachgewiesen gebauten oder geplanten Gebäude schließt dieses Buch eine Forschungslücke.

Die Realisierung dieser Publikation wäre ohne Förderer nicht möglich gewesen. Mein Dank gilt daher der Sparkassenstiftung Mülheim an der Ruhr, dem Verkehrsverein Mülheim an der Ruhr e.V. und dem Land Nordrhein-Westfalen für jeweils großzügige und bereitwillige finanzielle Unterstützung und Förderung.

Allen Leserinnen und Lesern wünsche ich eine angenehme, erkenntnisreiche Lektüre.

Dr. Kai Rawe
Erster Vorsitzender Geschichtsverein Mülheim an der Ruhr e.V.

Inhalt

Vorwort

Die Architekten Arthur Pfeifer und Hans Großmann hinterließen im Badischen und in Mülheim an der Ruhr eine Vielzahl bemerkenswerter Bauwerke. Bisher fehlte eine möglichst umfassende Bestandsaufnahme der gemeisamen Projekte der Architektengemeinschaft. Intention der Arbeit ist es, aus den vielen verstreuten Quellen ein annäherndes Gesamtbild der Werke zusammenzustellen. Ihre Bauten entstanden zunächst ab 1905 im gemeinsamen Architekturbüro in Karlsruhe. Gut ein Jahrzent später teilten sie sich in zwei dezentrale Bürogemeinschaften mit gemeinsamem Firmennamen in Karlsruhe und Mülheim an der Ruhr. Arthur Pfeifer leitete das Karlsruher, Hans Großmann das Mülheimer Büro. Nach der Teilung in die zwei entfernten Niederlassungen ergibt sich in der Retrospektive die Schwierigkeit, bei identischem Firmenauftritt den jeweiligen Anteil an den Projekten beurteilen zu können. Da in Mülheim die spektakulärsten und wichtigsten ihrer Bauten entstanden, liegt hier der Schwerpunkt der Bearbeitung.

Die Arbeit besteht aus zwei Teilen. Leben, Arbeitszusammenhänge und Rahmenbedingen werden in einem ersten Teil zusammengefasst. Es folgt ein chronologisches Werkeverzeichnis.

Danksagung

Mit Veröffentlichung dieses Buches möchte ich meine langjährige Beschäftigung mit den Architekten Pfeifer und Großmann zum Abschluss bringen. Deren Bauten und Entwürfe einmal in ihrer Gesamtheit darzustellen, war mein Antrieb.

Zahlreiche Kollegen und Archivare in Karlsruhe, Mülheim und Duisburg haben bei der Recherche älterer Bauzeitschriften, Plänen und Akten wertvolle Unterstützung geleistet, sei es mit Kopien, Hinweisen, Bildmaterial oder Ratschlägen. Besonders erwähnen möchte ich die Archivare des Mülheimer Stadtarchivs, insbesondere den stellvertretenden Archivleiter, Herrn Jens Roepstorff. Nicht unerwähnt lassen möchte ich die weiteren hilfreichen Ansprechpartner und Mitarbeiter in den Archiven in Mülheim an der Ruhr und Duisburg sowie Frau Steinberger vom Ev. Kirchenkreis an der Ruhr, Frau Kock vom Hamburgischen Architekturarchiv, Herrn Dr. Kießling vom Archiv des MPI für Kohlenforschung und Herrn Dr. Luther vom Bundesarchiv in Berlin. Mein besonderer Dank geht an Herrn Architekt Matthias Pfeifer BDA, Enkel des Architekten Arthur Pfeifer BDA, der mir großzügig privates Material und Fotos zugänglich machte.

Sehr verpflichtet fühle ich mich dem Geschichtsverein Mülheim an der Ruhr und seinem Vorsitzenden, Dr. Kai Rawe, für die Möglichkeit, in der Zeitschrift des Geschichtsvereins die Ergebnisse meiner Arbeit vorlegen zu können.

Ich danke auch dem Verlag Aschendorff mit Herrn Dr. Dirk Paßmann für seine redaktionelle und hilfreiche Betreuung während der Umsetzung des Manuskripts.

Für das Verständnis und die Geduld, die ich Vielen abverlangt habe, bin ich zutiefst dankbar, ganz besonders meiner Familie und meinem Mann.

Düsseldorf, im Dezember 2021

1 Einleitung

Die beiden Architekten und Stadtplaner Arthur Pfeifer und Hans Großmann[1] zählen zur Architektengeneration der ersten Hälfte des 20. Jahrhunderts, deren Lebens- und Berufsweg von zahlreichen Umbrüchen gekennzeichnet war. In ihrer Laufbahn durchlebten sie politisch und architektonisch äußerst wechselvolle Zeiten: die intellektuelle Enge des Wilhelminismus im Kaiserreich, die Schrecken, Gräuel und den Mangel im und in der Folge des I. Weltkriegs, den in politischer und künstlerischer Hinsicht neuen Aufbruch in der Weimarer Republik 1918–1933. Einen politisch-kulturellen Niedergang stellte die unter nationalsozialistischem Diktat verordnete Unterdrückung progressiver gesellschaftlischer und künstlerischer Errungenschaften dar.

Mit den jeweiligen gesellschaftlichen Strömungen wandelten sich Architektur und Stadtplanung. Gegen die traditionellen Bautraditionen vom Ende des 19. Jahrhunderts schlossen sich um die Jahrhundertwende Architekten, Künstler und Ingenieure in verschiedenen Zentren im Sinne einer neuen Bewegung, dem Jugendstil, zusammen. Karlsruhe als bedeutendes Zentrum des Jugendstils war für die beiden Architekten eine wichtige Prägung. 1907 entstand als weitere Reformbewegung der Deutsche Werkbund, gegründet auf Anregung von Hermann Muthesius, dem Politiker Friedrich Naumann und dem Architekten Henry van de Velde. Ihnen ging es darum, Kunst, Industrie und Handwerk zu vereinen.

Der I. Weltkrieg bildete eine tiefe Zäsur. Die auf das Kriegsende folgenden 14 Jahre der Weimarer Republik waren eine turbulente Epoche, die in Kunst und Architektur eine enorme Vielfalt und Komplexität unterschiedlicher Tendenzen hervorbrachte. Es herrschte ein wahrer Stilpluralismus[2]. Mit dem Staatlichen Bauhaus, 1919 von Walter Gropius gegründet, begann nochmals wie 1907 ein bahnbrechendes Reformkapitel zur Vereinigung von Kunst und Handwerk. Das Bauhaus steht für Funktionalismus, Neue Sachlichkeit und Neues Bauen. Trotz seiner Schließung 1933 sollte ihm eine weltumspannende Bedeutung zu-

1 Hier wird durchgehend die Schreibweise Großmann statt Grossmann benutzt. Der Schweizer Hans Großmann änderte zeitweise die ursprüngliche Schreibweise seines Namens wegen der Abschaffung des Buchstabens ß in der Schweiz 1906 in Grossmann. Es finden sich verwirrenderweise aber bei ihm selbst später auch beide Schreibweisen gleichzeitig. Arthur Pfeifer entgeht auch nicht falscher Schreibweise mit Doppel-f. Alle denkbaren Namensvarianten: Pfeiffer und Grossmann, Pfeiffer und Großmann, Pfeifer und Grossmann und Pfeifer und Großmann sind im Umlauf.

2 Aus der Fülle der Literatur sei hier Arne Sildatke genannt, wie zit., im Kapitel: Zur Kulturgeschichte der Weimarer Republik S. 36f.

kommen. In den Jahren der erdrückenden Nazi-Ideologie folgte in Deutschland ein in architektonischer Hinsicht restauratives Formenrepertoire. Das in seiner funktionalen Sachlichkeit Neue Bauen erlebte eine Pervertierung in kalte Pracht. Dennoch gab es Kontinuitäten von Aufträgen, die Teilnahme ehemaliger Bauhäusler an Ausscheibungen und Wettbewerben, und die Moderne des Neuen Bauens überlebte häufig in privaten Aufträgen. Für die architektonische und gesellschaftliche Neuausrichtung nach dem Ende des II. Weltkriegs blieb vor allem Hans Großmann kaum Lebenszeit.

Im süddeutsch/badischen Raum in und um Karlsruhe und dann vor allem in Mülheim an der Ruhr hinterließen die beiden Architekten ein bemerkenswert breit gefächertes Oeuvre. Mit ihren Gebäuden repräsentieren sie dieses erste halbe Jahrhundert deutscher Architektur im 20. Jahrhundert. Das stilistische Repertoire reicht von regional geprägter badischer Bautradition vor dem I. Weltkrieg bis zu moderater Interpretation der Prinzipien der frühen Bauhausmoderne im Neuen Bauen und Aufgeschlossenheit für sachliche moderne Gestaltung technischer Bauwerke.

Für Mülheim hat das Architekturbüro Pfeifer und Großmann eine große Bedeutung. Hier besaßen das Architektenteam und besonders Hans Großmann hohes Ansehen. Die Stadt hat ihnen zahlreiche repräsentative Bauten zu verdanken, die noch heute Glanzpunkte im Stadtbild darstellen. Mit ihren Gebäuden ist ein bedeutendes Stück Stadtplanung und Baugeschichte der jungen Großstadt verbunden. Sie zeugen auch von weitsichtiger Initiative und stadtplanerischem Mut in der schwierigen Zeit in und nach dem I. Weltkrieg. Mit diesem Band soll ein Überblick über ihre bekannten und weniger bekannten Werke geliefert werden.

1.1 Quellen und Literatur

Trotz zahlreicher herausragender Bauten, Beteiligungen an Stadtplanungen und prämierter Wettbewerbsentwürfe sind Arthur Pfeifer und Hans Großmann in der einschlägigen Literatur zur Architekturgeschichte des frühen 20. Jahrhunderts wenig präsent. Dabei hätten auch sie es angesichts der Vielfalt ihres umfangreichen Lebenswerks und bedeutender Bauten verdient. Sie standen im tiefen Schatten reichsweiter Architektengrößen.

In Nachschlagewerken und Indices lässt sich ihre Architektengemeinschaft selten oder oft nur versteckt finden[3]. Kleinere, oft übersehene monographische Arbeiten und Abhandlungen würdigten vor allem jeweils die Bauten der Region in und um Karlsruhe und Süddeutschland, in der sie ihre Arbeitsgemeinschaft

3 Nachschlagewerke: Allg. Künstlerlexikon Saur-Verlag, Leipzig und Berlin, seit 2010 de Gruyter, Berlin; nicht erwähnt in: Thieme-Becker: Allgemeines Lexikon der Bildenden Künstler von der Antike bis zur Gegenwart, 37 Bände, Leipzig 1907–1950; Wasmuths Lexikon der Baukunst, 5 Bde. 1920ff; Bibliographie zur Architektur im 19. Jhd., 7 Bde, Hinweise unter Hans Großmann und Pfeifer und Großmann.

gründeten[4]. Die großen öffentlichen Bauten in Mülheim an der Ruhr und Umgebung erfuhren wegen ihrer städtebaulichen und repräsentativen Bedeutung in der zeitgenössischen Regional- und Fachliteratur allerdings schon größere Beachtung[5]. Doch die ganze Vielfalt der Arbeiten für Stadt, Industrie und Gewerbe, die gebauten und die lediglich geplanten, gilt es noch zu veranschaulichen.

Ihrer beider je ganz persönliche Lebensgeschichte, Familie, Ausbildung, Werdegang, lassen sich leider nur lückenhaft abbilden. Nachlässe in Form von Schriften, Entwürfen, Briefwechsel hat Hans Großmann nicht hinterlassen oder sind verloren. Familienumfeld und Ausbildung von Arthur Pfeifer sind ausführlicher überliefert[6]. Bei Hans Großmann bleibt somit Vieles im Vagen, präzise Daten sind spärlich. Im Stadtarchiv Mülheim an der Ruhr gibt seine Personalakte immerhin Auskunft über seine politisch-gesellschaftliche Stellung in der Stadt in den 30–40er Jahren[7].

Ihr berufliches Miteinander, die Vorstellung der praktischen Zusammenarbeit in den später weit voneinander getrennten Architekturbüros in Karlsruhe und Mülheim an der Ruhr, bleiben unscharf. Es fehlen Anhaltspunkte über die Größe der beiden Dependancen in Karlsruhe und Mülheim. Ein Urteil über eventuell unterschiedliche Arbeitsschwerpunkte zwischen Arthur Pfeifer und Hans Großmann und eine daraus resultierende Arbeitsteilung muss hypothetisch bleiben. Die gelegentlich zu findende Einschätzung, Arthur Pfeifer sei der kaufmännische und für die Bauorganisation zuständige Kopf gewesen, Hans Großmann habe dagegen die kreative Arbeit innerhalb der Ateliers geleistet, ist spekulativ. Beide engagierten sich in Karlsruhe im 1874 gegründeten „Verein Bildender Künstler Karlsruhe e.V.“, wo Austausch zwischen den verschiedenen Künsten und gegenseitige Hilfestellung gepflegt wurden. Das künstlerische und organisatorische Wirken Hans Großmanns bei der Karlsruher Majolika-Manufaktur weist dann tatsächlich auf einen ihm eigenen, kreativen Bereich, die Baukeramik, hin. Das reguläre Architekturstudium mit dem obligatorischen Curriculum aus Baukonstruktionslehre und Planzeichnen, das Arthur Pfeifer im Gegensatz zu Hans Großmann in Karlsruhe und in Berlin-Charlottenburg absolvierte, ergänzte in idealer Weise bei der gemeinsamen Arbeit den vielleicht eher kreativen Ansatz Hans Großmanns.

Hans Großmann hatte, so scheint es, ein engeres Arbeitsverhältnis zum reichsweit renommierten Architekten Hermann Billing während der gemeinsamen Praktikantenzeit in dessen Büro. Er beschäftigte ihn ab 1909/10

4 Hierzu sind vor allem die frühen Artikel von Karl Widmer, Paul Joseph Cremers, Friedrich Dietert u. a. in den Architekturzeitschriften Deutsche Bauzeitung, Deutsche Kunst und Dekoration (Widmer), Moderne Bauformen, Neue Werkkunst (Cremers), Bauwarte, Bauzeitung für Würthemberg, Baden, Hessen, Elsaß-Lothringen zu erwähnen.

5 Zum Rathaus: Monika von Alemann-Schwartz: ZGVM., H. 7 (1995), S. 9–68. Paul Josef Cremers; Brocke, Helbing: Hochbauten; siehe Literaturverzeichnis.

6 Arthur Pfeifer hinterließ persönliche Aufzeichnungen und Briefe, die mir sein Enkel, der Architekt Matthias Pfeifer, BDA RKW Düsseldorf, dankenswerterweise teilweise zur Verfügung stellte.

7 StA MH, Sign. 1211/1, Personalakte Hans Großmann.

sogar als Assistenten seiner Professur. Bei einigen Entwürfen und Projekten Hermann Billings wurde er exklusiv hinzugezogen[8], was auf ein enges persönliches Verhältnis schließen lässt.

Gewiss ist, dass etwa ab 1912 während der Bauphase des Mülheimer Rathauses ein zweites Atelier von Pfeifer und Großmann in Mülheim existiert haben dürfte, dessen Adresse nicht bekannt ist. Es bestand möglicherweise vorläufig in Räumen der städtischen Baukommission bzw. einer frühen Mülheimer Privatadresse. 1918 wurde das später offizielle zweite Büro in Mülheim vorwiegend wohl der alleinige Wirkungsmittelpunkt von Hans Großmann, besonders seit Mitte der 20er Jahre und dann bis über den II. Weltkrieg hinaus[9]. Gerade dieses Architekturbüro in der ehemaligen Hindenburgstraße 2 wurde im II. Weltkrieg bei dem verheerenden Bombenangriff auf die Stadt am 22./23. Juni 1943, durch den die Innenstadt fast völlig zerstört wurde, ausgebombt. Alle Vertrags- und Auftragsunterlagen verbrannten. So fehlen zu den meisten Werken Dokumente, Verträge, Wettbewerbs- und Projektunterlagen, Briefwechsel oder Skizzenbücher. Im Stadtarchiv lassen sich immerhin zahlreiche Pläne zu städtischen und anderen öffentlichen Bauvorhaben einsehen.[10] Auch sämtliche Unterlagen über Zahl und Namen von Mitarbeitern gingen dadurch verloren. Sie lassen sich nur indirekt erschließen.

Das Karlsruher Büro firmierte und praktizierte auch nach dem Wegzug von Hans Großmann und über seinen Tod 1949 hinaus bis zu Beginn der 60er Jahre unter dem Namen Pfeifer und Großmann am traditionellen Sitz der Architektursozietät in der Schumannstraße 9 in Karlsruhe. Ab 1951 kam der Architekt Dipl. Ing. Kuno Wilderer als Partner in das Karlsruher Büro[11], bis nach Arthur Pfeifers Tod 1962 das Kapitel Pfeifer und Großmann auch in Karlsruhe abgeschlossen war.

Glücklicherweise enthalten die jeweiligen Stadt- und Landesarchive diverse Archivalien zu Aufträgen kommunaler oder sonstiger Trägerschaften[12]. Durch die Kriegsverluste sind besonders in Mülheim unersetzliche Dokumente, wie die städtischen Hausakten, verloren. Die zeitgenössischen Architekturzeitschriften bieten immerhin eine ergiebige Quelle für Nachrichten „aus der Szene", dokumentierten sie doch zahlreiche Wettbewerbe und Ausschreibungen und machten etliche der realisierten Bauten einer breiteren Fachöffentlichkeit bekannt[13].

8 S. Gerhard Kabierske: Der Architekt Hermann Billing (1867–1946): Leben und Werk, Diss Karlsruhe 1996, S. 78, Anm. 278.

9 Seit 1927 hatte Hans Großmann keine Privatadresse mehr in Karlsruhe, s. Adressbuch Karlsruhe 1928.

10 Es exisitiert ein Foto diverser Modelle, die während der Bauzeit des Mülheimer Rathauses in dessen Kassenhalle abgelegt waren, s. StA MH, Fotosmgl.; s. StA MH Bestand Pläne 1500 und 1503.

11 Adressbuch Karlsruhe für 1952, Branchenverzeichnis: Dipl. Ing. Kuno Wilderer, Arch. BDA. Er war schon seit 1944/45 als Architekt im Branchenverzeichnis zu finden. Arbeiten von Kuno Wilderer u. a.: in Appenweier: Entwurf für Neubau d. ev. Kirche 1936; in Hausach 1950–51: Stehle Gymnasium mit Arch. Bernhard; in Offenburg 1956: St. Josef-Krankenhaus mit Kuno Stärk (Lahr) (digit. Chronik v. Martin Ruch 2006); in Karlsruhe 1966: Canisiushaus der Liebfrauenpfarrei.

12 Vor allem die Stadtarchive Mülheim an der Ruhr (StA MH), Duisburg (StA Du), Oberhausen, Gelsenkirchen; in Karlsruhe das Generallandesarchiv GLA KA und das Stadtarchiv. Genaue Angaben bei den jeweiligen Katalogeintragungen.

13 Z. B.: Wasmuths Monatshefte für Baukunst und Städtebau (Abk.: WMB), ab 1914–1942, zunächst im Berliner Verlag Ernst Wasmuth, ab 1932 im Berliner Bauwelt-Verlag; Deutsche Kunst und Dekoration. Illustr. Monatshefte für moderne Malerei, Plastik u. Architektur, Wohnungskunst und künstlerisches Frauenarbeiten (Abk.: DkDeK), 1897–1932;

2 Umfeld und Biographien

*Friedrich Pfeifer, Baugeschäft, Kaiserallee 143. 1493. Bk Mttld.Cr.

G. & A. Pfeifer, Baugeschäft, Lindenpl. 7. — A. Pfeifer u. G. Pfeifer We. 5583.

Pfeifer & Großmann

Atelier für Architektur und Kunstgewerbe, Entwurf, Planbearbeitung und Bauleitung von Bauten jeder Art, insbesondere: Siedelungen für Arbeiter und Beamte, Wohlfahrtsanstalten, Schulgebäude, Verwaltungsgebäude, Wohnhäuser, Innenausstattungen, Möbel, Gartenanlagen. Belfortstraße 14. — A. Pfeifer, H. Großmann. 532. Pk 20552.

Abb. 1: Eintragung im Adressbuch Karlsruhe 1920

Aus der Karlsruher Architektenschule am Beginn des 20. Jahrhundert kommend haben Pfeifer und Großmann bei einigen der bekanntesten Größen der dortigen Architekturszene gelernt. Hermann Billing, in dessen Architekturbüro sie sich trafen, war einer der bedeutendsten. Auf die jungen Architekten übte die „Billingschule"[14] starken Einfluss aus. Schon bald gründeten sie ihr eigenes Architekturbüro, „Atelier für Baukunst, Gartenbau und Kunstgewerbe". Im Umfeld etablierter Karlsruher Architektenkollegen – neben Hermann Billing[15] Wilhelm Vittali[16], Curjel und Moser[17] und Carl Friedrich Ostendorf[18] – fanden sie in der dortigen Architekturszene schnell zunehmende Beachtung. Frühe Aufträge für Mietshäuser, Siedlungs- und Privatbauten in Karlsruhe und Umgebung, dann auch für Schulgebäude, Verwaltungs- und Fabrikgebäude bis zu Wohlfahrtsanstalten und Krankenhäusern in der weiteren Region festigten die Existenz des jungen Architekturbüros. Zielstrebig nahmen sie auch schon früh an Wettbewerben teil oder wurden zur Teilnahme aufgefordert.

Mit dem beachtlichen Bau des neuen Rathauses der Stadt Mülheim an der Ruhr 1911–16, ihrem ersten repräsentativen Großbau, erweiterte sich ihr Wirkungskreis nach Norden, und sie errangen über Baden hinaus Aufmerksamkeit. Das Rathaus wurde der entscheidende Anstoß für ihre weitere beachtliche Architektenkarriere. In der reichsweiten Mülheimer Konkurrenzausschreibung 1910/1911 hatten sie den dritten Preis errungen und, was viel bedeutsamer war, den prestigeträchtigen Auftrag zum Bau des neuen Rathauses in der Ruhrstadt erhal-

Moderne Bauformen. Monatshefte für Architektur und Raumkunst, mtl. erschienen ab 1902 bis 1944 im Julius Hoffmann Verlag, Stuttgart (Entwicklung der Architektur und Innenarchitektur) (Abk.: MB); Zentralblatt der Bauverwaltung (ABK.: ZBV); Deutsche Konkurrenzen (Ab.: DK).

14 Karl Widmer: Pfeifer und Grossmann (sic) in Karlsruhe in: MB VI. Jg. (1907), S. 503–520, S. 503.

15 Umfangreiche Monographie über Hermann Billing von Gerhard Kabierske: Der Architekt Hermann Billing (1867–1946). Leben und Werk, Diss. Karlsruhe 1996.

16 Wilhelm Vittali (1850–1920), zwischen 1905 und 1910 gleichberechtigter Partner im Büro Hermann Billing; s. dazu Gerhard Kabierske, wie zit. S. 80–81; u. Anm. 59.

17 Robert Curjel (1859–1925) und Karl Moser (1860–1936) gründeten 1888 eine Bürogemeinschaft in Karlsruhe. Sie bauten in Karlsruhe u. a. zahlreiche Wohnhäuser, das Hotel Erbprinz in der Kaiserstraße, das Jüdische Gemeindehaus in der Herrenstraße, Lutherkirche, Bankhaus Veit in der Karlstraße, Christuskirche am Mühlburger Tor, Gebäude der AOK in der Gartenstraße, s. a. Anm. 58.

18 Carl Friedrich Emil Ostendorf (1871–1915), Architekt, Architekturtheoretiker und Hochschullehrer an der Technischen Hochschule in Karlsruhe von 1907–1915. Er baute in Karlsruhe u. a. das Ostendorfhaus, die Staatsschuldenverwaltung und die Landeshauptkasse am Schlossplatz (DBZ. Jg. 1914, S. 173).

Zwei Schlüsselbauten: Abb. 2a: 1916 das neue Rathaus – Stolz der jungen Großstadt; 2b: 1926 die Stadthalle

ten, eine einzigartige Chance für das junge Architektenteam. Bedeutende Aufträge in Mülheim und Umgebung sollten sich bald anschließen.

Rathaus, Stadthalle und RWW-Verwaltung prägten und prägen, wie schon erwähnt, noch heute in einzigartiger Weise an entscheidenden Stellen das öffentliche Bild der Stadt: Außer Rathaus und Stadthalle zählen weiter dazu Gartenstadt-Siedlungen und große Wohnkomplexe, kirchliche und gemeinnützige Bauaufgaben sowie technische Anlagen, z. B. Schleusen, Wasserkraftwerke und Brücken. Neben und in Konkurrenz zu den alteingesessenen Mülheimer Architekten Franz Hagen[19], Karl Helbing[20] und Theodor Suhnel[21] schufen sie die zentralen Großbauten, die „das offizielle Architekturgesicht“ [22] der Stadt noch heute mit ihrem charakteristischen Panorama bestimmen. Die Großaufgabe Rathausbau erforderte eine ständige räumliche Präsenz vor Ort, die nur mit

19 Franz Hagen BDA (04.11.1871 Affeln-1953 Bad Godesberg): Werke in Mülheim an der Ruhr: zahlreiche Villen: Villa Hanau 1902, Villa Coupienne 1910, Villa Bagel 1912; Haus Urge, Bismarckstraße 1913; Siedlung Mülheim-Papenbusch 1921–25 (mit Otto Schwer); Wohnbauten Mülheim, Bahnstraße, 2. H. d. 19. Jhd.; Dichterviertel, Bürgerstraße (kurz nach 1900).

20 Karl (Carl) Helbing BDA (13.03.1877 Magdeburg-22.02.1964 München), Regierungsbaumeister, Stadtbaurat, Beig.; Büro Helbing und Voigt tätig in München, Braunschweig, Rom, Stettin und Mülheim an der Ruhr: dort u. a. Stadtbad 1910–12, Kaiser-Wilhelm-Institut für Kohlenforschung, heute Max-Planck-Institut für Kohlenforschung 1913/14, Solbad Raffelberg 1908/09.

21 Theodor Suhnel DWB (16.01.1886 Hannover-30.05.1965 Essen-Rüttenscheid); Werke u. a. in Göttingen, Gelsenkirchen, Dresden und Mülheim an der Ruhr: Siedlung Heimaterde 1918/20er und 30er Jahre; Siedlung Paul-Esser-Str./Kämpgenstraße 20er Jahre; Eingangshalle Hauptfriedhof 1928; zeitweise war Theodor Suhnel Mitarbeiter von Karl Helbing, z. B. beim Kais.-Wilh.-Institut für Kohlenforschung in Mülheim.

22 P. J. Cremers: Einleitung, in: Neue Werkkunst I: Pfeifer und Grossmann, Berlin 1928, S. 7.

einem funktionierenden Büro gewährleistet werden konnte. So war es nur folgerichtig, die offizielle zweite Dependance in Mülheim einzurichten. Sie entwickelte sich zum Arbeitsschwerpunkt Hans Großmanns.

Doch die alten beruflichen Verbindungen in Karlsruhe und zur Künstlerschaft in Karlsruhe blieben immer aktiv. Hans Großmann pflegte diesen Kontakt trotz des Standortwechsels weiter. Besonders mit den Künstlerkollegen der dortigen Großherzoglichen Majolika-Manufaktur verband ihn kreative Zusammenarbeit. Später leitete er verantwortlich die Organisation einer der wichtigsten Arbeitsbereiche der Manufaktur, deren baukeramische Abteilung. Er entwarf für die Manufaktur Gebrauchskeramik und Möbel. In Zusammenarbeit mit Bildhauern und Künstlern wie Hans Thoma und Max Laeuger, Paul Speck und Richard Süß aus der badischen Heimat sowie Joseph Wackerle (München) entstanden für gemeinsame Großbauten zahlreiche Innendekors sowie charakteristische Fassadendekorationen, z. B. bei Rathaus und Stadthalle in Mülheim und außerhalb beim Bau des ehemaligen Hotels „Duisburger Hof" in Duisburg (heute „Wyndham Duisburger Hof")[23].

Abb. 3: Beispiel einer großbürgerlichen Diele im Landgut Rosenstihl in Littenweiler/Freiburg (s. a. Kat. Nr. 1)

Abb. 4: Lüster im Kaufhaus A. Wertheim, Berlin, zusammen mit Josef Wackerle 1912

2.1 Getrennte Aufbrüche

2.1.1 Arthur Pfeifer

Arthur Pfeifer, der fast ein Jahr ältere der beiden, wurde am 30.1.1879 in Mühlburg geboren, damals noch eine selbstständige Gemeinde am nordwestlichen Rand von Karlsruhe. Mühlburg wird als „mulenberc" 1248 erstmals erwähnt und erst 1886 nach Karlsruhe eingemeindet.

Wohl schon seit dem 18. Jahrhundert betätigten sich Mitglieder der Familien Pfeifer als Maurer im Baugewerbe. Arthur Pfeifer setzte beruflich im weitesten Sinne die Tradition seines Vaters Berthold Alexander (1844–1908) fort, der Maurermeister in Mühlburg war, später Baumeister, Projektentwickler

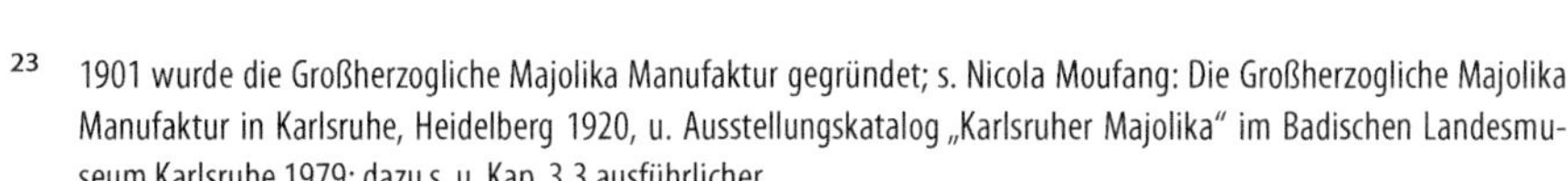

23 1901 wurde die Großherzogliche Majolika Manufaktur gegründet; s. Nicola Moufang: Die Großherzogliche Majolika Manufaktur in Karlsruhe, Heidelberg 1920, u. Ausstellungskatalog „Karlsruher Majolika" im Badischen Landesmuseum Karlsruhe 1979; dazu s. u. Kap. 3.3 ausführlicher.

Abb. 5: Bahnhof der Maxaubahn, Karlsruhe-Mühlburg, 1862, v. Berthold Pfeifer

Abb. 6: Arthur Pfeifer als Student

und Architekt in Karlsruhe[24]. Der kleine Mühlburger Bahnhof der Aubergbahn, 1862 in Betrieb genommen, wurde vom Vater Berthold Pfeifer in einem leicht italianisierenden Stil erbaut[25], genauso wie einige weitere ländliche Bahnhöfe im Badischen. In Karlsruhe entstanden von ihm zudem eine Reihe Villen und Wohnbauten. Aus der Ehe mit Luise Katharina, geborene Zimmermann (1852–1931), einer in Mühlburg ansässigen Schlossermeisterfamilie, stammte Arthur Pfeifer als Jüngster von insgesamt zwei Söhnen und drei Töchtern der Familie[26]. Er heiratete 1909 Maria Elise Helene Leonie Schünemann, genannt Maja, geboren am 4.11.1884. Aus der Ehe gingen drei Söhne hervor[27].

Nach der Schulzeit absolvierte Arthur Pfeifer ab 1897 mit kurzen Unterbrechungen bis 1901 ein Studium der Architektur an der Großherzoglichen Badischen Technischen Hochschule in Karlsruhe (ab 1902 Friedericiana) und an der Königlich Technischen Hochschule in Berlin-Charlottenburg. An der Hochschule in Karlsruhe belegte er von 1897 bis 1901 insgesamt sechs Semester, bevor er im Wintersemester 1901/02 an die Königlich Technische Hochschule in Berlin wechselte (Abb. 6). Die Entwurfzeichnung eines romanischen Kapitells als Studienarbeit von 1902[28] bezeugt eine offenbar nur kurze Studienzeit in Ber-

24 Eintragungen in Adressbücher Karlsruhe mit Gewerbeangaben.

25 Fliederstraße 1. 1862 als Bahnhof der „Maxaubahn" in Betrieb genommen, bis 1913 in Betrieb. Seit 2005 ist der Mühlberger Bahnhof eine Jugendeinrichtung, s. Datenbank der Kulturdenkmale Karlsruhe.

26 Der älteste Sohn Berthold (1871–1942) wurde Mediziner, Professor für Neurologie und Leiter der Nervenheilanstalt in Halle von 1912–1935. Keiner der drei Söhne wurde Architekt. Erst einer der Enkel, Matthias Pfeifer, trat als Architekt beruflich in die Fußstapfen des Großvaters.

27 Alle familiären Angaben stammen aus persönlichen Unterlagen des Architekten Matthias Pfeifer RKW, Düsseldorf, Enkel von Arthur Pfeifer: Familiengrabstätte der Familie Pfeifer auf dem Friedhof in Mühlburg. Begraben sind dort der Vater Berthold (gest. 1908), die Mutter Luise (gest. 1931), eine Tochter Emilie, (gest. 1957) sowie der Architekt Arthur Pfeifer (gest. 1962), seine Frau Maja (gest. 1964) und ein früh gestorbener Sohn Max–Berthold Pfeifer (gest. 1950).

28 Arthur Pfeifer: Stegreifentwurf zu einem romanischen Kapitell, aus: Drucke von Seminararbeiten der Kgl. Techn. Hochschule Berlin, B. II (22.2.1902) 33,5 x 24,5 im Architekturmuseum der TU Berlin in der Universitätsbibliothek Berlin; Zeugnisse aus pers. Besitz von Mathias Pfeifer.

lin. Denn schon 1903 absolvierte er, zurückgekehrt nach Karlsruhe, dort seine akademische Abschlussprüfung (Abb. 7).

Seine Professoren an der Großherzoglichen Badischen Technischen Hochschule in Karlsruhe waren lt. Abschlusszeugnis u. a. der besonders in Karlsruhe angesehene Architekt Geh. Oberbaurat Adolf Weinbrenner (1836–1921), ein Großneffe des berühmten Friedrich Weinbrenner (1766–1826)[29], des Planers der klassizistischen Residenzstadt Karlsruhe. Zu seinen Lehrern zählten außerdem Josef Durm (1837–1919), seit 1894 Oberbaudirektor und bis 1902 oberster Baubeamter des Großherzogtums Baden[30], sowie der reichsweit tätige Künstler und Hochschullehrer am Staatstechnikum Karlsruhe, Max Laeuger (1864–1952), Architekt, Keramiker und Bildhauer[31]. Bei ihnen belegte der junge Arthur Pfeifer Kurse für Stilübungen, Aquarellieren und kunst- und architekturhistorische Baustile vom Mittelalter bis zu Renaissance und klassischem Altertum (Laeuger und Durm), bei Weinbrenner die Praxis in Baukonstruktionslehre sowie das Zeichnen von Plänen und Baukonstruktionen kleiner Wohngebäude, technischer Architektur und Monumentalbauten. Nicht zuletzt gehörten zum Ausbildungskanon Anatomie und Proportionslehre des menschlichen Körpers sowie Dekorierkurse[32].

Nach dem Studienabschluss folgte 1903–05 das schon erwähnte Praktikum im Büro des Architekten Hermann Billing, eine wichtige Weichenstellung. Billing selbst hatte ab 1888–92 zeitweilig ebenso an der Großherzoglichen Badischen Technischen Hochschule bei den Professoren Josef Durm und Adolf Weinbrenner sowie dem Großherzoglichen Oberbaurat und Professor Otto Warth (1845–1918) studiert. Er wurde 1901 trotz abgebrochenen Studiums zunächst dort Lehrbeauftragter und dann 1906 Professor.

Im I. Weltkrieg erlitt Arthur Pfeifer in der Champagne eine schwere Verwundung und war nicht mehr „kriegsverwendungsfähig". Spätestens seit 1916 ist seine Mitgliedschaft im Bund Deutscher Architekten (BDA), Ortsgruppe Karlsruhe[33] sowie im Architekten- und Ingenieurverein Karlsruhe dokumentiert, ebenso diejenige von Hans Großmann. Nach der faktischen Auflösung des BDA 1934 durch die Einbindung als Fachgruppe der Architekten innerhalb

Abb. 7: Studienarbeit von Arthur Pfeifer in der Kgl. Tech. Universität Berlin 1902

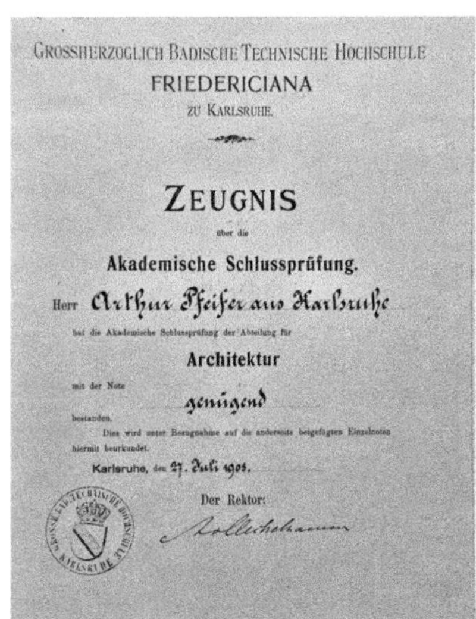

GROSSHERZOGLICH BADISCHE TECHNISCHE HOCHSCHULE
FRIEDERICIANA
ZU KARLSRUHE.

ZEUGNIS
über die
Akademische Schlussprüfung.

Herr Arthur Pfeifer aus Karlsruhe
hat die Akademische Schlussprüfung der Abteilung für
Architektur
mit der Note
genügend
bestanden.
Dies wird unter Bezugnahme auf die anderseits beigefügten Einzelnoten hiermit beurkundet.
Karlsruhe, den 27. Juli 1903.
Der Rektor:

Abb. 8: Zeugnis der Akad. Schlussprüfung d. Großherzogl. Bad. Tech. Hochschule Friedericiana Karlsruhe 1903

[29] Adolf Weinbrenner: von 1872–80 in fürstl. Fürstenberg. Diensten, danach bis 1911 Prof. am Polytechnikum, heute TH in Karlsruhe. Zu seinen Schülern gehörten auch Hermann Billing und Friedrich Ratzel.

[30] Erbauer u. a. der Synagoge, des Hauptfriedhofs, des Erzherzogl. Palais und der Kunstgewerbeschule in Karlsruhe.

[31] Aus der Großherzogl. Badischen Baugewerkeschule wurde ab 1920 das Staatstechnikum - Badische Höhere Technische Lehranstalt, ab 1963 Staatliche Ingenieurschule Karlsruhe.

[32] Ausweislich der Belegzeugnisse Arthur Pfeifers.

[33] Historisches Mitgliederverzeichnis des BDA 1916, S. 44, Nr. 606.

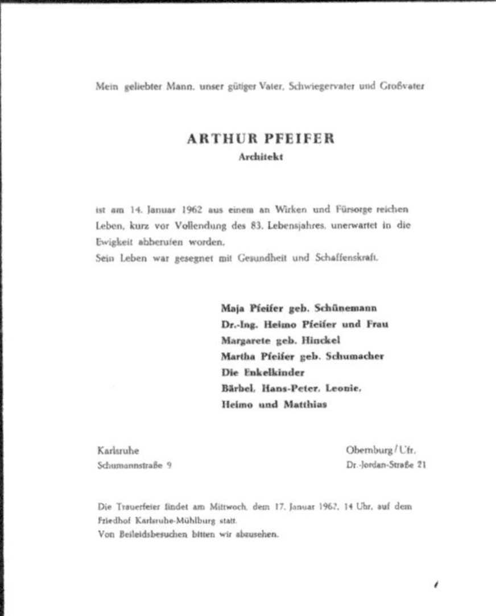

Mein geliebter Mann, unser gütiger Vater, Schwiegervater und Großvater

ARTHUR PFEIFER
Architekt

ist am 14. Januar 1962 aus einem an Wirken und Fürsorge reichen Leben, kurz vor Vollendung des 83. Lebensjahres, unerwartet in die Ewigkeit abberufen worden.
Sein Leben war gesegnet mit Gesundheit und Schaffenskraft.

Maja Pfeifer geb. Schünemann
Dr.-Ing. Heimo Pfeifer und Frau
Margarete geb. Hinckel
Martha Pfeifer geb. Schumacher
Die Enkelkinder
Bärbel, Hans-Peter, Leonie,
Heimo und Matthias

Karlsruhe
Schumannstraße 9

Obernburg/Ufr.
Dr.-Jordan-Straße 21

Die Trauerfeier findet am Mittwoch, dem 17. Januar 1962, 14 Uhr, auf dem Friedhof Karlsruhe-Mühlburg statt.
Von Beileidsbesuchen bitten wir abzusehen.

Abb. 9: Todesanzeige für Arthur Pfeifer 1962

der Reichskammer der Bildenden Künste findet sich darin sein Name ebenso wie der Hermann Billings und Max Laeugers. 1933 war er Mitglied der NSDAP geworden. Seine positive Haltung zum Nationalsozialismus soll sich laut Familienchronik der Familie Pfeifer seit Kriegsbeginn 1939 stark gewandelt haben[34]. Arthur Pfeifer lebte und arbeitete nach dem Krieg zeit seines Lebens weiter in Karlsruhe, wo er sein Büro ab 1932 in das eigene Wohnhaus in die Schumannstraße 9 verlegte[35]. 1950 verstärkte sich die Karlsruher Dependance Pfeifer und Großmann durch Dip. Ing. Kuno Wilderer als Kompagnon. 1962 starb Arthur Pfeifer. Sein Grab befindet sich auf dem Friedhof in Mühlberg.

2.1.2 Hans Großmann

Hans-Heinrich Großmann stammt aus dem bäuerlichen Umland von Zürich, aus Höngg, einem seit dem 9. Jahrhundert erwähnten Weiler mit Kirche und Hof. 1934 erfolgte die Eingemeindung des Orts nach Zürich. Wie Arthur Pfeifer wurde Hans Großmann 1879 geboren, am 20.12. Es gibt gewisse Parallelen der Berufswelt beider Familien. Großmanns Vater und Großvater mütterlicherseits führten Handwerksbetriebe, als Maurermeister der eine, als Stuckateur der andere. Sie waren somit wie die Familie Arthur Pfeifers im Baugewerbe tätig. Hans Großmann hatte noch zwei jüngere Brüder, Heinrich, geb. 18.7.1881 und Rudolf, geb. 1887, schon 1909 verstorben[36]. Die Erwähnung eines Heinrich Großmann, der im Architekturbüro von Pfeifer und Großmann in Karlsruhe beschäftigt war, verleitet dazu, ihn als den erwähnten leiblichen Bruder zu identifizieren. Es bleibt der einzige Hinweis auf Arbeiten von Heinrich Großmann[37] (Abb. 10).

Nach dem Gymnasium besuchte Hans Großmann in Zürich die dortige Kunstgewerbeschule. Im Anschluss daran soll er an der Eidgenössischen Tech-

34 Familienchronik, in Auszügen von Architekt Mathias Pfeifer, Enkel Arthur Pfeifers, zur Verfügung gestellt, S. 12; 1948 stufte ihn die Spruchkammer Karlsruhe als Mitläufer ein.

35 Adressenverzeichnis im Anhang.

36 Zu ihnen fehlen sämtliche Angaben; die Daten stammen aus StA MH 1211/1, 6–7, Auszug aus d. Familienregister d. Gem. Zürich, Bd. G. Bl. 7, Kanton Zürich. Welche berufliche Richtung sie ergriffen, ist unbekannt.

37 Abbildung des Entwurfs eines viergeschossen Geschäftshauses in vollkeramischer Außenverkleidung für den Standort Essen von Architekt Heinrich Großmann, Mitarbeiter im Büro Pfeifer und Großmann, s. Abb. in: Kat. Karlsruher Majolika 1979, Nr. 572, S. 333; Wilhelm Volz hielt den Entwurf in einem großformatigen Aquarell von 1913 fest, s. Generallandesarchiv in Karlsruhe, Findbuch Abt. 69/Z)

Abb. 10: Entwurf von Heinrich Großmann eines vollkeramisch verkleideten Geschäftshauses für Essen 1913

nischen Hochschule Zürich ein Studium im Fach Architektur absolviert haben[38]. Laut historischer Matrikellisten im Archiv der ETH Zürich gibt es keinen Nachweis für ein Studium von Hans Großmann an der ETH Zürich. Ein Hans Großmann war stattdessen als Hörer ohne Matrikel im Wintersemester 1897/98 am Polytechnikum in Zürich eingeschrieben[39]. Für Privatarchitekten war zu der Zeit ein Studium allerdings auch nicht zwingend erforderlich[40]. Nach seinen eigenen Angaben soll er nach seiner Ausbildung zunächst in Augsburg tätig gewesen sein, einer Stadt mit zahlreichen Renaissancebauten, etwa dem im Stil der italienischen Frührenaissance erbauten Fugger'schen Stadtpalast (1512–1515) oder dem Spätrenaissance-Rathaus von Elias Holl (1615–1624), Bauten, die für seine berufliche Entwicklung, wie man sehen kann, anregend wirkten. Später habe er zahlreiche Studienfahrten durch ganz Bayern und Schwaben unternommen, auch von einem Besuch der Turiner Weltausstellung 1902 wird berichtet[41]. Diese Angaben in der Literatur lassen sich nicht präzise überprüfen.

Gesichert ist, dass Hans Großmann 1903 zum ersten Mal als Architekt in Deutschland in Erscheinung trat. Der Essener Zeitungsverleger Wilhelm Girardet schrieb damals einen internationalen Wettbewerb für eine Villa in Honnef am Rhein aus. Der junge Schweizer Hans Großmann nahm daran teil und behauptete sich mit einem dritten Preis zum ersten Mal in einer internationalen Konkurrenz[42]. Dieser Preis brachte ihm ein Reisestipendium für einen halbjährigen Studienaufenthalt in Italien ein. Sechs weitere Reisen nach Italien sollten folgen, über die in zeitgenössischen Veröffentlichungen berichtet wurde, etwa eine viermonatige Studienreise 1905 nach Rom, Neapel und Umgebung. Dazu fehlen genaue Daten[43]. Im demselben Jahr soll er dann als Praktikant in das Baubüro des Architekten Hermann Billing berufen worden sein, in dem schon ab 1903 Arthur Pfeifer Praktikant war. Weitere Studienreisen nach Frankreich,

38 Mündl. Angaben seines Stiefsohns, des Architekten Gert Großmann-Hensel(+), Mülheim an der Ruhr, dies lässt sich nicht verifizieren.

39 Schriftliche Auskunft der ETH Zürich vom 5. Mai 2013.

40 S. Kabierske, Gerhard: Der Architekt Hermann Billing (1867–1946) (=Materialien zu Bauforschung und Baugeschichte 7, 1996), S. 29 und Anm. 127, mit Verweis auf Konter, Erich: Architekten-Ausbildung im Deutschen Reich, in: Kunstpolitik und Kunstförderung im Kaiserreich: Kunst im Wandel der Sozial- und Wirtschaftsgeschichte, hsg. v. Ekkehard Mai, Hans Pohl und Stephan Waetzold, Berlin 1982, S. 285–308.

41 So zu lesen in einem Artikel in der Mülheimer Zeitung vom 15.1.1933 im Zusammenhang mit der Verleihung der Ehrendoktorwürde durch die TH in Karlsruhe am 12.2.1926: s. StA MH Personalakte 1211/3 u. ZBV 46. Jg., Nr. 8 vom 24.2.1926, S. 94.

42 Der Regierungsbaumeister Wilhelm Freiherr von Tettau erhielt den Bauauftrag für das sog. Feuerschlösschen in Honnef, das Girardet zu seinem Ruhestand erbauen ließ; die öffentliche Aufmerksamkeit am Architektenwettbewerb für ein privates Wohnhaus war sehr hoch, im Preisgericht saß u. a. Hermann Muthesius.

43 Paul Joseph Cremers: Pfeifer und Großmann (= Neue Werkkunst, Bd. I, 1928) Einleitung, S. IX.

Abb. 11: Der junge Hans Großmann, fotografiert o. D. in Mülheim an der Ruhr

Abb. 12: Werbeeintrag des Mülheimer Büros im Adressbuch ab 1920

Italien, Belgien und Holland hat er nach eigener Aussage in den Jahren 1911–1915 unternommen[44]. Belege sind nicht vorhanden, aber die Einflüsse auf seine Werke lassen die Reisen nachvollziehbar erscheinen. Ab 1905 wurde Karlsruhe dann Wohnsitz und Arbeitsmittelpunkt.

Dies änderte sich spätestens 1918 nach dem Bau des Rathauses in Mülheim an der Ruhr, wo er nun einen steuerpflichtigen Wohnsitz nahm[45]. Während der Bauzeit des Rathauses logierte der noch unverheiratete Großmann vorläufig in einem Hotel, dem Hotel Retze[46](Abb. 11). Da es in der unmittelbaren Nachkriegszeit extrem schwierig war, eine Wohnung oder Büroräume zu finden, lebte er anschließend vorübergehend mit Einverständnis des Wohnungsamtes in der Friedrichstraße 54. Ab 1920 findet man ihn im Adressbuch in der Schloßstraße 25, wo sich offiziell von 1920 bis 1923 auch sein Büro befand[47] (Abb. 12). Ab 1924 war er privat in der Kaiserstraße 90 gemeldet, das Büro in der Schulstraße 21. Zwei Jahre später bezog er mit seiner Familie das eigene Wohnhaus in der Leonhard-Stinnes-Straße 63. Dort befand sich spätestens ab 1926 der Familienwohnsitz[48] (Abb. 13).

Hans Großmann war zweimal verheiratet, in erster Ehe mit Marga (Mina Margarete), geb. Kalbe, geboren am 2.12.1888 in Karlsruhe. Nach dem frühen Tod seiner Frau am 26.10.1928 heiratete er am 23.3.1932 Paula, geborene Peil, verwitwete Hensel, geboren am 27.10.1887 in Rieschweiler/Pfalz. Er hatte laut Personalakte zwei Kinder. Der später in Mülheim tätige Architekt Gerd Großmann-Hensel, Sohn seiner zweiten Frau, wurde von ihm adoptiert und trat nach dessen Tod die Nachfolge im Mülheimer Architekturbüro an. Zu dem genannten weiteren Kind gibt es keine Informationen[49].

„In Anerkennung seiner hervorragenden Verdienste als schaffender Baukünstler und seiner baukünstlerischen Leistungen bei der Erstellung zweier großer Monumentalbauten in Mülheim an der Ruhr" erhielt Hans Großmann auf einstimmigen Antrag der Abteilung für Architektur und Betreiben Hermann Billings am 26.1.1926 von Rektor und Senat der Hochschule Karlsruhe die Würde eines Dr. Ing. ehrenhalber[50].

44 Ebd.

45 Mülheims OB Paul Lembke bestätigte in einem Schreiben an die Duisburger Hotel- und Bürohaus AG vom 25.4.1922, dass H. Großmann seit 1918 in Mülheim steuerpflichtig sei: StA Du, Akten 951/7; s. a. Mülheimer Adressbücher 1920–22.

46 Ebd.; das Hotel Retze, „Erstes Haus am Platze", stand in der Delle 21/23.

47 Das Gebäude in der Friedrichstraöe 54 war die von Franz Hagen 1902 errichtete großbürgerliche Villa Heinrich Hanau, s. Architekturführer Mülheim an der Ruhr, Nr. 16; ab 1924 war Kaiserstraße 90 die Privatadresse, bis er am 8.4.1926 in die Leonhard-Stinnes-Straße 63 zog; alle Angaben s. StA MH, Personalakte 1211/2, s. Adressbücher Mülheim.

48 Im Adressbuch Karlsruhe gab es seit 1929 keine Privatadresse von Hans Großmann mehr; die Liste der verschiedenen Adressen siehe Anhang.

49 Weitere persönliche Angaben zu Hans Großmann s. StA MH 1211/1 Personalakte.

50 ZBV 46. Jg. Nr. 8 (1926), S. 94; s. a. StA MH 1211/3 Auszug aus Mülheimer Zeitung v. 12.12.1926: Ein neuer Ehrendoktor in Mülheim, unklare und zum Teil spekulative Daten enthaltend; s. a. Gerhard Kabierske, wie zit., S. 79.

Als Mülheimer Bürger und Ratsherr war er auch schon früh im lokalen Vereinsleben aktiv und Mitglied der Mülheimer Bürgergesellschaft „Mausefalle". „(...) aus Anlaß seiner g r o ß e n V e r d i e n s t e um die Stadt Mülheim a. d. Ruhr und seyner Ernennung zum Dr. h. c. der Hochschule in Karlsruhe" ehrte die Mausefalle den „Meister der deutschen Baukunst" mit einem „illustren Abend" am 10. März 1926 in den Räumen der Bürgergesellschaft Mausefalle. Dem Schöpfer der Stadthalle wurde folgendes schwärmerische Gedicht zuteil, es sei im Auszug zitiert:

Abb. 13: Wohnhaus der Familie Großmann in Mülheim ab 1926, Leonhard-Stinnes-Straße 63

„...Wer so wie Bruder Großmann schafft,
Dem Schönen dienstbar und dem Hehren,
Mit deutschem Mute, unerschlafft,
Dem eignen alle, alle Ehren.

Drum drängen wir uns in den Chor,
Der Beifall rauscht wie hohe See,
Und machen Dich, tu auf Dein Ohr,
Zum Mausefallen-Doktor, – auch h.c.!"[51] (Abb. 14)

Die geschäftlich-organisatorische Teilung des gemeinsamen Architekturbüros mit Arthur Pfeifer war spätestens ab dem Bau der Stadthalle 1924 vollzogen. 1930 findet sich weder im historischen BDA-Verzeichnis noch im Adressbuch Karlsruhe der Name Dr. Hans Großmann.

Mittlerweile hatte der Schweizer Großmann am 4.6.1925 die deutsche Staatsangehörigkeit in Baden erworben[52]. Wie sehr er dann in Mülheim integriert und etabliert war, zeigt die Tatsache, dass ihm im August 1941 aus dem Stadtrat in Mülheim die Ratsherrenschaft angetragen wurde. Er war wie Arthur Pfeifer am 1.5.1933 der NSDAP beigetreten. Nach dem üblichen Procedere des Ariernachweises berief ihn der Beauftragte der NSDAP dann am 1.12.1941 offiziell zum Ratsherrn[53].

Nach dem II. Weltkrieg lebte Hans Großmann nach verschiedenen Wohnungswechseln in der Kluse 48 zur Miete[54], sein Büro

Bürgergesellschaft „Mausefalle"
Mülheim a. d. Ruhr.

Motto:
Wat dem Stadtrot gruate Las,
Der Musfall en Tas.

Zu Ehren und in Anwesenheit des Meisters der deutschen Baukunst, des Ehrendokters der Hochschule Karlsruhe, des

Architekten Hans Großmann,

des Erbauers der Stadthalle in Mülheim an der Ruhr, insonderheyt auch des Rathauses in Mülheim a. d. Ruhr, findet aus Anlaß seiner großen Verdienste um die Stadt Mülheim a. d. Ruhr und seyner Ernennung

zum Dr. h. c. der Hochschule in Karlsruhe

am Mittwoch den 10. März 1926, abends 8 Uhr in den Räumen der alten Bürgergesellschaft Mausefalle ein

= illustrer Abend =

statt, wozu Sie hiermit ergebenst eingeladen werden.

Abb. 14: Einladung zum illustren Abend der Bürgergesellschaft Mausefalle anlässlich der Verleihung der Ehrendoktorwürde 1926

51 Einladungskarte der Bürgergesellschaft Mausefalle, im Besitz d. verstorbenen Stiefsohns Dipl. Ing. Gert Großmann-Hensel, s. a. StA MH 1550/151a.

52 StA MH 1211/8: Personalakte mit Abschrift der Einbürgerungsurkunde des Badischen Bezirksamtes in Karlsruhe v. 4.6.1925; als seinen Status gab Großmann zu dieser Zeit Beamter auf Zeit an.

53 Bundesarchiv Berlin BArch R9361-IX Kartei/12151448 (NSDAP-Gaukarte); StA MH 1211/1 u. 6–7.

54 Es ist nicht bekannt, warum er das Wohnhaus in der Leonhard-Stinnes-Straße, das dort noch vorhanden ist, aufgegeben hat.

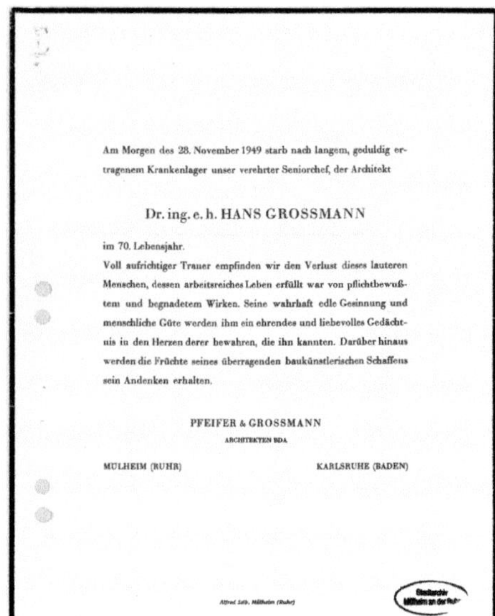

Am Morgen des 28. November 1949 starb nach langem, geduldig ertragenem Krankenlager unser verehrter Seniorchef, der Architekt

Dr. ing. e. h. HANS GROSSMANN

im 70. Lebensjahr.

Voll aufrichtiger Trauer empfinden wir den Verlust dieses lauteren Menschen, dessen arbeitsreiches Leben erfüllt war von pflichtbewußtem und begnadetem Wirken. Seine wahrhaft edle Gesinnung und menschliche Güte werden ihm ein ehrendes und liebevolles Gedächtnis in den Herzen derer bewahren, die ihn kannten. Darüber hinaus werden die Früchte seines überragenden baukünstlerischen Schaffens sein Andenken erhalten.

PFEIFER & GROSSMANN
ARCHITEKTEN BDA

MÜLHEIM (RUHR) KARLSRUHE (BADEN)

Abb. 15: Todesanzeige für Hans Großmann (sic)

blieb an der alten Stelle, nun mit der Nachkriegsadresse Friedrich-Ebert-Straße 2.

Hans Großmann starb im November 1949. Auf dem Hauptfriedhof in Mülheim befindet sich sein Grab. Eine Mülheimer Zeitung widmete dem „Seniorchef von Pfeifer und Großmann", Architekten BDA Mülheim (Ruhr) und Karlsruhe (Baden), am 30.11.1949 eine Todesanzeige, nach der sein Tod „nach langem, geduldig ertragenem Krankenlager" eingetroffen sei[55]. Hans Großmann hatte schon 1934 einen Schlaganfall erlitten und war halbseitig gelähmt. Seine Bautätigkeit setzte er eingeschränkt fort. Nach Kriegsende beteiligte er sich bis zu seinem Tod am Wiederaufbau der zerstörten Stadt Mülheim.

55 Todesanzeige WAZ v. 30.11.1949. Aus: StA MH, Zeitungssausschnittsmgl. u. Adressbuch Mülheim an der Ruhr 1950; lt. Sterbeurkunde des St. Marien-Krankenhauses in Mülheim vom 29.11 1949: Zustand nach Hirnblutung.

3 Anfänge in Karlsruhe

Arthur Pfeifer und Hans Großman waren bestens in der Karlsruher Architektenszene verankert. Vielfältige Kontakte zu den Architekturprofessoren an der Technischen Hochschule, Hermann Billing und den dort lehrenden Friedrich Ostendorf[56] und Josef Durm[57], ergaben sich durch Ausbildung und Praktika. Im relativ überschaubaren Karlsruhe trafen sie bei lokalen Architekturkonkurrenzen arrivierte Kollegen wie Curjel & Moser[58] und Wilhelm Vittali, den sie in nächster Nähe ab 1905–1910 auch als Partner im Büro Hermann Billings erlebten[59].

Im Umfeld von Hermann Billing engagierte sich Hans Großmann in Karlsruhe auch schon früh in berufsständischen Organisationen. 1910 war er Mitglied in der zur Jahresfrist neu gegründeten „Vereinigung Karlsruher Architekten", deren Vorsitzender Hermann Billing war. Er selbst wurde Schriftführer[60]. Im gleichen Jahr plante Hermann Billing eine Ausstellung der neuen Vereinigung in der Orangerie am Botanischen Garten, an der die Karlsruher Architektenschaft mit Exponaten eigener Werke in Form von Skizzen, Studien, Modellen und Aquarellen zahlreich vertreten war. Um nur die bekanntesten zu nennen: Emil Deines, Max Laeuger, Friedrich Ostendorf, Hans Zippelius, Pfeifer und Großmann und mit dem größten Umfang an Werkbeispielen Hermann Billing mit Wilhelm Vittali[61].

56 Carl Friedrich Ostendorf, wie Anm. 18, publizierte „Sechs Bücher vom Bauen", Berlin 1913–1920 (unvollendet); ein Ostendorf-Prinzip lautete „Entwerfen heißt, die einfachste Erscheinungsform finden" s. DBZ 49. Jg., 1915, H. 26, Nachwort von Albert Hofmann, S. 166–171.

57 Josef Durm (1837–1919); lehrte 1868–1918 als Professor an der Technischen Hochschule in Karlsruhe, Vertreter historistischer Bautraditionen; gleichzeitig 1894–1902 als Oberbaudirektor der oberste Baubeamte im damaligen Großherzogtum Baden.

58 Schweizer Architekten mit einem gemeinsame Architekturbüro in Karlsruhe zwischen 1888 und 1915, s. a. Anm. 17. Karl Moser übernahm 1916 eine Professur an der ETH Zürich; er gilt als Exponent der progressiven ‚Jung-Karlsruher Schule' in der Architektur; Robert Curjel arbeitete ab 1916 für den Badischen Baubund.

59 Wilhelm Vittali (1850–1920) war zwischen 1905 und 1910 gleichberechtigter Partner im Büro Hermann Billing; s. a. Anm. 16, dazu Gerhard Kabierske, wie zit. S. 80–81; 1905 war das gemeinsam Büro- und Atelierhaus Billing/Vittali an der Leopoldstraße 7c, (heute 7d) fertiggestellt, das 1921 nach der Auflösung des gemeinsamen Büros von Billing umgebaut wurde, s. Gerhard Kabierske, Kat. Nr. 163, S. 213–14; zu gemeinsamen Wettbewerbsteilnahmen gehörte u. a. der Wettbewerb für den Hauptbahnhof in Karlsruhe 1904–05, ebd. S. 210–11.

60 Aus: DBZ XLIV Jg. (1910), Nr. 67, S. 527; im Jahr der Gründung zählte die Vereinigung 33 Mitglieder, Unterlagen fehlen, s. dazu auch Gerhard Kabierske, wie zit. S. 84.

61 Gerhard Kabierske, wie zit., Nr. 240, S. 251–52 hat die Ausstellungsplanung genauer beschrieben.

3.1 Das gemeinsame Architekturbüro in Karlsruhe

Nachdem sich Arthur Pfeifer und Hans Großmann als junge Praktikanten bei Billing 1905 kennengelernt hatten, gründeten sie sehr schnell noch im gleichen Jahr ihr eigenes Architektenbüro[62]. Billing stellte darüberhinaus Hans Großmann ab 1909/10 bis in die frühen 1920er Jahre als Assistenten seiner Professur an der Hochschule ein. Das wurde besonders in der Kriegs- und Nachkriegszeit bedeutsam, da Hans Großmann als Ausländer im Gegensatz zu Arthur Pfeifer infolge des I. Weltkriegs kaum mit Aufträgen rechnen konnte[63].

Zweifellos war das Atelier des reichsweit anerkannten, vielbeschäftigten Hermann Billing für die beiden jungen Architekten eine ideale Schulungsstätte, stammten doch von ihm so viele öffentliche und private Bauten in der Stadt[64]. Hier erlebten sie als junge Mitarbeiter die Vorbereitung und Projektierung der großen Bauaufträge, z. B. der Kunsthallen in Mannheim (1905–07) und Baden-Baden (1909), des Rathauses in Kiel (1903–1911) sowie etlicher Brückenplanungen u. a. in Duisburg-Ruhrort (1903–07) und der Schlossbrücke in Mülheim an der Ruhr (Abb. 16).

Mit diesen Praxiserfahrungen waren die beiden jungen Architekten

Abb. 16: Hermann Billing Schlossbrücke Mülheim an der Ruhr 1911

62 Arthur Pfeifer war schon 1903 als Praktikant zu Hermann Billing gekommen; nach Gerhard Kabierske, wie zit., S. 78–79, wurden Arthur Pfeifer und Hans Großmann 1905 gleichzeitig Praktikanten in Billings Büro.

63 Gerhard Kabierske, wie zit. S. 79, die Assistententätigkeit soll bis 1923 bestanden haben, ebd. S. 108 u. Anm. 391; in den Karlsruher Adressbüchern firmierte er 1909–1923 als Assistent der Technischen Hochschule und ab 1923 selbstständiger Privatarchitekt; auch andere Architektenbüros mit nichtdeutschen Teilhabern litten unter den Kriegsbedingungen, so z. B. das 1888 gegründete Karlsruher Architektenbüro Curjel und Moser (Schweizer Staatsbürger), das während I. WK 1915 aufgelöst wurde, s. G. Kabierske, S. 107.

64 Ausführliches Werkverzeichnis von Hermann Billing in: Gerhard Kabierske: Hermann Billing, wie zit.

1905/1906 für den gemeinsamen Schritt in die Unabhängigkeit bestens vorbereitet. Sie nannten ihre Bürogemeinschaft „Atelier für Baukunst, Gartenbau und Kunstgewerbe". Wenig später wechselten sie den Firmennamen in „Atelier für Architektur und Kunstgewerbe"[65].

Die Firma „Pfeifer und Grossmann" wurde als offene Handelsgesellschaft eingetragen. Im Gesellschaftsvertrag zwischen Architekt Arthur Pfeifer und Architekt Hans Grossmann (sic) haben sich beide „zwecks Gründung eines Ateliers für Architektur und Kunstgewerbe und allen damit einschlägigen Arbeiten und Unternehmungen verbunden" (§1). Zunächst wurde die Gründung für die Dauer von fünf Jahren angelegt, laut Abschrift vom 26. Januar 1909 dann handschriftlich korrigiert für zehn Jahre vom 31. Dezember 1905 bis 31. Dezember 1915 (§2)[66]. „Jeder der Gesellschafter ist verpflichtet seine ganze Kraft und sein Können dem Unternehmen zu widmen und dasselbe im geschäftlichen und gesellschaftlichen Leben nach jeder Hinsicht zu fördern und zu heben (§3)". „(...) jeder Gesellschafter ist zur selbständigen Vertretung und Zeichnung der Firma berechtigt (§8)". Arthur Pfeifer hat, „um dem Geschäfte vorerst die erforderlichen Kapitalien zuzuführen" (§6), die doppelte Einlage in die Gesellschaftkasse einbezahlt.

„Firma Pfeifer und Grossmann" erscheint ab 1906 regelmäßig in den Adressbüchern von Karlsruhe, zunächst nur als Zusatz in Klammern zu ihren jeweiligen Privatadressen. Spätestens 1907 und bis 1909/10 ist ihre Niederlassung in den Geschäftsanzeigen der Karlsruher Adressbücher offiziell als „Architekturbureau Fa. Pfeifer und Großmann" eingetragen, zunächst weiter ansässig unter der Privatadresse Hans Großmanns in der Kaiserstraße 225.

Mehrere Standortwechsel des gemeinsamen Ateliers führten es von der Akademiestraße 5 in die Amalienstraße 26 und ein Jahr später in die Bel-

Gesellschaftsvertrag.

Zwischen

Architekt Arthur Pfeifer in Karlsruhe

und

Architekt Hans Grossmann in Karlsruhe.

§ 1.

Die Herren Arthur Pfeifer & Hans Grossmann haben sich zwecks Gründung eines Ateliersfür Architektur und Kunstgewerbe und allen damit einschlägigen Arbeiten und Unternehmungen verbunden,mit dem Sitz in Karlsruhe und unter der Firma " Pfeifer & Grossmann " zu folgenden näheren Bestimmungen und mit Wirkung vom 31. Dezember 1905 ab eine offene Handelsgesellschaft errichtet.

Für die Gesellschaft und das Verhältnis der Gesellschafter zu einander werden nunmehr im einzelnen folgende Bestimmungen getreffen :

§ 2.

Die Gesellschaft ist auf die Dauer vom 31. Dezember 1905 bis 31. Dezember 1915 ,als auf ~~fünf~~ zehn Jahre errichtet.

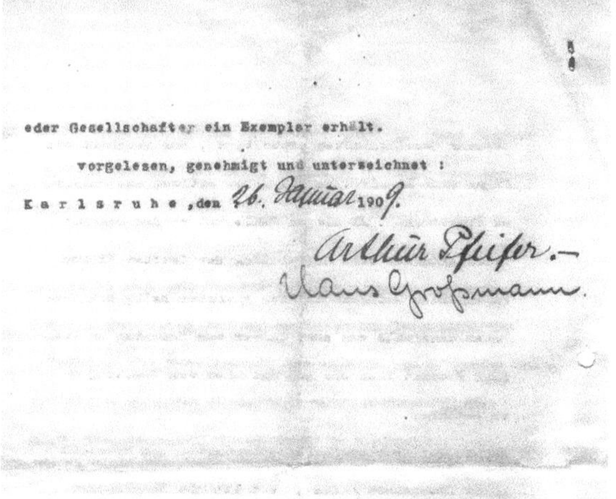

eder Gesellschafter ein Exemplar erhält.

vorgelesen, genehmigt und unterzeichnet :

Karlsruhe ,den 26. Januar 1909.

Arthur Pfeifer.–

Hans Großmann.

Abb. 17 u. 18: Gesellschaftsvertrag (Auszug) zwischen Arthur Pfeifer und Hans Großmann 1909

65 GLA Karlsruhe, Findbuch Abt. 69 u. Bibliothek GLA, Nr. CW 8338: Künstlerbiographien; Eintragung im Adressbuch der Haupt- und Residenzstadt Karlsruhe erstmals 1907 in der Akademiestraße 5.

66 Abschrift des Gesellschaftsvertrags im Besitz des Architekten Mathias Pfeifer, Düsseldorf, Enkel von Arthur Pfeifer.

fortstraße 14, wo es dann bis spätestens 1932 blieb[67]. Nach dem Wegzug Hans Großmanns verlegte Arthur Pfeifer die Niederlassung in Karlsruhe in die Schumannstraße 9, sein Privatdomizil. Dort blieb das Büro Pfeifer und Großmann Karlsruhe bis zu seinem Tod 1962.

Im Adressbuch findet sich 1920 der umfassende Werbeeintrag „Atelier für Architektur und Kunstgewerbe, Entwurf, Planbearbeitung und Bauleitung von Bauten jeder Art, insbesondere: Siedelungen für Arbeiter und Beamte, Wohlfahrtsanstalten, Schulgebäude, Verwaltungsgebäude, Wohnhäuser, Innenausstattungen, Möbel, Gartenanlagen“[68]. Es ist ein Programm für die Zukunft, das sie tatsächlich in die Realität umsetzen sollten. Der begüterte Vater Arthur Pfeifers hatte die jungen Unternehmer mit einem großzügigen Anfangskapital von 50.000 Goldmark ausgestattet[69] und verschaffte ihnen wohl auch mit seinen gesellschaftlichen Kontakten Aufträge für mehrere Stadtvillen in Karlsruhe. Darüber hinaus nahmen sie schon früh an Wettbewerben unterschiedlicher Bauaufgaben teil: Denkmalprojekte in Karlsruhe, Stadtplanungen, Gartenstadtplanungen, Raumgestaltungen, Kaufhäuser, Schulen und Rathäuser.

Mit dem Bau des Mülheimer Rathauses und der zweiten Niederlassung in Mülheim an der Ruhr begann dann ein neues, entscheidendes Kapitel. Dieses zur damaligen Zeit weit entfernte zweite Architekturbüro gleichen Namens beendete die Zusammenarbeit und gemeinsame Firma nicht. Die Firmenbezeichnung Pfeifer und Großmann ist über all die Jahrzehnte bis in die frühen 60er Jahre sowohl in Mülheim wie in Karlsruhe aufrechterhalten geblieben. Dennoch scheint es plausibel, dass die in Mülheim ab den 20er Jahren errichteten Gebäude, Entwürfe und Wettbewerbe weitgehend allein Hans Großmann zugeschrieben werden können[70]. Umgekehrt gilt dies für die in Karlsruhe entstandenen Bauten unter dem Namen Pfeifer und Großmann nach Großmanns Wegzug. Arthur Pfeifers Name ist nach dem Rathausbau ab 1916 bei Vergaben oder Wettbewerben in Mülheim in den Akten nicht mehr zu finden. Er verantwortete nach Großmanns Verlegung des beruflichen Schwerpunkts die Karlsruher Niederlassung und die dort ausgeführten Bauprojekte unabhängig, seit 1951 mit dem neuen Kompagnon Kuno Wilderer.

67 Die offiziellen Atelier-Adressen siehe Anhang.

68 Adressbuch Karlsruhe 1920, Teil III, S. 321; s. Abb. 1.

69 Familienchronik der Familie, von RKW-Architekt Matthias Pfeifer, Düsseldorf, freundlicherweise zur Verfügung gestellt.

70 Eine praktische Zusammenarbeit in den Zeiten noch gering entwickelter technischer Möglichkeiten und langwieriger Reiseverbindungen erscheint von heute aus gesehen schwierig umsetzbar.

3.2 Bauen in Baden – regionale Architekturkonzepte

Die Jahre zwischen 1905 und 1912 waren für das junge Atelier Jahre des dynamischen Wachsens, der Ausprägung der eigenen Handschrift und der zunehmenden Anerkennung durch Bauaufträge unterschiedlicher Art. Dazu gehörten Aufträge für großbürgerliche Villen, Teilnahmen an stadtplanerischen Wettbewerben und auch öffentliche Großaufträge für Schulen und Erholungsheime. Anzahl und Vielseitigkeit der frühen Bauaufgaben ist bemerkenswert.

Lehrreiche Anschauung vermittelte ihnen das residenzstädtische Stadtensemble und die damals reiche Jugendstilarchitektur in Karlsruhe. Nicht überraschend zeigen ihre frühen Bauten und Entwürfe auch den starken Einfluss des Billing'schen Architekturbüros.

3.2.1 Privatvillen im Badischen

Abb. 19: Haus Geibelstraße 2a, Karlsruhe ; s.a. Kat 1a

Dass sie mit ihren Privatvillen „großbürgerlich gediegenen" Stils „zu einer selbstständigen und persönlichen Schaffensweise gelangt" seien, urteilte schon früh lobend die zeitgenössische Architekturkritik[71]. Dabei ist die Handschrift ihres Lehrmeisters Billing etwa beim Wohnhaus in der Geibelstraße 2a in Mühlburg sehr deutlich (s. Kat. Nr. 1a). In den frühen Villenbauten begegnet insgesamt das bekannte Repertoire regionaler Bautraditionen, variabel kombiniert und teils mit verspielten, versatzstückartigen Dekorapplikationen romantisch akzentuiert. Es entspricht zweifellos dem Stilempfinden und den Vorlieben der großbürgerlichen Auftraggeber dieser Zeit. Hohe schindelgedeckte Satteldächer, kleine Erker und kräftige, die Fassade gliedernde Gesimse sowie Ornamentfriese kennzeichnen diese Bauten, zum Beispiel das frühe Landgut der Familie Rosenstihl in Littenweiler bei Freiburg von 1905–07[72] (Kat. Nr. 1).

Nicht alle Privatvillen sind erhalten, die seit 1905 in Karlsruhe in ihrer Handschrift entstanden. Erhalten sind: Doppelhäuser an der Ecke Bachstraße 15/Richard-Wagner-Straße 14 von 1906–07 (Kat. Nr. 2), Haus Pfeifer in der Kaiserallee 20 (Kat. Nr. 3), heute Wendtstraße von 1907, und eine Doppelhaushälfte in der Bachstraße 20–22 für den Kaufmann Karl Nieten 1912 (Kat. Nr. 11)[73]. Sie stehen heute meist unter Denkmalschutz. 1910 entstand das nur noch in älteren Fotografien dokumentierte Einfamilienhaus für Dr. Clauss, dessen schlichte Fassade überraschend zierliche dekorative Eingangs- und Erkerlösungen zierte (Kat.

Abb. 20: Landgut Rosenstihl, 1905-07 in Littenweiler bei Freiburg

71 Ein Lob von Kunsthistoriker und -kritiker Karl Widmer: Pfeifer und Großmann in Karlsruhe, in: MB VI (1907), S. 503–520, m. zahlreichen Abbildungen.

72 Friedrich Dietert, in: Sonderdruck der Zeitschrift Süddeutsche Bau- und Raumgestaltung, Sonderdruck „Wohnungskunst", 1916, S. 68, Abb. S. 73 u. 86.

73 Katalog Nr. 11; Denkmalliste der Stadt Karlsruhe (m. Abb.) u. Datenbank der Kulturdenkmale (digit), wohl 1912 fertiggestellt; seitdem wurde der Kaufmann A. Nieten als Bewohner im Adressbuch genannt.

Abb. 21: Erker-, Eck- und Eingangsformen des Hauses Clauss, Sophienstraße und Abb.22 des Hauses Geibelstraße in Karlsruhe

Nr. 10). Alle Bauten zeigten regional- und zeittypische Fassadengestaltungen, lebhafte Aufrisse, kontrastreiche, rhythmisch ornamentale Wandgliederungen durch stark profilierte Gesimsbänder aus Hausteinapplikationen, Sandsteinelemente im Wechsel mit Putzfassade, nur sparsam aber wirkungsvoll eingesetzte Schmuck- und Konturelemente aus Bruch- oder Sandstein bei Fensterlaibungen. Ornamentfriese trennten statt Gesimsen die Geschosse. Häufig fanden sich auch Erker, halbrund oder kraftvoll vorgelagert. Charakteristisch sind hohe Walm- oder Mansarddächer mit Dachgauben. Es sind Reminiszenzen an Friedrich Weinbrenner, an die häufigen Ornamentbänder in der Brüstungszone, den dezent geschossweise differenzierten Fassadenaufbau, wobei das erste Geschoss als piano nobile die größten Fenster besaß, die in gleichmäßigen Achsen auf der Gebäudefront platziert wurden[74]. Enthusiastisch urteilte der Pfeifer und Großmann wohlgesonnene Karlsruher Kunstkritiker Karl Widmer 1911, „die Karlsruher Privatarchitektur (habe) durch die Tätigkeit von Pfeifer und Großmann eine künstlerische Förderung erhalten“[75].

74 Hea-Jee Im: Karlsruher Bürgerhäuser zur Zeit Friedrich Weinbrenners, Karlsruhe 2004 (=Institut für Baugeschichte der Universität Karlsruhe), S. 99, 104.

75 Karl Widmer in: Innendekoration: mein Heim, mein Stolz; die gesamte Wohnungskunst in Bild und Wort, 2. Jg. Heft 3 (1911), S. 139.

3.2.2 Bauaufgaben in Süddeutschland 1906–1913

Abb. 23: Wettbewerbsentwurf für ein Kurhaus in Triberg 1906 (s. a. Kat W2a)

Parallel dazu folgten die ersten öffentlichen Aufträge. 1906 erhielten Pfeifer und Großmann den Bauauftrag für das Projekt eines Kurhauses. „Für ein Konversationshaus für die Fremdenwelt", wie es hieß, das ein „Herd des geselligen Lebens" werden sollte, schrieb die Kurstadt Triberg 1906 einen Wettbewerb aus. In das Kurhaus war eine Festhalle zu integrieren. Und nicht zuletzt dachte man an einen für die „Schwarzwaldindustrie – Uhren, Schnitzereien, Majoliken"– anzugliedernden Gewerbeausstellungstrakt. Alle drei Bereiche sollten zu einer harmonischen Einheit verschmolzen werden. Pfeifer und Großmann lieferten mit leichten Abstrichen einen von der Jury „in der Grundrissanlage als vorzügliche Lösung" [76] bezeichneten Entwurf und errangen den ersten Preis.

In derselben Stadt Triberg waren Pfeifer und Großmann wenig später im Wettbewerb für eine neue Realschule nochmals mit einem 1. Preis erfolgreich. Auch hier hatte der Kunstkritiker Karl Widmer ihren Entwurf als gutes Beispiel für eine „künstlerische Regeneration" öffentlicher Bautätigkeit der Region gerühmt[77]. Pfeifer und Großmann profitierten möglicherweise dabei vom Juror Hermann Billing. Nicht selten waren sie erfolgreich, wenn ihr Lehrer Hermann Billing als potentieller Mentor im Preisgericht saß[78].

Das Schulhaus strahlt – wie in anderer Art das Kurhaus – einen bodenständig ländlichen Charakter aus. Als liebenswürdig-behaglich[79] kennzeichnete der Architkturkritiker Dietert die Gestaltung des kleinen Realschulgebäudes (Kat. Nr. 6). Bei ihnen werde reine Effekthascherei wegen „Vermeidung unnützer Spielereien mit Türmen, Giebeln und dergleichen" vermieden.

Abb. 24: Wettbewerbsmodell für eine Realschule in Triberg (s. a. Kat. Nr. 6)

76 Zitate aus der Ausschreibung, in: Zs. Deutsche Konkurrenzen, Bd. 21, H. 3, Nr. 243 (1907), Zitate S. 7, Grundrisse S. 9.

77 Karl Widmer in: MB VI. Jg., H. 12 (1907), S. 504, s. Farbtafel 89: Entwurf für den Gartensaal; s. a. Gerhard Kabierske, wie zit. Verzeichnis der Preisrichtertätigkeit von Hermann Billing, Nr. 2, S. 300.

78 Eine Beobachtung von Gerhard Kabierske, wie zit., S. 79, Anm. 279.

79 Friedrich Dietert, in: Wohnungskunst, wie zit., S. 65, 1 Abb. S. 72; und Karl Widmer in: MB VI. Jg., H. 12 (1907), S. 504.

Abb. 25: Erholungsheim Langensteinbach bei Karlsruhe 1909/10 (s.a. Kat. Nr. 8)

Abb. 26: Eingangslösungen am Erholungsheim Langensteinbach

Beim kaum später entstandenen Erholungsheim in Karlsbad/Langensteinbach, heute Bibelheim Bethanien, evangelischer Gemeinschaftsverband AB (Abb. 25 und Kat. Nr. 8) 1909–10 zeigte sich ebenfalls eine behutsam in die regionale Bautradition eingebundene, der Umgebung angepasste Architektur[80].

80 Das Erholungsheim wurde 1909 durch Ortspfarrer Theodor Böhmerle gegründet; Friedrich Dietert: Süddeutsche Bau- und Raumgestaltung. Zu den Arbeiten der Architekten Pfeifer & Großmann, Karlsruhe, in: Wohnungskunst. Vereinigt mit der Münchner Halbmonatsschrift Die Raumkunst, illustrierte Monatshefte für Hausbau, Wohnungskunst, Kunstgewerbe und verwandte Gebiete, 8. Jg., März 1916, S. 65–94 (= Pfeifer & Großmann. Architekten. Karlsruhe. Sonderdruck der Zeitschrift Wohnungskunst, Berlin W 15 [ohne Jahr], S. 65, 2 Abb. S. 69.; Abb. Karl Wdmer, in: MB 9. Jg., H. 2 (1910), S. 49–61, 8 Abb. S.49–55.

Pfeifer und Großmann entwarfen ein hufeisenförmiges Gebäudeensemble mit gestaffelt hohen Baukörpern. Die Baugruppe setzt sich aus einem großen Hauptbau, der den Wohnteil beherbergt, einem Betsaal und einer Wandelhalle zusammen, die in jeweils abgestufter Höhe einen Hof umschließen. Auf dem Dach des Haupthauses erhebt sich ein schmaler Uhrenturm mit einer Laterne, ein regional häufig anzutreffendes Motiv. Unweit des Erholungsheims entstand auch das Pfarrhaus (1909) nach ihrem Entwurf[81] (s. Abb. Kat. Nr. 9). Stilistisch ist es nicht weit entfernt von den vorangegangenen Beispielen der Privatbauten zwischen 1906 und 1910 mit ihren Runderkern und Walmdächern.

Zur gleichen Zeit bauten Pfeifer und Großmann in Karlsruhe 1909/10 das Palais von Berckholtz von 1822–23 um, (siehe Abb. Kat. Nr. 14) das der „Verein Bildender Künstler" aufgekauft hatte und als Vereinslokal nutzen wollte. Es handelte sich um ein klassizistisches Wohngebäude des Architekten Weinbrenner mit einer Eckrotunde an der Karlstraße/ Ecke Sophienstraße.

Abb. 27: Künstlerhaus Karlsruhe 1909/1910 Gestaltung der Rotunde durch Hermann Billing als Speisezimmer mit einem zylindrischen Kachelofen

Pfeifer und Großmann leiteten die gesamten Umbauarbeiten, während Hermann Billig lediglich die Rotunde im Erdgeschoss als Speisezimmer gestaltete (Abb. 27). Die übrigen Räume der öffentlichen Gaststätte einschließlich der Clubräume im oberen Geschoss richteten Pfeifer und Großmann ein. An den Arbeiten war auch die Karlsruher Majolika-Manufaktur mit Öfen und Beleuchtungskörpern beteiligt. Weiß getäfelte Wände und grazile Beleuchtungskörper gaben den Räumen einen dem Klassizismus des Gebäudes entsprechenden Charakter.

Zu weiteren öffentlichen Aufträgen gehörten zwischen 1912 und 1913 drei Schulen: in Knielingen (Kat. Nr. 17), seit 1935 ein Ortsteil von Karlsruhe, und im Kreis Rastatt die Schulen in Durmersheim (Kat. Nr. 18) und in Steinmauern (Kat. Nr. 91). In ihrer Anlage, den Proportionen, der klaren Gebäudegliederung und dem sparsamen Dekor ähneln sich die Schulgebäude von Knielingen und Durmersheim trotz unterschiedlicher Größe. Ein Steinzeugrelief einer weiblichen Figur auf einem Löwensessel mit zwei Kindern auf der Fassade des Schulhauses in Knielingen sowie zwei Tondi sind Arbeiten der Karlsruhe Majolikmanufaktur nach Entwurf

Abb. 28: Künstlerhaus Innenansicht des von Pfeifer und Großmann gestalteten Weinzimmers (s. a. Kat. Nr. 14)

81 Friedrich Dietert, wie zit.: Abb. S. 73.

Abb. 29: Portal der Viktor-von-Scheffel Volksschule in Karlsruhe Knielingen 1912 (s. a. Kat. 17)

Abb. 30: Steinzeugrelief nach einem Entwurf von Hermann Binz über dem Eingangsportal der Viktor-von-Scheffel-Schule, Karlsruhe Majolika-Manufaktur 1912

von Hermann Binz[82]. Auch die beiden anderen Schulgebäude erhielten glasierten Schmuck und Steinarbeiten aus der Karlsruher Majolikawerkstatt.

3.3 Das „Atelier für Baukunst, Gartenbau und Kunstgewerbe"

So lautete programmtisch, wie schon erwähnt, die Firmenanzeige[83] des Architekturbüros. Das Kunstgewerbe stellte dabei vor allem für Hans Großmann einen wichtigen zweiten Arbeitsschwerpunkt dar, den er in der Arbeit für die Großherzogliche Majolika-Manufaktur Karlsruhe ausleben konnte. Für die Majolikamanufaktur setzte er sich mit großer Passion ein. Sie entstand 1901 auf Anregung von Hans Thoma und anderen aus dem Umfeld einiger „Hobbykeramiker"[84]. In kürzester Zeit erwarb sie weltweit hohe Reputation auf dem Gebiet künstlerischer Baukeramik. Sie wurde schon sehr früh berühmt für ihre technisch und künstlerisch hervorragende Umsetzung baukeramischer Entwürfe.

82 Nicola Moufang, wie zit., S. 64.

83 Adressbücher Karlsruhe ab 1907.

84 Zur Gründungsgeschichte der Manufaktur s. Nicola Moufang: Die Großherzgl. Majolika Manufaktur in Karlsruhe, Heidelberg 1920, S. 9–16; Ausstellungskatalog „Karlsruher Majolika", Badisches Landesmuseum Karlsruhe 1979, S. 19ff.

Ab 1906 schon stand Hans Großmann in einem zunächst lockeren, ab 1909 dann in einem engeren Vertragsverhältnis zur Manufaktur[85]. Auf Grund seiner vielfältigen Entwürfe erschien er ab 1909 auf offiziellen Briefbögen als einer der für die Manufaktur tätigen Künstler[86]

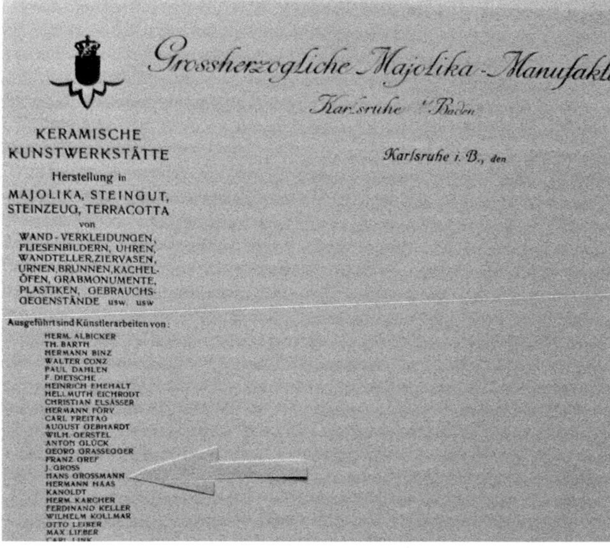

Grossherzogliche Majolika-Manufaktur
Karlsruhe i. Baden

KERAMISCHE
KUNSTWERKSTÄTTE
Herstellung in
MAJOLIKA, STEINGUT,
STEINZEUG, TERRACOTTA
von
WAND-VERKLEIDUNGEN,
FLIESENBILDERN, UHREN,
WANDTELLER, ZIERVASEN,
URNEN, BRUNNEN, KACHEL-
ÖFEN, GRABMONUMENTE,
PLASTIKEN, GEBRAUCHS-
GEGENSTÄNDE usw. usw

Karlsruhe i. B., den

Ausgeführt sind Künstlerarbeiten von:
HERM. ALBICKER
TH. BARTH
HERMANN BINZ
WALTER CONZ
PAUL DAHLEN
F. DIETSCHE
HEINRICH EHEHALT
HELLMUTH EICHRODT
CHRISTIAN ELSÄSSER
HERMANN FÖRY
CARL FREITAG
AUGUST GEBHARDT
WILH. GERSTEL
ANTON GLÜCK
GEORG GRASSEGGER
FRANZ GREF
J. GROSS
HANS GROSSMANN
HERMANN HAAS
KANOLDT
HERM. KARCHER
FERDINAND KELLER
WILHELM KOLLMAR
OTTO LEIBER
MAX LIEBER

Abb. 31: Offizieller Briefbogen der Großherzoglichen Majolika-Manufaktur (Auszug)

In den Anfangsjahren lassen sich zahlreiche Ausstattungsprojekte für Innenräume, Entwürfe für Wandgestaltungen, Mobiliar, Öfen, Beleuchtungskörper, Keramikschmuck für Bauten im Badischen und Süddeutschland ebenso wie auch in Berlin finden. Großmanns Interesse am Werkstoff Baukeramik mag sich aus der Familientradition erklären. Die Werkstätten der Familienbetriebe von Vater und Großvater, Maurermeister und Stuckateur, könnten ihm früh erste Basiskenntnisse und anschauliche Techniken vermittelt haben.

1906 veranstalteten die Künstlerschaft Karlsruhe und der „Badische Kunstgewerbeverein" aus Anlass des Goldenen Ehejubiläums des großherzoglichen Paares und 80jährigen Geburtstags des Großherzogs die große „Jubiläums-Ausstellung für Kunst und Kunstgewerbe Karlsruhe 1906". Pfeifer und Großmann entwarfen dazu zahlreiche farbige Kachelöfen[87]. Die einschlägige zeitgenössische Literatur dokumentierte etliche Abbildungen von Wohndielen und Keramiköfen, die in der Zusammenarbeit mit der Karlsruher Großherzoglichen Majolikamanufaktur über einige Jahre entstanden[88]. Die folgende Architekturausstellung der „Vereinigung Karlsruher Architekten" in der Großherzoglichen Orangerie 1910 war für das junge Architekturbüro geradezu ein früher Triumph, zählte man sie doch „(...) zu den besten der Karlsruher Baukünstler"[89].

Abb. 32: Pfeifer und Großmann: zwei Ofenentwürfe für die Fabrik Geisendörfer

85 Archivalien im Generallandesarchiv Karlsruhe, Findbuch Abt. 69, Signaturen A 50, 53, 103, 104, 129.

86 Briefbogen der Großherzoglichen Majolikamanufaktur, Abb. in: Kat. Ausst. Karlsruher Majolika, Karlsruhe 1979, Abb. S. 43.

87 Widmer in: MB VI (1907), farbige Tafel 90; DB XLI. Jg., Nr 20, H. 3 (1907), S. 142.

88 Katalog der Ausstellung 1906: Abt. Kunstgewerbe, S. 47, Nr. 6a (ohne Abb.); Abb. zweier Entwurfsskizzen bei Karl Widmer, in: MB VI (1907), Abb. S. 514–515 sowie Farbtafel 88: Dielenentwurf f. Prof. Otterndorf; s. a. eine Wohndiele, in: Karl Widmer: in: MB 9. Jg. H. 10 (1910), farb. Tafel 60; Arch Ru 1912, Tafel 127; Katalog Majolikamanufaktur, wie zit., Abb., S. 40.

89 DBZ Jg. 44, Nr. 85 (22.10.1910), S. 685–88 und ebd., Nr. 87 (29.10.1910), S. 702–706.

Abb. 32a: Pfeifer und Großmann - Ofenecke im Künstlerhaus Karlsruhe 1910

Abb. 33: Wohndiele in der Ausstellung der Majolika-Manufaktur 1910

Als der zunehmende Aufschwung der Manufaktur nach wenigen Jahren eine Erweiterung von Fabrikationseinrichtungen und Werkstätten unausweichlich gemacht hatte, schuf das Büro Pfeifer und Großmann 1909 einen zweckmäßigen Neubau am Ahaweg im Hardtwald, in den dann das große Zeichenbüro einzog. Auch die Ausstattung des Zeichenbüros lag in Großmanns Verantwortung. Als immer stärker expandierender Bereich zog die professionell ausgestattete Architekturabteilung in den Neubau[90] (Kat. Nr. 7). Nach weiteren Ausbauten 1911 und 1913 entwickelte sich die Manufaktur allmählich zu einem bedeutenden Großunternehmen[91].

Das seit 1908/09 leere Gebäude an der Hoffstraße gestaltete Hans Großmann zu einer Ausstellungs- und Verkaufshalle für Erzeugnisse der Manufaktur und für öffentliche Ausstellungen um[92]. Dort organisierte er 1910 zum 70. Geburtstag von Hans Thoma als dem „spiritus rector" der Manufaktur eine umfangreiche Werkschau und entwarf für die Ausstellung wiederum u. a. eine Ofenecke[93]. Überliefert ist die Darstellung einer Raumecke mit hellem, zylindrischen Ofenkorpus in Streifenoptik für das Restaurant des Karlsruher Künstlerhauses von 1910[94].

Ab 1912 stellte Hans Großmann in der von ihm neu gestalteten Ausstellungshalle an der Hoffstraße wieder Wohndielen und Keramiköfen aus. Die variantenreichen farbigen Glasuren der Entwürfe ließen die künstlerische Professionalisierung

90 Zu diesem Komplex: Nicola Moufang, wie zit,. bes. S. 51–54, s. a. Kat. Karlsruher Majolika 1979, S. 42 u. 349; zu wirtschaftlichen Problemen s. a. DBZ 54. Jg. H. 6 (1920), S. 42.

91 Kat. Karlsruhe Majolika, 1979, S. 94–95; s. a. Karlsruher Majolika. Führer durch das Museum in der Majolika. Zweigmuseum des Badischen Landesmuseums Karlsruhe, Karlsruhe 2004, S. 25ff.

92 Kat. Karlsruher Majolika 1979, S. 39.

93 Ofenecke im Restaurant Künstlerhaus Karlsruhe 1910, in: MB 9. Jg (1910), Nr. 10, Tafel 9; Kachelöfen für Ausstellungen der Großherzoglichen Majolikamanufaktur 1912, Abb. s. Katalog Karlsruher Majolika 1979, S. 39–40, die Abbildung S. 40 wurde irrtümlich 1901 datiert; zwei Abb. in: Karl Widmer in: Arch. Ru 28. Jg. (1912), S. 36 und Tafel 127.

94 Zahlreiche Entwürfe von Öfen von Hans Großmann u. a. in: GLA KA Findbuch Abt. 69, Z- 281 u. 283.

Abb. 34: Gartensaal- Entwurf für das Kurhaus in Triberg (s. Kat. Nr. 5)

der Manufaktur auf diesem Gebiet erahnen[95]. Die zeitgenössische Kritik hob die farbige Inszenierung von Innenräumen hervor, wie sie beispielsweise die Diele im oben genannten frühen Haus Rosenstihl (Abb. 3) kennzeichnete, „einfache ruhige Farbakkorde mit sparsam verteilter Ornamentik", die „ein starkes koloristisches Talent" offenbarten[96]. Im schon genannten Kurhaus Triberg überzeugte die farbige Harmonie des Gartensaales.

Hans Großmanns Aktivität innerhalb der Manufaktur intensivierte sich immer stärker. Er engagierte sich neben seinen künstlerischen Aktivitäten auch in betrieblichen Funktionen der Manufaktur. In einer Doppelfunktion war er einer der Künstler und zugleich Vorstand der professionellen Abteilung Architektur und Baukeramik und damit auch der Kontrolleur der Planarbeiten und der dazu gehörenden Berechnungen. Er hatte als künstlerischer Leiter der Manufaktur den entscheidenden Anteil an der Ausweitung der Baukeramikproduktion und deren großem Erfolg.

Das Ansehen der Baukeramikabteilung erhöhte sich durch eine gemeinsame Ausstellung von Majoliken und Keramiken der Karlsruher Großherzoglichen Majolikamanufaktur zusammen mit den Königlichen Majolikawerkstätten Cadinen, die 1910 im Teppichsaal des Kaufhauses Wertheim in Berlin stattfand. Nach zeitgenössischen Urteilen wurde die Ausstellung wohl weithin als „Karlsruher Triumph über Cadinen" gedeutet[97].

Wie Großmann richtig einschätzte, bot Berlin der Manufaktur weitere lukrative Aufgaben. „Im Ganzen hatte ich den Eindruck, daß Berlin für die Erzeugnisse der Manufaktur ein außergewöhnlich günstiger Absatzmarkt ist,

95 Widmer in: MB, IV. Jg. (1907), farbige Tafel 90; s. a. GLA Findb. 69, Sign. Z-283 u. a. Großmann (1909–1929), u. Z-281 u. a. Großmann 1920–26.

96 Zitat aus: Widmer, in: MB VI. Jg. (1907), S. 503–504.

97 Kat. Karlsruher Majolika 1979, wie zit. S. 44; Alfred Messel entwarf das zwischen 1896 und 1906 erbaute Kaufhaus Wertheim an der Leipziger Straße in Berlin, das mit seinen drei hohen Lichthöfen zu der Zeit eines der größten Warenhäuser Europas war.

Abb. 35: Entwurf eines vornehmen Verkaufsraums für ein Geschäftshaus in Berlin (Aquarell von Wilhelm Volz) 1912/1913

Abb. 36: Entwurf für einen Saal mit Kachelverkleidung für das Rathaus in Mülheim (Aquarell W. Volz)

von dem aus der deutsche und Weltmarkt erobert werden kann. Vor allem hat die Baukeramik eine außerordentlich große Zukunft"[98], konstatierte er. Hans Großmanns Reputation auf diesem Gebiet ließ ihn sozusagen zum Botschafter der Karlsruher Manufaktur vor dem I. Weltkrieg werden.

Gemeinsam mit Joseph Wackerle gestaltete er 1911–12 Innenräume des Berliner Warenhauses A. Wertheim, besonders der Lebensmittel- und Konfitürenhallen (Kat. E1, Keramische Innenräune Nr. 3). Das Kaufhaus ist zerstört, aber zahlreiche Bauzeichnungen für Verkachelungen der Fassaden, Innendekors, Wandverkleidungen, Reliefs, keramische Dekors von Pfeilern, Entwürfe für Wände und Decken sind in Abbildungen überliefert[99], darunter eine perspektivische Teilansicht der von großen Pfeilerreihen getragenen Lebensmittelhalle im jüngeren Kaufhaus Wertheim in der Königstraße mit reichem, blau-weißem keramischem Schmuck. Hans Großmanns Entwurf ist in einem Aquarell des Malers Wilhelm Volz (1877–1926) überliefert[100]. Auch für das Rathaus in Mülheim an der Ruhr plante er Säle mit Wandver-

98 Hans Großmann 1910, Zitat aus: Karlsruher Majolika. Führer durch das Museum in der Majolika. Zweigmuseum des Badischen Landesmuseums Karlsruhe, Karlsruhe 2004 , S. 27.

99 Die Kaufhäuser Wertheim wurden 1937 von den Nationalsozialisten enteignet. Abb. der Entwürfe s. GLA KA Findbuch 69, Z-13 u. Z-55 bis Z-62; Moufang, wie zit. passim; Katalog Karlsruher Majolika, 1979, Nr. 570, S. 97–99, 332; s. a.: Friedrich Dietert in: Sonderdruck Wohnungskunst, Abb. S. 80 und 81: Entwurf für ein Großkaufhaus Wertheim mit einer polygonalen, komplett verkachelten Fassade sowie einem aufwendig dekorierten Portal.

100 Wilhelm Volz arbeitete seit 1910 mit der Manufaktur zusammen und aquarellierte baukeramische Studien und Entwürfe der Abteilung Baukeramik; zu Kaufhaus Wertheim in der Königstraße, s. GLA KA Findbuch Abt. 69, Sign. Z-11, Z-55 bis 62, drei Fotos der Konfitürenhalle Wertheim Z-399; s. a.: Friedrich Dietert: Süddeutsche Bau- und Raumgestaltung: Zu den Arbeiten der Architekten Pfeifer und Großmann. Karlsruhe, in: Sonderdruck Wohnungskunst, wie zit., S. 68; Anton Jaumann: Der Konfitürenraum bei A. Wertheim-Berlin, in: DKDeK, Nr. 32 (1913), S. 139–156 m. zahlreichen Abb.

kachelungen. Durchbrochene Zierwände mit figürlichen, Blüten-, Frucht- und Tiermotiven der Wandbrunnen und plastisch reich dekorierte Kronleuchter erforderten eine besonders aufwändige technische Ausführung[101]. Die opulent figürlich ausgestatteten keramischen Kronleuchter mussten hohl gegossen werden, damit die Deckenkonstruktion entlastet wurde[102]. Ihre Lüstertechnik sollte alten persischen Fliesen ähneln (s. Abb. 4).

In Berlin boten sich nach der erfolgreichen Ausstellung im Kaufhaus Wertheim tatsächlich weitere interessante Baukeramikaufträge. Zusammen mit Hermann Binz gestaltete Großmann die Raumausstattung mehrerer Räume des Admiralspalastes in der Friedrichstraße[103], einem Vergnügungspalast mit luxuriösen Bädern, Eislaufbahn und Restaurants (Kat. E 1, Räume 1). Großmann lieferte Majolika-Entwürfe für Schwimmhallen, Bäder, nicht zuletzt auch weitere pompöse Kronleuchter. Die vielfarbige Verkachelung und der auffallende Dekor in der großen Schwimmhalle waren ein Gemeinschaftswerk mit Hermann Binz. Nichts davon existiert mehr.

Schwimmbäder und ihre Ausstattung entwarf Hans Großmann auch für das Haupthaus der Krupp'schen Villa in Essen[104] und 1912/13 für zwei der größten Schiffe der damaligen Hamburg-Amerika-Linie, die Luxusdampfer Imperator und Vaterland[105]. Luxuriöse Wand- und Nischenbrunnen gehörten auch hier zur Einrichtung. Bei der „Vaterland" befand sich das Schwimmbad auf dem Deck und war mit einer Glaskuppel, auf keramischen Säulen ruhend, überfangen.

Sehr viel später, Ende der 20er Jahre, stattete Hans Großmann dann nochmals Innenräume für Schiffe aus, in diesem Fall für die Ruhrflotte in Mülheim an der Ruhr. Der Zeitgenosse Paul Joseph Cremers beschrieb in seinen Artikeln einige der exquisiten Raumentwürfe für das letzte Modell der gebauten Schiffe,

101 Moufang, wie zit., S. 60, 61, Tafeln 227, 221, 223, 239; im GLA KA Findbuch Abt. 69, Sign. Z-57 Entwurf einer Schrifttafel „Entwurf und Ausführung von der Großherzoglichen Manufaktur Karlsruhe in Baden unter Mitwirkung der Architekten Pfeifer und Großmann Karlsruhe und des Bildhauers Prof. Josef Wackerle, Berlin" (Bleistift auf Transparentpapier); dort auch zahlreiche Zeichnungen mit Aufrissen für Verkachelungen, Reliefs, Friesen und Wandbrunnen der Kaufhäuser Wertheim, Berlin, 1911 und 1912; s. a. MB 12 (1913), Tafel 303; Joseph Wackerle (1880–1959, Prof. an d. Münchener Akademie) arbeitete um 1910 mit der Manufaktur bei der Konfitürenhalle des Kaufhauses Wertheim zusammen, s. auch Kat. Karlsruher Majolika 1979, passim u. S. 366.

102 Anton Jaumann, wie zit. Nr. 32 (1913), S. 139–156; Ausstattung von Hans Großmann zusammen mit Josef Wackerle: Tafel S. 143, 145, 146, 147 (Wandbrunnen).

103 Bauzeit 1910–11, nach Abbruch des alten Admiralsgartenbades 1910. Die Architekten Max Schweitzer (für die künstlerische Teils) und A. Diepenbrock (für die technischen Teile) entwarfen den Neubau. Umbau 1911 u. später noch einmal 1930–40; dazu: Ahrends: Der Admiralspalast in Berlin, in: ZBV, Jg. 31 (1911), Heft 69, S. 425–429, Abb. 1–11 u. Heft 71, S. 437–441, Abb. 12–14; s. a.: H. Becher: Konstruktion d. Admiralspalastes in Berlin, in: Bauwelt 2 (1911) 18, S. 33–34 u. Bauwelt 3 (1912), S. 330; Arch Ru 28 (1912), Tafel 6–9, 28 ? prüfen, 1, S. X; Gustav Heun: Der Umbau des Admirals-Palastes in der Friedrichstraße in Berlin, in: DBZ 57 (1923), S. 245–250; auch in: ZBV 60 (1940), S. 297–304; BW 22 (1931) S. 467–470 u. Beilage zu Heft 14, S. 7ff; GLA KA Findbuch 69, Inv. Nr. Z-398; Moufang 1920, wie zit., S. 59–60.

104 GLA KA Findb. 69, Sign. Z-184 (25 Blatt Bleistift auf Transparentpapier, undatiert).

105 Gesichert ist, dass Großmann einen Entwurf für die „Imperator" machte, einzige vorhandene Abbildung s. GLA KA Findbuch Abt. 69, Inv. Nr. Z 252: Tusche auf Transparentpapier; s. a. Moufang, wie zit., S. 65; wieweit der Auftrag für das Schwesterschiff Vaterland gesichert von Großmann war, ließ sich nicht klären.

Abb. 37: Figurendekor am Mülheimer Rathaus von Herrmann Binz

Abb. 38: Fassadenschmuck am Hotel Duisburger Hof in Duisburg

Abb. 39: Gesimsfries am Mülheimer Rathaus

so benannt nach dem langjährigen, energisch für die Modernisierung und den Fortschritt seiner Stadt eintretenden „Oberbürgermeister Lembke" (Abb. s. Kat. Nr. 72).

Für eine weitere Vergrößerung der Werkstätten in Karlsruhe lieferten Pfeifer und Großmann 1913/1914 zwar noch neue Baupläne für Lagerräume sowie ein Verwaltungsgebäude[106]. Nach 1914 jedoch wurde Hans Großmanns Engagement für die Manufaktur lockerer, da er seinen Wirkungskreis wegen der umfangreichen Planungen für das neue Rathaus in Mülheim an der Ruhr ab 1912 verstärkt dorthin verlegte. Ab 1922 saß er nur noch im Aufsichtsrat des Unternehmens[107].

Durch die zahlreichen Aufträge an Künstler der Manufaktur bei den späteren Mülheimer Bauprojekten blieb er weiterhin der Stadt Karlsruhe und der Manufaktur eng verbunden. In Zusammenarbeit mit den vertrauten Künstlern Hermann Binz und Franz Naager entstanden am Mülheimer Rathaus charakteristische Fassadendekorationen, Innendekors, Mobiliar und Lampenobjekte (Kat. 20, Fassadendetails Rathaus). Mit dem Schweizer Keramiker und Bildhauer Paul Speck, seit 1924 Leiter der baukeramischen Abteilung der Manufaktur, arbeitete er beim Hotel Duisburger Hof in Duisburg[108] zusammen (Kat. 49). Mit ihren Aufträgen sorgten Pfeifer und Großmann durchaus für die wirtschaftliche Stabilität der oftmals kriselnden Manufaktur. Und noch Jahrzehnte später bezeugen Aufträge für Keramikverkachelung von Wänden und Pfeilern im Polizeipräsidium in Bochum 1928[109] die Verbundenheit mit der Manufaktur.

106 Moufang, wie zit., S. 76–77.

107 Im GLA KA reiches Material, z. B.: Aufstellungen über Gehaltszahlungen 1923, Findbuch 69, Sign. A-53 und Aufwandsentschädigungen 1921–23: Findb. 69, Sign. A-129.

108 Heute Wyndham Duisburger Hof (Kat. 49); Paul Speck 1896–1966 und Recherchen im GLA KA, siehe unten, S.(Seitenzahl steht noch nicht fest) .

109 GLA KA Findbuch Abt. 69, Sign: 64, 9 Aquarelle zur keramischen Ausstattung des Polizeipräsidiums in Bochum 1928.

Abb. 40: Entwurf im Wettbewerb für ein Kollegiengebäude der Universität Zürich

3.4 Entwürfe und Wettbewerbe vor WK I

Verschiedene, auch internationale Ausschreibungen zwischen 1906–1910 verliefen für das junge Architekturbüro weniger erfolgreich. Neben Stadtplanungen in Karlsruhe waren es ein Wettbewerb für einen Wasserturm 1906–07 in Hamburg (Abb. Kat. Nr. W2), zwei für ein so junges Architekturbüro ambitionierte Großprojekte in der Schweiz, einer Konzerthalle in Freiburg (1906) (Kat. Nr. W1) und eines Universitätskollegiengebäudes in Zürich (1908) (Kat. Nr. W3). Außerdem folgten ein Wettbewerb für Rathaus und Sparkasse in Donaueschingen (1908–09) (Kat. Nr. W4) sowie zwei Brückenprojekte im badischen Rheinfelden (1909, Kat. W5) und in Zürich (vor 1910) (Kat. Nr. W6).

Bei einigen der Konkurrenzen trafen Pfeifer und Großmann auf Hermann Billing als Mitbewerber, z. B. beim Wettbewerb für den Wassertum in Hamburg. Auch die bekannten Architekturgrößen Joseph Maria Olbrich und Hans Poelzig nahmen daran teil, wurden aber wie Pfeifer und Großmann nicht prämiert[110]. Den Wettbewerb um das Kollegiengebäude der neuen Universität Zürich 1908 konnten Karlsruher Konkurrenten, die Architekten Curjel und Moser für sich entscheiden und nach ihren Entwürfen 1911–1914 errichten.

Auch im Wettbewerb für Rathaus und Sparkasse der Stadt Donaueschingen 1908–1909 „konkurrierten" sie mit ihrem Lehrer Hermann Billing, der mit Wilhelm Vittali zusammen den 2. Preis ohne Bauauftrag erreichte[111]. Pfeifer und Großmanns Entwurf weist in der Gestaltung des vergiebelten Portikus und des

[110] S. dazu Gerhard Kabierske, wie zit. Katalog Nr. 198: Wettbewerbsentwürfe Wassertürme Hamburg, S. 229. Es handelte sich möglicherweise um den sog. Schanzenturm, der dann von Wilhelm Schwarz erbaut wurde.

[111] Dazu s. Gerhard Kabierske, wie zit., Katalog Nr. 222, S. 243. Es gab insgesam 112 Einsendungen, dazu s.: Bauzeitung f. Württemberg, Baden, Hessen Elsass-Lothringen VI. Jg., Nr. 11 (1909), S. 88.

säuleneingefassten Eingangsportals sowie des Schmuckfrieses unter dem Zahnschnitt der Traufe deutlich auf klassizistische Vorbilder[112].

Einen ehrenvollen 2. Preis gewannen sie dagegen 1912 unter 45 Teilnehmern des Wettbewerbs für eine neue Brücke in Rheinfelden am Rhein (Kat. Nr. W5)[113], die die deutsche und die schweizerische Seite von Rheinfelden verbinden sollte. Der Bauaufgabe Brücke stellten sie sich zum ersten Mal. Im Büro Hermann Billings hatten sie die Arbeiten an Entwürfen für Brückenbauten oder deren Verwirklichung praktisch miterleben können, z. B. bei der Schloßbrücke in Mülheim an der Ruhr 1909–1911 sowie weiteren Brücken in Duisburg-Ruhrort, in Köln und in Trier, beide 1910/1911[114]. Sehr viel später entstand 1926 nach eigenem Entwurf eine kleine Brücke in Mülheim, die Florabrücke (Abb. Kat. Nr. 50c). Und 1927 nahmen sie am Wettbewerb für ein wichtiges regionales Brückenprojekt, der Verbandsstraßenbrücke zwischen Mülheim-Menden und Mülheim-Saarn, teil, bei dem sie einen der ehrenvollen 3. Preise erlangten (Kat. Nr. W 12).

3.5 Karlsruher Stadtplanungen – Ein Denkmal, zwei Platzgestaltungen

Grundlegende stadtplanerische Wettbewerbe schrieb die Stadt Karlsruhe zwischen 1908 und 1912 zur Stadtverschönerung aus. Dazu gehörte ein Denkmal für den 1907 verstorbenen Großherzog Friedrich I. von Baden (1826–1907), den Förderer der Künste und Namensgeber der Technischen Hochschule Fridericiana (ab 1902) in Karlsruhe (Abb. Kat W8). Hans Großmann erreichte mit einem Gemeinschaftsentwurf mit Hermann Binz unter 36 Mitbewerben den 2. und 3. Preis. Hermann Binz entwarf das Modell der Reiterstatue auf einem hoch aufragenden Sockel, dessen Gestaltung Hans Großmann übernahm[115]. Ende 1911 sollte das Denkmal schließlich verlegt werden[116].

Mit einem 2. Preis unter 38 Einsendungen eines auf Mitglieder des „Badische Architekten- und Ingenieursverein" sowie allgemein Karlsruher Architekten beschränkten Wettbewerbs wurden Pfeifer und Großmann 1910 auch für den Entwurf eines Brunnens am Karlstorplatz (Bahnhofsvorplatz) prämiert[117] (Kat. Nr. W7). Er wurde nie gebaut.

112 MB IX. Jg., H. 10 (1910), S. 503 und Entwurf Tafel 506.

113 s. Karl Widmer, wie zit., in: MB IX. Jg. Nr. 10 (1910), Abb. S. 503. Tafel 61.

114 Kabierske, wie zit., Kat. Nr. 140, S. 202/03 und Kat. Nr. 241 u. Nr. 242, S. 252–53.

115 Wettbewerbsankündigung, ebd. S. 308, zugelassen in Baden ansässige oder aus Baden stammende Künstler, Standort: nördlicher Teil des Friedrichs-Platzes; Wettbewerbsergebnis in: DBZ Jg. XLIV, Nr. 47 (11.6.1910), S. 368: 2. und 3. Preis an Hermann Binz; das Wettbewerbsergebnis vom 4.6.1910 in DBZ XLIV. Jg. No. 62, 3.8.1910, S. 489–491: 2. Preis an Pfeifer und Großmann zusammen mit Hermann Binz; ebd. XLIV. Jg. No. 85, 22.10.1910, S. 687/88 und Fortsetzung in ebd. XLIV. Jg., Nr. 87, S. 702 ff, XLV. Jg. 11.1.1911, Nr. 3, S. 32.

116 Zur längeren Vorgeschichte einer Verlegung des Denkmals: DBZ Jg. XLV, Nr. 88 (Nov. 1911), S. 756; DBZ Jg. XLIX, Nr. 24, H. 3 (24.3.1915), S. 154–155. s. MB 9 (1910), S. 509.

117 DBZ Jg. 44, Nr. 31 (16.4.1910), S. 236; s. a. ebd. Jg. 44, Nr. 47 (Juni 1910), S. 368.

Das Büro beteiligte sich auch an einem innerstädtischen Wettbewerb 1912, der für die Gestaltung des seit 1927 so genannten Festplatzes ausgeschrieben wurde. Dieser Platz im Süden von Karlsruhe veränderte im Laufe seiner Geschichte mehrfach seine Gestalt und Nutzung. Er war ursprünglich einmal bis zu dessen Verlegung Bahnhofsplatz und umrahmt von Gebäuden wie der Festhalle von Josef Durm und temporären Ausstellungshallen. Die lange Vorgeschichte der Festplatzbebauung, deren Realisierung schon ab 1904–05 im Rahmen eines Stadterweiterungswettbewerbs konkreter zu werden schien, ist von Gerhard Kabierske ausführlich in ihrem Verlauf dargelegt worden[118]. Ein früher, freier Entwurf von Pfeifer und Großmann vor 1916 orientierte sich an antiken Vorbildern. Die Gebäude zeigen in neoklassizistischer Manier fast antikisch-römische Tempelformen, Giebel mit Schmuckarchitrav und hohen Säulen- oder Pfeilerarkaden korinthischer Ordnung und bei der Ausstellungshalle einen überhöhten Rundtempel mit angedeutetem Säulenkranz (Abb. s. Kat. W10).

Überschwängliches Lob wurde Pfeifer und Großmann bei vielen Bauwettbewerben zuteil. Das ihnen in diesem Zusammenhang zugeschriebene Krankenhaus in Achern aber, dessen „feine Innenräume (…) eine nicht gewöhnliche künstlerische Auffassung verraten", gehört nicht zu ihren Werken (s. Kat: irrtümliche Zuschreibung).

Abb. 41: Wettbewerbsentwurf Pfeifer und Großmann mit Hermann Binz für ein Reiterstandbild Großherzogs Friedrich I. von Baden (s. Kat W8) 1910

118 Die folgenden Passagen fußen auf Gerhard Kabierske, wie zit. S. 263–64.

4 Das zweite Architekturbüro in Mülheim

Die einschneidende Wende in der Entwicklung der Architektursozietät sollte der Bau des Rathauses in Mülheim an der Ruhr werden. Der spektakuläre Bauauftrag[119] bedeutete einerseits einen rasanten Karrieresprung und legte den Grundstein für einen stetigen Aufstieg zu den regional führenden Architekten der frühen Jahrzehnte des 20. Jahrhunderts in Mülheim. Das Rathaus als Schaltzentrale der aufstrebenden Industriestadt, das symbolgeladene Aushängeschild einer jeden Stadt, sollte ihr bis dato prägnantestes Werk werden. Andererseits bedeutete dieser Auftrag über einige Jahre hinweg eine kontinuierliche Präsenz in Mülheim, Gremiensitzungen, genaue Abstimmungen und Konsens mit den städtischen Auftraggebern, Überarbeitung von Ausführungsdetails und Überprüfung der Baufortschritte sowie auch Vertragsverhandlungen mit beteiligten Künstlern[120].

Die Stadt an der Ruhr wurde für den Noch-Schweizer Staatsbürger Hans Großmann der zukünftig ausschließliche Lebens- und Arbeitsmittelpunkt. Die Mülheimer Dependance sollte sich bis in die 40er Jahre des 20. Jahrhunderts hinein als eines der kreativsten und meistbeschäftigten Architekturbüros in und für Mülheim an der Ruhr erweisen. Im Rückblick erscheint das Mülheimer Büro als das bedeutendere der beiden Niederlassungen Pfeifer und Großmann.

4.1 Das Rathaus in Mülheim an der Ruhr

Mülheim an der Ruhr war 1908 gerade zur jüngsten Großstadt des Reiches avanciert. Industrie und Wirtschaft wuchsen rasant. Im Sog dieser Entwicklung stieg die Einwohnerzahl kontinuierlich an. Wohnungsbau, Stadtplanung und Verwaltung waren gefordert, schnell fortschrittliche, neue Konzepte für die junge Großstadt zu entwickeln.

Eines dieser frühen städtischen Projekte war der lange angedachte, ehrgeizige Bau des neuen Rathauses (Kat. Nr. 20). Die städtischen Verwaltungsstellen verteilten sich notdürftig über die ganze Stadt, ein für das Selbstverständnis der neuen Großstadt inakzeptabler Zustand. Jahrelange Überlegungen und Pla-

119 StA MH 1200/2184, S. 44, Drucksache 571; ZBV Nr. 31 (1910), S. 264: Ergebnis des Wettbewerbs; MB XX. Jg., H. 5 (Sept. 1921); s. a. Monika von Alemann-Schwartz: Das Rathaus in Mülheim an der Ruhr von Pfeifer und Großmann, in: ZGVM, H. 67 (1995), S. 9–68.

120 Die städtischen Akten geben beredt Zeugnis davon, z. B. StA MH 1200/2188 und 1200/539.

Abb. 42: Bauphase der Überbrückung des Notweges

nungen zu Grundstücks- und Raumbedarf sowie Standortfragen in der engen Mülheimer Innenstadt gingen dem schließlich 1910 offiziell ausgeschriebenen Wettbewerb für ein neues Rathaus voraus[121]. Mülheim an der Ruhr reihte sich damit ein in die Riege der ca. 50 Städte im Wilhelminischen Deutschland, die seit 1880–1910 Rathaus-Wettbewerbe auslobten[122].

Die Stilvielfalt der insgesamt 176 eingereichten Wettbewerbsentwürfe spiegelte die Entwicklung der Rathausarchitektur seit der Mitte des 19. Jahrhunderts wider. Sie bewegten sich im Widerstreit zwischen althergebrachter Konventionalität der Bauformen und unzeitgemäßer, eher deplatzierter Monumentalisierung. Der Entwurf von Arthur Pfeifer und Hans Großmann überzeugte das Preisgericht wegen der „Einfachheit und Schlichtheit der Bauformen", die sich dennoch in ihren „Massenverhältnissen (sich) der Umgebung gut einfügen und diese zu einem monumentalen, charaktervollen Stadtbilde steigern"[123], wie es die Ausschreibungsbedigungen einforderten (Abb. s. Kat. Nr. 20).

In der Teilung von Repäsentations- und Funktionstrakten steht ihr Entwurf am Beginn einer „modernen" Entwicklung, die sich dann in den 20er Jahren durchsetzte, und in der „Auflösung von Großbauten in funktionell und gestal-

121 Öffentliche Ausschreibung am 11.8.1910; s. StA MH 1200/2184, Bl. 68–71: veröff. als Drucksache Nr. 571 vom 26.7. 1910;.

122 Monika von Alemann-Schwartz: Das Rathaus in Mülheim an der Ruhr von Pfeifer und Großmann, in: ZGVM, Heft 67 (1995), S. 9–68; zur Vorgeschichte bes. S. 9–16; Charlotte Kranz-Michaelis: Rathäuser im Deutschen Kaiserreich 1871–1918, in: Materialien zur Kunst des 19. Jahrhunderts, Bd. 23, München 1976.

123 StA MH 1200/2184: gedruckte Ausschreibungsbedingungen vom 11.8.1910, Bl. 68–71; veröff. In: DK Bd. 26, H. 12 (1910–11)

terisch unterschiedlichen Baukörpern"[124] bestand. Beim Mülheimer Rathaus markiert ein doppelgeschossiger Übergang über die Friedrich-Ebertstraße diese Trennung in verschiedene Funktionstrakte.

Die der Öffentlichkeit vorgestellten Modelle sind verloren[125]. Veröffentlichte Fassadenaufrisse belegen die stilistischen „Modernisierungen" der ursprünglichen Pläne. Hans Großmann und Arthur Pfeifer waren beide meist abwechselnd während der Planungs- und Bauphase in den städtischen Gremien ständig vor Ort. Ihnen oblag vertraglich das gesamte Entwurfsprogramm, d. h. die künstlerische Oberleitung. Die technischen Berechnungen, Statik, Dach-,Turm- und Gewölbekonstruktionen lieferte die Stadtverwaltung selbst[126]. Mehrfach verzögerte sich der Bauverlauf zu Beginn durch Witterungseinflüsse wie die in den Ausschreibungsbedingungen schon warnend erwähnten Ruhrhochwasser[127]. Dennoch gelang es, den Rohbau und die gesamte Dachkonstruktion im Winter 1913/14 und den 60 m hohen Turm im April 1914 fertigzustellen (s. Abb. 42). Trotz kurzer Unterbrechungen auf Grund der Mobilmachung für den I. Weltkrieg am 2.8.1914 gingen Innenausbauten und die technischen Installationen sechs Wochen später weiter, so dass schon Mitte 1915 der Funktionstrakt am Notweg und Ende 1915 auch der Repräsentationstrakt am Marktplatz bezogen werden konnten. Die erste Ratssitzung im neuen Rathaus fand mitten im Krieg am 10.2.1916 statt.

Für Mobiliar und sonstige innere Einrichtung billigte die Stadtverordnetenversammlung 370.000 M. Der Ratssaal besaß seiner Bedeutung entsprechend eine besondere programmatische Gestaltung. An seinen beiden Schmalseiten befanden sich vier überlebensgroße Gemälde von damaligen Repräsentanten aus Staat und Militär: Reichskanzler Bismarck, Generalfeldmarschall Helmuth von Moltke, Kaiser Wilhelm I. und Kaiser Wilhelm II.

Um eine angedachte Figurengruppe für eine Nische der inneren Längswand des Ratssaals wurde im Herbst 1916 wiederum ein Wettbewerb ausgeschrieben. Spenden aus der Industrie ermöglichten die Figurengruppe. Nach Hans Großmanns Vorstellungen sollte eine Darstellung mit dem Thema „Segnungen des Friedens, errungen und beschützt durch die Kraft der Waffen"[128] passend sein, befremdend, aber für das Denken der Zeit eine nicht untypische Eingebung. Programmatisch gefällig ist seiner Bestimmung gemäß die Gestaltung des sog. Trauzimmers geraten. Da er im II. Weltkrieg im Gegensatz zum größten Teil des

124 Martin Damus: Das Rathaus. Architektur- und Sozialgeschichte von der Gründerzeit zur Postmoderne, Berlin 1988, S. 57.

125 StA MH 1200/2187: Sitzung vom 4.10.1912 (zu Modellen und Plänen); im Bestand 1500/2ff. des Stadtarchivs.

126 StA HM 1200/539: Protokolle der Rathaus- und Stadthallenkommission 1911–1916; s. a.: v. Alemann-Schwartz, wie zit. ZGVM 67 (1995), S. 31.

127 StA MH1200/2184: gedruckte Ausschreibungsbedingungen, S. 68–71, hier S. 71–74; s. auch DB XXII, Jg. 1915, Nr. 1, S. 2.

128 StA MH 1200/539 u. 1200/2188: Schreiben von Hans Großmann an Beig. Roesch v. 28.2.1916, weiterer Schriftwechsel; dazu auch: Alemann-Schwartz; wie zit., S. 42, u. Anm. 62.

Gebäudekomplexes unbeschädigt blieb, lässt sich hier die gestalterische Homogenität der Innenausstattung mindestens noch erahnen.

In der äußeren Gestaltung der Rathausfassaden griffen Pfeifer und Großmann auf Vorbilder aus dem residenzstädtisch klassizistischen Karls-

Abb. 43: Notweg-Überbrückung nach Fertigstellung

Abb. 44: Die Bibliothek

Abb. 45: Der Ratssaal

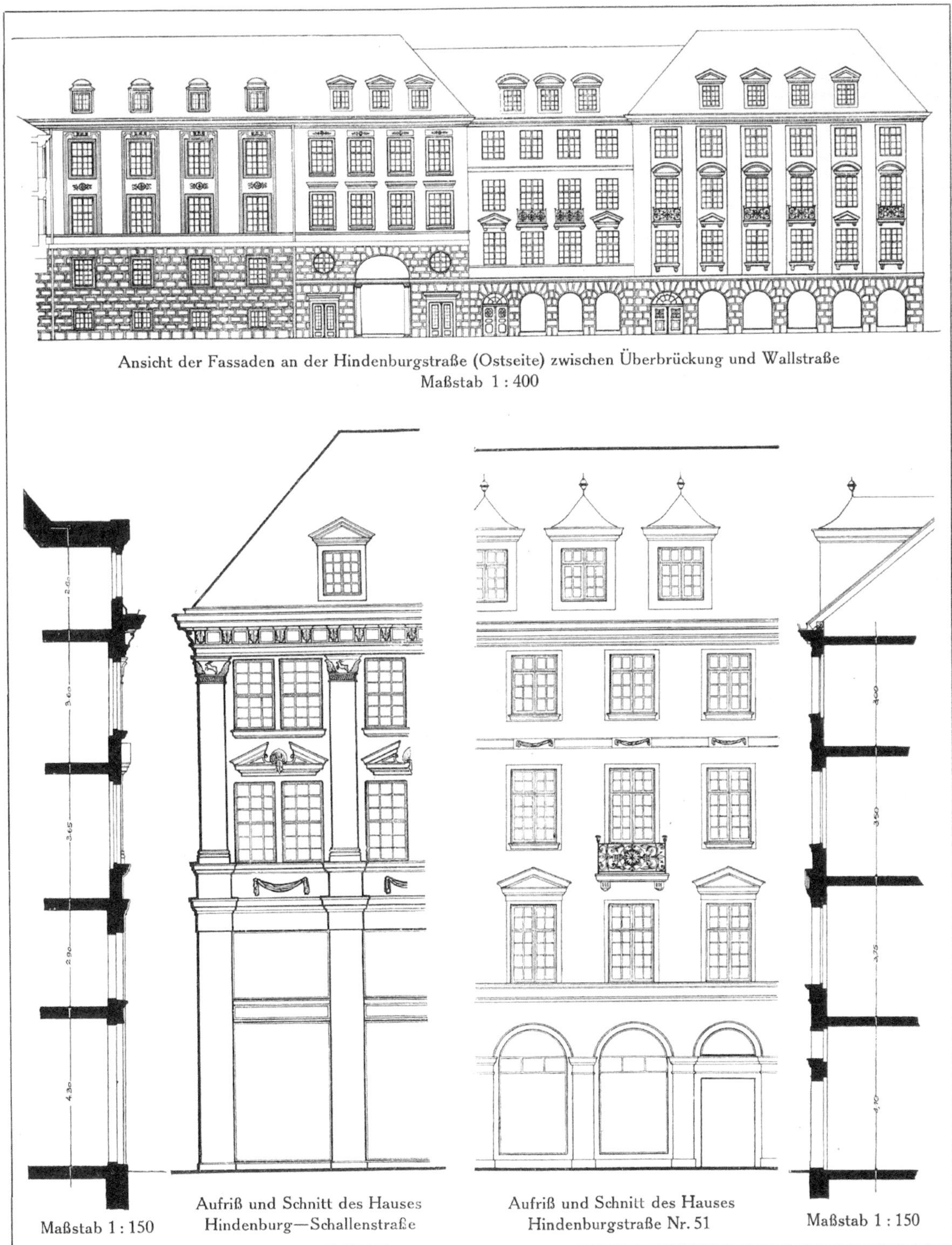

Abb. 46: Pfeifer und Großmann Fassadenentwürfe für die Marktplatzbebauung

Abb. 47: Fassadenschmuck des Rathauses: an Notweg und Repräsentationstrakt

ruhe Weinbrenner'scher Prägung zurück (Beschreibung s. Kat. Nr. 20). Eine festliche Schauseite zeigt der dreigeschossige Repräsentationstrakt am Rathausmarkt zwischen den Straßen Löhberg und Friedrich-Ebertstraße. Arkaden in kräftigen Rustikaquadern bilden den Unterbau für eine schmale Balustrade vor dem dort plazierten repräsentativen Ratssaal. Darüber gliedern hohe Lisenen die Fassade, in deren Zwischenräumen sich die Fensterachsen aus hochrechteckigen Sprossenfenstern aufbauen, darüber sog. Ochsenaugen, ein schon im Barock häufiger Fenstertyp, und im Dach Gauben. Schmale, kannellierte Pilaster rahmen die Fenster der Balustrade und überfangen sie mit Girlandenfriesen, verziert mit kleinen Erotenköpfen. Festons, Bukranionfriese, Girlanden und korinthisierende Kapitelle vermitteln den Eindruck eines Renaissance-Palastes.

In demselben Sinne entwickelten Pfeifer und Großmann 1916 auch Entwürfe einer umfassenden Gestaltung der Rathausmarktbebauung in einem biedermeierlich-neoklassizistischen Idealkonzept[129]. Ein Eklektizismus verschiedener Dekorformen sollte wie das Rathaus auch die den Rathausplatz rahmenden Randbauten überziehen. Trotz der Vielzahl der dekorativen Elemente bleibt deren Variation gering.

Die städtebauliche Phantasie der Architektur und der Erbauer erscheint mitten im I. Weltkrieg und im Angesicht industrieller Großanlagen – die große Friedrich-Wilhelms-Hütte lag kaum einen Kilometer entfernt – aus einer anderen Welt zu stammen. Doch das Rathaus ist ohne Zweifel ein moderner Funktionsbau, der aber in historisierendem Festgewand daherkommt. Seine

[129] StA MH 1200/539, Bl. 56: Protokoll d. Rathaus- u. Stadthallenkommission v. 9.8.1916; s. a. MB, wie zit. (1921), Abb. S. 151–158.

Abb.48: Pfeifer und Großmann Gesamtentwurf einer Rathausmarktbebauung

Modernität liegt in seiner funktionalen Auflösung, die dem Trend der Zeit am Beginn des 20. Jahrhunderts entsprach[130]. Fortschrittlich waren auch die technischen Anlagen.

Kritisch beurteilte zeitversetzt ein Jahrzehnt später der Architekturkritiker einer renommierten Architekturzeitschrift die Fassaden als „zu reich, ja überladen". Als Ausblick bemerkte er dann: „Trotz allem aber kündigt der Bau in seiner Massenanordnung schon das gelungene Spiel der Kuben an, das bei der neuen Stadthalle erfreut"[131] (s. Abb. 49 u. Kat. Nr. 41).

In die historistische Architekturauffassung von Rathaus und Rathausplatz lassen sich auch drei großbürgerliche Wohngebäude in Mülheim einreihen. Die „Beamtenwohnhäuser" der Gewerkschaft Mathias Stinnes GmbH (Kat. Nr. 29). Es waren elegante Stadthäuser, Doppelhäuser im Villenviertel oberhalb der Stadt auf dem Kahlenberg. Ihre äußere Erscheinung zeigt eine offensichtlich noch ganz dem Rathausstil verwandte Gestaltung. Flache Wandpfeiler in der Art von Lisenen mit querverlegten Backsteinriegeln gliedern die Fassade zwischen den Fensterachsen und an den Hausecken. Kartuschenfelder über den Fenstern, gefüllt mit

130 Siehe etwa die Rathäuser in Kiel, Bottrop oder Witten, dazu: Martin Damus: Das Rathaus. Berlin 1988, S. 57.

131 W. Hendel: Rathaus und Stadthalle in Mülheim an der Ruhr, in: Wasmuths Monatshefte für Baukunst 1926, S. 461–472, 8 Abbildungen, Zitate S. 469.

Abb. 49: Sicht auf die Stadthalle von der Schloßbrücke aus, 1926

Abb. 50: Drei elegante Stadthäuser der Mathias Stinnes GmbH, Leonard-Stinnes-Straße 28-30

floralem Dekor und Füllhörnern um Phantasiewappen summieren sich zu einem fast biedermeierlichen Architekturbild.

Das Rathaus war das Sprungbrett für Hans Großmanns Karriere in Mülheim. Seine starke Präsenz in den städtischen Gremien wie auch in Mülheimer Gesellschaftskreisen bildete die Grundlage für eine aussichtsreiche berufliche Zukunft in der Stadt. Die gemeinsame Zusammenarbeit von Hans Großmann mit Arthur Pfeifer endete nicht, aber veränderte sich allmählich. Lebenslang bestand der gemeinsame Briefkopf für Karlsruhe und Mülheim. Doch die räumliche Trennung brachte mit der Verlagerung des Wohnsitzes von Hans Großmann nach und nach eine Verselbständigung der beiden Niederlassungen mit sich. Das deutet sich auch im architektonischen Werk an. Wegen des Fehlens eines persönlichen Nachlasses ist aber kaum zu bewerten, wie, ob und in welcher Form dennoch die gemeinsame Arbeit des gleichnamigen Büros weiterging.

4.2 Gartenstadtplanungen in Karlsruhe und Mülheim

Pfeifer und Großmann beteiligten sich seit Beginn ihrer Büropartnerschaft engagiert an Planungen, Wettbewerben und Entwürfen zu Stadtentwicklung und -gestaltung. Mit der Aufbruchstimmung der Lebensreformbewegung am Beginn des 20. Jahrhunderts hatten sich schon reichsweit zahlreiche Initiativen zum Bau gesunder Gartenvorstädte[132] gebildet, in denen das Ideal von Wohnen, Arbeit,

132 Eine der bekanntesten ist in Dresden die Gartenstadt Hellerau. Zusammen mit Richard Riemerschmidt als Architekten plante Karl Schmidt als Leiter der Deutschen Werkstätten für Handwerkskunst 1907 im Sinne der Kulturreformbewegung ihre Entstehung. Sie wurde 1908 als gemeinnützige Gartenstadt-Gesellschaft-Hellerau m.b.H. gegründet;

Bildung und Kultur gemeinsam gelebt werden sollte. „Man wollte den Menschen erlösen aus den Steinwüsten der Städte und ihn wieder verknüpfen dem mütterlichen Boden, ihn wieder nahebringen der Natur, ihn wieder eins werden lassen mit Sonne, Regen, Wind und Sternen, (...) die uns verschüttet schienen im Staub, Dunst und Lärm der Städte", erinnerte sich 1982 einer der Gründerväter der Karlsruher Gartenstadt Rüppurr[133]. Es war die idealistische Vorstellung der politischen Kraft von Wohnungs- und Bodenreform. Idealbild wurde die vorindustrielle, fast biedermeierliche Wohnform, wie sie dann in der Architektur Gestalt annahm.

Abb. 51: Gartenstadt Rüppurr, Hauseingang Straße Im Grün mit glasiertem Tondo

Ganz anders stellte sich die Wohnungsfrage am Ende des I. Weltkriegs. Neben den vielen drückenden Nachkriegsnotlagen beherrschten besonders Wohnungsmangel und dessen Behebung die politische und gesellschaftliche Öffentlichkeit. Wohnungs- und Siedlungsbau für die Vielen wurde das Gebot der Stunde. Pfeifer und Großmann waren organisatorisch und planerisch sowohl in Karlsruhe und dann auch bald in Mülheim eingebunden in Aktivitäten für neue, bezahlbare und gesunde Wohnkonzepte. Gemeinsam beteiligten sie sich in beiden Städten an Gründung, Entwicklung und Entstehung von Gartenstadtsiedlungen.

4.2.1 Karlsruhe

Allein in Karlsruhe wurden in den beiden ersten Jahrzehnten des 20. Jahrhunderts drei große Gartenstadtsiedlungen verwirklicht. An allen drei Planungen war das Architektenbüro Pfeifer und Großmann an vorderster Stelle beteiligt. Sie gehörten in ihren Berufsanfängen zu den Gründungsvätern und Architekten der Karlsruher Gartenstadt in Rüppurr (Kat. Nr. 22), die 1907 zu den frühesten Gartenstädten des Deutschen Reiches zählte. Ländliche Idylle strahlten die Häuser dieser Gartenvorstadt trotz dichter Bebauung aus. Vorgärten und große Hintergärten sorgten für Licht und Luft und eine dörfliche Anmutung. Die Häuser waren schlicht, aber mit wenigen Schmuckformen reizvoll ansprechend gestaltet. (Kat. Nr. 12) Kleine Tondi schmücken dekorativ einige der Hauseingänge, z. B. in der Straße Im Grün. Später lassen sie sich auch in der Gartenvorstadt Saarnberg in Mülheim an der Ruhr finden (Kat. 27). In der Majolikmanufaktur entstanden, lassen diese an die glasierten Terrakotta-Tondi des bekannten italienischen Findelhauses in Florenz von Andrea della Robbia, am Ospedale degli Innocenti von 1463–66, denken, die Hans Großmann durch seine Italienreisen bekannt gewesen sein dürften.

Abb. 52 Variationen von Tondi in der Gartenstadtsiedlung

projektiert wurden Kleinwohnungen für Arbeiter, aber auch Landhäuser sowie- Ferien und Sommerhäuser für den Mittelstand; auch in Augsburg begann 1907 der Bau einer Gartenvorstadt, das Thelottviertel.

133 Ettlinger, Friedrich: 75 Jahre Gartenstadt Karlsruhe 1907–1982, S. 39/40.

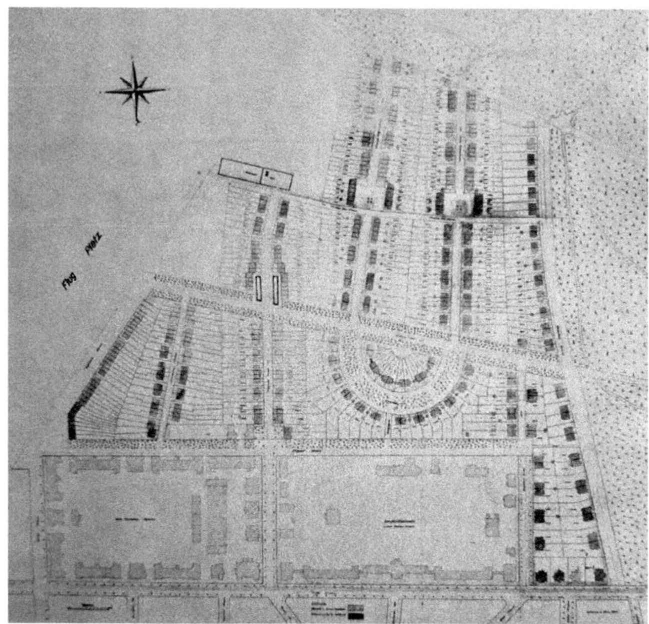

Abb. 53a: Karlsruhe Hardtwaldsiedlung Geländeplan

Abb. 53b: Pfeifer und Großmann Häuserzeile in der Karl-Schrempp-Straße 1920

Die politischen, gesellschaftlichen, ökonomischen und sozialen Zäsuren nach dem I. Weltkrieg erzwangen verstärkt stadtplanerische Reformansätze. Noch vor dem Kriegsende hatte der sozial engagierte Papierwarenfabrikant Albert Braun, Abgeordneter der linksliberalen Deutschen Demokratischen Partei und Mitglied des Karlsruher Stadtrats, zuammen mit den Architekten Hans Großmann und Wilhelm Stober ein Konzept entwickelt, das ein großzügiges Wohnungsbauprogramm mit Hilfe der Gründung einer „Genossenschaft der Bauhandwerker" verwirklichen wollte[134]. Pfeifer und Großmann entwarfen einen „städtebaulich bemerkenswerten" Bebauungsplan für diese zweite, ambitionierte Karlsruher Gartenstadt, die Hardtwaldsiedlung. Beide kannten den Bauunternehmer Wilhelm Stober aus dessen Zusammenarbeit mit Hermann Billing. In der neugegründeten „Baugenossenschaft der Bauhandwerker" wurden beide aktiv, Arthur Pfeifer als Vorstandmitglied und Hans Großmann zur gleichen Zeit als Aufsichtsratsmitglied.

Der Bebauungsplan der Siedlung stellte eine hufeisenförmige Anlage dar (Abb. 53a, Kat. Nr. 25). Pfeifer und Großmann strebten danach, bestmögliche Lichtverhältnisse für die Häuser herzustellen und durch Gärten, Bäume, Büsche und kleine Platzausbuchtungen den Eindruck einer Parkanlage zu bewirken. Großzügige Gärten befinden sich denn auch, damals zur Selbstversorgung, hinter den Häusern. Baumstreifen sollten dem Ring und der das Oval kreuzenden Knielinger Allee den Waldcharakter des ursprünglichen Geländes zurückgeben. Mehrere Privatarchitekten erbauten in der ersten Bauphase Häuser in der Siedlung. Die Bauten von Pfeifer und Großmann konzentrierten sich am Waldring und der Karl-Schrempp-Straße.

134 Zur Gründung der Hardtwaldsiedlung siehe: Josef Werner: Bauen und Wohnen. 75 Jahre Hardtwaldsiedlung Karlsruhe, Karlsruhe 1994, S. 8.

Die Haustypen variieren zwischen ländlichen, großzügig am Waldring plazierten Doppelhäusern, die in ihren Proportionen und sparsamen Dekorelementen, z. B. angedeuteten Eckquaderungen, Lisenen und Walmdächern frühe, regionale Bautradition verkörpern. An der Karl Schrempp-Straße entstanden lange Reihenhauszeilen. Eine vergleichbare hufeisenförmige Anlage verwirklichten Pfeifer und Großmann etwa gleichzeitig zwischen 1919 und 1923 in einer Gartenvorstadt in Mülheim an der Ruhr am Saarnberg[135] (Kat. Nr. 27).

Die Wohnungsnot der Nachkriegszeit, verschärft durch zurückkehrende Kriegsteilnehmer, erhöhte den Druck auf die Stadt, vor allem schnell Wohnanlagen zu fördern. Die dritte Siedlung in Karlsruhe, die sog. Lohfeldsiedlung[136] (Abb. s. Kat. 26) wurde ab 1919 explizit als Kleinhaussiedlung für kinderreiche Familien in einfachster Bauweise[137] entwickelt. Die Stadt betraute 1909 die Genossenschaft der Bauhandwerker und das ihr assoziierte Planungsbüro Pfeifer und Großmann mit dem Projekt, eine ganze Siedlung schlüsselfertig zu erstellen. Die Intention Gartenstadt wurde durch schmale Vorgärten und rückwärtige Gartenparzellen im Ansatz verwirklicht.

Die zweieinhalbgeschossigen identischen Haustypen verteilen sich in zwei Reihen abgestuft versetzter Häusergruppen. Sie sind deutlich schlichter als die Häuser der beiden anderen Siedlungen.

Abb. 54: Pfeifer und Großmann Häuser am Äußeren Waldring 1920

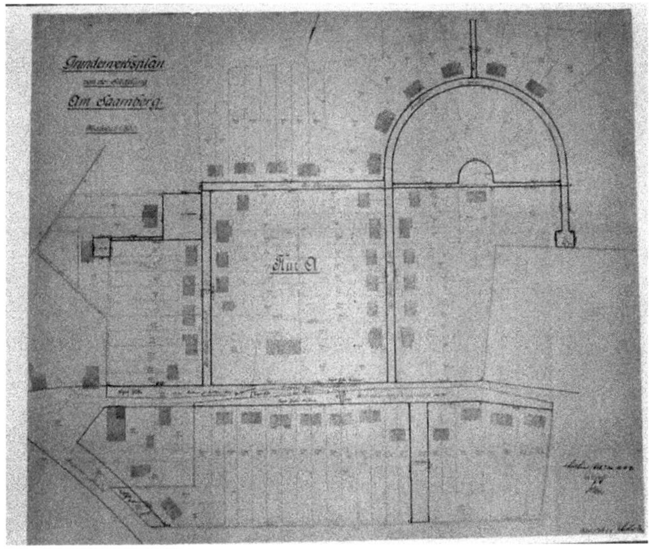

Abb. 55: Mülheim an der Ruhr-Saarnberg Geländeplan der geplanten Siedlung 1918

135 Katalog Nr. 27, s. Absatz 4.2.2.

136 Die Bezeichnung bürgerte sich seit 1921 ein, s. StA KA 1/H.Reg. A 2752. Der Name verweist auf die hier ursprünglich vorhandene Waldlichtung; s. a.: Schrift des Vereins zum Erhalt der Lohfeldsiedlung e. V., Karlsruhe 2009, m. zahlreichen Abbildungen.

137 Siehe Josef Werner, wie zit. S. 11/12; Aufrisse und Pläne in : StA KA 1/H-Reg.A 2752; s. a. Stadt Karlsruhe: Blick in die Geschichte Nr. 64 vom 24. September 2004: Die Lohfeldsiedlung.

4. 2. 2 Mülheim an der Ruhr

Wie überall bestimmten auch in Mülheim als Folge des I. Weltkrieges Zerstörungen, soziale Probleme und eine zerrüttete Wirtschaft das Leben durch Versorgungsprobleme, Verteuerung von Grundnahrungsmitteln, Missernten und vor allem extreme Wohnungsnot. Auch in Mülheim entstanden zahlreiche Initiativen zum Bau größerer Wohnungs- und Siedlungsprojekte. Wohnungsbau ohne landschaftszerstörende Siedlungswucherung wurde gefordert. Stattdessen sollten auch hier stadtplanerische Neuansätze vorangetrieben werden.

Tatsächlich gründeten sich schon vor dem Krieg Bauvereine und Baugenossenschaften[138]. Das „Wohnungsgesetz vom März 1918"[139] förderte und forderte weitere Wohnungsfürsorgegesellschaften, später Heimstätten und Landesentwicklungsgesellschaften. Gemeinden sollten gesetzlich zur Baulanderschließung verpflichtet werden und finanzielle Mittel für gemeinnützigen Wohnungbau bereitstellen. In Mülheim erreichten den Oberbürgermeister 1918 aus den Reihen der Bürgerschaft, der Mietervereine und Gewerkschaften dringende Anfragen zur Aktivität der Stadt in dieser Richtung. Tenor war „steigende Beunruhigung in der minderbemittelten Bevölkerung"[140]. Staatlicherseits wurden 1919 Hilfen zur Gründung gemeinnütziger Siedlungsunternehmen für die Städte verpflichtend. Und so forderte der Oberpräsident der Rheinprovinz alle Landräte und Oberbürgermeister der kreisfreien Städte auf, Initiativen zur „günstigen Beschaffung von Siedlungsland (...) zur Bekämpfung wucherischer Ausnutzung des Grund und Bodens" zu ergreifen[141].

Die Mülheimer Siedlungsinitiativen gingen zu einem beträchtlichen Teil von der Mülheimer Industrie aus. Die „Gemeinnützige Baugesellschaft m.b.H Mülheim (Ruhr)" der Thyssen AG wurde 1918 von August Thyssen persönlich mit dem Bau werkseigener Wohnungen für die Arbeiter der Thyssen Werke beauftragt. Sie errichtete die sog. Papenbuschsiedlung, an deren Ausschreibungswettbewerb Pfeifer und Großmann erfolgreich mit dem 1. Preis im Wettbewerb teilnahmen, nicht jedoch den Bauauftrag erhielten (Kat. Nr. W10). Ebenfalls 1918 konstituierte sich die „Mülheimer Wohnstätten Aktiengesellschaft" nach Verhandlungen zwischen der Stadt Mülheim und Vertretern der Mülheimer Industrie. Sie hatte den Bau von Wohnhäusern für städtische Beamte und Angestellte der industriellen und gewerblichen Betriebe zum Ziel. Mit ihr war der Grundstein für die Saarnbergsiedlung gelegt, für deren Planung und

138 1898 zum Beispiel der „Bau- und Sparverein evangelischer Bürger und Arbeiter" von 1898; 1900 folgte der „Allgemeine Spar- und Bauverein", s. StA MH 1200/2183, pag. 96 u. 102.

139 Preuß. Wohnungsgesetz vom 28.3.1918 und Reichssiedlungsgesetz vom August 1919 auf der Grundlage der Verfassung der Weimarer Republik, §155, 1,1 und §155, 1,1b.

140 StA MH 1200/2183, S. 286: Schreiben des Gewerkschaftssekretärs Heinrich Henkstmeier im Auftrag des Mietervereins an Oberbürgermeister Lempke (sic!) v. 18.6.1918.

141 StA MH 1200/ 2151: Schreiben des Oberpräsidenten der Rheinprovinz vom November 1919.

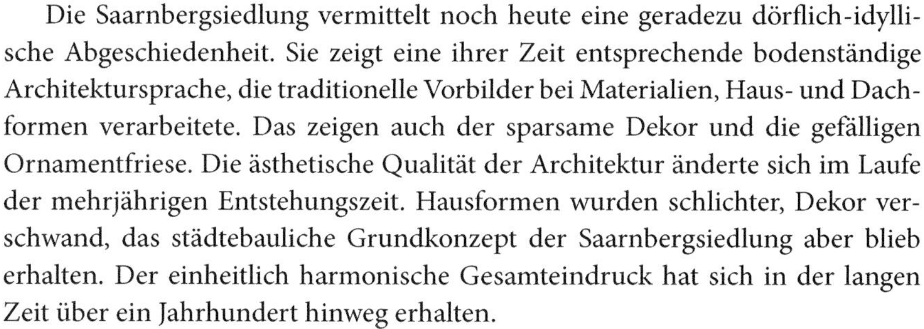

Abb.56: Saarnbergsiedlung, Haustypen

Ausführung Pfeifer und Großmann verantwortlich wurden[142]. Die dritte Mülheimer Siedlung plante ab 1918 der Mülheimer Architekt Theodor Suhnel als Werkssiedlung für Werktätige der Firma Krupp im Auftrag der „Siedlungsgenossenschaft Heimaterde eGmbH" mit gartenstädtischem Ansatz, Selbstversorgung der Bewohner und Grünflächen zur Erholung[143].

Das Gestaltungskonzept der Saarnbergsiedlung (Kat. Nr. 27) fußte auf der Idee von Gartenstadt, wie sie von England ausgehend von Hermann Muthesius und dem Werkbund aufgegriffen wurde[144]. Die normierten zweigeschossigen Haustypen der Saarnbergsiedlung bestehen aus kleineren Doppelhäusern und Vierfamilienhäusern. Die Variationen in Größe und Fassadenschmuck der frühen Häuser sind eher gering (siehe Katalog). Einige Gestaltungsmerkmale Karlsruher Siedlungshäuser der Siedlung Rüppurr, etwa die kleinen, rundbogigen Nischenfelder über Fenstern einzelner Häuser, begegnen hier wieder. Die Grunddisposition der Siedlung als hufeisenförmige Anlage erinnert wie ewähnt an die Karlsruher Hardtwaldsiedlung.

Abb. 57 Dekorfriese der frühen Häuser der Saarnbergsiedlung

Die Saarnbergsiedlung vermittelt noch heute eine geradezu dörflich-idyllische Abgeschiedenheit. Sie zeigt eine ihrer Zeit entsprechende bodenständige Architektursprache, die traditionelle Vorbilder bei Materialien, Haus- und Dachformen verarbeitete. Das zeigen auch der sparsame Dekor und die gefälligen Ornamentfriese. Die ästhetische Qualität der Architektur änderte sich im Laufe der mehrjährigen Entstehungszeit. Hausformen wurden schlichter, Dekor verschwand, das städtebauliche Grundkonzept der Saarnbergsiedlung aber blieb erhalten. Der einheitlich harmonische Gesamteindruck hat sich in der langen Zeit über ein Jahrhundert hinweg erhalten.

In unmittelbarer Nachbarschaft zur Saarnbergsiedlung war mit der Broich-Speldorfer Wald- und Gartenstadt AG schon 1906 eine ganz anders geartete Gartenstadtsiedlung gegründet worden. Sie war exklusiv den gehobenen Ansprüchen einer betuchten Gesellschaftsschicht vorbehalten[145]. Ihr Grundgedanke entsprach kaum den Idealen der ursprünglichen Gartenstadtbewegung

142 Die dritte Initiative, die „Siedlungsgenossenschaft Heimaterde eGmbH", entstand als Wohnsiedlung für Werksangehörige der Firma Krupp, begonnen 1918 nach Planungen von Theodor Suhnel.

143 Architektur in Mülheim, Architekturführer, hrsg. durch Architekten Helmut Becker, Erich Bocklenberg u. a., Mülheim 1992, Nr. 45.

144 Fußend auf den Schriften von Ebenizer Howard und Unwin in England; Hermann Muthesius (s. a. Thieme-Becker. Allg. Künstlerlexikon, Bd. 25, Leipzig 1931, S. 296) und Heinrich Tessenow bauten in diesem Geist 1906 die Gartenstadt Hellerau bei Dresden; s. a. Zukowsky, John, op. cit., S. 238; Klapheck, Richard, op. cit. S. 72f.

145 Maas, Barbara, op. cit., S. 62–64; Hermann Muthesius, Architekt, Architekturtheoretiker und Protagonist der Gartenstadtbewegung, lobte in einem Gutachten 1912 überschwänglich die Anlage der Broich-Speldorfer Wald- und

mit sozialreformerischem Ansatz. Angesehene Architekten und „Gartenkünstler“ wie Wilhelm Kreis und Hermann Muthesius waren als Architekten für die repräsentativen Häuser vorgesehen. Zu ihnen zählte aber auch Hans Großmann. Er entwarf zwischen 1917 und 1920 zwei herrschaftliche Villen mit großen Parks in verwandtem Typus und Stil von Haus Möhlenbeck (Kat. Nr. 23) 1917 und 1927 Haus Buhr (Kat. Nr. 52). Beide Häuser erscheinen als voluminöse Baukuben mit hohen Mansarddächern.

Abb. 58: Wohnhaus Am Uhlenhorst, Villenentwurf von Pfeifer und Großmann 1927

4.3 Drei „Paläste"

4.3.1 Der Uferpalast – Die Stadthalle in Mülheim

Nach dem spektakulären Rathausbau stellte zehn Jahre später die Mülheimer Stadthalle ein zweites Schlüsselwerk im Oeuvre von Pfeifer und Großmann dar. (ausführliche Beschreibung u. Abb. 59, s. a. Katalog Nr. 41)[146]. Hans Großmann fertigte schon sehr früh 1913 einen ersten Entwurf für das von der Stadt angekaufte Areal am Ruhrufer gegenüber dem Stadtbad. Dieser in hohem Grade traditionalistische, an Neorenaissance-Vorbildern orientierte Entwurf spielte im offiziellen Wettbewerb später keine Rolle mehr[147] (Abb. 60). Die soziale und politsche Lage war noch geprägt von den Spannungen der Nachkriegsära, als erst 1922 der offizielle Wettbewerb um den Bau der Stadthalle angesetzt wurde.

Im Wettbewerb konkurrierten Pfeifer und Großmann u. a. mit Emil Fahrenkamp. Dessen Entwurf, in einer Skizze erhalten, bestand aus drei langen, geschossweise zurückspringen Ebenen längs der Ruhr mit eine Sockelzone als lange, spitzbogige Arkadenreihe. Die zweite Gebäuedeebene zeigte in dichter Reihung schmale, schlitzartige Fensteröffnungen. Darüber erscheint rückversetzt der Saalbau (s. Abb. 61). In Konkurrenz zu Emil Fahrenkamp, dem später die Innenausstattung übertragen wurde[148], entwickelte Hans Großmann den

Gartenstadt, wo „mit Scharfblick die Bedürfnisse der nächsten Zukunft vorausgeahnt sind", zit. aus: Barbara Maas, op cit, S. 64. Die „betuchte Klientel" hatte allerdings nur wenig Interesse.

146 Die neue Stadthalle zu Mülheim-Ruhr, in: DBZ Jg. 60, Nr. 16/17 v. 24.2.1926, S. 137–143, Bezeichnung Uferplast: Zitat. S. 137; s. dazu auch Melanie Rimpel: Die Stadthalle, in: Zeugen der Stadtgeschichte. Baudenkmäler und historische Orte in Mülheim an der Ruhr, hrsg. v. GVM, Mülheim an der Ruhr 2008, S. 216–228.

147 Siehe dazu die genauere Beschreibung im Katalog Nr. 42.

148 Christoph Heuter, wie zit. S. 294, Kat. N. 65.

großen Bau in klaren, symmetrisch gestaffelten Baukuben längs der Ruhr. Der hohe Saalbau bildet bei Pfeifer und Großmann das fast majestätische Zentrum des Gebäudekomplexes.

Nach eigenen Aussagen haben Hans Großmann Studien mittelitalienischer, antiker und spätromanischer Stadtpaläste zu der Baugestaltung inspiriert. Er habe sich „an die machtvollen und stolz-feierlichen Palastbauten früherer Jahrhunderte“ erinnert[149]. Es verwundert nicht, dass er sich auf Grund der unmittelbaren Lage an der Ruhr von Vorbildern leiten ließ, die das Bauen am Wasser – ja sogar im Wasser – leitbildhaft geprägt haben: von venezianischen Palazzi. Genannt wird als Vorbild auch immer wieder der antike Diokletianspalast in Split aus dem 4. Jahrhundert, der sogar im Wasser stand[150].

So geschlossen, glatt und wuchtig der Großmannsche Bau der Stadthalle aus der Ferne wirkt, so überrascht er in der Nähe in seinen zurückhaltend dekorativ abstrakten Detailformen der Fassade. Kräftige Blendgurte in quadratischer Anordnung, geometrische, wie Lochstickerei wirkende Dekorformen oder auch Girlanden innerhalb der Blendleisten und die wie eine zwei-

Abb. 59: Stadthalle Mülheim an der Ruhr 1926

Abb. 60: Stadthalle, früher Entwurf von Hans Großmann 1913

Abb. 61 Ein früher Gegenentwurf von Emil Fahrenkamp

149 Bauamt und Gemeindebau: Zentralblatt für Bauverwaltungen und öffentliches Bauwesen 1926, zit. aus: Melanie Rimpel: Die Stadthalle, wie zit., S. 218; W. Hendel, in: Festschrift zur Eröffnung der Stadthalle am 5.1.1926.

150 Weniger überzeugend ist der Hinweis auf den Semperplan zur Erweiterung des Dresdner Zwingers von 1835 oder Planungen von August Stüler für ein Forum mit neuem Museum an der Spree 1843–1855, dazu: Roland Günther, wie zit., S. 37; Abb. des Semperplans von August Stüler in: Kurt Milde: Neorenaissance in der Architektur des 19. Jahrhunderts, Dresden 1981, S. 145, 205 oder ebd., S. 207: Karl Friedrich Schinkels Entwurf zu einem Lustschloss in Orianda.

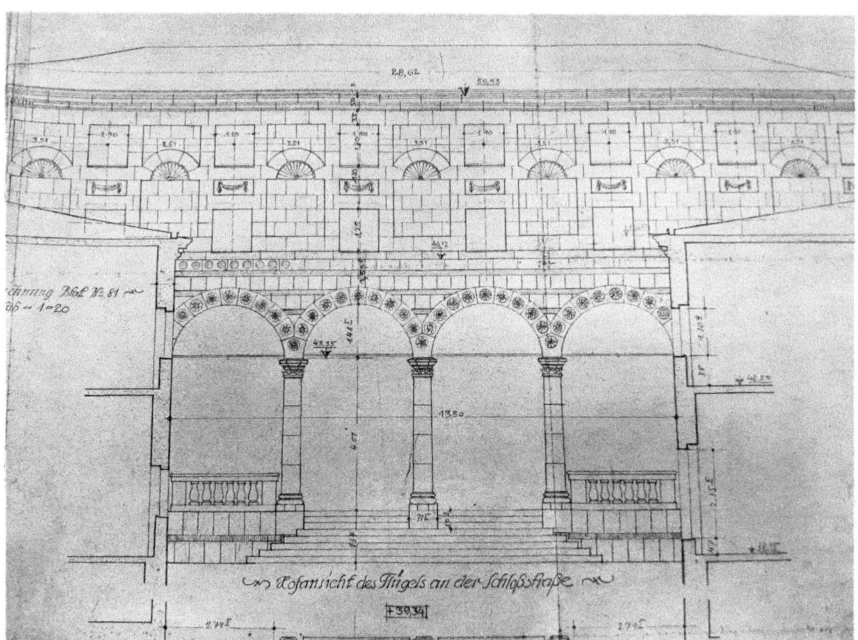

Abb. 62: Stadthalle, Fassadenentwurf für den Flügel an der Schloßstraße

te Haut die Fassade des hohen Festsaals überziehenden flachen Blenden mit sparsam geometrischer Ornamentik bilden ein facettenreiches Muster auf der Fassade (Kat. Nr. 41). Ein „modern umformulierter" Triglyphen-Metopenfries hält als gebäudeumspannendes Gurtgesims alle Baukuben optisch zusammen. Je nach Blickwinkel entwickelt sich eine Harmonie optisch spannender Reihung oder ein Bild majestätischer Ruhe.

Die Fenster differieren in ihrer Gestalt je nach Baukörper. Die hochrechteckigen Fenster der Ruhrfront werden von Segmentbogengiebeln überfangen, die ihre einfache Gestalt auratisieren. Okulifenster unter dem Zahnfries des Kranzgesimses kennt schon die mittelalterliche Kirchenarchitektur. Zusammenfassend kann man hervorheben, dass der Bau eine eklektizistische Vielfalt aus unterschiedlichen Einflüssen aufweist. Romanische Architekturformen mit ihrer festen Erdung finden sich ebenso wie fast maurisch anmutende Flächendekors. Wegen der Blendleisten der Fassade wird der Bau wenig überzeugend mit dem Beschlagwerk des sog. Florisstil in Verbindung gebracht[151]. Er ist ein Stilmix, der mit seinen geometrischen, flächig stilisierten Formen dem Art déco nahesteht.

Bautechnisch erwähnte Hans Großmann als Vorbild für die zentrale stützenfreie Halle des hohen Festsaaltraktes die Hallenbauten der Industrie, die er im industriedichten Umfeld entstehen sehen konnte.

Die Innenausstattung übertrug man Emil Fahrenkamp. Ob die Freundschaft zwischen Emil Fahrenkamp und dem Beigeordneten Arthur Brocke zu

151 Dazu auch Jörg Schmitz: Baukunst in Mülheim an der Ruhr, in: ZGVM 91 (2016), Anm. 10, S. 63; dagegen: Christoph Heuter, wie zit., S. 332.

dieser Auftragssplittung beigetragen hat, lässt sich nur vermuten. Über diese „sonst nicht übliche" Zweiteilung der Aufträge äußerte die zeitgenössische Architekturkritik überwiegend Befremden, die im „Ergebnis an die Zeit des alternden Ludwig XIV. erinnere, wo sich die äußere architektonische Gestaltung so stark von der inneren Dekoration der Räume entfernt" [152]. Das Bedauern in der Architektenschaft über die Auftragsteilung zwischen Hans Großmann sowie Fahrenkamp war neben der Tatsache der Aufsplittung an sich auch das Bedauern darüber, dass Hans Großmann seine bekannte Stärke im Dekorativen nicht einsetzen konnte. „Es scheint, als habe Hans Großmann den Ehrenhof als einzigen Innenraum, der ihm geblieben, mit aller Liebe behandelt". Der Gegensatz zwischen Innerem und Äußerem wurde von einigen als „Bruch im baulichen Organismus", als einen Mangel der Mülheimer Stadthalle begriffen[153].

Am 6.1.1926 wurde die Stadthalle feierlich eröffnet. Insgesamt sollten 1896 Einladungen ausgesprochen werden. Neben Oberbürgermeister Lembke hielten Hans Großmann und Emil Fahrenkamp kurze Reden zu ihrer Arbeit. Arthur Pfeifer hatte am 3.1.1926 kurzfristig seine Teilnahme abgesagt, ebenso wie Konrad Adenauer.

Einem Teil der Mülheimer Öffentlichkeit passte der Bau der Stadhalle aus ganz anderen Gründen in dieser Zeit geschärfter sozialer Spannungen nicht. „Ihr Herren, die ihr so redet, ihr habt es mit einer Raffinesse, die Eure Konkurrenten vor Neid platzen läßt, fertig gebracht, das Geld durch Inflation und Notzeit glücklich hindurchzubringen, bis eine Stadthalle daraus wurde. Sollte es euch bei einigermaßen gutem Willen nicht auch möglich gewesen sein, das Geld zum wahren Volkswohl, zum Heimstättenbau zu verwenden, um dann erst in späterer besserer Zeit an den Stadthallenbau heranzugehen?"[154].

Und noch etwas erhitzte die öffentliche Meinung in der Stadt: die edlen Materialien der Fassade, Muschelkalk aus entfernten Brüchen um Würzburg. Auch die künstlerische Ausstattung durch Künstler aus Karlsruhe erregte heftigen Anstoß bei der einheimischen Handwerker- und Künstlerschaft, der schon im Zusammenhang mit dem Rathausbau artikuliert wurde[155]. „Dieser Bau ist nicht der Ausdruck der Größe, der Kraft, der Einigkeit der Volksgemeinschaft, wie es sein müßte und wie es ihm immer nachgerühmt wird; nein, er ist der Ausdruck des Verfalls, der Schwäche, des Egoismus, der ganzen trieb- und instinktmäßigen Genußbefriedigung unserer Zeit"[156].

152 Festschrift zur Eröffnung der Stadthalle Mülheim-Ruhr am 6.1.1926, darin: W. Hendel, S. 5; s. a. zur Kritik an der Auftragsteilung: Eduard Jobst Siedler, in: Die Baugilde 5 (1926), S. 246.

153 Zitate: Stadtrat Albert Lange, Bottrop, in: WMB 11, H. 1 (1927), S. 22; Kritik am ganzen Bau in: WMB 1926, S. 469.

154 Mülheimer Tageblatt v. 23.2. 1926, aus: StA MH 1200/2184 Pressespiegel.

155 Dazu StA MH 1200/2190; Alemann-Schwartz, in: ZGVM Bd. 67 (1995), S. 35–36 u. Anm. 53, S. 65. Entwurfzeichnungen 1924 für Fassade und Grundriss der Schloßstraßenseite, Aufrisse Treppenwände, Arkadenhalle und Vorhof in GLA KA, Findbuch Abt. 69, Inv. Nr. Z–140, s. a. StA MH 1500/1/1-40.

156 StA MH 1200/597: Pressespiegel.

Abb. 63: Hotel Duisburger Hof

Im Großen und Ganzen überwog in der Öffenlichkeit aber Anerkennung für das fertige Werk. „Imposant von außen, bedrückend schön von innen", lautete etwa ein Fazit[157]. Auch beeindruckte die Verbindung von „Zweck und Intuition".

4. 3. 2 Der Hotelpalast – Hotel Duisburger Hof

In der Nachbarstadt Duisburg reifte in unmittelbarer Nachkriegszeit 1919 ebenfalls der Entschluss für ein größeres Bauvorhaben, nämlich einen Hotel- und Bürohauskomplex als „Treffpunkt für die Großindustrie und ihre Gäste" [158] (Beschreibung Kat. Nr. 49). Nach einem nicht unumstrittenen Wettbewerb 1922 unter den regional geborenen oder ansässigen Architekten wurde Hans Großmann mit der Planung beauftragt. Mit diesem Bau gelang ihm ein weiteres architektonisches Meisterwerk, ein „Hotelpalast"[159], wie er gerne genannt wurde. Die Aufgabenstellung für den Architekten ähnelte in gewisser Weise derjenigen der Mülheimer Stadthalle, „durch ruhige, klare Massenverteilung ein charakterstisches Gebäude zu schaffen, das seinen Zweck auf den ersten Blick bekundet"[160]. Dabei sollte eine „künstlerische Formgebung der Gebäudemassen" angestrebt werden.

[157] Zitate aus: StA MH 1200/597 Pressespiegel vom 10.1.1926 und P. J. Cremers: Emil Fahrenkamps Innenraumgestaltung der Mülheimer Stadthalle, in: DKDeK XXIX. Jg., H. 8, Mai 1926, S. 99–120, hier S. 99.

[158] S. Gutachten zur Aufnahme des Hotels in die Denkmalschutzliste 2006, S. 2.

[159] P.J. Cremers, wie zit. Bd. I (1928), S. XII.

[160] Zitate aus: Carl Brocker: Der Neubau des Duisburger Hotel- und Bürohauses (Hrsg.), Duisburg, Juni 1927 o. S.; s. a.: Kurt Bloemers: Hotel Duisburger Hof. Duisburg, Berlin- Leizig- Wien 1928, S. VII.

Großmann entwarf einen innen wie außen modernen Funktionsbau mit vornehm zurückhaltendem Fassadenschmuck. Eine klare Gebäudestruktur, ausgewogene Proportionen und eine harmonische Erscheinung des großen Baukubus sind die herausragenden Merkmale. Die durch kräftiges Quadermauerwerk betonte Sockelzone gegenüber den insgesamt mit glatten Muschelkalkplatten versehenen Fassadenfronten erdet den Bau. Überraschend tritt aus der beiten Fassade der niedrige Portikus heraus, dessen Dachabschluss fast wie abgeschnitten wirkt. Die phantasievollen Säulenkapitelle und kubischen Szenengehäuse sowie die Kaskaden der Säulenbögen erinnern an maurisch inspirierte Bogenformen und Kapitelle. Dekorativen Flächenstil, wie er in der islamischen Kunst geläufig ist, zeigen die Steingitter der Lünettenfenster über dem Rautenfries des Erdgeschosses. Dies alles bildet einen reizvollen Kontrast zur übrigen, strengen Architektur und betont programmatisch das Ferne, das Fremde.

Abb. 64: Hotel Duisburger Hof Portikus

Mit der Ikongraphie des Figurenschmucks bekundet der kleine, ungewöhnliche Portikus den Gebäudezweck des großen Bauwerks: ein Haus für Gäste zu sein. Die Köpfe im umlaufenden Gebäudefries sollen in typischen Physiognomien die fünf Erdteile darstellen, die kleinen, puppenstubenartigen Gehäuse über den fantastischen Kapitellen thematisieren das Reisen mit Begegnungen, Ankunft, Schlafen, einem Gastmahl. Es ist quasi eine Inszenierung des Reisens in kleinen szenischen Reliefs (Abb. 65).

Abb. 65: Kapitellgehäuse am Portikus des Hotels Duisburger Hof

Der Gesamtkomplex vereinte nicht nur ein Hotel und Bürohaus, sondern auch ein Theater. Die über dem gebäudeumspannenden Gurtgesims oberhalb des Erdgeschosses abwechselnden kleinen Figuren von Greifen, Fischwesen und einem aufgeschlagenen Buch lassen sich als dezente Anspielung auf die Ebene der Phantasie, des Märchenhaften, des Theaters verstehen. Großmann erwähnte in seinem Befähigungsnachweis im Zusammenhang mit dem Wettbewerbsverfahren, dass er „1 ½ Jahre in Karlsruhe als Vertreter des Hofbaudirektors bautechnischer Inspektor des Karlsruher Hoftheaters“ gewesen sei und auch Kenntnis der neuesten Theater aus eigener Anschauung habe[161].

[161] StA Du 951/7.

Abb. 66: Pfeiler im Weinrestaurant

Abb.67: Handlauf in der Empfangshalle

Er zog für den Gebäudeschmuck des Portikus Künstler hinzu, die schon bei verschiedenen Bauten mitgewirkt haben. Der Duisburger Willi Hoselmann[162] schuf zum Beispiel den gesamten plastischen Außenschmuck. Das Dach des Portikus ziert eine vergoldete, emblematische Kogge als Symbol für die Hafen- und alte Hansestadt Duisburg.

Mitgewirkt hat auch die Großherzogliche Majolikamanufaktur mit Entwürfen von Paul Speck[163], z. B. mit dekorativen, deckenhoch quadratischen Pfeilern im Weinrestaurant und phantasievollen graphischen und floralen Ornamenten. Leuchten in Tütenoptik waren auf den Pfeilern angebracht wie auch an den Wänden des Restaurants. Wellenförmig wulstig gestaltet waren die Deckenkanten der Pfeiler, entsprechend auch die Deckenkanten der Wände. Stilmittel, die das Art déco kennzeichnete[164]. Andere Künstler kamen von der Kunstakademie in Düsseldorf, darunter Victor Lurje mit einer vergoldeten Dreiviertelfigur mit Füllhorn in der Eingangshalle und Akademieprofessor Heinrich Nauen mit fünf Bildern im Lesesaal.

Der ehemalige Sommerhof (Abb. Kat. 49) überraschte gegenüber der übrigen Raumaussstattung der Säle mit einer deutlichen Hinwendung zum Neuen Bauen. Die Fensterbänder, die überhöhten Eckbetonungen einzelner Gebäudeteile, der Mosaikboden wiesen auf die Formensprache des dekorativen Zeitstils der 20er Jahre. Die Mischung aus konstruktivistischen, expressiven und historisierenden Elementen ist das Charakteristikum der Raumkonzeptionen dieses Hauses. Bemerkenswert sind Ausführung und Details des Handlaufs des im ursprünglichen Zustand erhaltenen Treppenhauses im Art déco Stil.

4. 3. 3 Die Wasserburg – Das RWW Verwaltungsgebäude Kat. 51

In Mülheim wurde das städtebauliche Ensemble großzügig dimensionierter, repräsentativer Bauten längs der Ruhr vier Jahre später mit dem Verwaltungsgebäude der Rheinisch-Westfälischen Wasserwerksgesellschaft 1929 komplettiert. Die Schloßbrücke von Hermann Billing stellte optisch die Klammer von Rat-

162 Willi Hoselmann, geb. am 27.1.1890, gest. 1978 in Düsseldorf; studierte an der Kunstakademie Düsseldorf u. war Mitglied des Künstervereins Malkasten; in Mülheim stammen von ihm Reliefs über den Hauseingängen des Wohnkomplexes Eduardstraße/Adolfst./Kämpchenstr./Muhrenkamp

163 P. J. Cremers: Innendekoration: Mein Heim, mein Stolz; die gesamte Wohnungskunstin Bild und Wort Nr. 38 (1927), S. 406–408; zur Innenausstattung s. a.: Arne Sildatke: Dekorative Moderne. Das Art Deko in der Raumkunst der Weimarer Republik, Diss. FU Berlin 2013, S. 372–376; Gutachten Untere Denkmalbehörde Duisburg, S. 5; Abb. StA MH Fotosmgl.

164 Bloemers, Kurt, wie zit.; P. J. Cremers: Das Hotel „Duisburger Hof", in: Innendekoration: mein Heim, mein Stolz: die gesamte Wohnungskunst in Wort und Bild 38 (1927), S. 407–08; weitere Literatur: Wenzel, Maria: wie zit., S. 256, 315, s. a.: Arne Sildatke, wie zit., S. 11; s. a.: Gutachten der Unteren Denkmalbehörde in Duisburg 2006, S. 7.

haus, Stadtbad und Stadthalle und nun auch RWW-Verwaltungsgebäude her.

Abb. 68: Verwaltungsgebäude der Rhein. Westf. Wasserwerksgesellschaft (RWW)

Mit dem Verwaltungsgebäude der Wasserwerksgesellschaft erfüllten Pfeifer und Großmann die städtebauliche Vision der Stadtspitze, dem Stadthallengebäude am Fuß der Schlossbrücke ein optisch repräsentatives Pendant gegenüberzustellen. Ohne Fassadenornamentik, nur sparsam Akzente setzend, repräsentiert der langgestreckte Bau im Gegensatz zur Stadthalle explizit die Entwicklung der neuen Architektur hin zu Versachlichung, Reihung, Funktionalität. Gegenüber der Stadthalle nimmt der Bau in freier, schnörkelloser Form das Arkadenmotiv der Stadthalle auf. Der einzige Schmuck der Pfeiler besteht aus Wappenschilden mit Werksymbolen auf kleinen Konsolen in Höhe einer angedeuteten Kämpferzone. Mit der propyläenartigen Eingangssituation durch Stadthalle und RWW-Verwaltung verhalf Hans Großmann der Stadt Mülheim zur gewünschten „imposanten Kulisse“[165] am linken Ruhrufer.

Stadthalle, Hotel Duisburger Hof und RWW-Verwaltungsgebäuden stellen zusammen mit dem Rathaus Schlüsselwerke von Pfeifer und Großmann dar. Sie lassen in ihrer äußeren Erscheinung eine Architekturentwicklung zu mehr und mehr konstruktiver Strenge erkennen. Damit einher ging eine Abkehr von übertriebenem Dekor hin zu sparsam eingesetzter Dekoration, die anschaulich Wesen und Bedeutung der Bauten unterstreicht.

Abb. 69: Propyläenartiger Vorbau des RWW-Verwaltungsgebäudes

165 Wilhelm Busch: Bauten der 20er Jahre an Rhein und Ruhr, Köln 1993, S. 113.

5 Stadt in den 1920er Jahren

Städtische Siedlungspolitik der 20er Jahre hatte für eine wachsende Bevölkerung mit mäßigem Einkommen zu planen. Was frühere sozialreformerische Gesetzgebungen schon eingefordert hatten, eine „vermehrte Herstellung kleiner, gesunder und preiswerter Wohnungen für die minderbemittelten Klassen", unterstützten in den 20er Jahren neue, gemeinnützige Baugesellschaften und Baugenossenschaften[166]. Als Bauherren traten dann nicht die Städte, sondern betriebliche, gemeinnützige oder genossenschaftliche Organisationen in Erscheinung, in deren Aufsichtsrat dann häufig städtische Amtsträger saßen. Gefordert waren Mietwohnungen, deren Wohnqualität sich durch grüne Höfe und helle und lichte Wohnbereiche auszeichneten. In diesem Sinne entwarfen Pfeifer und Großmann im Laufe der 20er Jahre sowohl in Karlsruhe als auch in Mülheim eine Reihe größerer Mietwohnkomplexe.

5.1 Mietwohnungsbau – Von dörflicher Idylle zur Blockrandbebauung

Es war die Genossenschaft Hardtwaldsiedlung, die als drittes großes Bauprojekt in Karlsruhe die Häuserblocks am Fasanengarten, in der Hölderlinstraße 1a–5, Karl-Wilhelm-Straße 3–23 und Parkstraße 30–68, ab 1921–22 im Auftrag der Gemeinnützigen Mieter- und Handwerkergenossenschaft eGmbH (Kat. Nr. 32) baute. Pfeifer und Großmann verwirklichten eine Gartenstadtideen nahestehende Wohnanlage mit großzügiger, rückwärtiger Grünanlage und schmalen Vorgärten. In geschlossener Blockrandbebauung angelegt, bot die Wohnanlage einen harmonischen Gesamteindruck durch Regelmäßigket, Reihung und Achsialität. Gestaltungselemente wie Feldsteinsockel und die Betonung der zentralen Eingangsachsen durch Überhöhung mit Dreiecksgiebeln und Zierbalkonen sowie eine Art Gurtgesims zitieren dezent traditionelles Formenvokabular. Auch die aus der Frontzeile hervortretenden Flügelendbauten an der Karl-Wilhelm-Straße erinnern an klassischen Baurhythmus.

166 Zitat aus: Reichsgenossenschaftsgesetz von 1889 und Ministerieller Erlass von 1901, siehe: Kristiana Hartmann: Die Siedlungen der Zwanziger Jahre, ihre historische Bedeutung und ihre aktuelle Gefährdung, in: Siedlungen der Zwanziger Jahre in Niedersachsen (=Arbeitsheft zur Denkmalpfklege in Niedersachsen 4), Hannover 1985, S. 7–8

In Mülheim an der Ruhr brachte der städtische Beigeordnete für Planung Arthur Brocke in seiner am 2.9.1919 beginnenden zwölfjährigen Amtszeit im Einvernehmen mit dem ebenso zielstrebigen Oberbürgermeister Paul Lembke eine Fülle an Projekten und Vorhaben mit Elan und Durchsetzungskraft auf den Weg[167]. Er entwickelte zahlreiche Siedlungsvorhaben, an denen unter anderen das Büro Pfeifer und Großmann mitwirkte. Seine Bedeutung für die Stadt kann nicht hoch genug eingeschätzt werden.

Brocke war ein Macher und Ideenspender. In der Stadt begann in seiner Amtszeit trotz klammer Kassen und politischer Unruhen eine spürbare Aufbruchstimmung. Beispiel dafür ist auch die oben besprochene Verwirklichung der neuen Stadthalle. Für das Büro Pfeifer und Großmann Mülheim wurde die Dekade seiner Amtszeit eine beruflich glänzende Zeit. Das Büro profitierte von den energischen Aktivitäten Brockes für die Stadt. Hans Großmann hatte sich in Mülheim schon vorher hohes Ansehen erworben. Zu Arthur Brocke, der selbst als progressiver Architekt im Sinne des Neuen Bauens in Mülheim wirkte, scheint schon bald ein enges kollegiales Verhältnis gewachsen zu sein[168].

1927 entstand mit der Siedlung Muhrenkamp (Kat. Nr. 54) der erste große Mietwohnkomplex von Hans Großmann in Mülheim. Gebaut vom Gemeinnützigen Bauverein Essen handelt es sich um eine ähnlich große Wohnanlage wie in der Hölderlin-/Karl-Wilhelm-/Parkstraße in Karlsruhe. Ihre Charakteristik aber hatte sich entscheidend gewandelt. In Mülheim zeigt sich die mittlerweile gewandelte Architekturauffassung, die für das Bauen ab der Mitte der 20er Jahre charakteristisch wurde[169].

Flachdächer, rhythmisch versetzte Hausfronten und eine weitgehend schmucklose Putzfassade ge-

Abb. 70a: Karlsruhe ‚Wohnen am Fasanengarten' Rondell Karl Wilhelm-Straße/Ecke Parkstraße

Abb. 70b: ebd. Häuserzeile Karl-Wilhelm-Straße

Abb. 71: Mülheim an der Ruhr Siedlung Muhrenkamp

167 StA MH Bestand 1210/3 (1), Bl. 10v; alle persönlichen Daten s. dort.

168 Arthur Brocke entwarf in Mülheim z. B. die Realschule Stadtmitte als ein frühes Beispiel neusachlicher Architektur, gebaut ab 1925/26; Denkmalliste der Stadt Mülheim Nr. 89.

169 Muhrenkamp: Liste der Baudenkmäler Mülheim an der Ruhr Altstadt I; Architekturführer Mülheim an der Ruhr, hrsg. v. H. Becker, E. Bocklenberg u. a., Mülheim an der Ruhr 1992, S. 51, s. a.: Franziska Bollerey/Kristina Hartmann: Siedlungen aus dem Regierungsbezirk Düsseldorf, hrsg. v. Kommunalverband Ruhrgebiet o. J. (1978) M 17, m. Abb.

Abb. 72: Siedlung Muhrenkamp vertikales Fensterband

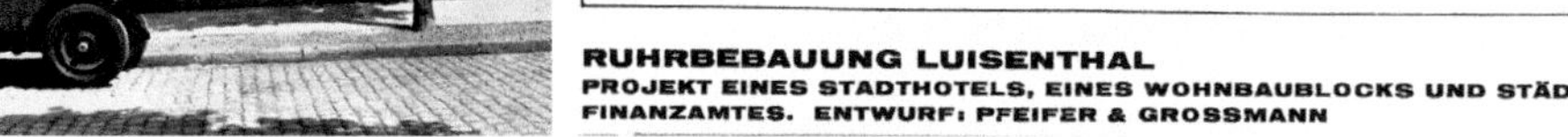

Abb. 73: Projekt Parksiedlung Luisental

hören zu typischen Merkmalen. Die schmalen, vertikalen Fensterbänder der zentralen Eingangsachsen füllen geometrische, gitterartige Strukturen aus. Unterhalb der Fensterbänder sitzen als einziger Fassadenschmuck kleine figürliche Reliefs über dem Eingangsgewände. Sie sind das Werk von Willi Hoselmann, dem auch am Hotel Duisburger Hof und der Mülheimer Stadthalle in Zusammenarbeit mit Hans Großmann tätigen Künstler. Kräftige Gewände fassen die Eingänge ein, die ähnlich an vielen Bauten aus der Zeit anzutreffen sind[170]. Die Betonung der Senkrechte, vor allem senkrechte Fensterbänder, im Kontrast zu waagerechter Rasterung, sind ein typisches Element der 20er Jahre-Architektur.

Das Credo des Neuen Bauens „Licht und Luft für alle“ sollte die innerstädtischen Bauprogramme leiten. Weitere Prioritäten waren Wirtschaftlichkeit, Zweckmäßigkeit, größtmögliche Flächennutzung und Solidität des Materials. Ganz diesen Prinzipien entspricht die gleichzeitig von Pfeifer und Großmann geplante „Parksiedlung“ Luisental (Kat. Nr. 53) in Mülheim, eine städtisches Projekt. Im weitesten Sinne gehört diese Wohnsiedlung zur Komplettierung der neuen Ruhruferanlagen (Kat. Nr. 50). Die unmittelbar am Kanal liegende Siedlung Luisental wurde als Beispiel für ein vornehmes Wohnviertel in der zeitgenössischen Literatur gefeiert. „Die ganze Architektur klingt durch ihre leuchtend weiß verputzten Flächen, unterstrichen durch schwarze Fensterlaibungen und blau oder gelbe Fensterrahmen, in prachtvollen Akkorden mit der intimen Schönheit dieser Ruhrlandschaft zusammen. Einige Erkervorsprünge in malerischen Klinkern geben der breiten Fassade eine rhythmische und vertikale Gliederung“[171]. Die Erker überspannen die Gebäudekanten. Mit ihrem dunklen, heute roten Putz sind sie optisch ein wichtiges Gestaltungselement der

170 Z. B. an Bauten Emil Fahrenkamps der Rheinstahl AG in Düsseldorf von 1925: WMB 1925, H. 1, S. 9.

171 P. J. Cremers II, wie zit. (1930), S. X, dort auch Ausstattung beschrieben.

Abb. 74: Mülheim an der Ruhr Wohnsiedlung Karlsruher Straße/Haydnweg

Abb. 75: Siedlung Anne-Frank-Platz

ansonsten schmucklosen Fassade[172]. Die Ausstattung der Wohneinheiten im Inneren war nicht nur räumlich großzügig, sondern auch technisch von hohem Standard.

Die Siedlung Luisental ist ein gutes Beispiel für funktionale Architektur im Sinne des Neuen Bauens, gekennzeichnet durch Reihung, Gruppierung der Baukörper, nüchterne Fassaden ohne Bauschmuck, strenge Rastergliederung der Fenster, Verklammerung der Hauseinheiten über Gebäudeecken hinweg, Konturierung durch farbliche Kontrastierung.

Die Mülheimer Dependance Pfeifer und Großmann baute in den späteren 20er Jahren in Mülheim weitere große Wohnanlagen. Im Auftrag des „Arbeiter Spar- und Bauvereins Oberhausen" entstand 1928–29 am Haydnweg, Ecke Karlsruhe Straße[173] (Kat. Nr. 69) eine große Wohnsiedlung in Blockrandbebauung. In ihrem rhythmisch gestaffelten Wechsel der Fluchtlinien antwortet sie direkt auf die Rhythmik der Blockrandbebauung des gleichzeitig entstandenen, gegenüberliegenden Carrées Haydnweg, Karlsruher Straße, Hundsbuschstraße von Emil Fahrenkamp[174].

Zur gleichen Zeit begannen die Planungen für zwei weitere Siedlungen am Werdener Weg (Abb. Kat. Nr. 62) und am heutigen Anne-Frank-Platz (Abb. Kat. Nr. 68). Der städtebauliche Plan von Arthur Brocke, an der Oberheidstraße eine große Eigenheimsiedlung zu schaffen, musste aus wirtschaftlichen

172 Die offenen seitlichen Balkone gehörten ursprünglich nicht zu den Bauten.

173 Entwurf bei J. P. Cremers, wie zit., Bd. I (1928), Abb. 47; s. dazu Christoph Heuter: Emil Fahrenkamp, wie zit., Hinweis auf Zs. Bauwarte 4, 1928, S. 281–288. (Eingang Kraftfahrer Rheinstahl Anm. 261); WAZ, 20.12.1979, Nr. 295.

174 Emil Fahrenkamp 1928/29, s. dazu: Christoph Heuter, wie zit., Kat. Nr. 141, S. 392–93, 4 Abb.; irrtümlich von Bollerey/Hartmann: Siedlungen aus dem Reg. Bez. Düsseldorf, wie zit., Nr. MH 16, Pfeifer und Großmann zugeschrieben.

Gründen zugunsten einer Blockrandsiedlung am Anne-Frank-Platz (ehemals Adolf-Stöcker-Platz) aufgegeben werden[175]. In verwandter Weise ist die Wohnhausgruppe am Werdener Weg, gebaut vom Gemeinnütziger Bauverein AG, entworfen[176]. Ähnlich wie an den Bauten am Haydnweg waren Farbbänder das einzige Gestaltungselement der Fassaden, hier waagerecht unterhalb der Fenster der Treppenhausrisalite.

Eine Krönung der Mülheimer Siedlungsprogramme sollte 1929 die gemeinschaftlich mit dem Deutschen Werkbund geplante Mustersiedlung im Forstbachtal, eine Villen-Siedlung mit 20 individuellen Häusern werden (Kat. Nr. E9.) Sie richtete sich allerdings an eine gut betuchte Klientel. Nach einem Gesamtplan von Oberbaurat Brocke beteiligten sich neun überregional ausgezeichnete, bekannte Architekturgrößen daran, im Sinne des Werkbundes „die brauchbarsten der jüngsten Normierungsprobleme im Wohnbau auf ihre technische und ästhetische Zukunftsgültigkeit“[177] zu prüfen. Auf stadteigenem Areal in starker Hanglage sollten sich die individuell gestalteten Wohnhäuser im Sinne des Neuen Bauens zu einer Siedlung zusammenfügen. Sie sollte „in gewissem Sinne den Höhepunkt der fortschrittlichen Gesinnung im Mülheimer Bauen darstellen“[178]. Das interessante Projekt scheiterte letztlich an äußeren Krisen, den fehlenden Fördergeldern und dem Ausbruch der Weltwirtschaftskrise.

Etwa zur gleichen Zeit nahm der Entwurf für das Wohnhaus Lembkestraße 4–6 von 1928, das Hans Großmann 1928 für das Kaiser-Wilhelm-Institut für Kohlenforschung entwarf (Abb. s. Kat. 65), retrospektiv Architekturformeln vergangener Zeit auf. Mit seiner vertikal pilasterähnlichen Frontgliederung, dem Zierfries im mittleren Gebäudesegment und den Kartuschen zwischen den senkrechten Fensterpartien sowie dem hohen Walmdach erinnert es an Lösungen vom Beginn der 20er Jahre. Möglicherweise war dies der Angleichung an die schon vorhandenen Bauten des Kohlenforschungsinstituts von 1914 geschuldet. Die tatsächliche Bauausführung wurde dann deutlich versachlicht.

5.2 Die neuen Ruhranlagen in Mülheim

Neben der aktiven Wohnungsfürsorge gab es in Mülheim schon lange Ansätze und Diskussionen um die Nutzung der wenig ansehnlichen Ruhrauen als Erholungsgebiet für die wachsende Stadtbevölkerung. Schon seit den 80er Jahren des 19. Jahrhunderts hatte der Mülheimer „Verschönerungsverein“[179] seine Auf-

175 WMB 1931, S. 457–459, mit 3 Abb. sowie Lageplan und Auf- u. Grundrisse.

176 P. J. Cremers, wie zit., Bd. I, S. 42, Abb. 48 (Entwurfzeichnung vor 1928); s. a. StA MH Fotosammlung Konvolut 1550/151: Straßenansichten 1:200. Div. Bauten sind nicht mehr vorhanden.

177 Arthur Brocke (Hrsg): Neues Bauen in Mülheim-Ruhr 1929, Vorwort von P. J. Cremers, S. VII.

178 P. J. Cremers, in: Neues Bauen in Mülheim-Ruhr, wie zit, S. VIII.

179 1879 gegründeter Verein zur Gestaltung der Stadt mit Grünanlagen, 1913 aufgelöst, seine Ziele gingen auf die städtische Gartenverwaltung über; J. Roepstorff, in: Mülheimer Zeitzeichen v. 17.5.2016.

merksamkeit auf die Ruhranlagen im Bereich der Ruhrschleusen gerichtet. Der in der frühen Zeit von der Stadt geförderte Verein betrieb seit 1883 die Zuschüttung des alten Hafens und die Kultivierung dieses Geländes. Die Ruhr staute sich durch Regulierungsmaßnahmen südlich der Schloßbrücke fast seenartig auf. Bis ins 20. Jahrhundert hinein hatten der städtische Schlachthof (1875 angesiedelt) und kleinere Betriebe hier ihre Standorte[180]. Der Verschönerungsverein war es, der 1890 das Restaurationsgebäude unterhalb des Kahlenberges, die heutige Jugendherberge (Kat. Nr. 50e), dem „Verkehr übergab". Das Gebäude wurde in den 20er Jahren von Pfeifer und Großmann erweitert und war schnell ein beliebtes Ausflugsziel[181].

Die selbstgewählten Aufgaben des Vereins, die Ruhranlagen umzugestalten, übernahm 1913 die Stadt selbst, für die Oberbürgermeister Lembke auf der letzten Vereinssitzung am 30.5.1913 betonte, die Stadtverordnetenversammlung habe beschlossen, „ähnlich, wie es in andren Städten der Fall sei, eine eigene Gartenverwaltung in Mülheim an der Ruhr unter der Leitung eines gartenbautechnischen Beamten einzurichten"[182]. Das war der Beginn der dann unter Oberbürgermeister Lembke und dem späteren städtischen Beigeordneten Brocke intensivierten, weit ausgreifenden städtischen Ruhruferplanungen. Einige Zielsetzungen gingen später auf den 1920 neugegründeten „Siedlungsverband Ruhrkohlenbezirk"[183] über.

Mit Planungen eines großen Teils der neuen Ruhranlagen wurde das Büro Pfeifer und Großmann betraut. Auch hier mögen die guten Beziehungen zur Stadtspitze und zu Arthur Brocke eine Rolle gespielt haben. Zu dem ehrgeizigen Vorhaben gehörten Gebäude für die technischen Anlagen zweier Laufwasserkraftwerke in Raffelberg (Kat. Nr. 50a) und in Kahlenberg (Kat. Nr. 50b). Für den Publikumsverkehr entwickelte Hans Großmann in zeitlich mehreren Stufen den Wasserbahnhof als Restaurations- und Umsteigestation für die Schifffahrt (Kat. 50d) und die Florabrücke (Kat. Nr. 50c). Nicht von Pfeifer und Großmann geplant wurde auf der Schleuseninsel das „schönste Bootshaus Deutschlands"[184]. Die Mülheimer Architekten Helbing und Voigt entwarfen 1924 ein „Kaffee-, Wirtschafts- und Bootshaus" am Schleusenkanal, das von der RWW 1926/27 als Schülerbootshaus für den Schülerruderverein gebaut und eingeweiht wurde.

Die Bauten für die beiden Wasserkraftwerke gehören zu bemerkenswerten Werken technischer Anlagen. Sie sind Zeugnisse der Industriegeschichte an der Ruhr. Beide Kraftwerksbauten verbinden altbewährte Architektur mit

180 Rolf Krapp: Kraftwerke verändern alte Schleuseninsel, in: Ill. Stadtspiegel 19, H. 4, S. 16–19; Barbara Kaufhold: Der Wasserbahnhof in Mülheim an der Ruhr, in: MJB 2008, S. 19–31.

181 Postkartensammlung StA MH 1516/57.07/1; Jens Roepstorff, in: Mülheimer Zeitzeichen v. 17.05.2016; Vaterstädtische Blätter, 9. Jg., Nr. 24, v. 21.6.1913, S. 1–2; Nr. 25, S. 3; dazu: StA MH Bestand Pläne 1500/189/24: Musikpavillon 1926, Maßstab 1:50 u. Ansichtszeichnungen: Frontansicht mit getrepptem Giebel, halbkreisförmiger Grundriss.

182 Ebd. Vaterstädt. Blätter, Nr. 24, S. 1.

183 Zur Gründung und Aufgabenstellung des Siedlungsverbands Ruhrkohlenbezirk, s. StA MH 1200/2140 und 1200/2141; heute „Metropole Ruhr".

184 10 Jahre Haus Ruhrnatur 1992–2002, hrsg. v. RWW, S. 8; MJB 2002, S. 62.

Abb. 76: Laufwasserkraftwerk Kahlenberg

Abb. 77: Laufwasserkraftwerk Raffelberg

Elementen neuer Industrie- und Zweckbauten, wie sie besonders seit der Werkbundausstellung in Köln 1914 entwickelt wurden, etwa von Walter Gropius und auch Emil Fahrenkamp[185]. Obwohl die beiden Kraftwerke fast gleichzeitig entstanden, zeigen sie bei gleicher Bauaufgabe einen ästhetisch unterschiedlichen Charakter. Während sich das Gebäude des Kraftwerks Kahlenberg mit seinem flachen Walmdach und seiner Fassade aus Ruhrsandsteinquadern harmonisch mit der Landschaft verbindet – Zeitgenossen rühmten die „an italienische Meister erinnernde Romantik" und „ausdrucksvolle Wirkung von Masse und Wucht"[186] –, vermittelt der Kraftwerksbau in Raffelberg einen nüchtern wehrhaften, trutzigen Eindruck, als ob er sich gegen den Lauf des Wassers stemmen müsse (Kat. 50a). Die schmalen, senkrechten Fensterschlitze an beiden Kraftwerksbauten sind typische Merkmale für die neuen Industriebauten. Die kleinen Okulifenster des Raffelberg-Kraftwerks finden sich als architektonisches Motiv an vielen Bauten von Pfeifer und Großmann.

In den Kraftwerksbauten haben Pfeifer und Großmann Formen sachlicher Monumentalität mit expressiver Ausstrahlung verbunden. Die vorgegebenen technischen Notwendigkeiten steigerten sie in einem Architekturbild, das unterschwellig Assoziationen an Burg, Festung, Wehrhaftigkeit entwickeln sollte. Ihre Architektur ist insofern im besten Sinne eine programmatische Architektur, eine „architcture parlante". Dabei ist das rationale Erscheinungsbild in Grundriß und Aufriß nicht durch unnötigen Zierrat verwischt[187].

Ein Publikumsmagnet wurde der „Wasserbahnhof" (Kat. 50d), den Hans Großmann für die neuen Ruhranlagen 1926/27 ausbaute. Er gab ihm an der südlichen Gebäudefront eine charakteristische, schiffsbugähnliche Form. Diese

[185] Bürohaus und Fabrik von Walter Gropius (abgebrochen) in: Wilhelm, Karin: Die "Musterfabrik". Büro- und Fabrikgebäude von Walter Gropius. in: Kat. Deutsche Werkbundausstellung 1914, Köln 1984, Abb. S. 144; s. a. Richard Klapheck: Neue Baukunst in den Rheinlanden, Nr. 2, Düsseldorf 1928, Abb. S. 178; zu Emil Fahrenkamps Lagerhalle der Rhein. Stahlwerke, Düsseldorf, 1924, ebd. S. 154–55.

[186] Bauwarte 4. Jg. (1928), S. 309; man könnte es auch als „Kathedrale der Technik" charakterisieren.

[187] Vgl auch das Turbinenhaus der Firma Harkort in Wetter a.d.Ruhr von Bruno Taut, Abb. bei Müller-Wulckow, Walter: wie zit., S. 12.

Abb. 78: Wasserbahnhof Ruhranlagen Mülheim, 1. Ausbaustufe 1927

Abb. 79: Kölner Bastei, Postkarte aus der Entstehungszeit 1924

Schiffsbugform taucht im Neuen Bauen der 20er Jahre auch im Wohnungsbau vielfach auf. Er setzte dem Gebäude zudem ein polygonales, spitzes Zeltdach auf. Der Mülheimer Beigeordnete Arthur Brocke sah in dem Bauwerk ein Ebenbild der Kölner Bastei des Architekten Wilhelm Riphahn (1889–1963)[188]. Sein Wunsch, dem Mülheimer Wasserbahnhof den Namen Ruhrbastei zu geben, scheiterte an der Mülheimer Öffentlichkeit[189].

5.3 Neue Gestaltungsformen – Backstein

Backstein war ein beliebter Baustoff in norddeutschen Regionen. Er fand beim Wohnungsbau, Industriebau, Rathaus- und auch Kirchenbau große Verbreitung[190]. Im Kleinsiedlungsbau und bei Sakralbauten erprobte man im Norden Europas schon immer alle denkbaren Facetten der Gestaltung mit diesem Werkstoff. Der Trend verstärkte sich mit Beginn der 20er Jahre und wurde ausdrücklich propagiert. Der berühmte Architekt Fritz Schumacher stellte dabei die Möglichkeiten der „Bewältigung von Fläche.., Masse... und Form“ sowie „den Reiz der Oberflächenstrukturen“ besonders hervor[191]. So entwarf auch Hans Großmann in den 20er Jahren zahlreiche Bauten mit Backsteinfassaden. Er bewegte sich sozusagen im mainstream der 20er Jahre. Durch seine Reisen nahm er Einflüsse vom Niederrhein sowie Belgien und Holland auf, in deren Hafen- und Flussstädten wie auch in den Küstenregionen von Nord- und Ostsee Backstein als uralter, günstiger Baustoff weit verbreitet war. Backsteinarchitektur wurde dort geradezu zum Kennzeichen der reichen, Handel treibenden

188 Rheinrestaurant „Die Bastei“ (Wilhelm Riphahn) in: WMB 9 (1925), H. 4, S. 137–139.

189 Frank Jochims: Der Wasserbahnhof auf der Schleuseninsel in Mülheim an der Ruhr, in: Zeugen der Stadtgeschichte. Baudenkmäler und historische Orte in Mülheim an der Ruhr, ZGVM e. V. (Hrsg.) Essen 2008, S. 262–268, zahlreiche Abbildungen.

190 Busch, Wilhelm: Bauten der 20er Jahre an Rhein und Ruhr, wie zit., S. 128–132.

191 Fritz Schumacher: Das Wesen des neuzeitlichen Backsteinbaues, München (o. J. 1917), S. 14.

Abb. 80: Peter Behrens Hauptlagerhaus der Gutehoffnungshütte Oberhausen 1921–25

Abb. 81: Arthur Brocke, Städtische Realschule in Mülheim, 1926–29 errichtet

Abb. 82 Emil Fahrenkamp Kirche St. Mariae Geburt, 1928–29

Hansestädte, Beispiel Hamburg oder Rostock. Ganze Stadtkerne in Backsteinarchitektur konnte Hans Großmann in Belgien und Holland erleben.

Im nahen Umfeld von Mülheim, in Oberhausen und Essen, sowie in der weiteren Region, z. B. Bochum oder Gelsenkirchen lassen sich in der Zeit ebenfalls bedeutende Backsteinbauten finden[192]. Zwischen 1921–25 wurde nach Plänen des bekannten Architekten Peter Behrens zum Beispiel die Verwaltung und das ehemalige Hauptlagerhaus der Gutehoffnungshütte in Oberhausen als ein eindrucksvolles Beispiel mit Backsteinfassade errichtet. In Düsseldorf entstanden 1922–24 das erste Hochhaus Deutschlands, das Wilhelm-Marx-Haus, und 1926 der sog. Ehrenhof für die große Ausstellung GeSoLei, beide von Wilhelm Kreis entworfen. In Mülheim selbst ist das Verwaltungsgebäude von Thyssen & Co. nach Plänen von Franz Hagen 1924 im Stil des sog. Art déco als Backsteinbau errichtet. Die ehemalige Realschule Stadtmitte von Arthur Brocke aus den Jahren 1925–28[193] stellt ein prägnantes Beispiel des Neuen Bauens mit Backstein in

192 Hans Sachs-Haus von Alfred Fischer (1924–27) in Gelsenkirchen; Kaufhaus Tietz von Otto Scheib (1925–28) in Oberhausen; Dinendahl'sche Fabrik (1925) in Essen; Reichsbahn Wasserturm (1923–27) von Lehmann/Venner in Dortmund.

193 Schmitz, Jörg: Der Bau der Realschule Stadtmitte und der Durchbruch der architektonischen Moderne in Mülheim, in: Baukunst in Mülheim an der Ruhr, ZGVM 91 (2016), S. 13–68, bes. S. 50.

Mülheim dar, dazu zählt auch die am Ende der 20er Jahre 1929 von Emil Fahrenkamp entworfene Mülheimer St. Mariae-Geburt-Kirche.

Hans Großmann entwarf zwischen 1922 und 1925 einige Privatvillen mit Backsteinfassaden, aber auch Geschäftshäuser wie das frühe Verwaltungsgebäude der Lederfabrik Lindgens am Kassenberg von 1922 (Abb. s. Kat. Nr. 36), das „Beamtenhaus" der Firma Rauen AG (Abb. s. Kat. Nr. 46) und das Gebäude der Druckerei Selb (Abb. s. Kat. Nr. 59). Man erkennt die charakteristischen hellen Gesimse zur Betonung der Geschosse und Traufen und der Rahmung von Fenstern und Brüstungen. Auch die Seitenfronten des kraftvollen, repräsentativen Industriebaus Gutehoffnungshütte in Oberhausen sind durch sehr kräftige Muschelkalkgesimse gegliedert, ein ästhetisches wie konstruktives Element.

Die Backsteinfassade des Verwaltungsgebäudes der Mülheimer Lederfabrik Lindgens vom Beginn der 20er Jahre konturieren nur sparsam helle Werksteineinlagen. In den folgenden Jahren überziehen oft sog. breite Specklagen als helle Konturen im Steinverband in dichter Folge die gesamte Fassade, z. B. an den Wohnhäusern Brügemann und Dinsing (Abb. s. Kat. Nr. 40 und 41). Beide Gebäude zeigen die waagerechten Specklagen über die gesamte Fassade einschließlich aller Fenster und senkrechter Fensterrahmungen verteilt. Bei letzterem sind auch die Hauskanten durch helle Lagen konstruktiv hervorgehoben[194]. Durch die helle Einfassung von Portalen, Fenstern und Gesimsen auf dem dunklen Backstein entsteht ein lebhafter Wechsel von hell und dunkel.

Eine andere Gestaltungsmöglichkeit des Backsteins findet sich am sog. Direktorenwohnhaus am Uhlenhorst (siehe Kat. Nr. 45). Das breite Gesimsband besitzt eine ornamentale Fischgrät-Verlegung der Backsteine in dezent heller Umrahmung. Die Bauten stammen vermutlich alle aus den mittleren 20er Jahren, ebenso das Wohnhaus Hans Großmanns von 1925/26 (Abb. Kat. Nr. 47)[195], das sich als vermutlich gekälkter Backsteinbau in weißem Äußeren zeigt. Nachträglich gekälkt wurde auch das erwähnte Haus Brügemann (Abb. Kat. 40) aus der gleichen Zeit.

Mit dem sog. Neuen Bauen veränderte sich der Stil der Backsteinbauten. Im weiteren Ruhrgebiet, in Gelsenkirchen und Herne, lassen sich zwei dafür typische Beispiele finden. Es handelt sich um die Villa Hochheimer in Gelsenkirchen (Abb. 83, Rückfront, s. Kat. Nr. 74) und das Privathaus Dr. Reckendorfer in Herne (Abb. s. Kat. Nr. 76). Die kantigen, nüchternen Hausformen beschränken sich auf Ornamentlagen in Backstein. Zurückhaltend umgeben rahmende Backsteinbögen die Rundbogenfenster der Hausfront des Hauses in Gelsenkirchen, und senkrechte Steinlagen überfangen die schmalen Dreierfenster des Erdgeschosses. Im Nachklang des Art déco zeigen sich helle Gitter und marmorierte Postamente der Balustrade.

194 Alle drei sind abgebildet bei P. J. Cremers I, wie zit.1928, Abb. 46, S. 41; s. a.: StA MH 1550/151 B; dort ist ein Bürogebäude der Broich-Speldorfer Wald- und Gartenstadt AG am Uhlenhorstweg mit Foto aufgeführt, mit den typischen Merkmalen Klinkerfassade mit Sandsteinbändern zwischen den Geschossen.

195 StA MH 1510/90.00/II, Nr. 7; s. a.: Cremers, Bd. I, wie zit. Abb. 40 u. 41, S. 37 u. 38, s. o. Abb. 13.

Abb. 83: Gelsenkirchen Villa Hochheimer Rückfront

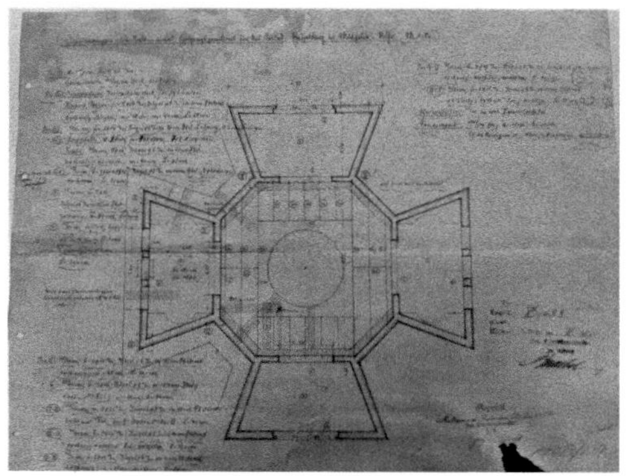

Abb. 84: Grundriss des Eingangspavillons des Solbads Raffelberg 1928 mit den charakteristischen Zackenformen

Die Reitanlage des Mülheimer Reit- und Fahrvereins am Uhlenhorst e. V. (Kat. Nr. 75)[196] vermittelt sehr direkt die Ästhetik des Neuens Bauens. Die 16 hohen Backsteinpfeiler der Reithalle im Innenhof der Anlage, deren Zwischenräume schmale Fensterbänder ausfüllen, und auch der Wohnkubus des Leiters könnten als Zweckbauten einer Industrieanlage durchgehen. Der Wechsel dunkler Backsteinflächen zu hell verputzten Seitenpartien der Reithalle steigert den mächtigen Auftritt der Pfeilerreihe.

Hans Großmann ließ oftmals große Frontbereiche der Backsteinfassaden zur Betonung des Sockelgeschosses oder der Hauskanten umfassend mit Haustein ummanteln. Ein Beispiel ist der hohe Sandsteinsockel des Gebäudes der Mülheimer Druckerei Selb (Abb. s. Kat. 59), ein schnörkelloser Entwurf in einem für das Neue Bauen charakteristischen Stil. Der helle Sandsteinsockel verselbständigt sich geradezu als eigener Gebäudeteil gegenüber dem dunklen Backstein der Obergeschosse. Ein weiteres Beispiel ist das Geschäftshaus Duncker-Meese in Gelsenkirchen-Buer (Abb. s. Kat Nr. 58), dessen hohes Sockelgeschoss sich mit einer kräftigen Abschlusskante von der dunklen Backsteinfassade abgrenzt. Hier findet sich auch das bei Pfeifer und Großmann beliebte Motiv, besonders bei Geschäftsbauten, ein in die Fassade eingeschnittener Gebäuderiegel mit Bekrönung durch einen mehr oder weniger hohen Ziermast. Einen besonderen Akzent besitzt das Stadtmittehaus in Oberhausen mit seinem schlanken Eckturm in Streifenoptik, bei dem blaugrüne Glasurkacheln in dichten Lagen schichtweise mit dem hellen Grundton der Turmfassade wechseln. Auch hier mag sich Hans Großmann an einem italienischen Vorbild orientiert haben, dem Campanile am Dom von Siena (Abb. s. Kat. Nr. 79).

Zickzackformen, kontrastierender Lagenverband, eine ornamentale Oberflächenstruktur durch Schrägschnitt, kantige Dreiecksformen oder eckige Vorsprünge sind Merkmale expressionistischer Bauformen, so zum Beispiel die Wandabschlüsse der Jüdischen Totenhalle auf dem Friedhof An der Gracht in Mülheim von 1928 (Abb. s. Kat. Nr. 57). Einflüsse expressionistischen Bauens jenseits des Backsteins zeigt der Eingangspavillon des Soldbads Raffelberg von 1928 mit seinen typischen, kantigen Zick-Zack-Fronten (Abb. s. Kat. Nr. 60).

Da alle Unterlagen des Mülheimer städtischen Hausaktenarchivs komplett verloren sind, ist der Umfang der Privatbautätigkeit des Büros Pfeifer und Großmann in Mülheim nicht korrekt zu erfassen. Auch machen Umbauten, Anbauten oder Kriegsverluste manche Identifizierung unmöglich.

196 WMB 1930, S. 379–80 u. Abb.10–13; StA MH 1510/90.00/II, Nr. 8.

6 Bauten für die Gemeinschaft

6.1 Klarahaus und Altenhof

Die einfühlsame Umsetzung von Bauinhalten in Architekturform hat das Mülheimer Büro Pfeifer und Großmann vielfältig bewiesen. Das gilt auch für das ehemalige Klarahaus, heute Feierabendhaus. Es war ein Projekt des 1919 gegründeten Evangelischen Frauenbundes (siehe Kat. Nr. 43). Als „Heim für arbeitssuchende, hilfs- und schutzbedürftige Frauen und Mädchen" wurde es in naturnahem Umfeld im Nordosten der Stadt 1924–25 errichtet.

Der leicht hügelige Standort inspirierte den Architekten Hans Großmann zu einer romantisch retrospektiven, an Burgenbauten orientierten „malerischen" Architektursprache. Die lebhaft gruppierten Gebäudetrakte mit vielgestaltigen Walm- und Krüppelwalmdächern, die Ecktürmchen mit Zwiebelhaube sowie runde oder halbrunde Erker an Hauskanten summieren sich zu dem Eindruck einer Architektur sowohl wehrhaften wie umhegenden Charakters. An Klosterbauten lässt die Zwiebelhaube auf dem Haupthaus denken. Dass das Gebäude eher in „zweckbestimmter Sachlichkeit" errichtet worden sei, meinte überraschend Paul Joseph Cremers[197]. Dagegen lassen sich Baudetails wie die zahleichen Erker und Türme als Traditionsformen der Frühzeit des Architekten erkennen. Aus dem Gesamtbild fällt die Haupteingangspforte heraus. Mit ihrer kräftigen geometrisch-abstrakten Rahmung waagerechter und senkrecht kreuzender, heller Steinblenden weist sie deutlich auf in Mode gekommene Art déco-Einflüsse[198].

Das Klarahaus gehört ohne Zweifel auch zu den stadtprägenden Bauten des Büros. Nach eigenen Worten war es Hans Großmanns Anspruch, „mit dem Klarahaus ein Werk zu schaffen, das, wenn auch ganz anderer Art, doch von gleicher künstlerischer Qualität sein sollte wie unsere großen städtischen Bauten, Rathaus und Stadthalle"[199].

Abb. 85a: Klarahaus Mülheim ; Teilansicht Wirtschaftsgebäude 1924–25

Abb. 85b: Haupteingangspforte des Klarahauses

197 P. J. Cremers, wie zit., Bd. I (1928), Einleitung S. XI–XII, Abb. 34–39, S. 32–37.

198 Ebd.

199 StA MH Generalanzeiger Nr. 116 vom 29.4.1926.

Abb. 86: Der Altenhof in Mülheim an der Ruhr, links Turm der Kirche Sankt-Mariae-Geburt

Abb. 87: Oberflächenstruktur des Altenhofs

Als Landhaus mit großzügiger Terrasse und Freitreppe erscheint das kleine Haus Jugendgroschen in Mülheim-Menden (Abb. s. Kat. Nr. 44), das für Freizeitaktivitäten und Gottesdienste evanglischer Jugendlicher errichtet wurde. Das Haus erinnert mit seinem hohen Walmdach, mit den halbrunden Treppentürmen der Rückseite und den Rundbogenfenstern an die Privathäuser aus der frühen Karlsruher Zeit mit ihren Erkern, Holzläden und Dachgaben. Es knüpft an Lösungen aus den frühen 20er Jahren in Mülheim an. Von der Architektur ging eine idyllisch heimelige Ausstrahlung aus. Das Gebäude ist heute stark verändert.

Ein Haus der Kirche war und ist das im Herzen Mülheims am Kirchenhügel gelegene, auffallende Bauensemble des Altenhofs (Abb. 86 u. Kat. Nr. 61). Auch dieses Bauwerk gehört zu den Schlüsselbauten von Pfeifer und Großmann in Mülheim in seiner eigenwilligen, ästhetischen Umsetzung des Auftrags Gemeindehaus. Nach jahrelanger Vorarbeit und einem Wettbewerb unter Mülheimer Architekten übertrug die Ev. Kirchengemeinde 1928 den Bauauftrag an Pfeifer und Großmann. Ein erster Entwurf ist kaum mit dem späteren Bau in Beziehung zu setzen. Den frühen Entwurf (Abb. s. Kat. 61) kennzeichneten Gestaltungsmerkmale, wie sie Geschäfts- oder auch Industriebauten der Zeit aufwiesen: Flachdach, lange Reihen von großen Schaufenstern im Sockel und ein seitlich in die Fassade eingestellter Ecktum mit waagerechten Fensternischen. Kontrastierende horizontale gegen senkrecht dominierte Zonen mit schmalen Fensterschlitzen wie bei Industriebauten kennzeichnen den Entwurf wie auch der ebenso beliebte kompositorische Gegensatz Fläche-Kubus.

Der realisierte Bau ist ein vielgestaltiger Funktionsbau in gemäßigt traditionellem Gewand[200]. Herausragender Baukörper ist der hohe Saalbau der Gemeinde. Er besitzt die Bedeutungshoheit in diesem Gebäudeensemble. Die

200 P. J. Cremers: Ev. Gemeindehaus „Altenhof" in Mülheim-Ruhr, in: DBZ Nr. 51 (Juni 1930), S. 393–400, m. Grundrissen u. zahlreichen Abbildungen.

Abb. 88 :Schloss Jehay bei Huy, Provinz Lüttich

zwei- bis dreigeschossigen Flankenbauten an der Kaiserstraße sind profane Geschäfts- und Wohnungsbauten.

Prägend ist die einzigartige Fassadenoberfläche des Gesamtbaues. Fleckig unregelmäßige Marmorinkrustationen übersäen den Tuffsteinkorpus (Abb. 87). So expressiv wild sucht diese Gestaltung ihresgleichen. Nicht ausgeschlossen, dass Hans Großmann auch hier entfernt Inspiration durch die italienische Kirchenarchitektur der Renaissance verarbeitete, in der, natürlich in anderer Form, Inkrustationstechnik weit verbreitet war, zum Beispiel am Dom von Siena. Sehr interessant ist in dieser Hinsicht die Fassadengestaltung eines Wasserschlosses, Schloss Jehay bei Huy, aus dem 16. Jahrhundert in Wallonien, Provinz Lüttich (Abb. 88). Dort übersäen helle Werksteininkrustationen schachbrettartig dicht die gesamte Fassade. Beim Altenhof wirken sie wie zufällig auf der Fassade verteilt. Die lebhafte Fleckenoberfläche führte in der Stadt etwas despektierlich zur Charakterisierung als „Speckschwartenhaus“[201].

Der Vergleich mit der benachbarten katholischen Kirche St. Mariae-Geburt von 1928/29 des Architekten Emil Fahrenkamp zeigt bei allen stilistischen Unterschieden einige zeittypische, formale Gemeinsamkeiten. Pfeifer und Großmann gestalteten die Eingänge in den Saalbau mit fünf geschosshohen Rundbogennischen und in Wiederholung mit drei hohen rundbogigen Fenstern darüber. Tiefe Rundarkaden bilden auch bei Fahrenkamp den Eingangsportikus der Marienkirche. Mehrfach wiederholen sich hohe, schmale Rundbogenfenster an Fassaden und Turm.

6.2 Geschäftsbauten der 1920er Jahre

Bei der Bauaufgabe Geschäftshaus begegnen in Entwürfen und realisierten Bauten die gängigen Standards der damaligen Typenbildung im Geschäftsbau. Bedingt durch die Spannkraft und Elastizität des neuen Baumaterials Eisenbeton wurden lichte, großflächige, stützenlose Fenstergeschosse möglich. Fensterbänder über die gesamte Geschossbreite und „gläserne“ Schaufens-

201 Krumm, Uwe: Architektur der Zwanziger Jahre. Der Altenhof, in: MJb 1988, S. 167–171. Dort als „eigentlich recht häßliches Gebäude“ bezeichnet; zum Schloss Jehay: Abb. S. 138, in: Godehard Hoffmann: Die Kunst im Herzen Europas, Köln 2003.

terebenen mit großflügeligen Fensterflächen wurden typische Merkmale der Warenhausbauten und brachten einen für Jahrzehnte gültigen Kanon für die Warenhausarchitektur hervor[202].

Im Rahmen eines von Baurat Arthur Brocke ab 1927 entwickelten Baustufenplans zur Stadtentwicklung waren für die Mülheimer Innenstadt neben Wohn- und Verkehrs- auch weitreichende Geschäftsbauten vorgesehen. Eines von Brockes Lieblingsprojekten war 1929 die Durchbruchstraße, eine der verwinkelten Altstadt abgetrotzte Durchgangsachse von 700 m Länge und 22 m Breite. Dieser „erste moderne Altstadt-Durchbruch des Industriegebietes“[203] sollte den Verkehr außerhalb der Altstadt auf die Schloßbrücke leiten, andererseits aber auch ganz offen eben „die Möglichkeit des Anbaus neuer Geschäftshochhäuser“ bieten.

Hans Großmann entwarf in diesem Zusammenhang eine lichtdurchflutete Fußgänger- und Ladenpassage an der Wallstraße/Kohlenkamp hin zur Durchbruchstraße (Abb. s. Kat. E10). Hohe, durchgehend fast stützenlose Glasfronten sowie eine helle Deckenbeleuchtung sollten für eine lichte, angenehme Umgebung sorgen. Die Passage wurde nie gebaut. Ihr im damaligen Sprachduktus formuliertes Anliegen enthielt eine noch heute interessante Argumentation: „Als Hafen für den Fußgängerverkehr gestattet sie eine von den Gefahren und Hindernissen der Straße freie und ruhige Entwicklung“[204].

Nach der Baustufenordnung waren für die Bebauung des Stadtkerns drei- bis viergeschossige, in dichter und gemischter Bauweise zu errichtende Geschäftshäuser vorgesehen. Pfeifer und Großmann gehörten inzwischen zu den renommiertesten Architekten der Stadt, was die Zahl und die Bedeutung der von ihnen geplanten und ausgeführten Bauten angeht. Die Geschäftsbauten sind nicht mehr alle nachweisbar. Sie mussten zum Teil von den ehemaligen, meist jüdischen Besitzern in der nationalsozialistischen Arisierungswelle aufgegeben werden. Andere wurden im Krieg stark zerstört oder durch nachträgliche Umbauten gravierend verändert (Kat. Nr. 63). Ihr charakteristisches Erscheinungsbild lässt sich daher teilweise nur erahnen. Für die Entwurfzeichnungen typisch waren die damals üblichen, modernistisch expressiven, schwarz-weiß flirrenden, fleckigen Oberflächenskizzierungen, die Aussagen über das gedachte Fassadenbild erschwerten[205].

Schnittige, vornehme Eleganz attestierte die zeitgenössische Architekturkritik den Bauten Hans Großmanns[206]. Aufbau und Struktur der Bauten zeigten häufig zusammen mit niedrigen Mezzaningeschossen (Halbgeschosse) über

202 Siehe dazu u. a. Walter Müller-Wulkow: Architektur der Zwanziger Jahre in Deutschland, neue, erweitere Ausgabe der Blauen Bücher, Teil I: Bauten der Arbeit und des Verkehs, Königstein u. Leipzig 1929, S. 10.

203 Für den Absatz und die Zitate s. Brocke, Arthur (Hrsg): Neues Bauen in Mülheim-Ruhr 1929, mit einer Einleitung von Paul Joseph Cremers, S. V u. VI.

204 Geschäftshäuser und andere Bauten; in: Bauwarte 4. Jg. 1928, S. 357–58, 3 Abb.

205 Kritisch dazu: Leo Adler, in: WMB 1928, S. 407.

206 Wasmuths Monatshefte, wie zit. Jg. 14, H. 7 (1930), S. 323.

Abb. 89: Zwei Geschäftsbauten: Haus Höfmann, 1928, und Geschäftshaus Herz, vor 1930

die gesamte Hausbreite hinweg reichende hohe Sockelzonen. Charakteristisch waren über Gebäudekanten hinweg verlaufende, breite Fenster, eine optische Auflösung der Hauskanten und stark vorspringende, verkröpfte Gesimse (Kat. Nr. 77 Geschäftshaus Herz). Niedrige Halbgeschosse wurden durch Gesimse (Höfmann, Kat. Nr. 63) betont oder mit Wandverkleidungen zur Aufnahme von modern werdender Werbung versehen (Abb. 90). Über den Sockelgeschossen entwickelten sich meist 3 bis 4 Obergeschosse, teilweise mit rückversetztem oberstem Geschoss. Flachdächer waren die Regel. Im Laufe der späteren 20er Jahre wurden zunehmend ineinander verschachtelte, sich kreuzende Baukuben kombiniert, so dass lebhafte Silhouetten entstanden. Lange Glasfassaden wie beim Kaufhaus Lewin oder senkrechte Wandgliederung (Alsberg, Kat. Nr. 64) in Rippenstruktur kontrastierten mit horizontaler Akzentuierung der Sockel- oder Dachzone. Betonte Eckflanken, zum Teil in gestreifter Oberflächenoptik wie am Stadtmittehaus in Oberhausen[207] (Kat. Nr. 79) oder turmartige Flügel ließen die verschachtelten Gebäudekuben als konstruktivistische Kompositionen erscheinen. Rhythmisch abgestufte Baukörper und Fensterbänder, die an die Sequenz von Filmrollen erinnern, sind ebenso charakteristische Merkmale.

Entwurfskizzen von Geschäftsbauten in umliegenden Ruhrgebietsstädten zeigen vergleichbare Gestaltungsansätze, überliefert in Beispielen in Gelsenkirchen-Buer aus der

Abb. 90: Zwei Entwürfe in Mülheim: Kaufhaus Lewin (oben) und Geschäftshaus Gebr. Alsberg 1928

Abb. 91: Oberhausen, sog. Stadtmittehaus Bahnhofsstraße/ Steinbrinkstraße, 1. Bauabschnitt 1931 Bahnhofstraße

207 Als Italienkenner kannte Hans Großmann die Streifenoptik der Fassade des Domes von Siena.

Zeit vor 1928 (Kat. Nr. E6)[208] und in Oberhausen-Sterkrade. Der um 1925 entstandene Entwurf für die damalige Kommunalbank Bochum, heute Sparkasse Bochum (Abb. s. Kat. Nr. E3), zeigt in seiner mehrfach abgewinkelten Gebäudekomposition mit asymmetrisch vorangestelltem, hohem Uhrturm, dessen Kante wiederum durch ein Eckelement gebrochen wird, einen expressionistischem Bauen eigenen Stil[209]. Alle weiteren Entwürfe präsentieren ähnliche, lebhaft komponierte Gebäudegliederungen. Sie zeigen gestaffelt hohe und versetzte Baukuben mit Betonung der Gebäudeecken durch turmartige Ecklösungen oder über die Fassadenfronten hinausreichende, wie hineingeschoben wirkende „Mauerscheiben". Auch der erste Entwurf für den Altenhof gehörte in diese Entwicklungsphase (s. Abb. Kat. 61). Spielerische Akzente setzten kleine Dachmasten mit Kugelspitzen. Zu den Geschäftsbautypen muss auch das Haus Nathanel gezählt werden, ein Bau des CVJM, der nur bis zum 1. Bauabschnitt gedieh und im Erdgeschoss eine bodenlange Schaufensterreihe für Ladenlokale über die gesamte Breite aufwies (Abb. Kat. Nr. 67).

6.3 Vorzeichen der 1930er Jahre: Hörsaalgebäude der Kaiser-Wilhelm Gesellschaft für Kohlenforschung

Abb. 92: Hörsaalgebäude des Kaiser-Wilhelm-Instituts für Kohlenforschung (heute Max-Planck-Institut f. Kohlenforschung) 1929

1929 erbaute Hans Großmann für das Kaiser-Wilhelm-Institut für Kohlenforschung neben dem von Karl Helbing 1914 fertiggestellten großen Institutskomplex ein neues Hörsaalgebäude (Kat. Nr. 66). Der kleine, annähernd quadratische Kubus und die glatte, nüchtern schmucklose Fassade hätten im Sinne des Neuen Bauens und seiner in diesem Zeitraum geplanten Bauten ein flaches Dach erwarten lassen können.

Mit seinem hohen Walmdach aber vermittelt der Funktionsbau ersichtlich eine Reminiszenz an den sog. Heimatstil. Da Gestaltung und Raumorganisation maßgeblich vom Direktor des KWI, Prof. Franz Fischer, beeinflusst wurden, passte Hans Großmann das Gebäude nolens volens in seinen Dimensionen perfekt dem schon vorhandenen Baubestand an[210]. In Rekordbauzeit wurde der nüchterne Zweckbau vollendet.

In seiner vom 15 Jahre älteren Institut abweichenden Schlichtheit repräsentierte das Hörsaalgebäude den Beginn einer Architekturentwicklung der 30er Jahre[211], deren Kennzeichen eine traditionalistisch eingefärbte Moderne wurde.

208 Abb. des Entwurfs in: P. J. Cremers, wie zit. Bd., I (1928), Abb. 72, S. 62; weitere Entwürfe ebd., Abb. 69–75.

209 Das Bankgebäude wurde letztlich nach einem Entwurf von Wilhelm Kreis 1927–1929 erbaut.

210 WMB 14 (1930), S. 380.

211 Zum Bau des Hörsaalgebäudes: WMB 14 (1930), H. 8, S. 376–380, mit zwei Abb. u. zwei Grundrissen; Manfred Rasch, 1993, wie zit. S. 91–99.

7 1930er und 1940er Jahre

1933, mit der Machtübernahme der NSDAP, gab es teils schlagartig, teils schleichend einen Bruch bei Planungen, Prioritäten, Architekturkonzepten. Der maßgebliche Stadtplaner in Mülheim, verantwortlich für die Gestaltung der Ruhranlagen, für die Stadthalle, für eine moderne Verkehrsentwicklung, für nachhaltige Wohnkonzepte und eine ganze Reihe öffentlicher Bauten, Oberbaurat Arthur Brocke, dessen planerischem Weitblick Mülheim so viel zu verdanken hat, erlebte 1933 den Terror der gerade an die Macht gekommenen Nazionalsozialisten unmittelbar. Er wurde wegen angeblichen Betrugs und Untreue im Amt mehrfach in Schutzhaft genommen[212]. Am 31.3.1933 führte man ihn zur Ausstellung eines Haftbefehls dem Amtsrichter vor, der ihn aber mangels Beweisen wieder freiließ. Diverse Vergehen wurden konstruiert. Man suchte Vorwände, um ihn aus dem Amt zu entfernen. Mit einer Urkunde vom 29.8.1933 wurde er tatsächlich auf Grund §6 des Gesetzes zur Wiederherstellung des Berufsbeamtentums vom 7.4.1933 in den Ruhestand versetzt[213]. Knapp einen Monat später, am 18.9.1933, nahm er sich tragischerweise das Leben.

Eine der Anklagen, denen Brocke ausgesetzt war, lautete auf eine lange zurückliegende Bevorzugung einer Baufirma im Zuammenhang mit einem Brückenbau[214]. Brocke verwies auf die Verantwortung des Oberbürgermeisters Dr. Lembke, der 1928 schon in den Ruhestand gegangen war. Hans Großmann habe damals im Auftrag des Oberbürgermeisters Pläne und Modelle für eine Brücke vorgelegt. Im Anschluss daran sei er, Brocke, von Oberbürgermeister Lembke lediglich zu Fragen der technischen und architektonischen Gestaltung befragt worden. Mittelbar geht daraus hervor, dass Hans Großmann seinen Entwurf ohne den zuständigen Stadtbaurat direkt dem Oberbürgermeister Lembke vorgestellt haben dürfte.

1934 erlitt der bis dahin vielbeschäftigte Architekt Hans Großmann einen Schlaganfall, der eine halbseitige Lähmung verursachte. Für einige Zeit dürfte er nur noch eingeschränkt arbeitsfähig gewesen sein. Trotz Nachforschungen sind außer einem Kinogebäude von 1938 von ihm keine weiteren gebauten Objekte in Mülheim bekannt. Das Ufa-Palast-Kino (Kat. Nr. 80) zeigt unverkennbar seine Handschrift. Die Summe der Charakteristika wie Proportionen, Walmdach, das

212 Für diesen Absatz s. StA MH Personalakte Brocke 1210/3 (1 u. 2).

213 Ebd. 1210/3 (1), Bl. 153, 155; die Mülheimer Presse schrieb am 30.3.1933 zur Festnahme von Brocke und Beig. Wilhelm Decker wg. Grundstücksangelegenheiten in der Broicher Wald- und Gartenstadt, sie hätten „zutiefst unmoralisch und zum Nachteil der Gesellschaft gehandelt, wenn auch formaljuristisch nicht greifbar", Unterschrift: NSDAP.

214 Darstellung in: StA MH 1210/3 (2), Großmann soll Vorarbeiten zum Bau einer Brücke in Raffelberg vorgelegt haben.

Abb. 93: Ufa-Palast-Kino Mülheim Schloßstraße

breite Gurtgesims, die Fensterachsen und die Okulifenster entsprechen seinem Stil. Die kurzen, freien Gesimsstücke über den hochrechteckigen Fenstern geben der Fassade einen neoklassizistisch geprägten Anstrich.

In Karlsruhe hat Arthur Pfeifer ab der zweiten Hälfte der 20er und in den 30er Jahren in Karlsruhe unabhängig vom Büro Mülheim an der Ruhr Villen und Wohnbauprojekte entworfen, deren Formenrepertoire in sparsamer Form den traditionellen Lokalstil fortsetzten. Dazu gehören zum Beispiel die Villen für Dr. med. Arnsperger und Prof. Dr. med. Ludwig Arnsperger (Kat. Nr, 70 u. 73). Ohne Zweifel passte sich die Villenarchitektur vor allem den Vorstellungen der Bauherren an. Während sich so der Bau für Dr. med. Arnsperger an klassischen Vorbildern orientierte, zeigt die Villa für Prof. Arnsperger in seinen nüchtern Formensprache Ansätze der Architekturentwicklung des Neuen Bauens.

Unter der Regie des Karlsruher Büros entstanden 1929 auch die größeren Wohnkomplexe Am Stadtgarten, Karl-Hoffmann-Straße (Kat. Nr. 71) und die Wohnbebauung an der Lorenz/Schwindtstraße 1934/35 (Kat. 79). Diese umfangreicheren Wohnbauten bewegten sich im Rahmen der zeittypischen Stadtarchitektur. Walmächer, Dachgauben und regelmäßige Fensterrasterung gehörten zum Programm[215]. Neue Architekturentwicklungen lassen sie im Gegensatz zu Wohnprojekten in Mülheim vermissen.

Eine berufliche Kooperation der beiden Architekturbüros in Karlsruhe und Mülheim lässt sich nach bisherigen Kenntnissen ab 1926 kaum mehr ausmachen.

215 S. a. Caspar Brüninghaus, in: Bauen in Baden. Architektur in Karlsruhe 1920–1930 (hrsg. v. Institut für Baugeschichte an der Universität Karlsruhe), Karlsruhe 2005, S. 21– 28.

7.1 Hans Großmann: Phantasien von Monumentalität. Im Bann der neuen Ideologie

Hans Großmann arbeitete an der Planung nationalsozialistischer Großprojekte in Bayreuth und Hamburg mit und nahm an Wettbewerben nationalsozialistischer Großprojekte in Berlin teil. Drei Beispiele in Hamburg, Bayreuth und Mülheim sollen dies dokumentieren. In ihrem inhaltlichen Programm und ihrer kolossalen Größe passten sie sich dem propagierten Megaklassizismus der Zeit an. Kolportiert wird, dass Albert Speer bei der Fahrt mit Adolf Hitler über die Mülheimer Schloßbrücke zu Emil Kirdorfs 90. Geburtstag 1937 diesen auf die Bauten der Stadthalle und des RWW-Verwaltungsgebäudes aufmerksam gemacht habe. Hitler soll darauf den Wunsch geäußert haben, den Architekten dieser Bauten kennenzulernen[216]. Auffällig ist, dass Hans Großmann anschließend mehrfach persönlich von Hitler zur Teilnahme an verschiedenen Projekten zugezogen wurde. So zum Beispiel bei Planungen, mit denen die Gau-Hauptstädte und sogenannten „Führerstädte" im Sinne Hitlers einer gigantischen Neugestaltung unterworfen werden sollten.

Grundlage für die Neugestaltung sämtlicher sogenannter Gau-Hauptstädte des Reiches bot das „Gesetz zur Neugestaltung deutscher Städte" vom 4.10.1937. Entsprechend der NSDAP-Gliederungen sollte jeder der 43 Reichsgaue in seiner Hauptstadt ein Forum erhalten, das „nach dem Vorbild einer dominierenden Akropolis mit den obligatorischen Aufmarschstraßen von etwa 100 m Breite, riesigen Versammlungshallen mit Appellplatz und gewaltigen Bauten der Partei" ausgestattet sein sollte. Nach den ersten militärischen Erfolgen 1940 wuchs die Zahl der Städte, die unter die Neugestaltungserlasse fielen. In den einzelnen Gauleiterzentralen entstand daraufhin eine ungeheure „Planungswut"[217].

7.1.1 Hamburg (Kat. E 12)

Hamburg sollte im Sinne des genannten Gesetzes ab 1937 mit einem „gigantischen Programm zur Umgestaltung des Elbufers" ausgebaut werden und sich so „dem großen Strom zuwenden". Hitler wollte nebenbei der Welt „deutsche Tektonik" demonstrieren (siehe Kat. E 12). Fünf Architekten wurden 1937 zur Teilnahme an einem Wettbewerb für ein Gauforum und die Umgestaltung des Elbufers aufgefordert, zu denen nachträglich auf Wunsch Hitlers auch Hans Großmann gehörte[218]. Gefordert war nach Hitlers Willen eine riesige Volkshalle, ein Hochhaus von 250m Höhe, ein KdF-Hotel und ein Aufmarschplatz. Alles dies sollte auf einer zu bebauenden Hochstraße verwirklicht werden, die das bis

216 WAZ, Nr. 295 vom 20.12.1979 zum Jahrestag des Geburtstags von Hans Großmann.

217 Zitate bei Durth, Werner: Deutsche Architekten. Biographische Verflechtungen 1900–1970, Braunschweig-Wiesbaden 19872, S. 157, 191.

218 Die Namen der berufenen Architekten siehe Kat. E 12.

dahin dort kleinteilige Stadtgefüge „brutal“ ausgelöscht hätte. Eine von Hitler vorangetriebene neue Elbehochbrücke hätte damit verbunden werden sollen.

Großmann konnte sein klassikgeprägtes Repertoire aus der Karlsruher Frühzeit abrufen. Großzügige Raumachsen und achsenymmetrische Gebäudeentwürfe zeigten seine Pläne für Platzgestaltungen in Karlsruhe schon früher (Kat. W10). Im Zentrum seines Hamburger Entwurfs[219] (Abb. Kat. E 12 Modell) stand der große Aufmarschplatz vor der immensen Volkshalle und dem geforderten Hochhaus an der Kreuzung breiter Allee- und Straßenachsen. Weihevolle Elemente wie z. B. Kolonnaden vor der großen Volkshalle, Propyläen rund um das adlergekrönte Hochhaus, Obelisken auf dem Aufmarschplatz und eine Reihe palaisartiger Baublöcke entlang der nach Osten verlaufenden Hochstraße zeigen, wie sehr er die Inszenierung megalomaner Phantasien verstand. Ein früher Hang zu klassizistischer Ordnung brach sich hier wieder Bahn. Großmanns Wettbewerbsbeitrag ist lediglich im Abbild des zitierten Modells und einem Geländeplan überliefert.

Der Wettbewerb war für Hans Großmann nicht erfolgreich. Konstanty Gutschow wurde zum Architekten des Elbufers ernannt. Die Vorbereitungen und der Beginn des Krieges ließen alle Pläne platzen. Wären sie realisiert worden, hätten ganze Quartiere Hamburgs fallen müssen[220].

7.1.2 Bayreuth (Kat. E 13)

Prominent beteiligt war Hans Großmann auch bei einem nationalsozialistischen Prestige-Projekt in Bayreuth. Die Stadt Bayreuth und die Pflege des Erbes Richard Wagners und der Bayreuther Festspiele lagen Hitler besonders am Herzen. Dies sollte durch einen würdigen und angemessenen Hotelneubau für die Theatergäste in Bayreuth unterstrichen werden.

Das Projekt hätte bei seiner Realisierung ähnliche Konsequenzen für historisch gewachsene Stadtteile aus dem 18. und 19. Jahrhundert bedeutet wie in Hamburg, nämlich den Abriss[221]. Das Projekt Theater- und Hotelbau gehörte zu dem gigantischen Projekt einer weitgehenden Umgestaltung von Bayreuth. Die Planung ersteckte sich über einen Zeitraum von 1937–1942. Nachdem Bayreuth am 17.2.1939 per Führererlass in den Kreis der „Neugestaltungsstädte“ aufgenommen worden war, war es Regierungsbaumeister Hans Reissinger, der die Gesamtplanung an sich zog[222]. Der Abbruch zahlreicher barocker Bürgerhäuser und Jugendstilbauten wäre von ihm in Kauf genommen worden. Auch hier kam es anders.

219 Jürgen Lafrenz: Städtebauliche Planungen zur Neugestaltung am Hamburgischen Elbufer im Dritten Reich, wie zit. Abb. 4, S. 295.

220 Lafrenz, Jürgen, wie zit., S. 292.

221 Nerdinger, Winfried: Bauen im Nationalsozialismus. Bayern 1933–1945 (Reihe Stadt-Planung-Geschichte 6), München 1988, S. 374: Bayreuth Gauforum Projekt II.

222 Ebd., S. 34.

Abb. 94: Modell

Hitler entschied sich im März für den Hotel-Entwurf von Hans Großmann. Der habe „in vornehmer und klarer Gestaltung, die sich dem Stadtbild glücklich einfügt, einen Baukörper geschaffen, der gegen die Aufmarschstraße stark zurückgesetzt ist“[223].

Einen großen Hotelbau hatte Großmann etwa 10 Jahre zuvor schon einmal geplant und verwirklicht, das Hotel Duisburger Hof in Duisburg 1925–1927, dessen Architektur mit seinen Art déco-Formen aus einer anderen Welt zu kommen schien. (s. Kat. 49) So war es. Unter den neuen weltanschaulichen Bedingungen und politisch-ästhetischen Vorgaben der „Baukunst im neuen Reich“[224] machte er sich einen retrospektiv pompösen Palastbaustil zu eigen.

Er entwickelte eine dreiflügelige Palastanlage mit entsprechenden Hofvorbauten und einem cours d'honneur. Der Hotelbau lässt an Vorbilder Friedrich Weinbrenners in Karlsruhe, aber besonders an italienische Renaissance-Palazzi denken, deren Proportionen und Aufrisse er aus Italien kannte. Diese Reminiszenz äußerte sich zum Missfallen von Albert Speer besonders im sog. Schmuckhof (s. Kat. E13)[225].

223 Zitate aus: Stephan, Hans: Zum Wettbewerb Hotel Bayreuth, in: Die Baukunst, wie zit. S. 126; s. a. Nerdinger, Winfried, wie zit., S. 34.

224 Paul Schmitthenner: Baukunst im neuen Reich (= Das neue Reich, Hrsg v. der Deutschen Akademie), München 1934.

225 Kopie eines Schreibens von Albert Speer an Hans Großmann vom 22.10.1941, aus Bestand R3 – Reichsministerium für Rüstung und Kriegsproduktion, Sign. B RArch R 3/1581; Abb. Schmuckhof im Hotel Duisburger Hof 1928 mit seiner modernen Formensprache der 20er Jahre als Kontrast 1928 s. Kat. 49.

Abb. 95: Schmuckhof Hotel Bayreuth, Modell

Er entlehnte von dort die Geschoss-Proportionen mit dem niedrigeren Mezzaningeschoß, einem piano nobile mit kleinen Brüstungen vor den Fenstern und den Rundbogen-Fenstern im Sockelgeschoss. Die überdehnt lange Fassade des Gesamtgebäudes zeigte eine theatralische Bedeutungsüberhöhung, wie sie Repräsentationsbauten der 30er Jahre häufig zeigen (Abb. Kat. E13).

7.2 Mülheim an der Ruhr

Abb. 96: Ruhrforum Mülheim an der Ruhr Isometrische Darstellung 1944

Im Verlauf des II. Weltkrieges war Hans Großmann im sog. „Arbeitskreis Wiederaufbauplanung" Albert Speers auch in die Vorbereitung von Plänen für einen Neuaufbau der im Juni 1943 zerstörten Stadt Mülheim eingebunden[226] (Kat. Nr. E14). Dazu wurde er von Speer zum Planer für Mülheim bestimmt und erhielt am 24.8.1944 unter Einschaltung des Ruhrsiedlungsverbandes den entsprechenden Auftrag, nachdem Mülheim als „Wiederaufbaustadt" deklariert worden war[227].

Der verheerende Bombenangriff von 1943 hatte das Zentrum Mülheims stark getroffen. Stadthalle, Rathaus, Altenhof, drei prägende Mülheimer Bauwerke erlitten massive Schäden. Aber auch Geschäftshäuser verschwanden in Schutt und Asche. Und dennoch, „in der Bombenhölle der letzten Kriegsmonate wird in kühler Kalkulation der Wiederaufbau vorbereitet"[228], schrieb Werner Durth 1992.

Drei innerstädtischen Zonen widmete Hans Großmann seine besondere Aufmerksamkeit: Gauforum, Hauptbahnhof mit Vorplatz und Kirchenhügel. Ein Gauforum sollte unter Einbeziehung der Stadthalle an der Vorster Straße in Broich entstehen. In dessen Zentrum überragt in den Plänen das hohe Volkshaus, die „Akropolis", den Gesamtkomplex. Der enorm tiefe Bau erhielt mit seinen fassadenhohen Pfeilerarkaden eine quasi hoheitliche Wirkung, gesteigert durch eine breite Freitreppe und Figurenschmuck am Dachansatz[229]. Die Gebäude säumten die zur Aufmarschstraße gewandelte Vorster Straße, die im Entwurf dicht mit kleinen Obelisken gesäumt zu werden scheint.

Die rechte Ruhrseite sollte als einheitlich gestaltete Behördenfront neu geplant werden. Die Summe der Verwaltungsbauten mit ihren rastermäßig gleichförmigen kleinen Fenstern und den sich ähnelnden, zentralen Por-

226 Es sind keine Unterlagen mehr vorhanden außer Entwürfen und Plänen; StA MH Photosammlung 1510/60.22.

227 Liste der Aufbaustädte s. Durth, Werner/Gutschow, Niels: Träume in Trümmern. Planungen zum Wiederaufbau zerstörter deutscher Städte im Westen Deutschlands 1940–1950, Bd. I, S. 79, 80, 113, 114.

228 Durth, Werner, wie zit. (1992), S. 286.

229 StA MH 1510/60.22,1 u. 2 u. 3, datiert 6.1.1944.

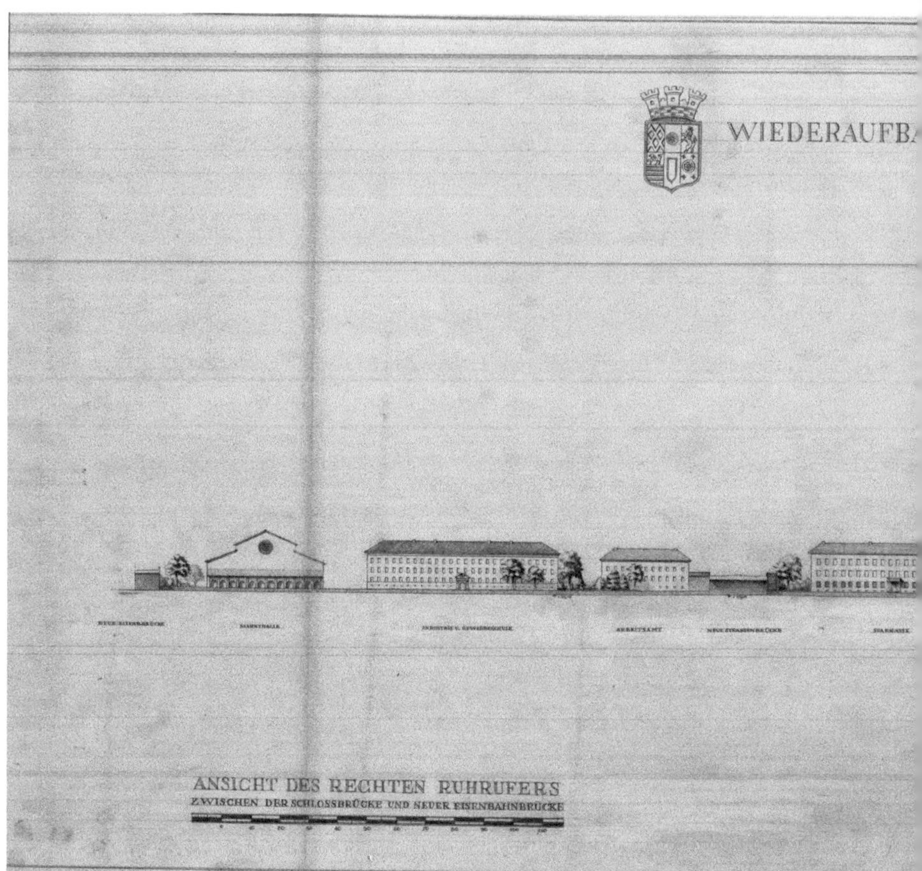

Abb. 97: Wiederaufbauplanung Mülheim an der Ruhr 1944, Entwurf einer Behördenfront

tallösungen vermittelt durch geringe Variation den Eindruck hermetischer Monotonie. Am nördlichen Rand lässt der Entwurf einer Markthalle das Urbild frühchristlich ravennatischer Basilikaformen erkennen. Unter dem programmatischen Diktat der nationalsozialistischen Ideologie kehrte Hans Großmann in seinen Entwürfen zu neoklassizistisch anmutenden Bauformen und Annäherungen an antike Vorbilder zurück, siehe das Volkshaus und die Markthalle.

Was und wieviel Hans Großmann zwischen 1934 und 1949 nicht nur geplant, sondern gebaut hat, bleibt wegen mangelnder Belege insgesamt ungewiss. Sein Büro hat er trotz gesundheitlicher Probleme und Lähmungen nach 1934 in der ehemaligen Hindenburgstraße 2, nach dem Krieg umbenannt in Friedrich-Ebert-Straße 2, weitergeführt. Er soll über die oben genannten Großprojekte in Hamburg, Bayreuth und Mülheim an der Ruhr hinaus, die im programmatischen Interesse und dem Größenwahn der nationalsozialisten Führung lagen, jedoch nie realisiert wurden, an weiteren Großwettbewerben beteiligt gewesen sein. Nicht verifizierbar sind Angaben seines Stiefsohns Gert Großmann-Hensel (†), nach denen er 1937 der Planungsgruppe Albert Speers für das Großprojekt Hochschulstadt Berlin auf dem sog. Teufelsberg im Zusammenhang mit Hit-

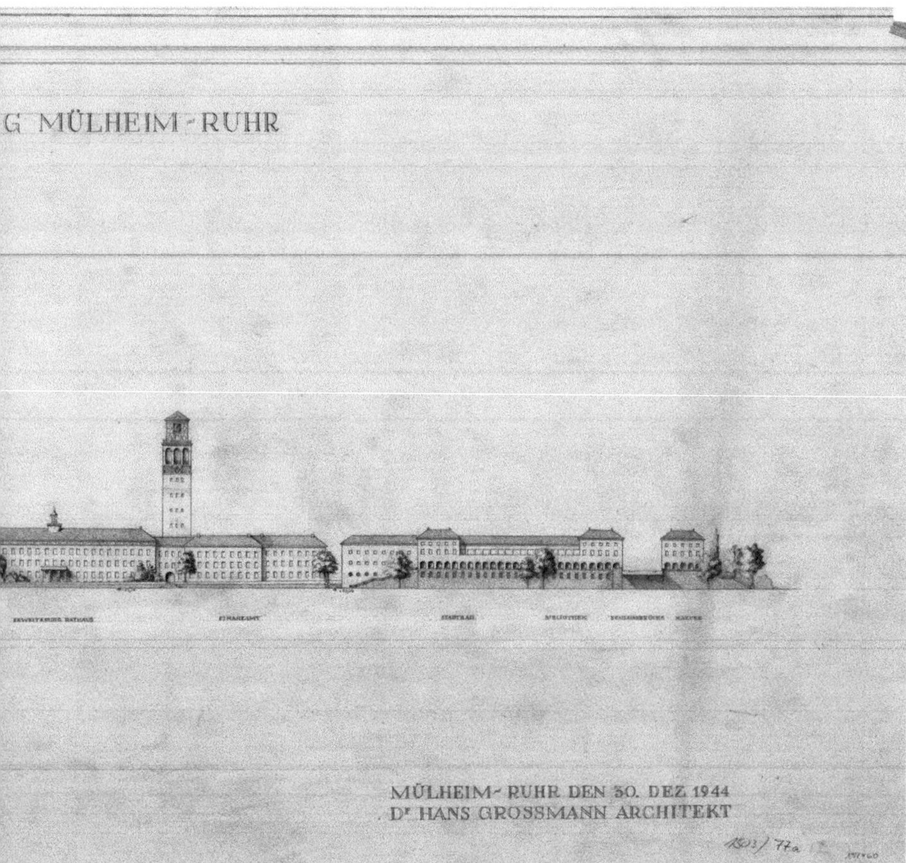

lers Welthauptstadt-Plänen angehörte. Das Gleiche gilt für die Beteiligung am Bau des AEG-Verwaltungsgebäudes in Berlin 1938[230]. Zahlreiche Wohnhäuser, etwa in Broich, werden ihm ebenfalls ohne nähere Angaben in dieser Zeit zugeschrieben.

7.3 Nachkriegsarbeiten

Nach dem Krieg beteiligte sich Hans Großmann in seinen letzten Lebensjahren am Wiederaufbau in Mülheim, unter anderem von Gebäuden, die er selbst geplant und errichtet hatte[231], Rathaus , Stadthalle und das Ufa-Palast-Kino an der Schloßstraße, auch den Altenhof sowie möglicherweise auch das Kaufhaus Alsberg in der Leineweberstraße.

230 Beide Zuschreibungen sind mündliche Aussagen des Stiefsohns Gert Großmann-Hensel (†); zur Geschichte der Hochschule s. Karl Schwarz: 100 Jahre Technische Universität Berlin 1879–1979, bes. S. 233–339.

231 Zum Ufa-Palast-Kino: s. Kat. Nr. 79; zum Altenhof: Unterlagen im Archiv des Altenhofes; zum Kaufhaus Alsberg: mündliche Aussage von Gerd Großmann-Hensel (†).

Abb. 98: Das zerstörte Rathaus 1945

Es blieben ihm nicht viele tätige Jahre, er starb am 28.11.1949.

Sein Stiefsohn Gerd Großmann-Hensel hat in den 50er Jahren das Architekturbüro in Mülheim weitergeführt. In der Literatur werden in den 50er Jahren zwei Kinos in Mülheim erwähnt, die das Büro nun unter Gerd Großmann-Hensel ausbaute, die „Kamera" 1953 und 1954 den Umbau des von Hans Großmann 1938 erbauten und 1948 wiedererrichteten „Ufa-Palast-Kinos". Beim Umbau 1954 wurden dessen Säle komplett umgestaltet, wobei die gerühmte „Raumästhetik der 30er Jahre" wohl weitgehend verloren ging[232].

Abb. 99: Die zerstörte Stadthalle 1945

232 Holger Klein-Wiele: Kinoarchitektur der 50er Jahre im Ruhrgebiet, Diss. Bochum 2006, S. 119, S. 413, Abb. 59: Zustand 1972.

8 Resumée

Die Architekten Pfeifer und Großmann haben in Karlsruhe und Mülheim an der Ruhr in drei Gesellschaftssystemen ein halbes Jahrhundert Architektur geprägt. Im Badischen haben sie schon früh mit einer Fülle unterschiedlichster Bauaufgaben begonnen, Privatvillen, Schulen, Erholungsheime und Kurhäuser bis zu ersten Wohnsiedlungen. In Mülheim setzte das Büro mit der zweiten Niederlassung die erfolgreiche gemeinsame Arbeit beim Rathausbau, den Siedlungsprojekten und Villen fort. Nach der Fertigstellung des Rathauses konzentrierte sich Arthur Pfeifer wieder mehr auf Projekte in seiner badischen Heimat. Er blieb persönlich und beruflich ganz im Badischen verankert. Hans Großmann entwickelte sich in Mülheim zu einem der wichtigen Architekten und Stadtplaner der 20er und frühen 1930er Jahre. Die Stadt verdankt ihm, wie schon mehrfach betont, ihr unverwechselbares Stadtpanorama mit zentralen Repräsentations- und Technikbauten.

Die Anfänge der Architektengemeinschaft verrieten eine Vorliebe für neoklassizistische Schmuckarchitektur. Stilistische Versatzstücke aus unterschiedlichen Epochen wurden oft eklektizistisch miteinander verbunden. Dekorativer Klassizismus und traditionelle Bauformen mit Hang zu Zierapplikationen standen an beider Beginn. Davon zeugen die frühen Karlsruher Bauten ebenso wie die ersten Mülheimer Entwürfe, signifikant am Beispiel des Mülheimer Rathauses. Die römische Antike und ihre Wiedergeburt in der italienischen Renaissance, die Hans Großmann nach eigenen Aussagen auf seinen Studienreisen kennengelernt hatte, haben ihn inspiriert und sich in zahlreichen dekorativen und kompositorischen Einzelelementen des Rathauses niedergeschlagen. Der „höfische" Charakter der repräsentativen Rathausmarktfassade, die Loggien sowie die Proportionen des Gebäudeensembles sind aus der Anschauung der frühen Jahre im residenzstädtischen Karlsruher Klassizismus entstanden. Die Architektur der badischen Metropole Karlsruhe hat auch die nie realisierten Entwürfe des Architekturbüros für eine das Rathaus rahmende einheitliche Rathausmarktbebauung beeinflusst, deren biedermeierliches Architekturbild nicht recht in die Ruhrstadt zu passen schien[233] (s. Abb. 48).

233 Pfeifer und Großmann: Bauten und Entwürfe, in: MB, XX. Jg. H. 5 (1921), S. 151–158.

Abb. 100: Laufwasserkraftwerk Kahlenberg: früher Entwurf der Turbinenhalle

Aber nicht nur die großen Bauwerke, auch die kleinen, darunter die frühen Beamtendoppelhäuser der Firma Mathias Stinnes in der Leonhard-Stinnes-Straße von 1921/1922 (Abb. Kat. Nr. 29), sind historistischer Tradition fest verbunden. Dies zeigt sich in der Frühzeit sowohl in den Proportionen wie auch den bevorzugt auftretenden Walmdächern und einem Gebäudeschmuck, der kaum variierte, stereotype Schmuckelemente für die Fassaden vorsah.

Bei öffentlichen Bauten zeigte Hans Großmann imposante Repräsentationsformen, etwa in den Schlüsselwerken Rathaus, Stadthalle oder Hotel Duisburger Hof. Große Kreativität setzte er dabei in der kleinen Form phantasievollen Bauschmucks ein, mit Anspielungen auf die innere Programmatik der Bauwerke. So hat er den unterschiedlichen Bauinhalten architektonisch Ausdruck verliehen. Mit Gespür für die adäquaten Formen und Materialien zeigen seine Kraftwerke kraftvolle Energie im wahrsten Sinne des Wortes. Trotz kleiner Proportionen strahlen sie Größe aus. Doch selbst diese funktionalen Technikbauten erhielten malerisch expressive Gestaltungsformen. So erinnert etwa das Raffelberg-Kraftwerk an Burgen- oder Wehrbauten, das Kahlenberg-Kraftwerk erscheint beinahe wie eine Kathedrale der Technik außen wie innen. Seine Kinderheime und andere soziale Bauten betonten das Heimelige, da finden sich Erker und Türmchen sowie Gemeinschaftshöfe in einer Form romantisierenden Burgenstils[234], etwa beim Klarahaus in Mülheim (s. Abb. 101).

Stilistischer Pluralismus kennzeichnet seine Bauten zwischen den Kriegen. Siedlungshäuser im frühen Heimatschutzstil und Elemente einer malerischen Architektur mit Ausflügen zu dekorativem Art déco-Stil stehen nebeneinander.

234 Einen Baustil der 1930er Jahre vorwegnehmend, den Gerhard Fehl in: Die Moderne unterm Hakenkreuz, S. 88–122, Anm. 1, S. 119, in: Hartmut Frank (Hrsg.): Faschistische Architekturen, wie zit., Hamburg 1985, so charakterisierte.

Abb. 101: Mülheim Klarahaus i, Burgenstil

Großmann baute noch in überlieferter Formensprache, als durch den Werkbund (seit 1907) und das Bauhaus (1919) schon andere Fragestellungen in der Architektur Aktualität erhielten.

Die Anforderungen im Krisen-Alltag des Nachkriegs-Mülheims der 1920er Jahre haben Hans Großmann letztlich zu einer gemäßigt modernen Bausprache gebracht. Diktiert durch die Notwendigkeiten einer harten, schnörkellosen Zeit wurden bei seinen Bauten die Formen knapper, kantiger. Geschäfte sind eine nüchterne Angelegenheit, so waren seine Geschäftsbauten sachliche Zweckbauten im Stil des Neuen Bauens. Dezente Dekorelemente durch zierliche Balkongeländer mit kurvigen Abschlüssen und Ziermasten lockerten sie häufig auf, ein Stilmittel der Bauhausarchitekturen und des Art déco der 20er Jahre, rechte Winkel zu umspielen. Doch setzte er eher zurückhaltend und selten (Eingang Solbad und israelitische Friedhofskapelle) in seinen realisierten Bauten und Entwürfen expressionistisch eckige Stilformen ein, wie sie für expressionisches Bauen der 20er Jahre bekannt sind.

Abb. 102: Mülheim an der Ruhr Siedlung Anne-Frank-Platz 1928–29

Abb. 103: Isometrische Darstellung der Volkshalle des Gauforums 1944

Seine Wohnbauten für die Vielen erhielten eine Architektur der vervielfachten Reihung und Normung. Es waren nicht die „Wohnmaschinen" eines Le Corbusier, es waren die Typenbauten, wie sie Werkbund und Bauhaus im Wohn- und Siedlungsbau angedacht hatten. Hier zeigte sich sein Talent für die Komposition vielschichtiger Baukuben. In ihrer funktional-nüchternen Art entsprachen die Wohnsiedlungen in der Oberheidstraße in Mülheim (Abb. 102 Anne-Frank-Platz) oder am Werdener Weg aus den späten 1920ern der Architekturentwicklung des normierten Bauens (s. a. Kat. 68). Zugleich überwogen im Privatvillenbau des Büros, möglicherweise nolens volens, weiter eher traditionelle Architekturformen. Eine interessante Ausnahme blieb die Teilnahme von Hans Großmann am Projekt der Werkbundsiedlung in Mülheim 1929.

Ein neoklassizistischer Grundtenor seiner Architektur hat Hans Großmann zur Zeit des Nationalsozialismus wieder eingeholt und teilnehmen lassen an der allgemeinen Monumentalisierung öffentlicher Bauprogramme und dem Einsatz hohler Pathosformeln (Obeliske, kolossale Säulenvorhallen). Auch die zeittypischen Verzerrungen in Größe und Proportionen – manchmal kombiniert mit klassizistischen Versatzstücken – hat er in seine Planungen aufgenommen. Pfeilerarkaden (Reichsbankwettbewerb s. Kat. W 16), Balusterbalkone und Schmuckkassetten (Hotel Bayreuth Kat. E 13) zeugen von einer pathetisch überzogenen, neoklassizistischen Neigung, ein mixtum compositum aus dem Klassizismusbaukasten. Konträrer könnte der Entwurf des sog. Schmuckhofs des Hotels in Bayreuth zum Schmuckhof des Duisburger Hofs von 1927 kaum sein (s. Abb. Kat. 49 u. E 14). In gewisser Weise ist Hans Großmann zurückgekehrt zu den Gestaltungsprinzipien seiner frühen Karlsruher Bauten.

Resumierend ist festzuhalten, dass das Büro Pfeifer und Großmann seit den 20er Jahren in seinen beiden Standorten Mülheim und Karlsruhe voneinander unabhängig eine jeweils eigene architektonische Entwicklung zeigte.

In Mülheim überlebte das Büro nach Hans Großmanns Tod 1949 mit dem zeitweisen Einstieg des Stiefsohns Gerd Großmann-Hensel noch kurze Zeit. Größere Arbeiten sind nicht bekannt. Nach einem Verfahren wegen nationalsozialistischer Mitläuferschaft begann Arthur Pfeifer Anfang der 50er Jahre mit einem neuen Teilhaber, dem Architekten Kuno Wilderer, einen beruflichen Neuanfang. Mit Arthur Pfeifers Tod 1962 endete das Kapitel Pfeifer und Großmann in Karlsruhe.

Hans Großmann wurde auf dem Alten Friedhof in Mülheim an der Ruhr beigesetzt, Arthur Pfeifer hat seine letzte Ruhestätte im Familiengrab auf dem Friedhof in Karlsruhe-Mühlburg gefunden.

Komprimierte Werkliste

A Katalog der Bauwerke

1	1905/07	Littenweiler b/Freiburg:	Landgut Rosenstihl
1a	1905–09/10	Karlsruhe	Geibelstraße 2A/Ecke Fliederplatz 22
2	1906	Karlsruhe	Doppelhaus Bachstraße 15
3	1906/07	Karlsruhe	Haus Pfeifer, Kaiserallee 20
4	1907	Karlsruhe	Mietwohnhaus F. Pfeifer Herderstraße
5	1906	Triberg	Kurhaus und Theater
6	1908	Triberg	Realschule
7	1908/09	Karlsruhe	Gebäude Majolikamanufaktur
8	1909	Karlsbad/Langensteinbach	Erholungsheim
9	ca 1909	Karlsbad/Langensteinbach	Pfarrhaus
10	1909/10	Karlsruhe	Haus Dr. H.W Clauss Sophienstraße
11	1910	Karlsruhe-Weststadt	Doppelwohnhaus Nieten
12	1910?	Karlsruhe-Daxlanden	Kleinwohnhausgruppe
13	1910	Karlsruhe	Konditorei Kist
14	1909/10	Karlsruhe	Künstlerhaus
15	1909/10	Karlsruhe	Stallgebäude R. Schwickert
16	1910/11	Berlin	A. Wertheim Konfitürenhalle Königsplatz
17	1911/12	Knielingen	(Karlsruhe)Volksschule
18	1912/13	Durmersheim	Grundschule
19	1912/13	Steinmauern/ Lk.	Rastatt Grundschule
20	1911–16	Mülheim a.d. Ruhr	Rathaus
21	1914/15	Karlsruhe	Gaststätte Krokodil
22	1909–15/1919–29		Karlsruhe-Rüppurr Gartenstadt
23	1917/18	Mülheim a.d. Ruhr	Haus Möhlenbeck
24	1920	Mülheim a.d. Ruhr-Raffelberg	Reitbahnanlage
25	ab1919–1927	Karlsruhe-Nordstadt	Hardtwaldsiedlung
26	1919–1920	Karlsruhe-Oststadt	Lohfeldsiedlung
27	1919–24	Mülheim a.d. Ruhr	Saarnbergsiedlung
28	1919	Karlsruhe	Maximilianstraße Anbau 8
28a	vor 1921	Karlsruhe	Teepavillon im Park
29	1921/22	Mülheim a.d.Ruhr	Beamtenwohnhäuser Leonhard-Stinnes-Str. 28–30
30	1922	Karlsruhe	Villa Mozartstraße 7
31	1922	Karlsruhe-Südweststadt	Beiertheimer Allee
32	1921–22	Karlsruhe-Oststadt	Wohnen am Fasanengarten
33	1922–23	Berlin-Kladow	Villa Oeding
34	1922–24	Karlsruhe	Rhein. Creditbank/Deutsche Bank
35	1922–23	Mülheim a.d. Ruhr	Verwaltung Lederfabrik Lindgens
36	1923	Karlsruhe-Südweststadt	Villa Schwarzwaldstr. 9
37	1924	Karlsruhe	Villa Stöber Schwarzwaldstr. 8
38	1924	Karlsruhe	Villa Ra. Bopp Moltkestraße 38

39	1925	Mülheim a.d. Ruhr	Haus Brügemann Bleichstraße 9
40	Mitte 20er J.	Mülheim a.d. Ruhr	Wohnhaus Dr. Dinsing
41	1922–1925/26		Mülheim a.d. Ruhr Stadthalle
42	1925/26	Mülheim a.d. Ruhr	Klarahaus
43	1925/26	Duisburg-Ruhrort	Wohnhausgruppe Mathias Stinnes
44	1926	Mülheim a.d. Ruhr	Vereinshaus Jugendgroschen
45	vor 1926	Mülheim a.d. Ruhr	Dienstvilla Broich-Speldorfer-Gartenstadt AG
46	1923–25	Mülheim a.d. Ruhr	Beamtenhaus d. Fa. Rauen
47	1925/26	Mülheim a.d. Ruhr	Wohnhaus Hans Großmann
48	1925/26	Karlsruhe	Gemeindehaus Seubertstr. (u. 1937/38)
49	1925–27	Duisburg	Hotel Duisburger Hof
50	(1913)–1929	Mülheim a.d. Ruhr	Ruhranlagen
50a	1923–26	Mülheim a.d. Ruhr	Kraftwerk Raffelberg
50b	1924/25,1929	Mülheim a.d. Ruhr	Kraftwerk Kahlenberg
50c	1926	Mülheim a.d. Ruhr	Florabrücke
50d	1927/28	Mülheim a.d. Ruhr	Wasserbahnhof
50e	Ende 20er J.	Mülheim a.d. Ruhr	Restauration Kahlenberg
51	1928/29	Mülheim a.d. Ruhr	RWW-Hauptverwaltung
52	1927/28	Mülheim a.d. Ruhr	Haus Buhr im Uhlenhorst
53	1926–28	Mülheim a.d. Ruhr	Parksiedlung Luisental
54	1927	Mülheim a.d. Ruhr	Siedlung Muhrenkamp
55	1927/28	Karlsruhe	Villa Ruh, Hagenstraße
56	1927/28	K-Grötzingen	Friedhofskapelle
57	1927/28	Mülheim a.d. Ruhr	Israelt. Totenhalle
58	vor 1928	Gelsenkirchen-Buer	Geschaftshaus Duncker-Meese
59	vor 1928	Mülheim a.d. Ruhr	Druckerei Arthur Selb
60	1928	Mülheim a.d. Ruhr	Eingangspavillon Solbad Raffelberg
61	1928–30	Mülheim a.d. Ruhr	Altenhof
62	1928–30	Mülheim a.d. Ruhr	Wohnsiedlung Werdener Weg
63	1928	Mülheim a.d. Ruhr	Geschäftshaus Höfmann
64	1928	Mülheim a.d. Ruhr	Geschäftshaus Gebr. Alsberg
65	1928	Mülheim a.d. Ruhr	Wohngeb. Bismarkstr. KWI
66	1929	Mülheim a.d. Ruhr	Hörsaal KWI
67	1928/29	Mülheim a.d. Ruhr	Haus Nathanael
68	1928/29	Mülheim a.d. Ruhr	Wohnsiedlung Anne-Frank-Platz
69	1928/29	Mülheim a.d. Ruhr	Wohnsiedlung Karlsruher Str.
70	1928/30	Karlsruhe	Villa Dr. med Bernh. Arnsperger
71	Ende 20er J.	Karlsruhe	Mietwohnbauten Am Stadtgarten
72	1929	Mülheim a.d. Ruhr	Ruhrschiffsausrüstung
73	ca 1930	Karlsruhe	Villa Prof. Dr. Ludwig Arnsperger
74	vor 1920	Gelsenkirchen-Buer	Villa Hochheimer
75	1920/30	Mülheim a.d. Ruhr	Reitbahn Uhlenhorst
76	vor 1920	Herne	Villa Dr. med. Reckendorf
77	vor 1930	Mülheim a.d. Ruhr	Geschäftshaus Herz

78	1931	Oberhausen-Sterkrade	„Stadtmitte-Haus“
79	1934/35	Karlsruhe	Wohnbebauung Lorenzstraße
80	1938	Mülheim a.d. Ruhr	Ufa-Palast-Kino

Nicht in den Katalog aufgenommen:

1918	Karlsruhe	Haus Baumeister, Umbaumaßnahmen
1930	Bad Dürrheim	Kindersolbad Erweiterungsbau

B Liste bekannter Entwürfe

E 1	1906–1914	Karlsruhe: beispielhaft: drei Entwürfe für Öfen, Dielen: Ausst. Karlsruhe 1906; Keram. Innenräume: E 1, 8 und E, 9	
E 2	Anf. 1920 J.	Oberhausen Sterkrade:	Geschäftshaus
E 3	um 1925	Bochum:	Kommunalbank
E 4	1927	Mülheim:	Wohnhäuser am Uhlenhorst
E 5	o.D.	Hückelhoven:	Ev. Gemeindehaus
E 6	vor 1928	Gelsenkirchen-Buer:	Geschäftshaus Duncker Meese
	vor 1928	Gelsenkirche-Buer:	Geschäftshaus Schlatholt
	vor 1928	Oberhausen-Sterkrade:	Geschäftshaus
E 7	vor 1928	Herne-Sodingen:	Ev. Gemeindehaus
E 8	1928	Düsseldorf:	Plan für eine Siedlung Hüttenstraße
E 9	1929	Mülheim:	Werkbundsiedlung, Haus 4 und 5
E 10	1929	Mülheim	Passage Wallstraße
E 11	vor 1930	Mülheim:	Kaufhaus Lewin
E 12	1937	Hamburg:	Gauforum
E 13	1937	Bayreuth:	Festspielhotel
E 14	1944/45	Mülheim:	Wiederaufbauplanungen Ruhrforum
E 15	1944	Mülheim:	Hauptbahnhof
E 16	1944	Mülheim:	Wiederaufbauplanung Kirchenhügel

C Liste bekannter Wettbewerbsteilnahmen

W 1	Freiburg/Schweiz	Konzerthalle	1906
W 2	Hamburg	Wasserturm	1906/1907
W 2a	Villingen	Realschule	1907
W 3	Zürich	Kollegiengebäude d. Universität	1908
W 4	Donaueschingen	Rathaus und Sparkasse	1908–09
W 5	Rheinfelden	(ungesichert) Stahlbetonbogenbrücke	1909
W 6	Zürich	(ungesichert) Überbauung des Papierwerdes	vor 1910
W 7	Karlsruhe	2. Platz Karlstorplatz Brunnenanlage	1910
W 8	Karlsruhe	Denkmal Großhzg. Friedr. I. von Baden 2. Platz mit Hermann Binz	1910–11

W 9	Mülheim	Papenbuschsiedlung	1. Preis	1918
W 10	Karlsruhe	Festplatzbebauung	2. Preis	1916/24
W 11	Duisburg	Einschornsteinsiedlung	4. Preis	1927–30
W 12	Mülheim	Verbandsstraßenbrücke	2. Preis	1927
W 13	Karlsruhe	Erweiterungsbau Dienstgebäude der Karlsruher Lebensversicherung1928		
W 14	Bad Dürrheim	Krankenhaus	1. Preis	1929
W 15	Berlin	Reichsbankwettbewerb: preisgekrönter Entwurf		1933

Büroadressen: (Erscheinungjahr der Adressbücher)

Karlsruhe:

1907	Akademiestraße 5
1908	Kaiserstraße 225
1912	Amalienstraße 26
Ab 1913	Belfordstraße 14

Mülheim:

1918/19	Schloßstraße 25 in der Nationalbank
Seit 1921	Schulstraße 21
Ab 1926	Hindenburgstaße 2
1928/29	Schloßstraße 77
1930–49	Hindenburgstraße 2 (nach 1945: Friedrich-Ebertstraße)

Privatadressen: (Erscheinungsjahr des Adressbuches)

Karlsruhe:

Arthur Pfeifer:

1907	Grashoffstraße 3
1908	Waldstraße 40
1909	Waldstraße 10
1912	Hübschstraße 32
Ab 1921	Schumannstraße 9

Hans Großmann:

1907	Viktoriastraße 20
1908	Kaiserstraße 225
1909	Uhlandstraße 10
1912	Waldstraße 40
1917	Hirschstraße 35a
1921	Bismarkstraße 49
Ab 1923–1926	Waldring 27
Ab 1920	zweiter Wohnsitz in Mülheim

Mülheim:

1918	Hotel Retze
1920	Friedrichstraße 54
1924	Kaiserstraße 90
1926	Leonhard-Stinnes-Straße 63
1945	Wilhelmstraße 31
1946	Friedrichstaße 15-17
1946–49	Kluse 48

Büromitarbeiter in Karlsruhe

Erwin von Ziegler Schweizer Architekt (1879 Schaffhausen–1968 St. Gallen); Ausbildung an der technischen Hochschule Karlsruhe bei Prof. Friedrich Ratzel, der ab 1899 Professor an der Karlsruher Hochschule wurde; ab 1911 eigenes, gemeinsames Architekturbüro Erwin von Ziegler/Hans Balmer in St. Gallen (ab 1910).
1911 und noch 1916 als Partner, St. Gallen, im Briefkopf mehrerer Schreiben an den Oberbürgermeister in Mülheim im Zusammenhang mit dem Rathausbau ausgewiesen (StA MH 1200/2184, pag. 311 u. 1200/2188)

Heinrich Grossmann Architekt, als Mitarbeiter bezeichnet im Katalog Karlsruher Majolika 1979, Kat. Nr. 572, S. 333. Dort Entwurf eines vollständig keramikverkleideten Kaufhauses für Essen, Skizze von Hermann Volz nach Entwurf von Heinrich Grossmann 1913.

Erich Schelling (1904–1986), ab 1919 Lehre als Maurer, dann Praktikum im Büro Pfeifer und Großmann in Karlsruhe, um danach am Staatstechnikum und an der TH Karlsruhe bei Billing und Laeuger zu studieren. Ab 1937 freier Architekt in Karlsruhe (s. Kabierske Anm. 416, S. 113) und Prof. am Staatstechnikum Karlsruhe ab 1937–1942; Architekt der Karlsruher Schwarzwaldhalle.

Karl Kölmel (1896–1979) war in der Frühzeit des Büros zeitweise Mitarbeiter bei Billing und bei Pfeifer und Großmann. Er folgte Hans Großmann nach Mülheim an der Ruhr, wo er an den Wettbewerben zur Mülheimer Stadthalle und dem Hotel- und Bürohaus Duisburger Hof in Duisburg beteiligt war. Nach seiner Promotion an der TH Karlsruhe trat er 1925 als Regierungsbaumeister in den Staatsdienst ein. Nach verschiedenen Stationen in Bezirksbauämtern übernahm er die Leitung der Bezirksbauämter Karlsruhe und Baden-Baden. Schließlich war er seit 1925 in der badischen Bauverwaltung tätig. Nach WK II wurde er an die Spitze der Hochbauverwaltung in Nordbaden berufen, besonders für Rettung und Wiederaufbau historischer Bauten zuständig. (Stadtlexikon Karlsruhe 1914; Kabierske, wie zit., Anm. 116, S. 113).

Dipl. Ing. Kuno Wilderer wurde nach Hans Großmanns Tod 1951 Teilhaber im Karlsruher Büro Pfeifer und Großmann. Arbeiten von ihm: u. a. Plan für eine ev. Kirche in Appenweiher 1936, Pläne für die Ortenau Klinikum St. Josef in Offenburg 1954 und Neubebauungen in Bruchsal 1960.

Mitarbeiter im Büro Mülheim

1921 Schulstraße 21, 2 Räume, unklare Zahl von Mitarbeitern, gesicherte Nachweise sind nicht vorhanden. Wegen fehlender Quellen z. T. unsichere Angaben:

Robert Schmid Architekt (Bürovorsteher im Mülheimer Büro), seit 1921 bis in die 40er Jahre kaufmännischer Vertreter des Büros P&G in Mülheim.

Rudolf Fries Architekt, Hauptmitarbeiter am Stadthallenbau (von Emil Fahrenkamp übernommen), d. h. nach 1924.

Friedrich u. Wilhelm Krämer Architekten, vor allem im Zusammenhang mit der Saarnbergsiedlung ab 1919/20 genannt. Eigenes Büro ab 1919, Hingbergstraße 50.
Wilhelm Krämer war 1925 Eigentümer des Hauses Leonhard-Stinnes- Str. 64 gegenüber dem Wohnhaus von Hans Großmann.
Büro: F&W Krämer Architekten in der Kampstraße 87.
Werk um 1927: Teehaus an der Dohne.

Rüppel Söhne, Architekten, An der Brandsheide (Speldorf) 21.
Rüppel, Johannes: Architekt und Kirchenbaumeister, Delle 15, ab 1919/20 im Zusammenhang mit der Saarnbergsiedlung genannt.

Seiler Architekt aus Saarn, wohnte Am Bühl 23.

Kersting, B. Architekt BDA; ab 1921 eig. Büro Schloßstraße 25, dort befand sich zwischen 1918 und 1920 das Büro von Pfeifer und Großmann; Arbeitsverbindung mit dem Büro Pfeifer und Großmann angenommen.
3. Preis im Wettbewerb zum Bau des Klarahauses (Kat. 42); Abb. Zs. Neue Baukunst Sonderdruck.

Frerisch Architekten, Mitarbeiter von Großmann im Zusammenhang mit dem Reichsbankwettbewerb (s. Werner Durth, wie zit.)

Kommentiertes Werkverzeichnis

1 1905/07 Freiburg-Littenweiler

Objekt: Landgut
Bauherr: Familie Rosenstihl

Eines der frühesten gesicherten Villenprojekte des Architekturbüros war das Wohnhaus des Landgutes der Familie Rosenstihl[1], einem Milchbetrieb, den Otto Rosenstihl 1920 dann in einen Reiterhof umwandelte. Das ehemalige Ensemble bildet in malerischer Gruppierung mit seinen Nebengebäuden einen rechteckigen, offenen Hof. Das Landhaus besitzt ein hohes Satteldach und eine zweistöckige hohe Dachgaube, in lokaler Tradition wie Scheune und Stallungen schindelgedeckt. Die Fassade des Herrenhauses zeigt variantenreiche Ansichten. Zur Gartenanlage hin gliedert sie ein zeittypischer seitlicher Erker, der bis zum Dachansatz reicht. Im Dach kleine Schleppgauben und eine hohe,

[1] Dietert, in: „Wohnungskunst" Sonderheft, o. J., S. 68, Abb. S. 73 u. 86; s. a.: Karl Widmer: Pfeifer und Großmann in Karlsruhe, in: MB 6. Jg. (1907), Heft 12, S. 503–520, Abb. S. 506–512.; zur Geschichte des Hofes s. Badische Zeitung v. 14. 1. 2017.

fast zwerchhausgleiche Mittelgaube. Ein umlaufendes kräftiges Gesims trennte optisch die beiden Hauptgeschosse. Die ansonsten schlicht weiße Putzfassade erhielt in dieser Etage einen in Putztechnik ausgeführten breiten, umlaufenden Ornamentfries, durchbrochen von einer Loggia oberhalb des Haupteingangs. Der Fries zeigt in variierender Flächenornamentik Medaillons mit floralen Motiven.

Im Inneren zeigt die zentrale, ländliche Wohndiele dekorativ farbigen Dekor geometrischer und verspielt muschelförmiger Formen. Eine schwere, hölzerne Treppe führt in die oberen Räume. Die Wände waren geweißt. Kamin, Möbelstoffe und Hölzer kontrastierten in gelbem Ton und schwarz-weißen Intarsien. Die schwere Kassettendecke schien die Leichtigkeit der farbigen Dielenkomposition fast zu erdrücken[2]. Pfeifer und Großmann hatten für die „Karlsruher Jubiläumsausstellung 1906", die von der Künstlerschaft Karlsruhes und dem „Badischen Kunstgewerbeverein" aus Anlass des Goldenen Ehejubiläums des großherzoglichen Paares und 80jährigen Geburtstags des Großherzogs veranstaltet wurde, eine vergleichbare zentrale Diele entworfen[3].

1a 1905–09/10 Karlsruhe-Mühlburg

Objekt: Wohnhaus Geibelstraße 2a/Ecke Fliederplatz in Mühlburg[4]
Datierung: um 1908[5]

Eckwohnhaus mit malerischer Fassadengliederung, 4 Stockwerke, im Erdgeschoss Läden. Die Straßenfronten variieren Jugendstilelemente.

Das Gebäude besitzt an der Geibelstraße zwei Eingänge. Das Teilgebäude mit Hausnummer 2 soll von Architekt Ludwig Ritzhaupt 1904 gebaut worden sein. Anbau Nr. 2a schreibt man Pfeifer und Großmann aus der Zeit um 1908 zu. Eine saubere Unterscheidung der architektonischen Bauausführung zwischen dem Architekten Ritzhaupt sowie Pfeifer und Großmann ist kaum möglich. Eigentümer war in beiden Fällen der Maurermeister Bernhard Pfeiffer, der schon 1905 im Adressbuch als solcher von Nr. 2, aber erst 1909 auch von 2a angegeben ist.

2 DKDek: Illustr. Monatshefte für moderne Malerei, Plastik, Architektur und künstler. Frauenarbeiten 19 (1906–07), S. 127.

3 MB 6 Jg. (1907), S. 503; zur Karlsruher Jubiläumsausstellung: ebd., S. 514/15 u. DBZ XLI. Jg., Nr 20, H. 3 (1907), S. 142.

4 Denkmal nach §2 DschG; die Datenbank der Kulturdenkmale Karlsruhe datiert das Gebäude um 1900, Architekt unbekannt; Karl Widmer dagegen hält Pfeifer und Großmann für die Architekten von Nr. 2a aus der Zeit vor 1910, in: Neubauten von Pfeifer und Grossmann (sic), in: MB, IX. Jg., H. 10 (1910), Abb. S. 515; zu dieser Einschätzung kommt auch der Autor der Monographie über Hermann Billing 1867–1946, Gerhard Kabierske.

5 Geibelstraße 2a erscheint im Adressbuch der Stadt Karlsruhe erstmals 1909, Bauantrag für Nr. 2 schon 1903 in den Bauakten mit dem Namen Ludwig Ritzhaupt als Architekt (Auskunft d. Bauaktenarchivs im Stadtarchiv Karlsruhe); 1903 war Arthur Pfeifer noch Praktikant bei Hermann Billing, Hans Großmann noch nicht in Karlsruhe.

Linksseitig zierliche Balkone, während ein betont kräftiges Gurtgesims das 3. Stockwerk optisch von den unteren Geschossen trennt. Steiles Dach mit kleinen Mansardfenstern. Im Erdgeschoss Hausteinbasis und mit rundbogigen romanisierenden Abschlüssen der Eingänge und Fenster, ansonsten helle Putzoberfläche. Die Fenster im 2. und 3. Geschoss werden im Eckbereich mit markantem Ziersteingewände und wulstiger Laibung gerahmt. Dem Straßenwinkel folgend ist die Fassade im Eckbereich zur Fliederstraße im Erdgeschoss leicht zurückversetzt. Das zweite Obergeschoss kragt dementsprechend leicht über. Verspielt kurvig wird der Überhang in die Seitenfront übergeleitet. Ein flacher Mittelerker reicht an der Fliederstraße vom Untergeschoss bis über die Dachtraufe des hohen Satteldaches hinaus und gewinnt mit einem steilen Faltdach eine erhebliche Höhe. Hausteinpartien überziehen diesen Teil der Fassade bis oberhalb des 1. Stockwerks sowie die Fensterbänder des Erkers. Ansonsten ist auch hier heller Putz vorherrschend.

Ganz offensichtlich zeigt sich der Einfluss Hermann Billings in der Gestaltung der zwei harmonisch zusammengewachsenen Gebäudeteile. Hermann Billings Wohnbauten an der Karlsruher Baischstraße aus der Zeit um 1900–02 können als Anregung und Vorbild gesehen werden. In der abwechslungsreichen Fassade mit Sandsteinbasis im Erdgeschoss im Wechsel mit Putzflächen bei den Geschossen sowie den variationsreichen Fensterformen und -gewänden lässt sich die Handschrift Hermann Billings erahnen.

Möglicherweise ließ der Eigentümer Bernhard Pfeiffer das Gebäude Nr. 2, das Ludwig Ritzhaupt entwickelte, durch Pfeifer und Großmann ausbauen, die inzwischen beide Mitarbeiter bei Hermann Billing waren. Unklar bleibt dabei die spätere Rolle des Architekten Ludwig Ritzhaupt.

2 1906 Karlsruhe-Weststadt

Objekt: Doppelhaus
Standort: Bachstraße 15/Richard-Wagner-Straße 14[6]

Ein Doppelhaus mit Vorgarten, geteilt in zwei voneinander abweichend große Wohneinheiten, ablesbar an den unterschiedlich breiten Frontabschnitten. Und doch zeigen sie ein homogenes Gesamtbild. Die einfachen Hauseingänge liegen an der Seitenfront, bzw. bei dem größeren Haus auf der Hausrückseite. Die Fassade dominierend ist dem Doppelhaus an der Nahtstelle der beiden Hauseinheiten im Erdgeschoss ein imposanter, steinener Fassaden-"Vorhang" vorgesetzt. Schmuckvoll lebhafte Steinformen, waagerechte Quaderschichten an den Erdgeschossbalustraden und kräftige Steinrahmungen der hochrechteckigen Fensterpaare charakterisieren die Fassade. Den oberen Abschluss des Vorbaus schmücken Kartuschenfelder mit plastischen Applikationen. Die Fassade kennzeichnet insgesamt der lebhafte Kontrast von Haustein, weißem Putz sowie gelbgrünem Sandstein. Auch die kräftigen sandsteingerahmten Fensterlaibungen der Straßenfront sowie die hausteingerahmten Gebäudeecken geben dem Gebäude eine kräftige Kontur. Die Seitenfronten des Doppelhauses differieren. An der rechten Seitenfront des größeren Hausteils reicht ein runder Erker, der im unteren Teil kräftiges Rustikamauerwerk zeigt, bis unter die Dachtraufe. Im Bereich des Obergeschosses besitzt er rundbogige Drillingsfenster.

6 Bauzeitung für Württemberg, Baden, Hessen, Elsass-Lothringen, V. Jg., Nr. 1 (1908) S. 7–8, 1 Abb. u. Grundriss, S. 9; MB VI. Jg. (1907), H. 12, S. 504, Grundriss S. 505; Geschützt nach §2 Denkmalschutzgesetz.

Über dem seitlich gelegenen Eingang der schmäleren Haushälfte befindet sich eine bis zur Dachtraufe reichende Fenstergruppe mit abgetreppter unterer Kante, den inneren Treppenverlauf nachvollziehend.

Das Doppelhaus besitzt ein hohes schiefergedecktes Mansarddach mit zwei mächtigen Dachgauben an der Vorderfront, charakteristisch sind deren markante, angespitzte Tonnendächer. Eine Rustikaeinfriedung des Gebäudes ist erhalten. Das Gebäude zeigt den Einfluss des Jugendstils.

3 1906/07 Karlsruhe

Objekt: Zweifamilienhaus
Standort: Kaiserallee 20/Wendtstraße (Haus Pfeifer)[7]

Das Gebäude mit hohem Mansarddach bietet ein lebhaftes Fassadenbild. Außer zwei stark konturierten Gesimsbändern zwischen Erd- und erstem Obergeschoss zeigt die weiße Putzfassade keinen ornamentalen Schmuck. Der Grundriss ergibt annähernd ein Quadrat, vorderseitig mit runden Erkerflanken. Die Fensterpaare im Obergeschoss zeigen im Unterschied zu den übrigen Fenstern rundbogige Abschlüsse. Eingang und Treppenhaus befinden sich in ei-

7 Bauzeitung f. Württemberg, wie zit., S. 7, Abb. u. Grundriss, S. 8 (Fotokopie); MB 6. Jg. (1907), H. 12, Abb. S. 504 u. 519, 520 (Eingang); Foto s. Bildindex Landesdenkmalamt Baden-Württemberg; Baupläne in: StA KA Bauordnungsakten Nr. 797.

nem der Erker. Die doppelten Gesimsbänder aus Hausteinen geben den glatten Putzflächen des Gebäudes Rhythmus und Kontur. Eine lebhafte Hell-Dunkel-Kontrastierung durch die Fensterumrahmungen mildert den blockartigen Gesamteindruck. Die burgartig wirkenden halbrunden Erker besitzen niedrige, spitze Turmhelme. Die Eingangsseite akzentuiert zentral eine breite, anderthalbstöckige, hohe Zwerchhauskonstruktion.

4 1907 Karlsruhe Weststadt

Objekt: Mietwohnhaus
Standort: Herderstraße 1[8]
Bauherr: Maurermeister Fitz Pfeifer
Architekten: Pfeifer und Großmann

Ein frühes, großes Mietwohnhaus, das Pfeifer und Großmann zwischen 1906–07 erbauten.

Es erhebt sich über einer niedrigen Rustikabasis. Charakteristisch ist die bis zur Dachtraufe reichende Hausteinfassade, die mittig von einem die Dachkante überragenden polygonalen Sandsteinerker geteilt wird. Dieser setzt in Höhe des ersten Stockwerks auf Steinkonsolen an. Sparsam ist der Dekor. Im Trau-

8 Scan M. Pfeifer; Datenbank der Karlsruher Kulturdenkmale, Denkmalliste des Bauordnungsamtes; geschützt nach §2 Denkmalschutzgesetz.

fenbereich zeigt der Erker einen Ornamentfries spitz behauener Steinquader im Wechsel mit senkrechten Steingraten. Am Erker zieren kleine Medaillons den Bereich unterhalb der Dachtraufe. Der Erker wird von modernen Gauben flankiert. Einseitig sind dem Erker Balkone auf steinernen Konsolen angesetzt. Die Gitter sind wahrscheinlich noch aus der Entstehungszeit.

Die glatte Seitenfront zeigt mittig einen flaches Treppenhausrisalit mit Rustikaeinfassung des Eingangs und Ornamentfries als Abschluss, Sandsteinrahmen mit Medaillons zeigen die schmalen, kleinen Eckfensterchen des Risalits, der auf der Front pro Geschoss jeweils ein Zwillingsfenster besitzt, im obersten Geschoss rundbogig, Gewände und Stabwerk ebenfalls Steinwerk. Das Haus steht in der Tradition der Billingschule.

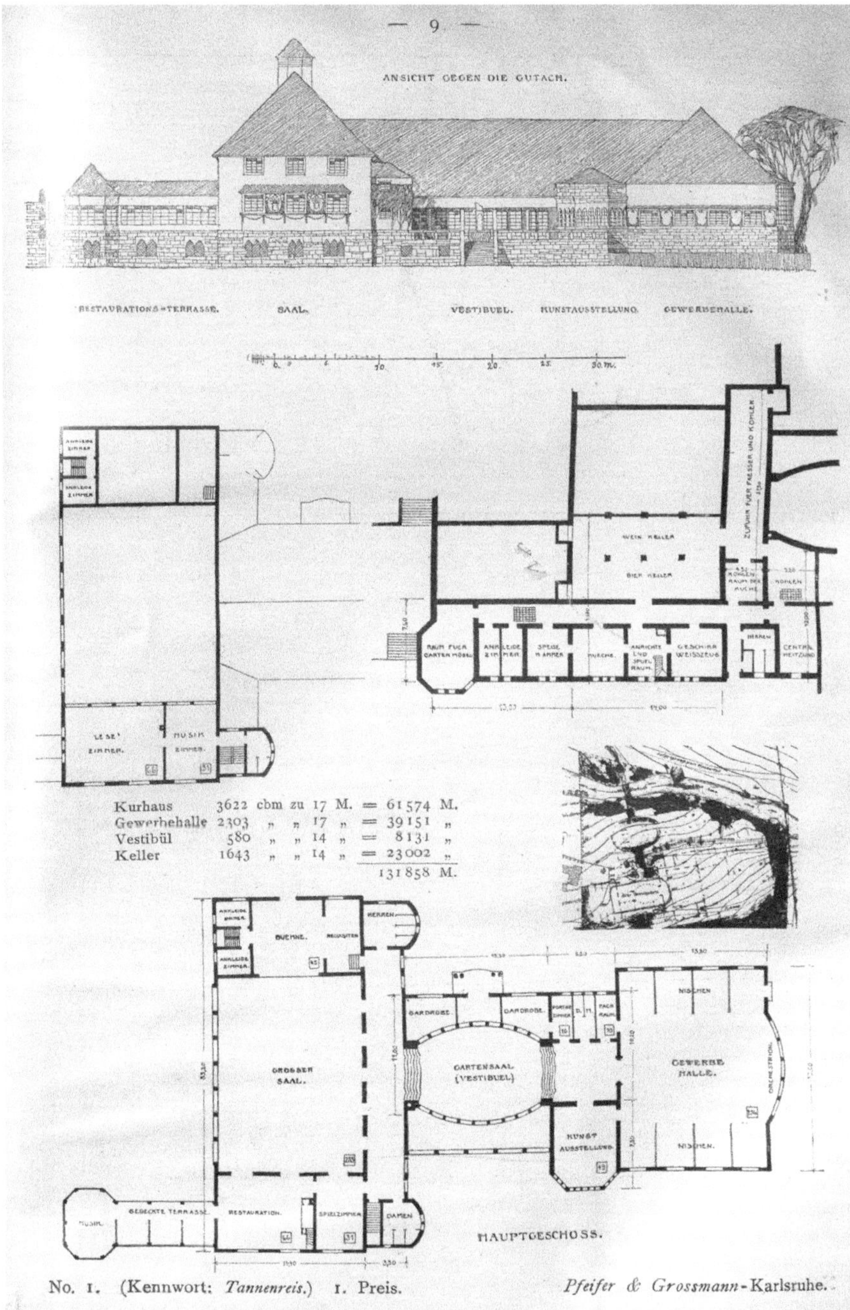

No. 1. (Kennwort: *Tannenreis.*) 1. Preis. *Pfeifer & Grossmann*-Karlsruhe.

5 1906 Triberg im Schwarzwald

Objekt:	Kurhaus, Theatersaal und Gewerbeausstellungsbau[9]
Lage:	Luisenstraße 10
Bauherr:	Stadt Triberg zusammen mit Gewerbeverein für die Gewerbehalle
Wettbewerb:	Zugelassen alle in Deutschland ansässigen Architekten ohne Rücksicht auf die Staatsangehörigkeit
Preisgericht:	Prof. Hermann Billing, Prof. Karl Hoffacker, beide Karlsruhe; Rudolf Thoma, Stadtbaumeister Freiburg i. B.; de Pellegrini, Bürgermeister u. Vorstand der Kurverwaltung Triberg; Paul Wehrle, Hotelier Triberg
Teilnahmen:	41 Einsendungen
Preise:	Entscheidung am 20.7.1906: 1. Preis: Pfeifer und Großmann, Kennwort „Tannenreis"; 2. Preis: Max Taut, Rixdorf bei Berlin, Kennwort „Pfina"; 3. Preis Adolf Abel, Offenburg, Kennwort "Schwarzwaldhof"

Gefordert war, ein Kurhaus, einen Theatersaal und eine Gewerbehalle zu einer harmonischen Baueinheit zu gruppieren. Im fünfköpfigen Preisgericht des Wettbewerbs saßen nur zwei Architekten, Hermann Billing und Karl Hoffacker.

Das Gelände lag unmittelbar nehmen dem kleinen Fluss Gutach, begrenzt von einem Wasserfall einerseits und einem steil abfallenden Bergrücken andererseits. Das Haus sollte sich der Landschaft anpassen, und so hieß es im Ausschreibungstext: „Eine allzu große Höhenentwicklung (...) des ganzen Hauses sollte vermieden werden". Ausdrücklich forderte die Ausschreibung, die Bauten dem Charakter der Schwarzwaldlandschaft anzupassen.

Mit seinen tief herunterreichenden, breiten Dachpartien zeigte der Entwurf ein Gebäude auf hohem Rustikasockel, das auf Grund seines tief liegenden Standortes fast unauffällig in die Landschaft eingebunden war. Die Rustifizierung umfasste alle Sockelbereiche einschließlich eines kleinen turmartigen Gebäudezwickels.

Der Komplex bestand wie gefordert aus drei Bereichen (s. Abb. 23 Textteil). Der dominanteste und höchste Gebäudeteil enthielt die große Halle mit kleineren Nebenräumen sowie eine Bühne mit kleinen Stuben für Theaterrequisiten und Ankleiden. Daran schloss sich ein leicht zurückversetzter, niedrigerer, ovaler Gartensaal, das Vestibül, als Verbindung zur großen Gewerbehalle an. Ausdrücklich hervorgehoben wurde das Konzept des lichten Gartensaals des Kurhauses als Promenadenraum zwischen Theater und Ausstellungshalle (Textteil Abb. 34), das nur in einer Entwurfsabbildung überliefert ist. In einem engen Zwickel zwischen Vestibül und Gewerbehalle war ein kleiner Annex für Kunstausstellungen angebaut. Seitlich der großen Halle setzte sich die Fassadenflucht mit einer gedeckten Terrasse fort. Das positive Urteil des Preisgerichts lautete dann auch: „Die beiden Gebäudeteile, Kurhaus und Gewerbehalle, sind durch

[9] DK, Bd. 21, H. 3, Nr. 243 (1907), S. 1–32, Abb. S. 8, Lageplan u. Grundrisse S. 9; s. a.: Karl Widmer: Pfeifer und Großmann in Karlsruhe, in: MB 6 (1907), Tafel 89.

geschickte Weise (...) in Verbindung gebracht worden (...). Die Architektur des Gebäudes ist eine charakteristische und passt sich dem Landschaftsbild gut an“[10].

6 1907/08 Triberg

Objekt:	Ehemalige Großherzogliche Realschule mit Direktorenwohnung, seit 1952 Altbau des staatl. Schwarzwald-Gymnasiums Triberg
Standort:	Bergstraße 11
Bauherr:	Stadt Triberg
Wettbewerb:	1. Preis Pfeifer und Großmann
Bauleitung:	Architekt Rudolf Eisele, Triberg

1907/08 erhielten Pfeifer und Großmann den Bauauftrag für die damalige Realschule[11], seit 1909 Großherzogliche Realschule, 1933 bis 1952 private Oberschule mit Internat[12], 1952 dann Staatliches Schwarzwald Gymnasium.

Das Vorhaben hatte besonders die komplizierte Lage des Areals an einem Abhang zu lösen. An dem fertiggestellten Bau wurde die gelungene Einbindung in lokale Bautraditionen hervorgehoben. Die Anpassung an die „landschaftliche

10 Ebd. DK, S. 7.

11 Wettbewerb: Karl Widmer: Pfeifer und Grossmann (sic) in Karlsruhe, in: MB VI. Jg. H. 12 (1907), S. 504–520, hier S. 504 sowie 2 Abb. des Modells S. 517 u. Grundrisse S. 518; das realisierte Gebäude in: ebd. IX. Jg. H. 2 (1910), S. 50, Abb. S. 56–58.

12 Geschichte der Schule Eigendarstellung, s. Wikipedia.

Bauweise“ im Äußeren zeigte sich an Aufbau, Materialien und Farbigkeit des Baues. Über einem Granitsockel zeigten die Fassaden einen derben, rotbraunen Putz, die Fenster eine schlichte Sandsteinrahmung, die Giebelseiten nach Schwarzwaldart verschindelt. Das hohe, leicht geschwungene, steile Satteldach ist mit roten Biberschwänzen gedeckt und besitzt den schützenden Dachvorsprung der Schwarzwaldhäuser[13]. Die Eingangsseite wird akzentuiert durch einen die Dachtraufe überhöhenden Treppenturm mit einer in Süddeutschland üblichen Welschen Haube. Breite Schleppgauben seitlich des Treppenturms und ein schlanker Dachreiter ebenfalls mit Zwiebeldach nehmen dem hohen Dach die Schwere. Die Ausstattung aus der Bauzeit, ein Wandbrunnen und farbig gestaltete Ornamentfliesen sind noch vorhanden.

Die Teilnahme an einem Wettbewerb um eine Realschule in Villingen aus dem gleichen Jahr 1907 verlief für Pfeifer und Großmann enttäuschend.[14]

7 1908/09 Karlsruhe Innenstadt-West

Objekt: Fabrikationsgebäude d. ehem. Großherzogl. Majolika-Manufaktur
Standort: Ahaweg 6 (Hardtwald)
Bauherr: Großherzogl. Karlsruher Majolika-Manufaktur[15]

Lt. amtlicher Denkmalliste 1908 von Pfeifer und Großmann erbaut, die Pläne aber vom Großherzoglichen Hofbauamt ausgearbeitet[16]. Erweitert 1911–13, im Krieg 1944 zerstört, wiederaufgebaut[17].

Hallenbau, anderthalbgeschossig, im Erdgeschoss breiter als der obere Gebäudeteil, der durch breite Atelier-Sprossenfenster belichtet wird. Deren Kontur wiederholt in ihrer Form das Frontprofil der Eingangsseite.

Putzbau, an der schmuckvollen Eingangsseite mit farbig ornamentaler Konturierung in der Art eines Gurtgesimses, der aus einem kunstvollen, farbfrohen Kachelfries besteht. Kleine Felder einheitlicher Tonmodeln und abwechselnd figürlicher Gestalten wiederholen sich. Es entsteht entfernt der Eindruck eines antiken Triglyphen-Metopen-Frieses wie bei römischen

13 MB IX. Jg. H. 2 (1910), S. 50, 3 Abb. S. 56–58; Dietert, in: Wohnungskunst, wie zit.: S. 65, Abb. S. 72.

14 Siehe Kat. W 2a: Entwurfzeichnungen und Grundrisse in: DK Bd. XXII, Heft 5 (1907), Tafeln S. 29–31.

15 Dietert, wie zit., Abb. S. 74; Moufang, wie zit., S. 51f und pass.

16 Moufang, wie zit S. 52; Kat. Karlsruher Majolia 1979, S. 41.

17 Im StA KA liegen Pläne über verschiedene Bauveränderungern von Pfeifer und Großman ab 1913 vor: Sign. Bauordnungsakten Nr. 3013, 3019, 3058 und 3084.

Tempelbauten. In den Zwickeln des kurzen Dachansatzes befinden sich beidseitig in einem segmentierten Feld identische Tonreliefs eines Laute spielenden Engels, umrahmt von einem Flötenspieler und einer weiblichen Figur mit Kind.

Den Eingang schützt ein einfaches, von Rundpfeilern getragenes Schutzdach. Die Pfeiler wurden mit floralem Kachelwerk in der gleichen Farbigkeit wie der Fries ummantelt und im Bereich der Basis von einem kleinen Blätterkranz umfangen. Das Eingangsportal wird ebenfalls von farbigem Steinzeug gerahmt.

8 1909 Karlsbad, Ortsteil Langensteinbach

Objekt:	Erholungsheim, heute Bibelheim[18]
Standort:	Römerstraße 30, Karlsbad
Bauherr:	Ev. Verein für innere Mission Augsburgischen Bekenntnisses; seit 2012: Bibelheim Bethanien, Ev. Gemeinschaftsverband AB e.V. 1939 Lazarett, dann beschlagnahmt und in ein „Umsiedlerlager" umgewandelt. Später wurde es auch nationalsozialistische Verwaltungsstelle für den Gau Baden und zeitweise Kinderheim.

Ähnlich traditionelle, landschaftsgebundene Architektur wie die Schule in Triberg repräsentiert das ehemalige Erholungsheim Langensteinbach/Karlsbad. Es ist auf freier Anhöhe über dem Dorf Langensteinbach erbaut worden. Auch

[18] Das Erholungsheim wurde 1909 durch Ortspfarrer Theodor Böhmerle gegründet; s. dazu: Dietert in: Wohnungskunst, wie zit.: S. 65, 2 Abb. S. 69; die folgenden Beschreibungen fußen auf: K. Widmer, in: MB IX. Jg., H. 2 (1910), S. 49–50, 8 Abb. S.49–55.

hier war wieder abschüssiges Gelände zu bebauen. Pfeifer und Großmann entwarfen 1909/10 ein Ensemble aus drei gestaffelt hohen Gebäuden, einem hohen Haupthaus, dem Betsaal und der Wandelhalle, die zusammen ein Hofquadrat umschließen und sich der schwierigen Geländesituation ideal anpassen.

Dem breiten, zwölfachsigen und vierstöckigen Hauptgebäude schließt sich im rechten Winkel ein niedriger, zweistöckiger Bau mit hohem Walmdach an, in dem sich in den Anfangszeiten der Betsaal für ca. 200 Menschen befand. Es stellt den Verbindungsbau zu dem den Hof komplettierenden, langen Seitentrakt mit einer Wandelhalle dar. Charakteristisch sind an dessen Gebäudeflanken Pavillons mit rundlichen Zeltdächern. Der Betsaal hatte einen offenen, violett gestrichenen Dachstuhl mit hellgrüner Ornamentik, ebenso zeigte die Wandelhalle offenes Balkenwerk.

Das Hauptgebäude war in den Anfangszeiten ein Aufnahmehaus mit Betten, Speisesaal und Lesezimmer. Auf seiner Schmalseite im Süden sind zwei lichte, großzügig verglaste Veranden vorgelagert, die sich wie ein seitlicher Anbau nahtlos mit dem Gebäude verbinden. Sein weit über die Fassade ausladender Giebel öffnet sich in einer offenen Loggia mit niedrigem, halbrundem Abschluss und stützenloser, holzverschalter, gewölbter Decke. Auf der anderen Giebelseite setzt sich die Fassadengliederung dreiachsig fort. Den Fensterachsen entsprechend befinden sich auf der Hofseite Dachgauben.

In die Mitte des Haupthauses sind die Eingänge platziert (s. Abb. 26 Text), im Hofbereich ein Portal mit kanneliertem Türsturz unter einer säulengestützten niedrigen Zwiebelkuppel, auf der rückwärtigen Hausseite ist mittig ein halbrunder Treppenturm vorgelagert, dessen Fenster sich mit Bogenüberfang und Oculi von den übrigen Fensterformen unterscheiden. Ein schlanker, achteckiger Dachreiter mit einer Laterne krönt das breite Dach. Das Portal des Betsaales zeichnet sich durch sparsame geometrische Ornamentik aus, die sich an den Fensterrahmungen fortsetzt.

Die Gebäude waren gelb verputzt, der weiße Haustein der Fensterrahmen und des Gebäudesockels setzte gestalterische Akzente. Die Giebelseiten sind holzverschalt.

9 ca. 1909 Karlsbad, Ortsteil Langensteinbach

Objekt: Pfarrhaus
Standort: Weinbrenerstraße 9

Unweit des Erholungsheims entstand das Pfarrhaus Langensteinbach (1909)[19]. Stilistisch den langschaftsgebunden Bauten wie Gut Rosenstihl (1906–07) oder dem Stallgebäude Schwickert (Kat. Nr. 15, 1910) verwandt. Charakteristisch sind

19 Friedrich Dietert, wie zit., Abb. o. S. (73).

Krüppelwalmdach, Schleppgauben und ein kleiner Runderker im Erdgeschoss der Schmalseite des Hauses, dessen Traufe sich im markanten Gurtgesims der Hausfassade fortsetzt.

10 1909/10 Karlsruhe

Objekt: Einfamilienstadthaus
Lage: Sophienstraße 1c, nicht mehr vorhanden
Autraggeber: Dr. med Hermann Walter Clauss, prakt. Arzt

Das ehemalige Einfamilienhaus für Dr. Clauss ist nur noch in Abbildungen[20] überliefert. Es stand eingebunden in einer Häuserzeile von Stadthäusern. Insgesamt zeichnete sich das Haus Clauss mit seinem Rauhputz durch zurückhaltende Fassadengestaltung mit wenig Dekor aus. Das Haus war dreigeschossig. Im Erdgeschoss wich die Fensterordnung von den übrigen Geschossen ab. Die Laibungen aller Fenster und die Fensterbänke bestanden kontrastierend zum Fassadenton aus hellem Steinwerk. Ein schmales Gurtgesims verlief zwischen den oberen Geschossen.

Auffallendstes Merkmal der Hausfront war ein kleiner renaissancehafter Hausteinerker auf einer Seite des mittleren Stockwerks, der unharmonisch knapp über dem Erdgeschossfenster ansetzte, mit geradem Abschluss oben

20 Karl Widmer, in: MB IX. Jg., H. 10 (1910), S. 503, Abb. S. 508–515 mit Beispielen der Innenausstattung: Speisezimmer, Bücherschrank, Standuhr.

und volutenartigen Formen an der Basis. Die kleinen Gitterfenster neben und am Erker wirken im Gesamteindruck fast deplaziert. In seinem oberen Bogenfeld befand sich ein Blumenmedaillon mit einer Frauenbüste. An der Basis des Erkers erschien eine gehauene Inschrift mit den Entstehungsdaten 1909/10.

Das ebenso der Renaissance nachspürende, kleine Portal des seitlichen Eingangs besticht mit seinen zierlichen Schmuckformen. Kleine, farbige Majolikaelemente in Form von Blumenmedaillons in der doppelten Bogenlaibung des Portals, feine seitliche Schmuckleisten, vollplastische Kleinfiguren auf farbigem Grund am Türsturz und die Andeutung von floralen Kapitellen an den Türpfosten bildeten einen zierlichen Gegenpol zu den wuchtigen Hausteinen an der Basis des Gebäudes.

Italienischen Vorbildern nachempfunden wurde an Eingang und Erker weißblaues Steinzeug in gelben Sandstein eingelegt. Die ornamentalen Details führte die Karlsruher Majolikamanufaktur aus, für deren baukeramische Abteilung Hans Großmann verantwortlich war. Pfeifer und Großmann entwarfen auch die Inneneinrichtung, die zeitentsprechendes bürgerliches Mobiliar aufwies.

11 1910 Karlsruhe Weststadt

Objekt:	Doppelhaushälfte mit Remise
Standort:	Bachstraße 20/22[21]
Auftraggeber:	Kaufmann Karl Nieten

Dreigeschossiges Haus mit hohem Mansardwalmdach, der Hauseingang an der Seitenfront Nr. 20. Im Hinterhaus befindet sich die Remise, ebenfalls walmdachgedeckt mit hoher Dachgaube. Sie wurde 1936 zum Wohnhaus umgebaut. Am Haupthaus Bachstraße 22 dominiert im Erdgeschoss eine Sandstein-Rustikafassade, deren stark plastisch hervortretenes Gesims mit einem Zinnenfries über dem Geschoss abschließt. An der rechten Hausfront weitet sich die Rustikafassade zu einem flachen Erker, der einen Austritt mit Ziergitter ergibt. Die Sandsteinrahmen der beiden großen hochrechteckigen Erdgeschossfenster sind mit einem Mäandermuster reliefiert, darüber befinden sich in das Mauerwerk eingelassene Schmuckfelder mit Girlandenmotiv.

21 Adressbuch Karlsruhe 1912; Denkmal nach §2 der Denkmalliste der Stadt Karlsruhe (m. Abb.) u. Datenbank der Kulturdenkmale (digit); (1936 zum Wohnhaus in neubarocken Formen umgebaut)

Die gesamte übrige Fassade zeigt einen glatten Verputz, alle Fenster mit Sandsteinrahmungen. An der Vorderfont werden die Fenster im ersten Geschoss durch schmale Säulen geteilt. Kleinere Fenster gestalten die Seitenfront bis ins Dachgeschoss, wobei das hohe mittlere Fenster über dem Hauseingang mit einem Rundbogen abschließt. Die Seitenfront zeigt in Höhe des Dachansatzes ein tiefes Gesims.

Das kräftige Rustikamauerwerk mit seinen Schmuckformen über dem ansonsten schlicht gehaltenen Fassadenaufbau ist ein typisches Merkmal der Villenarchitektur zu Beginn des 20. Jahrhunderts in Karlsruhe. Das Vorbild des Architekten Hermann Billing ist auch hier evident. Da das Rustikamauerwerk unvermittelt vor der Hausecke endet, wirkt es wie ein Fassadenvorhang. Inwieweit diese Dissonanz durch die Renovierung 1936 entstanden ist, lässt sich im Augenblick nicht klären.

12 nach 1910 Karlsruhe-Daxlanden

Objekt: Kleinwohnhauszeile[22]
Standort: zerstört

Für Beamte und Arbeiter des Karlsruher Rheinhafens bestimmte, schlichte dreigeschossige Hausreihe. Nachdem Daxlanden am 1.1.1910 nach Karlsruhe eingemeindet worden war, wandelte sich das ursprüngliche Fischerdorf mit der

22 Dietert, wie zit., in: Sonderdruck der Zeitschrift für Wohnungskunst, Abb. S. 68, Abb. o. Seitenzahl.

Ansiedlung der im banachbarten Industriehafen Angestellten zu einem Industrievorort[23].

Eine frühe Abbildung zeigt eine Gebäudezeile aus drei Hauseinheiten mit Mansarddach. Die Häuserzeile besaß zwei bescheidene Eingänge unter tiefen Korbbogennischen. Hohe Dachgauben verteilten sich auf der Mansarde mit einem Krüppelwalmdach. Einziges Schmuckelement der Häuser war ein auffallend breites Gurtgesims, das die gesamte Fassadenbreite umspannte. Es wies auf hellem Grund ein geometrisches Muster auf und stellte ein charakteristisches Element der Fassadengestaltungen von Pfeifer und Großmann dar[24].

13 1910 Karlsruhe

Objekt: Konditorei Karl Kist
Auftrag: Innenausstattung: Wandvertäfelungen und Schrankelemente
Lage: Kaiserstraße 70
Entwurf: Pfeifer und Großmann

Beispiel für eine liebliche, sparsam Jugendstilelemente zeigende Inneneinrichtung. Helle, lichte Räumlichkeiten zeigten die ausnahmslos einheitlich in weißem Farbton gehaltenen Wände, Schrankvorderseiten oder Büffets. In Form quadratischer Rahmungen waren die weißen Einbauten kassettiert und mittig mit schlichten Rahmenformen gefüllt. Dekorative Randleisten zierten die of-

23 Chronik der Haupt- und Residenzstadt Karlsruhe für das Jahr 1910, 46. Jg., Karlsruhe 1911, Teil III, S. 54.

24 S. dazu: Hea-Jee, im: Karlsruher Bürgerhäuser zur Zeit Friedrich Weinbrenners (=Institut für Baugeschichte der Universität Karlsruhe), Karlsruhe 2004, S. 99, Abb. 131.

fenen Schrankaufsätze, deren Auslagen hinter kleinen Säulen sichtbar wurden. Eine Zwischenwand war im Durchgang üppig bekrönt von einem hoch aufragenden, flachen Blumengebinde. Über der Zwischenwand reihten sich eng gereiht balusterartige, schmale Zierstäbchen[25]. Die Ornamentik hatte fast eine Art Rokokoverspieltheit.

14 1909/10 Karlsruhe

Objekt:	Künstlerhaus[26], Innenausbau des Berckholtz'schen Palais zu einem Vereinshaus
Standort:	Karlstraße 44, Ecke Sophienstraße
Auftraggeber:	Verein Bildender Künstler Karlsruhe
Ausführung:	Pfeifer und Großmann u. Hermann Billing
Gegenstand:	Einrichtung der Clubäume im Obergeschoss sowie Bibliothek, Billardzimmer sowie weitere Gesellschaftsräume, im Erdgeschoss eine öffentliche Gaststätte. Zerstört im II. Weltkrieg.

Der „Verein bildender Künstler Karlsruhe" hatte seine Versammlungsräume ursprünglich in der Gaststätte „Krokodil" (s. Kat. 21). Der lange verfolgte Plan eines eigenen Versammlungshauses ließ sich schließlich mit dem Kauf des ehemaligen Wohnhauses von Berckholtz 1909 umsetzen. Pfeifer und Großmann übernahmen zusammen mit Hermann Billing die Umbauarbeiten des 1822–23 von Friedrich Arnold, Schüler von Friedrich Weinbrenner, erbauten klassizistischen Wohngebäudes. Im Obergeschoss entstanden eigene Vereinsräume, während das Erdgeschoss zu einer öffentlichen Gaststätte umgestaltet und ausgestattet wurde. Ältere Fotos in der Literatur dokumentieren einige der ursprünglichen Räume.

25 Karl Widmer, in: MB IX. Jg. (1910), H. 2, S. 50, Abb. S. 60–61; s. a. Dietert, in: Wohnungskunst, wie zit., 2 Abb, o. Seitenzahl.

26 Karl Widmer in: Innendekoration: mein Heim, mein Stolz, die gesamte Wohnungskunst in Wort und Bild, Jg. 22, H. 3 (1911), S. 139–141, m. zahlreichen Abb.; Dietert, in: Wohnungskunst, wie zit., 3 Abb. 87, 88 (kriegszerstört); MB IX. Jg. (1910), H. 2, Farbtafel 9: Wohndiele (Künstlerhaus); der später angebaute Saalbau von Architekt Ludwig Schmieder, Großherzoglicher Bauinspektor in Heidelberg, in: DBZ 48. Jg., Nr. 52 (Juni 1914), S. 501–02 u. Abb. S. 504–505.

Hermann Billing gestaltete lediglich das Speisezimmer der Gaststätte in der Eckrotunde (Abb. 28 im Textteil)[27]. Die übrigen Räume verantworteten Pfeifer und Großmann. Neben der Rotunde entstanden durch die Zusammenlegung zweier kleinerer Räume ein Wein- und ein Bierzimmer. Sie waren in strahlendem Weiß gehalten. Weiße Wandkassettierungen und zierliche Kristallüster bewirkten eine Leichtigkeit des Gesamteindrucks. Sparsamer Dekor verteilte sich in allen Räumen. Weiß waren auch die glasierten Öfen aus der Werkstatt der Majolikamanufaktur, vermutlich Entwürfe von Hans Großmann[28]. Im hinteren „Büfettraum" dominierte dagegen tiefes Blau der tapezierten Wände, die mit schwarzen Bordüren und Goldleisten gegliedert waren. Das Büfett selbst kontrastierte durch seine weißgestrichene Basis und die weiße, gitterartige Rahmung mit dunklem Hintergrund. Ähnlich war das Lesezimmer dunkel tapeziert, während die Fronten der Bücherschränke in Weißlackierung hervorstachen[29].

1911 fand ein Architektenwettbewerb zum Anbau eines Saalbaues in Verlängerung der Sophienstraße statt. Preisgricht: Prof. Ferd. Keller, Karlsruhe; Gabriel von Seidl, München; Heinrich Metzendorf, Bensheim und Wilhelm Lang, Karlsruhe.
1. Preis und Bauauftrag: Bauinspektor Schmieder, Karlsruhe[30].

27 Dazu Gerhard Kabierske, wie zit., Kat. Nr. 232, S. 248 u. Nr. 238, S. 251. Kabierske gibt eine Quelle im Stadtarchiv Karlsruhe an: Sign: 1/BOA/1012 (Bauakte). Hermann Billing beteiligte sich ab 1910 am Wettbewerb für einen zweigeschossigen Saalanbau in der Sophienstraße (nicht prämiert), ebd. Nr. 238, S. 251.

28 Ein identisches Exemplar befand sich in der Ausstellung der Majolika-Manufaktur 1910, s. Arch Ru 28. Jg. H. 9 (1912), Tafel 127.

29 Karl Widmer, Innendekoration, wie zit., Abb. S. 141, S. 40 und S. 139; und ders., in: MB, IX. Jg. (1910) H. 2, Tafel 9.

30 DBZ 48. Jg., Nr. 52 (1914), S. 501–505 m. Abb.

15 1909/10 Karlsruhe

Objekt: Stallgebäude
Standort: Karlsruhe
Bauherr: R. Schwickert

Das Gebäude mutet eher wie ein freundliches Landhaus statt eines gewöhnlichen Stalls an[31]. Es war zweistöckig mit vorgelagerter, breiter Terrasse. Es besaß ein leicht ausschwingendes, gegiebeltes Tonnendach mit stark vorkragender Traufe. Der helle, freundliche Eindruck vermittelte sich durch die dunkel/weiße Fassadengestaltung, weiß geputztes Erdgeschoss, während das Obergeschoss und Dach dunkeln verschindelt waren. Im Untergeschoss lukenartige, dunkel gerahmte Fenster und verglaste Toröffnungen, im Obergeschoss je eine Dreiergruppe schmaler, hoher Rundbogenfenster.

16 1910/11 Berlin

Objekt: Ausstattung des Kaufhauses A. Wertheim
Standort: Königstraße 31–32, spätere Rathausstraße
Bauherr: A. Wertheim GmbH

31 Abb. in: Friedrich Dietert: Süddeutsche Bau- u. Raumgestaltung. Zu den Arbeiten der Architekten Pfeifer und Großmann, Karlsruhe, in: Wohnungskunst. Sonderdruck, S. 65, Abb. o. S. (75).

Architekt: Kayser & von Groszheim (1842–1917) und Ernst Rentsch[32]
Baujahr: 1910/11
Innenausstattung: Pfeifer und Großmann mit Joseph Wackerle: Konfitürenhalle und Kronleuchter

Veröffentlichungen einiger Architekturzeitschriften geben einen Eindruck wieder von der baukeramischen Ausgestaltung der Inneneinrichtung des zerstörten Kaufhauses. Um 1910 schuf Hans Großmann zusammen mit Joseph Wackerle die umfassende Verkachelung mit glasierter, plastischer Wandgestaltung der Lebensmittelhalle.

Die Deutsche Bauzeitung nannte 1912 die Lebensmittelhalle einen Glanzpunkt des Hauses. In voller Ausdehnung einschließlich der Decke war sie mit Majolika aus Karlsruhe ausgestattet, „deren hervorragende künstlerische Leitung in den Händen des Herrn Architekten Grossmann (sic) in Karlsruhe liegt“[33]. (Fotos)

Eindrucksvoll präsentierten sich durchbrochene Zierwände in quadratisch offener Gitterstruktur, gefüllt mit glasierten Kleinplastiken von Vögel-, Frucht- und floralen Motiven (Wackerle). Weitere plastische Werke waren eine reliefierte größere Reiterfigur, als Pendat auf der anderen Seite eine Wandplat-

32 Das Kaufhaus A. Wertheim an der Königstraße in Berlin von Arch. Kayser & von Groszheim sowie Ernst Rentsch, in: DBZ 46. Jg., (1912), Nr. 86 u. 88, Abb. S. 768 u. 773; Nr. 89, Nov. 1912, S. 781–785 mit Längs- und Querschnitten, Aufrissen und Innenräumen.

33 DBZ 46. Jg., Nr. 93 (20.11.1912), S. 829.

te mit Dame und Einhorn. Vielfigurig ausgearbeitet beeindruckten die großen Lüster mit kleinen Puttenfiguren und Fruchtgehängen[34].

Das Kaufhaus Wertheim in der Königstraße ist im II. Weltkrieg zerstört worden. Aber Wilhelm Volz' Aquarelle nach Entwürfen von Hans Großmann lassen die dekorative Dichte der Gestaltung der Konfitürenhalle und der Lebensmittelabteilung seit 1910 nachvollziehen.

17 1911–12 Karlsruhe-Knielingen

Objekt: Volksschule, heute Grund- und Hauptschule Viktor-von-Scheffel-Schule[35]
Standort: Schulstraße 3
Bauherr: Stadt Karlsruhe
Datierung: 1912 eingeweiht

Das Gebäude von 1912 ist im Äußeren bis heute fast unverändert geblieben. Es besteht aus einem dreigeschossigen Baukubus mit herausragendem siebenachsigen Mitteltrakt, in dem zentral der Eingang liegt. Das hohe Walmdach krönt ein schlanker Uhrturm mit Zeltdach. Zu beiden Seiten des Mitteltrakts schließen sich etwas rückversetzt um ein Geschoss niedrigere, sechsachsige Seitentrakte an.

Der zentrale Haupteingang wird von einem fast bis zur Dachtraufe reichenden Blendbogen überfangen. In seinem oberen Bogenabschluß ist eine Fensterrosette eingelassen. In Höhe des Dachansatzes der Seitentrakte befindet sich ein Schmuckfries, der sich über die Breite des Blendbogens mit dem eingemeißelten Schriftzug „Volksschule Knielingen, erbaut 1912–13" zieht. Unmittelbar über dem Eingangsportal (s. im Text Abb. 29 u. 30) befindet sich ein quadratisches, weiß-, blau-, goldglasiertes Steinzeugrelief, das eine weibliche Sitzfigur im Schmuckrahmen zeigt. Von Engeln begleitet belehrt sie zwei neben ihr stehende Kinder[36]. Der Entwurf stammt von Hermann Binz wie auch zwei Medaillons, die mittig auf den Seitenfassaden zwi-

34 Nicola Moufang, wie zit., Tafel S. 223.

35 Geschützt nach §2 DSchG; Friedrich Dietert, wie zit., S. 65, 4 Abb. S. 71, 85. Relief über dem Portal v. H. Binz (Majolikamanufaktur) u. Brunnen von Franz Naager; s. a. Stadtlexikon Karlsruhe.

36 Nicola Moufang, wie zit. S. 64; von Franz Naager stammt ein Wandbrunnen, s. Friedrich Dietert, wie zit., Abb. S. 85.

schen den Geschossen angebracht sind, Ausführung Majolikamanufaktur. Die Rahmung der Blendarkade besteht aus flachen, lisenenartigen Wandvorlagen. Quadratische Sprossenfenster mit kräftiger Fensterlaibung aus hellem Sandstein gliederten die Fassade jeweils in Dreierkombination über 18 Fensterachsen hinweg. Das niedrige Sockelgeschoss ist wie die Portalrahmung aus Quadermauerwerk.

18 1912–13 Durmersheim /Kreis Rastatt

Objekt: Friedrichschule[37]
Standort: Speyerer Str. 18
Datierung: 1913 bezogen

Die Friedrichschule, eine kleine Grundschule, wurde nach Großherzog Friedrich II. von Baden benannt. In der Schlichtheit der Fassade und ihrer ruhigen Regelmäßigkeit kommt sie bei reduzierten Größenverhältnisen der Schule in Knielingen sehr nahe. Das zweistöckige Gebäude mit Walmdach und rustifiziertem Sockelgeschoss besitzt rhythmisch angeordnete Fensterreihen von jeweils vier Dreierachsen, getrennt durch ein fassadenumspannendes Gurtgesims. Die vier Dreierachsen werden über dem Gurtgesims jeweils durch kleine Nischen betont, in denen sich glasierter Terrakottaschmuck zeigt[38]. Das Walmdach besitzt unterschiedlich große Dachgauben. Auch bei diesem Bau sind Fensterrahmungen und Gesims durch helles Steinwerk farblich abgesetzt. Der Haupteingang mit kleiner, vorgelagerter Treppe befindet sich an einer Seite der Rückfront in einem tiefen Anbau. Er ist in einer Bogennische leicht zurückversetzt. Mit seinem gestuften Gewände und den seitlichen Pfeilern erscheint er geradezu klassisch. Glatte Pfeiler tragen einen Segmentbogen mit einem hohen Gewändefeld, in das ein ovales Medaillon als Schmuck eingelassen ist.

[37] Abb. Friedrich Dietert, wie zit., zwei Abb. o. S (S. 70)
[38] Entwurf des Künstlers Hermann Föry (1879–1930) von der Karlsruher Majolikamanufaktur, s. Moufang, wie zit. S. 64.

19 1912–13 Steinmauern/Landkreis Rastatt

Objekt:	Volksschule, heute Karl-Julius-Späth-Grund- und Hauptschule[39]
Standort:	Hauptstraße 75
Datierung:	1913 fertiggestellt, heutiger Zustand verändert

Von diesem Gebäude der Architekten Pfeifer und Großmann ließen sich lediglich zwei alte Abbildungen des Haupteingangsportals und der im selben Gebäude untergebrachten Polizeiwache finden. Beide Eingänge strahlen in ihrer nüchternen Beschränkung eine vornehme Schlichtheit aus. Sie besaßen jeweils gemauerte Gewände und starke Traufen. Der Schuleingang zeigte über der Traufe eine Nische mit einer segnenden Christusfigur (?), umgeben von Engel-oder Kinderfiguren. Hermann Binz schuf farbige Steinzeugreliefs auf den Außenmauern[40]. Der strenge Eingang der Polizeiwache besaß eine markante Steineinfassung, im oberen Türsturz eine Maske.

20 1911–16 Mülheim an der Ruhr

Objekt:	Rathaus[41]
Standort:	Rathausmarkt/Friedrich-Ebert-Straße
Bauherr:	Stadt Mülheim an der Ruhr
Datierung:	1911–1915/16
Ausschreibung:	1910/1911, unter im deutschen Reich geborenen oder ansässigen Architekten, insgesamt 176 Einsendungen[42]
Preisrichter:	Prof. Martin Dülfer, Dresden; Prof. Friedrich von Thiersch, München; Geh. Baurat Prof. Hofmann, Darmstadt (für den erkranten Dr. Ludwig Hoffmann, Berlin); Prof. Hermann Billing sowie ex officio Oberbürgermeister Dr. Paul Lembke
Preise:	1. Preis: Otho Orlando Kurz/John Rosenthal, München mit „Koks"; 2. Preis: Franz Thyriot, Frankfurt, mit „O quae mutatio rerum"; 3. Preis (geteilt): Pfeifer und Großmann, Karlsruhe, mit „Zwei Plätze", und Theodor Schmelzer, Leipzig, mit „Gut Geleit". Neun Entwürfe wurden angekauft[43]
Bauauftrag:	Pfeifer und Großmann
Umbauten:	1961–66 Erweiterung durch Oberbaurat Thissen Ab 2008 Sanierung, Modernisierung und Umbauten im Rahmen der neuen Ruhr-Ufergestaltung Ruhrbania

39 Einziges Bildmaterial bei Friedrich Dietert, wie zit.: S. 65, 2 Abb. o. Seitenangabe.

40 Moufang, wie zit. S. 64.

41 Liste der Baudenkmäler Mülheim an der Ruhr, Denkmallistennummer 17.

42 StA MH: Akten der Stadtbürgermeisterei 1200/2185 und 1200/2184, Bl. 68–71; umfangreiche Dokumentation der eingereichten Konkurrenzentwürfe, in: StAM 1200/2184, Bl. 45: Drucksache 571 vom 26.7.1910; s. a. DBZ 44. Jg. Nr. 68 (1910), S. 544 und Nr. 69 (1910), S. 553–556; ZBV Nr. 68 (1910), S. 451 und Nr. 42 (1911), S. 264; MB 20. Jg., H. 5 (Sept. 1921); s. a. Alemann-Schwartz, wie zit. in: ZGM, H. 67 (1995), S. 9–68.

43 DK ver. mit Architektur-Konkurrenzen, Heft 312, Bd. 26, Nr. 12, S. 11–31, Ergebnisliste: S. 11.

. (Kennwort: *Koks.*) Ein 2. Preis. *O. O. Kurz* u. *John Rosenthal*-München.

(Kennwort: *O quae mutatio rerum.*) Ein 2. Preis. *Franz Thyriot*-Frankfurt a. M

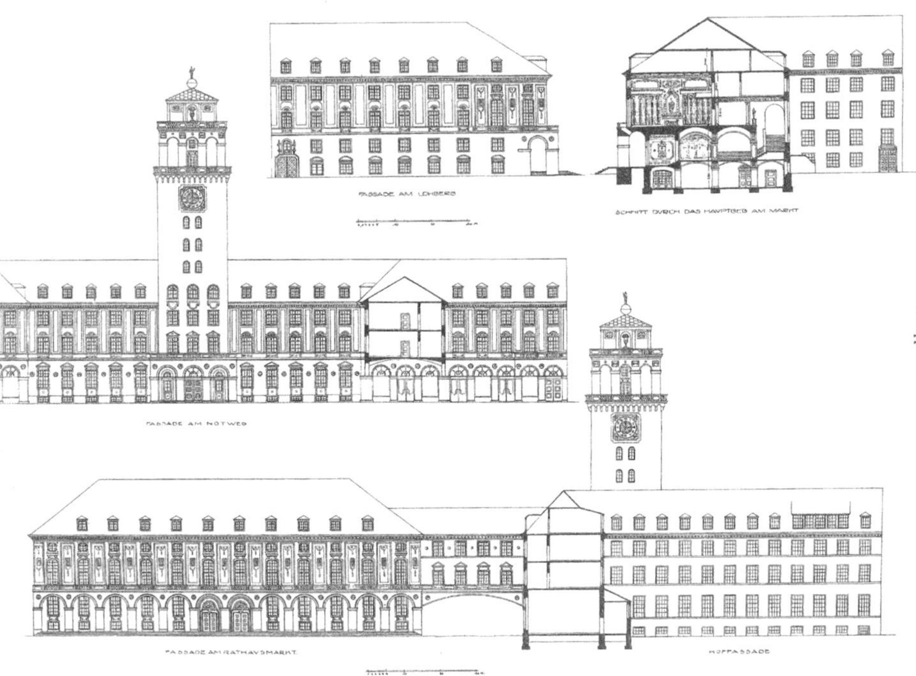

Mülheim fehlte seit 1903 nach der Aufgabe des kleinstädtischen Vorgängerrathauses von 1841 ein standesgemäßes Verwaltungszentrum. Zahlreiche Verwaltungsstellen waren in Ausweichquartieren über die Stadt verstreut. Nachdem Mülheim 1908 zur jüngsten Großstadt des Reiches aufgestiegen war, beschloss der Rat der Stadt in mehreren Anläufen und dann endgültig am 20.7.1910 ein offizielles „Konkurrenzausschreiben zur Erlangung von Projekten für den Rathausneubau“[44], mit dem „eine der größten kommunalen Bauaufgaben dieser mächtig aufstrebenden Ruhr-Großstadt“[45] in die Wege geleitet wurde. Eine erste Planskizze für einen möglichen Neubau hatte schon ein frühes sog. „Promemoria“ von 1907[46] angedacht, das der später realisierten Grundrissanlage schon sehr nahe kam.

Es beteiligten sich 176 Architekten reichsweit. Pfeifer und Großmann erreichten den dritten Preis gegen starke Konkurrenz, darunter auch Arbeiten der lokalen Architekturgrößen z. B. zwei Entwürfen von Karl Helbing, Mülheim, zusammen mit Wilhelm Kreis, drei Entwürfen von Franz Hagen, Mülheim, sowie einem Entwurf von Bruno Taut, Berlin[47]. Im fünfköpfigen Preisgericht saßen neben dem Oberbürgermeister als natürlichem Mitglied die oben ge-

44 StA MH 1200/2184, Bl. 44, Drucksache Nr. 571 vom 26.7.1910; die öffentliche Ausschreibung erfolgte am 11.8.1910.

45 Paul Josef Cremers: Pfeifer und Großmann, Berlin 1928, Einleitung S. VIII.

46 StA MH 1200/2187 Bl. 33, 66: Akten des Rates der Stadt Mülheim an der Ruhr.

47 StA MH 1200/2184, fol 289–291; zum Ergebnis: DK, H. 312, Bd. 26, Nr. 12 wie zit. S. 11–31.

nannten reichsweit bekannten Architekturgrößen und Wettbewerbs-Routiniers der damaligen Zeit[48].

Hermann Billing war kein Unbekannter in Mülheim und Umgebung. Er gewann 1907 den Wettbewerb um den Bau der neuen Schloßbrücke zwischen Mülheim an der Ruhr und Mülheim-Broich als Ersatz für die alte Kettenbrücke von 1844[49]. Für seine Mitarbeiter Arthur Pfeifer und Hans Großmann ergab sich so im Gefolge Hermann Billings ein früher Kontakt zur ihnen vermutlich bis dahin weitgehend unbekannten Stadt Mülheim an der Ruhr.

Der dritte Preis im Wettbewerb für Pfeifer und Großmann gründete sich, wie es in der Begutachtung hieß, auf „klare und wohlüberlegte Grundrissbildung (…). Die Baukörper sind bei mäßiger Höhenentwicklung und rhythmisch gleichmäßiger Achsenteilung als ruhige Massen behandelt und zu vornehmer Wirkung gebracht". Auch wurde gemäß der Ausschreibung „besonderer Wert (…) auf die Anlage heller und luftiger Räume gelegt". Obwohl die Preisrichter „größere künstlerische Frische" für wünschenswert gehalten hätten, sprachen doch das „stattlich und gut belichtete Treppenhaus", „übersichtliche und klare Korridorführung" und die vor allen anderen Entwürfen „beste Kasse, sehr räumlich und Ober- und Seitenlicht" für diesen Entwurf[50]. Sie wurde von Pfeifer und Großmann als halbkreisförmiger Pavillonbau im Innenhof des Gebäudetraktes Notweg/Schollenstraße konzipiert (Abb. Grundrisse oder Kasse). Der zentrale, für die Funktion eines Rathauses bedeutsame Ratssitzungssaal am Marktplatz befriedigte die Juroren „mit angemessenen Größenverhältnissen". Pfeifer und Großmann entwickelten ihn zum zentralen Saal einer im Bedarfsfall über die ganz Gebäudebreite reichenden Saalflucht.

Auf Grund dieser anerkennenden Bewertung erhielten Pfeifer und Großmann den Bauauftrag. Der Vertrag zwischen den Architekten und der Stadt wurde am 21.3.2012 geschlossen. Die Genehmigung der Stadtverordnetenversammlung für den endgültigen Ausführungsentwurf erfolgte am 4.10.1912[51].

Das vorgesehene Rathaus-Grundstück hatte eine Gesamtgröße von 6795 qm. Es stellte an das Bauprojekt mehrere besondere Anforderungen. Mit seinen Kellerräumen lag das Gebäude durchweg unter dem Hochwasserspiegel der ca. 300m entfernten Ruhr, teilweise bis 4,5 m, was besonders beim Turm eine speziell starke Fundamentierung erforderte[52]. Zudem teilt sich das Rathausgrundstück durch die damalige Straße Notweg, heutige Friedrich-Ebert-Straße, in zwei Grundstücksareale, wodurch deren Bebauung im rechten Winkel auf-

48 Alemann-Schwartz, wie zit. in: ZGVM 1995, S. 15–17 u. Anm. 19–25; Gerhard Kabierske: Der Architekt Hermann Billing (1867–1946). Leben und Werk, Diss. Karlsruhe 1996, bes. S. 78–79, Anm. 278.

49 Wettbewerb 1907, Einweihung 1911; Grün & Bilfinger, Mannheim (Konstruktion), Hermann Billing (Projektierung), s. G. Kabierske, wie zit., S. 235–36, Kat. Nr. 211.

50 Alle Zitate dieses Absatzes aus: StA MH 1200/2185: Sonderbegutachtung der auf die engste Wahl gestellten Entwürfe; s. a.: v. Alemann-Schwartz, wie zit. S. 26–29.

51 StA MH 1200/2187: Sitzung vom 4.10.1912.

52 Dipl.-Ing Pappit, Vorsteher der Abteilung für Statik der Stadtverwaltung Mülheim a. d. Ruhr, in: DB, XXII. Jg. 1915, Nr. 2, S. 2.

3. Preis: Pfeifer und Großmann „Zwei Plätze"

einandertrifft. Das geteilte Rathausgrundstück ließ also einen zentralachsialen Repräsentationsbau, wie ihn viele Rathäuser zeigen, nicht zu. Gefordert war daher eine Überbrückung der Straße, um die getrennten Häuser zu verbinden. Die Schwierigkeit lag darin, den Gesamtkomplex dennoch zu einer ästhetischen Einheit zu gestalten. Gerade hier überzeugte der Entwurf von Pfeifer und Großmann.

An den traditionsreichen Rathausmarkt wurden alle Säle und Repräsentationsräume und die Diensträume des Oberbürgermeisters verlegt, während Verwaltungs- und Publikumsbereiche funktional getrennt im langgestreckten, dreistöckigen Bauabschnitt längs des Notwegs Platz fanden. Die zweistöckige Straßenüberbrückung, mit der die beiden Gebäudekomplexe verbunden wurden, fand bei der Jury besondere Anerkennung[53] . Zum typologischen Bauprogramm Rathaus gehörte in dieser Zeit noch der Rathausturm, ursprünglich als Zeichen städtisch-bürgerlicher Freiheit errichtet, aber zum Uhrenturm degradiert[54]. In die Mitte des am Notweg liegenden Verwaltungstraktes wurde in Mülheim der Rathausturm zentral eingestellt, mit ca. 60 m bis zur Spitze weithin sichtbar aus dem Stadtgefüge herausragend[55]. Sein ursprünglicher Entwurf hatte ein kritisches Echo geerntet. Er erschien zu kurz und zu breit und musste überarbeitet werden[56] (Abb. Aufriss Turm, überarbeiteter Entwurf von 1913). In der überarbeiteten Gestaltung erinnert er frappant an die Turmgestaltung am

53 Dazu ebd. S. 3–5, 11–14 mit Abb.

54 Martin Damus, Das Rathaus, wie zit. S. 38.

55 StA MH 1200/2185, dort auch detaillierte Angaben zu Materialien und Baufortschritten; s. a. v. Alemann-Schwartz, wie zit., S. 31–37, 51–54, 58.

56 StA MH 1200/539 und 1200/2185; zu ersten Überarbeitungen s. StA MH Bestand Pläne 1500/2/35.

Kollegiengebäude der Albert-Ludwigs-Universität in Freiburg ihres Lehrmeisters Hermann Billing von 1907/08[57].

Der Rohbau wurde massiv in Backstein bzw. Beton mit äußerer Werksteinverkleidung ausgeführt. Die ausgewählten Materialien für die Außenverkleidung entstammten nicht der Region, sondern es wurde bayrischer Muschelkalk aus Brüchen der Gegend um Würzburg und Oxenfurt ausgewählt. Den Marmorboden der Eingangshalle am Rathausmarkt belebten geometrisierende Inkrustationen aus seltenem rotem Veroneser Marmor und Solnhofer Platten aus der Gegend um Nürnberg[58].

Die Fassadengestaltung am Rathausmarkt hebt sich mit ihrer festlichen Piazza-Schauseite von der etwas zurückhaltenderen Ausführung des Verwaltungstraktes ab. Die Haupt- und Repräsentationsfront strahlt im Stil eines großbürgerlichen Palais. Das Untergeschoss öffnet sich in einem offenen schmalen Bogengang mit hohen Rundbogenarkaden aus Rustikamauerwerk. Dieser bildet den Unterbau für einen schmalen Altan im Hauptgeschoss, ähnlich einem piano nobile eines Palazzos, hinter dem sich der große Ratssaal – auch heute noch – befindet. Dabei korrespondieren hohe, flache Lisenen, die sich bis zur Dachtraufe erstrecken, mit den zwölf Arkadenpfeilern. Hochrechteckige Fenster über den Arkadenbögen öffnen sich zwischen den Lisenen. Sie werden überfangen von Festons aus Girlanden, ein gängiges Motiv aus der Renaissance, wie auch die darüber liegenden Rundfenster des Mezzanin. Das Dach ist ein tiefes schiefergedecktes Walmdach mit zehn schmucklosen kleinen Dachgauben, die die Achsengliederung der Rathausmarktfassade noch einmal unterstreichen.

Ein inhaltliches Darstellungs- „Programm", wie es in frühen Rathausbauten häufig vorhanden war, ist für den Außenschmuck nur sparsam oder versteckt vorhanden. Einen der wenigen symbolischen Bezüge stellt die plastische Figurenszene des hl. Georg im dramatischen Todesstoß in den Rachen des Drachen am Nebentor der damaligen Polizeiwache in der Schollenstraße dar. Als vielfältiger Schutzheiliger der Krieger, Ritter und Kranken ist er an Rathäusern häufig zu finden. Schutzsymbol war auch der Kopf der Gorgomedusa, hier als Schlussstein im Bossenwerk desselben Eingangs. Oberhalb des Turmportals verstecken sich unter dem schmalen Balkon zwischen dessen Stützvoluten kleine plastische Symbole, die programmatisch auf Charakteristika der Stadt hinweisen sollen[59].

Gleichsam einem Lehrbuch eines Renaissance-Ornamentprogramms entnommen, entwickelt sich der Dekor der Rathausfassade. Er ist verspielt gestaltet mit korinthisierenden Kapitellen, Kassettenfeldern, gefüllt mit kleinen Figuri-

57 Zum Turm: Alemann-Schwartz, ZGVM, wie zit, S. 30, Abb. 12; Billings Turm in Freiburg s. Gerhard Kabierske, wie zit., Nr. 212.

58 Zur Ausstattung siehe ausführlich StA MH 1200/2185 u.1200/2188: detaillierte Materialangaben 4 Seiten Typoskript; weitere 33 Seiten Typoskript liefern eine detaillierte Beschreibung der Räumlichkeiten.

59 Biene für Fleiß, Zahnrad für die Industrie, Anker für die Ruhrschifffahrt, Eule für Klugheit, dazu Minerva, Beschützerin von Handwerk und Gewerbe, aber auch Göttin der Weisheit, antike Motive sind Ochsenschädel und Amphore, die besonders ab der Renaissance wiederauflebten; s. a.: Alemann-Schwartz, wie zit., S. 58.

nen oder Blütenmotiven, mit Festons und Bukranionfriesen[60], Girlanden mit Puttenköpfen und geflügelten kleinen Eroten, Kartuschen mit Füllhörnern, Fischwesen sowie Medaillons mit Tier- und Sachsymbolen. Die Bukranionfriese überziehen die gesamte Fassade, auch den Verwaltungstrakt. Ein wahres Stadtpalais, in der Nachfolge italienischer Renaissancevorbilder, die Hans Großmann bei seinen Reisen beeindruckten. Die Fassadenaufrisse und die Lünetten des Mezzanin am Markt sind ohne die Vorbilder italienischer Palazzi, etwa in Venedig oder Piacenza, nicht denkbar. Hans Großmanns Hang zu dekorativen Ausschmückungen zeigt das Rathaus deutlich (s. Abb. 46 im Textteil).

Die künstlerische Oberleitung für den Gesamtentwurf des Bauwerks und seine Ausführung lagen bei Pfeifer und Großmann. Für deren Ausarbeitung drangen sie auf die Zusammenarbeit mit vertrauten Karlsruher Kollegen. Der Karlsruher Bildhauer Hermann Binz erhielt im Juli 1913 die Aufträge für den gesamten Bauschmuck an der Schollenstraße, am Notweg, für das Turmportal und die Turmspitze. Der hohe, nur auf zwei Seiten durch schmale Fensterschlitze durchbrochene Turmschaft endet in seinem oberen Drittel rundum in rundbogigen Umlaufarkaden über einem breiten Schmuckfries, in dem die Rathausuhren der vier Turmfronten eingelassen sind. Er wird bekrönt von einer Aussichtsplattform um einen zurückversetzen kubischen Baukörper mit flachem Zeltdach. Professor Franz Naager, München, schuf den Fassadenschmuck am Notweg und Löhberg[61].

Im Inneren charakterisierten zeittypische Schwere und motivische Überladenheit das Mobiliar. Im Gegensatz zu einer gewissen Verspieltheit der Außenfassaden dominierte in den offiziellen Räumen lastende Repräsentationsschwere. Dazu trugen vor allem die dunklen Holzvertäfelungen mit Kassettierungen bei. Eichenholz in der Bibliothek, dagegen Rüster (Ulmenholz) im Kommissionszimmer und der Kasse[62], deutscher Nussbaum im Ratssaal sowie dunkelrot gebeiztes Kirschbaumholz im Erfrischungsraum, sie alle strahlten eine gediegene Gewichtigkeit aus. Kräftige, große Tische mit voluminös geschnitzten Beinen und massive, geschnitzte Portalgewände zwischen den Amtszimmern entsprachen dem Zeitgeschmack. Verspielt dekorativ gab sich im Ratssaal nur der Fries mit genormten Girlandenmotiven und eingeschlossenen Medaillons in Geschosshöhe, gefertigt aus sog. carta pesta, d. h. Pappmaché[63].

Prof. Naager gestaltete Kapitelle und Pilaster, aber auch die Stuckarbeiten der Innenräume und sämtliche Lampenobjekte. Verspielt wirkten die Kronleuchter aus filigranem Glas und zarten Entwürfe aus Gelbmetall. Sie sind nicht erhalten. Lediglich der im II. Weltkrieg unzerstört gebliebene Trausaal deutet

60 Bukranionfries: Fruchtgirlanden zwischen Tierschädeln.

61 StA MH 1200/2190, Verträge von Juli 1913.

62 Auf- und Grundrisse verschiedener, verkachelter Wände, Treppen und Portale der großen Halle an der Stadtkasse s. GLA Karlsruhe Findbuch 69, Sign. Z-139.

63 StA MH 1200/2185: Typoskript, S. 12; das Material ist leicht, elastisch und zugfest; wurde in der Ausschmückung von Schlössern u. Kirchen und auch an päpstlichen Tiaras verwandt.

noch heute die gestalterische Homogenität der ursprünglichen Ausstattung an. Programmatisch freundlich war er mit einem Ahornrahmenwerk und hellem finnischem Birkenwurzelmaser als Paneelenfüllung und einem Engelfries als Wandabschluss gestaltet[64]. Girlandensopraporten befanden sich über den kassettierten Türen. Ein zierlich gestalteter Lampenkörper von Franz Naager erinnerte an Lampenobjekte, wie sie im Kaufhaus Wertheim in Berlin schon begegnetet waren[65] (s. Kat. 16); die Vertragsdetails 1911–13 und alte Abbildungen lassen eine gewisse Vorstellung der originalen Ausführung zu[66].

Einen Kontrast zur übrigen Raumgestaltung stellte die lichte, halbrunde Halle der Stadtkasse mit ihrer symmetrisch klaren Raumorganisation und weitem Glasdach dar. Die tragenden Säulen im Halbrund der Kasse allerdings erinnern an zeittypischen Raumschmuck. Die Treppenhalle des Haupteingangs zeigt eine zweckmäßige Klarheit[67].

Beide Weltkriege gefährdeten das Rathaus. Gegen Ende des I. Weltkrieges wurden viele Rohstoffe zu kriegswichtigem Material erklärt und beschlagnahmt. Darunter fielen Gegenstände aus Kupfer, Aluminium oder Zinn, wie sie etwa Handtuchhalter, Türgriffe oder Kerzenleuchter enthielten. Die Stadt versuchte, die Türklinken des neuen Rathauses durch Experten der Düsseldorfer Kunstsammlungen zu künstlerischen Wertgegenständen deklarieren zu lassen[68]. Sie blieben tatsächlich unversehrt. Im II. Weltkrieg zerstörte ein verheerender Bombenangriff am 22./23.6.1943 den Dachstuhl und die gesamten oberen Stockwerke. Ein schnelles Notdach deckte provisorisch 10 Jahre lang das zerstörte Gebäude.

Die Raumorganisation des Rathauses ist trotz Kriegszerstörung im II. Weltkrieg im Wesentlichen erhalten geblieben, ihre ursprüngliche Gestaltung und

64 Alemann-Schwartz, wie zit, S. 39–42.

65 Z. B. im Komissionszimmer und im Erfrischungsraum, s. StA MH 1200/539; Verträge mit der Stadt über Bildhauerarbeiten in einer Gesamtsumme von 115.000 M. mit detailliertem Preisverzeichnis und Aufteilung der Aufgaben s. StA MH 1200/2190: Naager (Vertrag Juli 1913): Kapitelle und Pilaster d. Hauptgeschosses, Dekoration der Fensterrahmung sowie Brüstungsfries der Brücke; Hermann Binz (Vertrag v. 2.8.1913): Dekoration Stadtkasse Schollenstraße, Turmportal; Modelle waren bis 1.12.1913 einzureichen. Naager arbeitete mit 20 Bildhauern, von denen 13 Italienier und 7 Deutsche waren, Binz beschäftigte 9 deutsche Bildhauer.

66 StA MH 1200/539; MB 20. Jg., H. 5 (Sept. 1921)

67 Fünf Blatt Auf- und Grundrisse der Stadtkassenhalle Blei auf Transparentpapier: GLA Karlsruhe, Findbuch Abt. 69, Karlsruher Majolika: Hans Großmann, Sign Z 139.

68 StA MH 1200/2187.

das Mobiliar aber sind zerstört. Das Dach und alle Obergeschossbereiche mit ihrer Inneneinrichtung wurden 1943 komplett vernichtet. Eine erste notdürftige Grundsicherung ließ das Rathaus benutzbar werden. Erst 10 Jahre später 1953 konnten Umbau des Daches und Wiederaufbau des Verwaltungstraktes eingeleitet werden.

1959 gab es noch einmal einen – beschränkten – Bauwettbewerb, zu dem Prof. Graubner, Düsseldorf, Prof. Dustmann, Düsseldorf, und Ingenieur Jost (Mülheim an der Ruhr) aufgefordert wurden. Den besten Entwurf lieferte Prof. Graubner. Die Verwaltung beauftragte dann allerdings ein Mitglied des eigenen Hochbauamtes, Oberbaurat Thissen, der einst Mitarbeiter des Beigeiordneten Arthur Brocke in Mülheim war, mit der Erweiterung des Rathauses am Ruhrufer[69]. Mit den Bauten zwischen 1961–1963 rückte das Rathaus an das Ruhrufer heran und es bildete sich mit den Neubauten am Ruhrufer ein größerer Innenhof. Zwischen dem verspielt klassizistischen alten Rathausbau und dem siebenstöckigen Zweckbau mit heller Marmorfassade und Metallfensterbändern lagen fünf Jahrzehnte und Welten der Architekturauffassung im Bereich von Repräsentationsbauten.

Fast 100 Jahre nach dem Beschluss der damaligen Stadtversammlung zum Bau eines Rathauses wurde ab 2008 im Rat der Stadt eine grundlegende Sanierung und Modernisierung des Rathauses samt seiner Umgebung am Ruhrufer beschlossen, die das Baubüro RKW Düsseldorf bis 2012 leitete.[70]. Mit dem Projekt „Ruhrbania“ verschob sich die Position des historischen Rathauses weg vom Fluss. Das alte Finanzamtsgebäude von 1938 und die 1960er Jahre-Erweiterungen zur Ruhr hin wurden abgerissen. Das neue Konzept Ruhrpromenade-Stadt am Fluss verdeckt das historische Rathaus ein wenig hinter neuen Wohn- und Gewerbebauten.

21 1914–15 Karlsruhe

Objekt:	Gaststätte Krokodil[71]
Standort:	Waldstraße 63/Blumenstraße 29
Baujahr:	ursprünglich 1877
Auftrag:	Neugestaltung des vorderen Gebäudes
Auftraggeber:	Jacob Möloth

Die denkmalgeschützte Gaststätte Krokodil ging aus einer Gaststätte „Fortuna“ hervor, die schon seit 1884 im hinteren Teil des Gebäudes in der Waldstraße

69 StA HM Pläne 1500/2/220, 232–254 u. Photosammlung 1590 I/49.

70 An der Planung war der Enkel des Architekten Arthur Pfeifer, der Architekt Mathias Pfeifer BDA, führend beteiligt; s. a. StA MH Zeitungsausschnittsammlung: Zahlreiche Zeitungsberichte in WAZ und NRZ ab 2008–2012 zu Planung, Kosten und Fertigstellung der Rathausrenovierung beleuchten die kritische öffentliche Diskussion des Renovierungsprozesses.

71 Denkmalgeschützt nach §2 Denkmalschutzgesetz; MB 9. Jg. (1910), Abb. S. 513; Joachim Göricke: Bauten in Karlsruhe, Ein Architekturführer, Karlsruhe 1971, Abb. 560.

63/Blumenstaße 29 bestand. 1914 ließ der damalige Besitzer Jakob Möloth das Eckhaus abreißen und beauftragte Pfeifer und Großmann, einen Neubau zu errichten. Der vierstöckige Bau erhielt an beiden Straßenfronten hohe Erker mit Giebelabschluß und hohem Walmdach mit Dachgaben. Um die Hausecke führten im obersten, leicht zurückversetzten Wohngeschoss schmale Balkone.

Die Architekten erschufen das Gebäude mit reichem Majolikaschmuck in einem verspäteten „Münchener Jugenstil" neu. Eine reiche, baukeramische Ausstattung mit gerahmten Majolikabildern, eines davon mit einem Bild der Frauenkirche in München, dazu Kartuschen mit den Inschriften „Wirtschaft zum Krokodil, neu gebaut in den Kriegsjahren 1914 – 1915" und „Jakob Möloth Bauherr – Pfeifer und Großmann Architekten MCMXIV-XV" sowie vollplastische, emaillierte Porträtköpfe der Familie Möloth in den Fensterbögen dekorieren die Fassade.

Weitere baukeramische Applikationen zeigen die beiden Erker der Fassade. In der Fülle der Dekoration stechen gerahmte Reliefs auf der Erkerfassade zwischen den großen Sprossenfensterachsen hervor: ein Prospekt des historischen Marktplatzes von Karlsruhe, eine gerahmte Inschrift zur Geschichte des Gasthauses, ein Paar in einem Wohnhaus. Die Setzhölzer der großen Fenster zeigen in filigraner Schnitzerei kleine weibliche Figurinen wie kleine Karyatiden. Im Erdgeschoss befinden sich an beiden Hausfronten in flachen, rundbogigen Arkaden mit korithisierenden Stützsäulen Dreierreihen breiter Rundbogenfenster. In einigen Lünetten dieser Arkaden finden sich vollplastische Büsten von Mitgliedern der Familie Molöth. Weiße, flach-plastische, fließende Ornamentlinien, die die Erker einfassen und die Fenster umspielen, bilden einen lebhaften Kontrast zur ansonsten einfachen, blauen Putzfassade.

Im II. Weltkrieg wurden die beiden oberen Stockwerke zerstört und neu ergänzt. Dabei verlor das Gebäude die oberen, vergiebelten Erkergeschosse und das hohe Walmdach, das durch ein sehr flaches ersetzt wurde[72].

Im Inneren hat sich die Ausstattung des Hauptgastraums und der Jägerstube von Pfeifer und Großmann erhalten. Majolikapfeiler und dunkle Holzvertäfelungen stammen noch aus der Entstehungszeit[73].

22 1909–15, 1919–22, 1923–29 Karlsruhe-Rüppurr[74]

Objekt:	Gartenstadt
Standort	Straßen: Heckenweg u. Im Grün
Bauherr:	Gartenstadt Karlsruhe eGmbH
Architekten:	Pfeifer und Großmann (frühe Bauten)
Datierung:	1911 (Heckenweg), vor 1915 (Im Grün)

Die Geschichte der Gartenstadt Karlsruhe begann schon 1905. Protagonist in Karlsruhe war Hans Kampffmeyer (1876–1932)[75], der nach dem Vorbild Ebenezer Howards in England die Gründung einer Ortsgruppe Karlsruhe der Deutschen Gartenstadtgesellschaft initiierte und repräsentierte. Am 13.3.1907 wurde die Baugenossenschaft „Gartenstadt Karlsruhe eGmbH" in Karlsruhe-Rüppurr offiziell gegründet. Zu den 23 frühen Gründungsvätern zählte u. a. das Büro Pfeifer und Großmann, dem sechsköpfigen Aufsichtsrat gehörte auch Max Laeuger an.

Die Gartenstadt Rüppurr entstand in mehreren Bauphasen zwischen 1911–15, 1919–1922 und 1923–29. Der erste Bebauungsplan stammte 1907 von Hans Kampffmeyer. Der Architekt Karl Kohler arbeitete 1910 diesen Plan um. Die letzte Fassung konzipierten im wesentlichen die Architekten Friedrich Ostendorf und Max Laeuger 1912. Im Planungs- und Bauausschuss saßen weitere bekannte Architekten aus Karlsruhe: Hermann Billing, August Stürzenacker, Friedrich Ratzel und Max Laeuger, die aber nicht direkt an den Bauausführungen beteiligt waren. Dagegen war das Büro Pfeifer und Großmann nicht nur in Planung und Konzeption eingebunden, es baute auch eine

72 Vorkriegsabb. in: Katja Förster: Gaststätte „Zum Krokodil", in: Digitales Stadtlexikon Karlsruhe.

73 StA KA 8 PBS XIV, Nr. 01085e Ansichten Biersaal, um 1916.

74 Zur detaillierten Vorgeschichte der Gartenvorstadt Rüppurr, s. Festschrift zum 75-jährigen Bestehen der Gartenstadt Karlsruhe e.G., Karlsruhe 1982: zit aus Kopie: Stadtarchiv Karlsruhe 8/StS 20, Nr. 843, hier S. 20.

75 Hans Kampffmeyer: Die Gartenstadt, 2. Aufl. 1913, Kap. 1, S. 3.

der ersten Häuserzeilen am Heckenweg, Baubeginn 1911, und vor 1915 an der Straße Im Grün. In mehreren Bauabschnitten entstanden zusammen mit den Architekten Zippelius und Ostendorf in der Zeit 1911–15, 1919–22 und 1923–29 Teile der Gesamtanlage.

Das Areal öffnet sich am Ostendorfplatz zur Stadt hin mit halbkreisförmig angeordneten Reihenhäusern. Neben freistehenden Einfamilien- und Doppelhäusern waren auch Reihenhausgruppen geplant, jeweils mit Vorgärten und Gartenparzellen auf der Rückseite, die durch besondere Anwohnerwege erreichbar waren. Die frühen Häuserreihen bestehen durchweg aus zweigeschossigen, walmdachgedeckten Hausriegeln mit Dachgauben. Die unterschiedlichen Bauphasen und wechselnden Architekten ergaben eine Vielfalt von Haustypen.

Pfeifer und Großmann erbauten am Heckenweg einen langen Häuserblock mit sieben anderthalbgeschossigen Doppelhauseinheiten. Beim langen Walmdach der Hausreihen bilden große, ebenfalls abgewalmte Zwerchhäuer das jeweilige Obergeschoss.

Die Bauten der Straße Im Grün bestanden aus einem Reihenhausblock fünf zweistöckiger Hauseinheiten. Das lange Walmdach zeigt hier abweichend Schleppgauben. Den einzigen Schmuck bilden hohe plastische Blendbögen über den mittigen Eingängen in zwei unterschiedlichen Ausführungen.

Der Gartenvorstadt Rüppurr wurden viel später die Gartenvorstädte Grünwinkel und Bulach angegliedert.

23 1917/18 Mülheim

Objekt:	Fabrikantenvilla
Standort:	Uhlenhorstweg 17
Bauherr:	Möhlenbeck 1. Besitzer
Datierung:	1917/18
Architekt:	Pfeifer und Großmann Mülheim an der Ruhr

Hans Großmann entwarf für den (Leder-)Fabrikanten Möhlenbeck das so genannte Haus Möhlenbeck[76]. Alte Fotografien zeigen ein stattliches, zweigeschossiges Herrenhaus mit hohem Mansardwalmdach inmitten einer großzügigen Parkanlage. Das Dach schwingt in einer breiten Dachtraufe aus. Der zentrale Eingang befand sich unter einer offenen Loggia mit einem Balkon, den ein ornamental gestaltetes, schmiedeeisernes Geländer umgrenzte. Im Mansardgeschoss erhebt sich über der Eingangsseite ein Zwerchgiebel, in dessen Giebelspitze ein „Ochsenauge" hervorsticht. Das Zwerchhaus begleiten seitlich

[76] Barbara Maas: Im Hause des Kommerzienrats. Villenarchitektur und großbürgerliche Wohnkultur im Industriezeitalter am Beispiel Mülheim an der Ruhr, Mülheim an der Ruhr 1990, Katalog S, 192–93 mit drei Abbildungen des Hauses aus dem Jahr 1937. Im Äußeren heute stark verändert.

zwei kleinere vergiebelte Dachgauben. Das gesamte Mansarddach zeigt unterschiedlich gestaltete Gauben. Auch die Hausseiten variieren. Die auf der Abbildung rechte Eingangsseite besaß im Erdgeschoss lediglich ein Rundbogenfenster, die linke Hausecke bildet ein zweigeschossiger polygonaler Erker mit schmalen, längsrechteckigen Fenstern, der bis zu Dachtraufe reicht. An der Hausrückseite war seitlich ein halbrunder Erker angebaut. Hochrechteckige Sprossenfenster sind auf den Fassadenfronten unregelmäßig verteilt. Auf der rechten Hausseite befindet sich im Dach eine kleine Fledermausgaube[77].

24 1920 Mülheim an der Ruhr

Objekt: Reitbahnanlage in Mülheim-Raffelberg, heute: Rennclub Mülheim a. d. Ruhr e.V[78]
Standort: Akazienallee 80
Datierung: 1920 (Wiederherstellung 1928), die ursprüngliche Anlage ist nicht mehr erhalten.

Der Pferderennsport hatte in Mülheim eine lange Tradition. Die ersten Rennen fanden als Wettrennen auf dem Acker statt. 1885 entstand der Reiterverein, aus dem sich der spätere Mülheimer Rennverein Raffelberg ableitete. Die Rennen fanden an wechselnden Orten in Mülheim statt. Der Verein wuchs kräftig und hatte auch berühmte Mitglieder, August Thyssen und Hugo Stinnes. 1910 wurde in Raffelberg dann die erste Rennbahn fertiggestellt. Im I. Weltkrieg brannte 1918 ein Teil der Anlage, die Tribüne, ab. Das erste Rennen auf der wiederaufgebauten Anlage fand 1920 statt. Die wechselvolle Geschichte setzte sich 1928 mit dem neuerlichen Brand der Tribüne fort[79].

Der von Pfeifer und Großmann nach dem I. Weltkrieg entwickelte Neu- und Ausbau der Reitbahnanlage umfasste das Tribünengebäude, ein Betriebsgebäude, ein Tribünenrestaurant und Vorstandsräume.

Die hochaufgerichtete Tribüne zeigte an ihrer Eingangsseite eine spielerisch anmutende Fassadengestaltung. Dem hohen Tribünenhaus mit flachem Walmdach war in der ganzen Breite ein niedriger Eingangsvorbau vorgelagert, aus dem zentral eine offene Pfeilerhalle mit sehr flachem Satteldach herausragte. Ein

77 Genauere Beschreibung der inneren Raumorganisation s. Barbara Maas, ebd.; das dort abgebildete Foto der Wohndiele zeigt eine dunkle, dreiviertelwandhohe Holzvertäfelung, ornamentale Holzschnitzereien an Türgewänden und in den Zwickeln der Türblätter. Auch am Fuß und Geländer des Treppenaufgangs befanden sich reiche Schnitzereien. Ingesamt ein zeittypischer, respräsentativer Dielenentwurf.

78 Alte Abb.: WMB 1922/23, 7 Abb. S. 181–186; s. a. StA MH 1510/90.00/II, 8.

79 Zur Geschichte der Galopprennbahn, siehe: J. Fricke, in: Zeitzeichen: Reihe zur Mülheimer Geschichte, zum Datum 29.9.1910 und 27.10.1946.

Giebel mit figürlichem Dekor betonte diesen Eingang.

An der hohen Tribünenwand sorgten Halbkreissegmentfenster in dichter Reihung für die Belichtung des inneren Tribünenrestaurants. Ein weiterer Akzent waren zwei seitlich eingestellte gekuppelte Rundbauten mit kräftigen Dachtraufen. Auf den Spitzen dort und auf dem hohen Tribünendach zierliche Dachbekrönungen. Am gegenüberliegenden Gebäude, dem sog. Toto, wiederholten sich die generell basislosen Säulen, deren Kapitelle mit Zick-Zack-Reliefierung typische Art déco-Ornamentik aufwiesen. Vergleichbare Zackenformen fanden sich auch im Inneren des Tribünen-Cafés, den Seitennischen, den Lampen, und auf einer der eckig schrägen Wände ein abstrahierender Pferderennen-Fries.

Neben dem Tribünenhaus stand das Betriebsgebäude, ein flacher Funktionsbau auf quadratischem Grundriss mit breiter überstehender Dachtraufe und Säuleneingang. Darüber ein rundum verglastes, zurückversetztes Aufbaugeschoss, ebenfalls mit flachem Walmdach und den schon bekannten Dachbekrönungen.

25 ab 1919–1927 Karlsruhe (Nordstadt)

Objekt:	Gartenstadtsiedlung
Standort:	Im Hardtwald: Waldring, Karl-Schremppstraße, Friedrich-Wolff-Straße[80]
Bauherr:	1919 Baugenossenschaft der Bauhandwerker, ab 1920 Mieter- und Handwerker-Genossenschaft, ab 1926 Gemeinnützige Baugenossenschaft Hardtwald-Siedlung Karlsruhe eGmbH.
Datierung:	ab 1919
Architekten:	Planung Pfeifer und Großmann

Nachkriegsarmut und Wohnungsknappheit nach dem I. Weltkrieg veranlassten den Politiker und Industriellen Albert Braun[81], sich aktiv für die Behebung der großen Wohnungsnot in der Stadt einzusetzen. Gemeinsam mit den Architekten Hans Großmann, Arthur Pfeifer und Wilhelm Stober[82] entwickelte er knapp

80 Geschützt nach §2 Denkmalschutzgesetz.

81 Albert Braun (1871–1932), Industrieller und Stadtrat in Karlsruhe (1919–1922), Vertreter der Deutschen Demokratischen Partei, DDP, s. Stadtarchiv Karlsruhe.

82 Der Architekt und Bauunternehmer Wilhelm Stober war ein enger Vertrauter von Hermann Billing, für den er häufig die Bauausführungen übernahm und auch als Bauherr auftrat. Insofern kannten ihn Pfeifer und Großmann gut; s.

Vogelperspektive der Siedlung

Haustyp am Äußeren Waldring

zwei Monate nach Ende des Krieges 1919 in einer Denkschrift ein Wohnungsbaukonzept, das vordringlich die Gründung einer dritten Baugenossenschaft in Karlsruhe forderte. Wenig später, am 3.3.1919, fand im Karlsruher Rathaus die Gründungsversammlung der neuen „Baugenossenschaft der Bauhandwerker" statt. 1920 wurde sie umbenannt in „Mieter- und Handwerker-Genossenschaft". Neben dem „Mieter- und Bauverein" existierte seit 1907 schon die von Hans Kampffmeyer initiierte „Gartenstadt Karlsruhe eGmbH" für die Gartenvorstadt Rüppurr.

Im Vordergrund stand wie in Rüppurr, durch Weiträumigkeit, Luft, Licht und Sonne und bescheidenste Aufwendungen ein günstiges Wohnklima zu vermitteln und die gesundheitlichen und seelischen Lebenslagen der Nachkriegsgenerationen verbessern zu helfen[83]. Ein preisgünstiges Waldareal, die Domäne Hardtwald, konnte Albert Braun mit Hilfe des Landes Baden und der Stadt erwerben[84]. Arthur Pfeifer und Hans Großmann waren beide an vorderster Stelle in der Baugenossenschaft aktiv, Arthur Pfeifer von 1919 bis 1922 als Vorstandmitglied und Hans Großmann zur gleichen Zeit als Aufsichtsratsmitglied.

Das Büro Pfeifer und Großmann entwickelte einen städtebaulich wegweisenden Bebauungsplan. Die gesamte Siedlung wurde aus klimatischen Gründen in Nord-Süd-Richtung angelegt, am maximalen Sonnenlicht ausgerichtet. Eine weitläufige,

Kabierske, wie zit.: S. 58, Anm. 222.

83 Zur Geschichte der Hardtwaldsiedlung s. a.: Festschrift zum 10jährigen Bestehen der 'Gemeinnützige Baugenossenschaft Hardtwaldsiedlung Karlsruhe eGmbH 1919–1929', S. 9–10.

84 Die beiden nächsten Abschnitte fußen auf: Josef Werner: Bauen und Wohnen. 75 Jahre Hardtwaldsiedlung Karlsruhe, hsg. Hardtwaldsiedlung Karlsruhe e.G. Baugenossenschaft, Karlsruhe 1994 sowie der Festschrift in Anm. 78, S. 18ff; s. a. Simone Wörner: Genossenschaftliches Bauen um 1920: Hardtwaldsiedlung (1919) und Lohfeldsiedlung (1920), in: Bauen in Baden: Architektur in Karlsruhe 1920–1930, hrsg. v. Institut für Baugeschichte a. d. Universität Karlsruhe, Karlsruhe 2005, S. 29–33; Lohfeldsiedlung, ebd. S. 11–12.

hufeisenförmige Anlage mit einem Doppelhalbkreis stellt mit dem Waldring das südliche Ende der Siedlung dar. Gekreuzt von der Knielinger Alle, einer der vom Schluss ausgehenden Radialstraßen, verlängern die parallelen Straßenzüge Karl-Schrempp-Straße und Friedrich-Wolff-Straße die Schenkel des Hufeisens nach Norden.

Ein angedachter Halbkreis als Pendant am nördlichen Ende konnte wegen eines dort bestehenden Flughafens nicht realisiert werden.

Im Herbst 1919 waren die ersten 12 Häuser im Bau, ab Oktober 1919 je zwei Doppelhäuser am inneren und äußeren Ring an der Waldstraße, ebenso wie an der Karl-Schrempp und der Friedrich-Wolff-Straße. Ein weiteres Bauprogramm für insgesamt 32 Wohneinheiten erfolgte wenig später. Das ganze Projekt geriet zwischenzeitlich in Gefahr, weil die Erschließungskosten wegen der allgemeinen Teuerungswelle so hoch anstiegen, dass die Hardwaldsiedlung im Stadtrat sogar in Frage gestellt wurde. Es gelang letztlich, das Vorhaben mit beschränktem Programm fortzusetzen (siehe auch Text, Abb. 53 a/b u. 54).

26 1919–20 Karlsruhe-Oststadt

Objekt:	Kleinhaussiedlung
Standort:	Lohfeldstraße, zwischen Kriegsstraße und Gottesauerstraße
Datierung:	1919/20
Bauherr:	Baugenossenschaft der Bauhandwerker
Architekten:	Pfeifer und Großmann

Dieselbe Bauhandwerker-Genossenschaft wie bei der Hardtwaldsiedlung wurde 1919 von der Stadt beauftragt, auf einem städtischen Domänenareal zwischen Kriegsstraße und Altem Friedhof auf den Lohfeldäckern eine Kleinhaussiedlung für kinderreiche Familien zu erstellen[85]. Urprünglich waren hier Reit- und Übungsplätze für das Militär vorgesehen, eine unpassende Vorstellung nach dem verlorenen Krieg angesichts der sozialen Situation weiter Bevölkerungskreise. Das Gelände wurde der Stadt in Erbpacht überlassen. Vorgesehen waren Einfamilienhäuser einfachen Standards mit Selbstversorgergärten, die heute großzügige Grünbereiche darstellen. Es entstanden schmale Reihenhausriegel, insgesamt 78 Einfamilienhäuser, zweistöckig mit langgestrecktem Walmdach, jeweils Dreizimmerwohnungen, unterkellert und rückwärtigem Schuppen. Pfeifer und Großmann erhielten den Planungs- und Ausführungsauftrag für die so genannte „Lohfeld-Siedlung“[86].

85 Siehe Josef Werner, wie zit. S. 11/12; Aufrisse und Pläne in : Stadtarchiv Karlsruhe 1/H.Reg. A 2752.

86 Die Bezeichnung Lohfeldsiedlung bürgerte sich seit 1921 ein, s. Stadtarchiv Karlsruhe 1/H.Reg. A 2752. Der Name verweist auf die hier ursprünglich vorhandene Waldlichtung; s. a.: Schrift des Vereins zum Erhalt der Lohfeldsiedlung e. V., Karlsruhe 2009, m. zahlreichen Abbildungen.

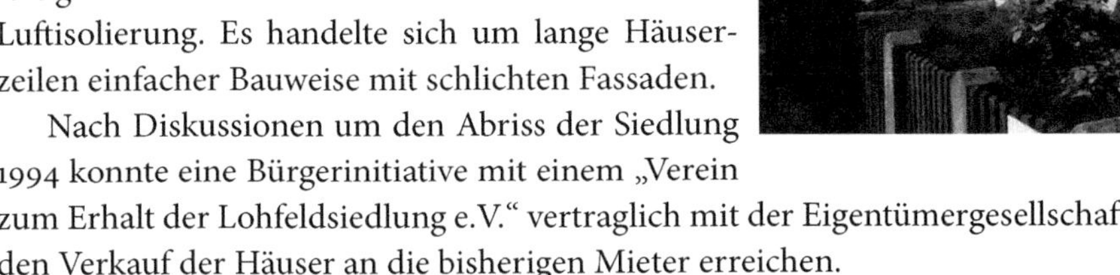

Im Juli/August 1919 wurden die Verträge der Genossenschaft mit der Stadt abgeschlossen. Baubeginn des ersten Bauabschnitts mit 10 Häusergruppen von zusammen 52 Einfamilienhäusern war Juli 1919 und schon knapp ein Jahr später im Juni 1920 bezugsfertig, der 2. Bauabschnitt mit 5 Häusergruppen von zusammen 26 Wohnungen begann im November 1919 und war im Oktober 1920 bezugsfertig[87]. Gebaut wurde in Backsteinmauerwerk mit Luftisolierung. Es handelte sich um lange Häuserzeilen einfacher Bauweise mit schlichten Fassaden.

Nach Diskussionen um den Abriss der Siedlung 1994 konnte eine Bürgerinitiative mit einem „Verein zum Erhalt der Lohfeldsiedlung e.V." vertraglich mit der Eigentümergesellschaft den Verkauf der Häuser an die bisherigen Mieter erreichen.

27 1919–24 Mülheim an der Ruhr

Objekt:	Gartenstadtsiedlung
Standort:	Stadtteil Saarnberg: Straßen Dennekamp, Am Bühl, StallmannsHof[88]
Datierung:	1920/21 – ca.1924, mit Nachfolgebauten bis 30er Jahre 1930
Auftraggeber:	Mülheimer-Wohnstätten-Aktiengesellschaft
Wettbewerb:	1919
Teilnahme:	9 Einsendungen, vergeben wurden drei gleiche Preise: 1. Preis Franz Hagen, Mülheim; 2. Preis Wilhelm Krämer, Mülheim; 3. Preis Pfeifer und Großmann, Karlsruhe/Mülheim.
Wettbewerbsjury:	Reg.- u. Baurat Hercher, Düsseldorf; Baurat Schmohl, Essen; Baurat Pregitzer, Duisburg; Beig. Schmidt, Essen.

Schon während des I. Weltkrieges begannen mit dem Projekt Gartenstadt am Saarnberg fast parallele Planungen zu der weiteren Gartenstadt, der Papenbuschsiedlung. 1917 bildete sich aus einem Konsortium von Mülheimer Großindustrie und Handelsunternehmen zusammen mit der Stadt Mülheim an der Ruhr eine Aktiengesellschaft mit dem Ziel, eine Wohnhaus-Siedlung am Saarnberg bei Mülheim an der Ruhr zu erstellen. Als „Mülheimer Wohnstätten-Aktien-Gesellschaft"[89] wurde diese gemeinnützige Gesellschaft laut Satzung

87 Chronik der Stadt Karlsruhe, Jg. 34–35, Karlsuhe 1925, S. 286/87 u. Jg. 36–39, Karlsruhe 1930, S. 19.

88 Denkmalbestandsliste StA MH 1360/1361/2367.

89 ThyssenKrupp Konzernarchiv FWH/551 internes Schreiben vom 14.9.1917 sowie gedruckter Entwurf der Satzung; Gründungsmitglieder waren: die Stadtgemeinde Mülheim an der Ruhr; die Maschinenfabrik Thyssen & Co AG; die Deutsch-Luxemburgische Bergwerks- und Hütten AG, Friedrich Wilhelms-Hütte; Hugo Stinnes, Gesellschaft m.b.H.; Carl Rösch GmbH; Mülheimer Handelsgesellschaft m.b.H.; off. Handelsgesellschaft Wilhelm von Eicken zu Hamburg und Mülheim (Ruhr).

vom Ende 1918 am 7.7.1919 in das Handelsregister beim Amtsgericht Mülheim an der Ruhr eingetragen. Gründungsmitglieder waren die unten genannten Beteiligten[90]. Mitglieder des Aufsichtsrats wurden Oberbürgermeister Dr. Paul Lembke, Dir. Dr. Carl Härle, Dir. Adolf Wirtz, Beig. Carl Rösch, Dr. Gustav Brüggerhoff, Amtsrichter a.D. Hermann Thomas, alle Mülheim.

Schon im Frühjar 1919 wurde „zur Besichtigung der auf das Preisausschreiben zur Bebauung des Saarnbergs eingegangenen Entwürfe und zur Beschlussfassung über die wegen der Ausführung der Bebauung weiter erforderlichen Maßnahmen“ eingeladen. In dem erwähnten Wettbewerb um „Entwürfe für eine Wohnhaus-Siedelung am Saarnberg bei Mülheim an der Ruhr“ vergab das Preisgericht 1919 drei gleiche Preise[91]. Prämiert wurde an erster Stelle in Umkehrung der Preisvergabe bei der Papenbuschsiedlung der Entwurf des Mülheimer Architekten Franz Hagen „Radialstraße“, es folgte der Plan mit der nach dem verheerenden Krieg problematischen Bezeichnung „Kriegertraum“ des Architekten Wilhelm Krämer, gefolgt von Pfeifer und Großmann's Entwurf mit dem beschaulichen Motto „Landfrieden“. Den Auftrag der Gesamtplanung erhielten Pfeifer und Großmann.

Weitergehende Details und die Konkurrenzentwürfe des Architekturwettbewerbs fehlen. Der am Wettbewerb beteiligte Architekt Wilhelm Krämer arbeitete anschließend eng mit dem Büro Pfeifer und Großmann zusammen und entwarf auch einige Häuser. Er besaß ein eigenes Architekturbüro[92].

90 Ebd.; StA MH 1200/2561: enth. Schriftverkehr m. Mülheimer Wohnstätten AG 1910–1935; StA MH 1430/55: Mülheimer Zeitung vom 2.8.1919.

91 Zum Wettbewerb s. Dt. Bauzeitung 53, Jg. H. 36 (1919), S. 192; s. a. StAM 1430/49: Generalanzeiger für Mülheim und Umgebung vom 1.8.1919.

92 ThyssenKrupp Archiv FWH/551 enthält vier Blaupausen verschiedener Haustypen von Architekt Wilhelm Krämer.

Eine aquarellierte Ansichtsskizze einer ländlichen Siedlung vom Karlsruher Künstlerkollegen Wilhelm Volz, den Hans Großmann seit seiner frühen Tätigkeit für die Karlsruher Majolikamanufaktur kannte, und der häufig Aquarelle von baukeramischen Entwürfen von Hans Großmann anfertigte, zeigt eine möglicherweise erste Straßenprojektion für die Saarnbergsiedlung[93]. Eine breite, zentrale Wegachse führt in starker perspektivischer Verkürzung zu einem dominant hevorgehobenen, zweistöckigen Gebäude mit hohem Walmdach, mittig bekrönt von einem hohen Dachreiter mit einer Art welscher Haube. Die hohe, zwerchhausartige Dachgaube und der zentrale Eingang übersteigen deutlich die Dimensionen der umliegenden Häuser und vermitteln eine herausgehobene Bedeutung dieses zentralen Gebäudes. Die Straße säumen kleine, anderthalbgeschossige Haustypen mit Krüppelwalmdach, leicht variiert in den Fassaden. Es sind kleine Landhäuser mit hohen Dachgauben über dem Eingang und betonten Dachtraufen.

Die realisierte Siedlung entstand auf einem Höhenzug am westlichen Rande der Stadt auf einem Gelände, das bis 1910 überwiegend Acker- bzw. Brachland war mit Behausungen, in denen Handwerker, Hilfsarbeiter und Tagelöhner, Bergleute und Landwirte lebten. Die Stadt Mülheim erwarb sukzessive die vorhandenen Parzellen[94]. Am Ende stand ein weiträumiges Areal für eine An-

93 StAM 1510/90.00/015: Konvolut von Abbildungen eigener Werke, u. a. frühes Aquarell von Wilhelm Volz vermutlich der Saarnbergsiedlung.

94 S. dazu StAM 1200/2561: Schriftverkehr mit der Mülheimer Wohnstätten AG und der Siedlervereinigung Saarnberg e.V. zwischen 1910 und 1935; s. a.: Fotomaterial das. 1510/1580/24 sowie Stadtpläne; Düttmann: Rheinischer Kleinwohnungsbau Düsseldorf o. J., S. 139 Luftbild der noch nicht kompletten Siedlung von ca. 50 Häusern.

siedlung von ca. 80 Häusern zur Verfügung. Bei der Flächenplanung für die Saarnbersiedlung fällt die Ähnlichkeit der Siedlungsstruktur mit derjenigen der etwa gleichzeitig entstandenen Karlsruher Hardtwaldsiedlung ins Auge. Auch hier sind in kleinerer Dimension die frühen Häuser aus klimatischen Gründen in einem halbrunden Radius in Nord-Süd-Richtung angelegt.

Die im Wesentlichen normierten zweigeschossigen Haustypen variieren in Mülheim zwischen kleineren Doppelhäusern mit seitlichen Eingängen, schmalen Vorgärten und einem Nutzgarten zur Selbstversorgung und Vierfamilienhäusern mit zentralen Eingängen. Typisch für die Fassadengestaltung sind sparsame Schmuckapplikationen in verschiedenen Abwandlungen. Breite Ornamentfriese zieren wie Gurtgesimse die Fassaden, weiß oder auch farbig abgesetzt (Abb. 57 im Text). Sie sind an einigen Häusern mit Zackenformen gefüllt, in die Sterne oder Blattgirlanden eingefügt sind. Andere zeigen Medaillons und Sternapplikationen auf geriffeltem Grund. Diese Friese schmücken vor allem die frühen Haustypen. Auch rundbogige, leicht vertiefte Nischenfelder über Fenstern einzelner Häuser gehören zu den frühen Varianten. Beides erinnert an Haustypen von Pfeifer und Großmann in der Karlsruher Siedlung Rüppurr. Hecken und durchaus großzügige Gärten prägen darüberhinaus das Bild der Siedlung.

Bei den Vierfamilienhäusern betonen Rustikaverblendungen in unterschiedlichen Varianten Hausecken oder Eingangsbereiche einzelner Fassaden. Mit Giebelüberkrönung über die Traufhöhe des Hauses hinaus erhalten einige der Eingänge einen gestalterischen Akzent. Stuckmedaillons, Reliefkassetten in den Fensterachsen, Putzrahmen in geometrischem Stuckdekor oder kleine Erotenfriese zieren einzelne, rückversetzte und mit Giebeln bekrönte Eingangsbereiche. Reliefs mit bukolischen Motiven (Abb. links) präsentieren bei einem der Vierfamilienhäuser in rechteckigen Kartuschen vier füllhornartige Tuben zwischen lebhaftem, geometrisierenden Rankenwerk. Ein Relief über dem Eingang zeigt zwei rahmensprengende Eroten mit großem Füllhorn, das aus einer Blüte erwächst. Bei den Dächern überwiegen Walmdächer mit kleinen Dachgauben bei unterschiedlicher Dachneigung. Die Kranzgesimse sind meist farblich oder durch Zahnschnitt betont. Die Siedlung entstand ab 1920 über mehrere Jahre hinweg bis ca. 1924 mit ergänzenden Nachfolgebauten bis 1930.

Für einen der kleinen Plätze, am Stallmannshof, schuf der Künstler Arnold Künne aus Berlin 1926 auf Anregung des Mülheimer Geschichtsvereins eine Muschelkalkskulptur mit dem Motiv zweier wilder Pferde[95]. Sie sollte und soll an ein Stück Heimatgeschichte erinnern, den wilden Pferden, die hier noch bis ins 19. Jhd. hinein ihre Bleibe hatten.

Der heutige Erhaltungszustand der Häuser in der Saarnbergsiedlung ist unterschiedlich. Neben den für die Entstehungszeit charakteristischen Fassa-

95 Zu der Plastik: StA MH 1200/2233; Abschrift eines Besprechungsprotokolls der Wohnstätten AG mit dem Bildhauer Künne; Stinnes stiftete 1925 200 Mark als Beitrag zu den Aufstellungskosten; die Skupltur wurde am 2.6.1926 aufgestellt.

denelementen wie Sprossenfenstern, Eingangstüren aus der Entstehungszeit sowie Fassadendekor zeigen sich häufiger wenig behutsame, unter Vernachlässigung denkmalpflegerischer Erwägungen ausgeführte „Modernisierungen". Das betrifft etwa den Ersatz originaler Türrahmen und Türblätter und bei den Fenstern geschmacklose Massenware, teils fallen wilde Fassadenanstriche auf.

28 1919 Karlsruhe

Objekt: Gartenhaus und Anbau eines Wintergartens an eine großbürgerliche Villa, gebaut von Architekt Emil Deines
Standort: Maximilianstraße 8
Auftraggeber: Eigentümer: Kaufmann Julius Kaller

1901–02 errichtetes großbürgerliches Wohnhaus für den Fabrikanten Dr. Paul Jochum. Nach Plänen des Architekten Emil Deines entstand eine vom Jugendstil beeinflusste zweistöckige Stadtvilla mit hohem Mansarddach und an der Dachtraufe ansetzenden hohen Segmentgiebeln an Frontfassade und Westfront. Überliefert ist die in der Zeit entstandene hochwertige Innenausstattung mit Malereien und Kassettendecke.

Von dem späteren, zweiten Eigentümer, Kaufmann Julius Kaller, erhielten Pfeifer und Großmann 1919 den Auftrag, ein Gartenhaus zu errichten sowie die Nordseite des Hauses mit dem Anbau eines Wintergartens mit darüberliegendem Balkon auszustatten. Abbildungen sind nicht vorhanden.

In der folgenden wechselvollen Geschichte des Gebäudes[96], 1938 Eigentum der Stadt, seit 1947 verschiedentlich behördlich genutzt, 2010 dann auf eine Anwaltskanzlei übertragen, erfolgten mehrere Umbauten, Ausstattungsänderungen und innere Einbauten. In neuester Zeit ist eine umfassende Renovierung mit behutsamer Restaurierung der vorhandenen Ausstattung erfolgt.

28a vor 1921 Karlsruhe

Teepavillon Standort unbekannt[97], nicht erhalten

Es handelt sich um ein überraschendes Werk innerhalb der Projekte von Pfeifer und Großmann. Nähere Informationen über Standort, Auftragsvergabe und Erhaltung sind nicht bekannt. Es zeigt sich ein japanisch inspirierter, kleiner Gartenpavillon mit Zeltdach auf sechseckigem

96 Geschützt nach §2 des Denkmalschutzgesetzes; siehe dazu die Datenbank der Kulturdenkmale Karlsruhe.
97 Innendekoration: mein Heim, mein Stolz; die gesamte Wohnungskunst in Bild und Wort – Bd, 12 (1921), S. 386/387.

Grundriss. Gitterartige Seitenwände wirken grazil und erinnern an japanische Pergamentwände. Den Eingang rahmen Zierkassetten mit seriell gefertigten, zierlichen Art déco-Ornamenten. Das Zeltdach im Stil japanischer Tempelarchitektur wird mittig von einem schlanken Laternchen mit spitzem Dach bekrönt, dessen Dachtraufe wie beim Zeltdach hochschwingt.

Der Pavillon dürfte Ausdruck des auch im Bauhaus beliebten Japonismus der frühen 20er Jahre sein.

29 Anfang 1920er Jahre Mülheim-Holthausen

Objekt:	Drei Doppelwohnhäuser für Beamte der Fa. Mathias Stinnes GmbH
Standort:	Leonhard-Stinnes-Straße 28–30[98]
Bauherr:	Mathias Stinnes GmbH, Reederei
Datierung:	Beginn bis Mitte der 20er Jahre
Architekten:	Fa. Pfeifer und Großmann

Im Auftrag der Gewerkschaft Mathias Stinnes GmbH bauten Pfeifer und Großmann in der Leonhard-Stinnes-Straße Wohnhäuser „großbürglichen Stils", die ehemaligen Beamtenwohnhäuser der Firma Mathias Stinnes[99]. Es handelte sich

[98] S. StA MH 1510/90.00/012.

[99] Geschützt nach DSchG NRW, in der Liste der Baudenkmäler Nr. 597; Abbildung in: Cremers I, wie zit. 1928, Abb. 49, S. 43, von den drei Doppelhäusern existiert nur noch das Doppelhaus Leonhard-Stinnes-Straße 28–30, s. Abb. Arthur Brocke: Neues Bauen in Mülheim, wie zit. 1929, S. 18; im Adressbuch Mülheim 1925 erstmals erwähnt.

um eine Häuserreihe aus drei jeweils zweigeschossigen Doppelhäusern in zwei Haustypen. Zwei größere sechsachsige Bauten rahmten ein kleineres vierachsiges Haus. Sie besaßen hohe Mansarddächer mit kleinen Dachgauben. Die Häuser ähneln kleinen Stadtpalais. Zwischen den Geschossachsen gliedern flache Pilaster mit kapitellartigen oberen Abschlüssen die Fassaden, ebenso den Erkervorbau des kleineren mittleren Hauses. Doppelpilaster zeigen die Hausecken. Die stereotypen Scheinkapitelle zeigen Blütenkelche, umgeben von Girlanden. In den Achsen der Geschosse schmücken jeweils senkrecht zwischen den Fenstern rechteckige, immer identische, wappenartige Schmucktafeln die Fassade, auf denen Eroten, von Girlanden umspielt, in ihrer Mitte ein Füllhorn hochhalten. Die Balustrade der Vorbauten besteht ebenfalls aus ähnlich stereotypen Ornamentkartuschen, gefüllt mit Blütenkelchen und floralem Beiwerk. Die hochrechteckigen Sprossenfenster besitzen hölzerne Läden. Die Hauseingänge liegen jeweils an den schmalen Seitenfronten und waren im Dachgeschoss übergiebelt. Das mittlere vierachsige Gebäude unterscheidet sich in der Dachausführung durch eine hohe Gaube mit Spitzgiebel an der Frontseite.

Insgesamt scheinen sich die Architekten in Proportionen und Details an einem klassizistisch biedermeierlichen Baustil des frühen 19. Jahrhunderts orientiert zu haben, der an den Duktus des Mülheimer Rathauses erinnert. Die Häuser dürften in den sehr frühen 20er Jahren entstanden sein.

30 1922 Karlsruhe

Objekt: Villa
Standort: Mozartstraße 7[100]
Bauherr: Dr. Karl Spangenberg, Fabrikdirektor
Datierung: 1922

Zweistöckiges Haus mit hohem, kurzen Krüppelwalmdach und Giebel an der Schmalseite zur Mozartstraße hin. Die Dachtraufe ist um die Hausecken verkröpft. Auffällige, rotbraune Tonkachelstreifen mit kugelartigem Besatz akzentuieren kammartig die Hauskanten. Es ist der einzige Fassadenschmuck neben einer fast lebensgroßen Figur aus ähnlich rotbraunem Ton in Höhe der Fenster des mittleren Geschosses an der Mozartstraße. Sie steht auf einer kleinen Konsole, ist mit einem spitzen Hut oder Helm behelmt, trägt Stiefel und eine enge Montur oder Rüstung mit kurzer Hose. Zwischen ihren Beinen scheint sich eine Tierfigur zu befinden.

Der Hauseingang liegt auf einer der Längsseiten, deren Dachzone drei größere Dachgauben aufweist. Auf der gegenüber-

100 Kulturdenkmal nach §2 Denkmalschutzgesetz.

liegenden Längsfront befindet sich zentral ein hoher Hauserker mit einer Art Zwerchhaus, über der Dachtraufe verschindelt. Im Dach daneben kleine, verschindelte Dachgauben. Die schmale Front an der Mozartstraße besitzt in zwei Achsen hochrechteckige Fenster. An der Giebelwand setzt ein Okulus einen Akzent. Alle Fenster haben eine faszienartig gestufte Laibung.

31 1922 Karlsruhe-Südweststadt

Objekt: Villa mit Torhäuschen und Majolikabrunnen[101]
Standort: Villa Beiertheimer Allee 22, Ecke Bahnhofstraße
Bauauftrag: Fabrikdirektor Julius Bürger

Zweistöckige Villa mit hohem Walmdach. Je vier kleine gewalmte Gauben an den Breitseiten des Hauses. Die Hausfront an der Beiertheimer Allee zeigt im Erdgeschoss einen einstöckigen, flachen Erker mit Balkon und Austritt. Hochrechteckige Fenster begleiten ihn ebenso wie den einfachen Eingang an der Schmalseite des Hauses. Die Fenster sind durchgängig dunkel konturiert. Der Putzbau ist klar strukturiert, kaum Fassadenschmuck. Mehrflügelfenster befinden sich am Fronterker und dem Balkon. Angebaut ist das sog. Torhäuschen an der Seitenfront des Hauses an der Bahnhofstraße mit Verbindungsgang ins Haupthaus. Von Pfeifer und Großmann stammte auch die ursprüngliche Innenausstattung sowie ein Majolikabrunnen. Hierzu fehlen Abbildungen.

101 Kulturdenkmal nach § 2 Denkmalschutzgesetz.

32 1921–22 Karlsruhe-Oststadt

Objekt:	Wohnen am Fasanengarten: Mehrfamilienhäuser mit großzügiger Gartenanlage
Standort:	Carrée Hölderlinstr. 1a–1,3, 5, Karl Wilhelm-Straße 7–23, Parkstraße 30–68, begrenzt von Am Fasanengarten[102]
Bauherr:	Gemeinnützige Mieter- und Handwerkergenossenschaft eGmbH, ab 1927 Gemeinnützige Baugenossenschaft Hardtwaldsiedlung
Datierung:	1921–22

Geplant von Pfeifer und Großmann im Auftrag der 1919 gegründeten Gemeinnützigen Mieter- u. Handwerkergenossenschaft eGmbH im Carrée Hölderlinstraße 1a-5, Karl Wilhelmstraße 7–23, Parkstraße 30–68, und Emil-Gött Straße. Es handelte sich um Mehrfamilienhäuser mit großzügigen Gartenparzellen auf den Rückseiten der Häuser.

Die drei Straßenzüge unterscheiden sich in ihrem Erscheinungsbild deutlich. Die Häuser der Karl-Wilhelm-Straße und der Hölderlinstraße stehen schon am Beginn der Entwicklung des modernen Wohnungsbaus mit Blockbebauung, wie Pfeifer und Großmann ihn später dann im Mülheim an der Ruhr weitergeführt haben. Die Häuser an der Parkstraße zeugen noch von den Entwürfen mit landschaftsgebundener badischer Tradition.

Karl-Wilhelm-Straße 7–23: Langgestreckte, einheitlich durchgehende Häuserfont Nr. 3–15, dreigeschossig. Die Fassaden zeigen über dem Erdgeschoss ein gebäudeumspannendes Sandsteingesims. Die quadratischen Fenster rahmen starke Sandsteinlaibungen. Einzige Schmuckform an der langen Front sind drei kleine, flache Dachgiebel mit einem Lünettenfensterchen über dreien der Eingänge, die kleine Stützbalkone zieren (s. a. Abb. 70b Text). Die ganze Gebäudeflucht erhebt sich über gemauertem Sockel. Ein breiter, eingefriedeter Grünstreifen begleitet die Vorderfront. An beiden Seiten der langen Straßenfront

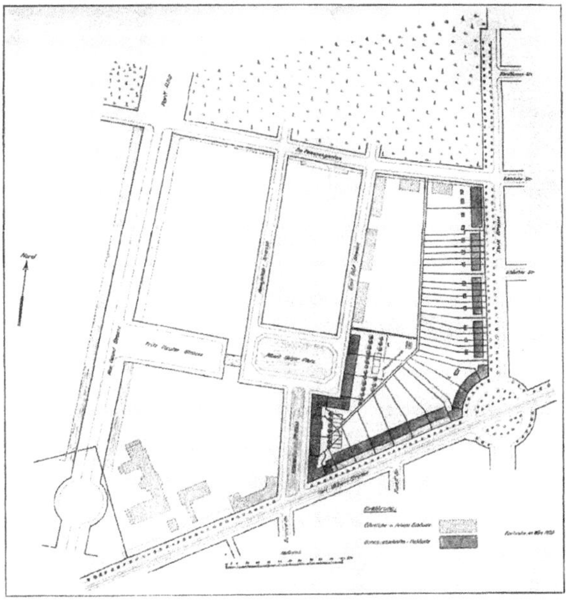

Grunddisposition

[102] Wohnanlage mit den dazugehörigen alten Garten- und Garagenanlagen in ihrer Gesamtheit geschützt nach §2 Denkmalschutzgesetz.

begrenzen über die Frontlinie hinausragende Gebäudeflügel das Ensemble. An der Karl-Wilhelmstraße 17 beginnt dann eine der Rundform des Karl-Wilhelm-Platzes bis Hausnummer 23 folgende Gebäudeflucht, deren halbrund konkave Fassadenlinie mit vier Stockwerken die übrigen Fassadenfronten überragt und für eine komplizierte Dachlandschaft sorgt. Die Hauseinheit Nr. 5 entstand 1926 (Architekt Scheuerpflug), Nr. 21 wurde 1950 kriegszerstört wiederaufgebaut.

An der Parkstraße 30–68 umgrenzen je drei langgestreckte, walmgedeckte Hauseinheiten die Gebäudeanlage. Sie sind zweigeschossig und zehnachsig. Die Dächer besitzen wenige Spitzgauben. In den Gebäuden befinden sich je 6 Hauseinheiten. Großzügige, langschmale Gärten an der Rückseite sowie Grünstreifen vor den Häusern deuten ihre Enstehung nach Prinzipien von Gartenstadtideen an.

Vom Haustyp her dürften diese Hauseinheiten die ältesten der Gesamtanlage sein. In ihren Proportionen, den hölzernen Fensterläden und spitzwinkligen Dachgauben orientieren sie sich an regionalen badischen Hausformen früherer Entstehung.

Auf der anderen Seite der Karl-Wilhelm-Straße stoßen die Gebäudeeinheiten Karl-Wilhelm-Straße 3 und Hölderlinstraße 5 in spitzem Winkel aufeinander. Die Dächer besitzen eine dichte Folge von Dachgauben. Die Erdgeschossfenster unterscheiden sich hier von den übrigen Gebäuden durch Rundbogenabschlüsse.

33 1922–23 Berlin-Kladow

Objekt:	Umbau einer Villa mit Garage von 1893/94[103]
Lage:	Am Roten Stein 1/7 (an der Havel) Imchenallee 60
Bauherr:	Geh. Hofrat Wilhelm Oeding (1920 erworben)
Architekt:	Umbau durch Hans Großmann 1922–23

Zweistöckige, fünfachsige Villa neoklassizistischen Stils. Das zweistöckige historistische Gebäude mit Statuen, teilweise als Abgüsse aus Italien, auf dem Dach, rokokohafte Kartuschen und einem säulengestützen Vorbau mit Balkon und schmiedeisernem Geländer entstand lt. Denkmalamt Berlin 1893–94 auf den Ruinen einer früheren Villa. Hans Großmann hat 1922/23 einen Umbau entworfen, dessen Form und Ausmaß nicht genau spezifiziert werden kann. Nach anderen, wenig wahrscheinlichen Vermutungen, soll Prof. (sic!) Hans

[103] Landesdenkmalamt Berlin Denkmaldatenbank, Objekt Nr. 09085445; Hans Großmann wird hier Prof. Hans Großmann getitelt, s. a.: 17. Berliner Denkmaltag 2003: Jörg Haspel: Einführung Wohnen im Denkmal, o. S.; an anderer Stelle wird der Innenarchitekt Max Großmann, Berlin, als mit den Umbauten beauftragter Künstler genannt.

Großmann das Haus gebaut haben, nachdem Hofrat Oeding es 1920 erworben hatte[104].

Im großen Anwesen der Villa wurde 1928 ein japanisch inspirierter Garten mit einem Teehäuschen in Richtung Imchenalle angelegt. Name des Gartenarchitekten unbekannt (Großmann?). Die Villa wurde zeitweise von Hans Albers bewohnt und war u. a. im Zweiten Weltkrieg an Joseph Goebbels vermietet[105]. Das Anwesen wurde im Jahr 1999–2002 nach dem letzten Besitzerwechsel grundlegend restauriert. Augenscheinlich ist das Dach bei der letzten Renovierung noch einmal verändert worden.

34 1922–24 Karlsruhe

Objekt:	Rheinische Creditbank/Deutsche Bank
Standort:	Kaiserstraße 90; Nachfolgebau eines ursprünglichen Weinbrennerbaues für die Karlsruher Museumsgesellschaft[106]
Auftraggeber:	Rheinische Creditbank
	1995/96 Umbau

[104] Liste der Kulturdenkmale in Berlin: Denkmaldatenbank Obj.Nr. 09085445; Bericht der Berliner Morgenpost v. 18.9.1999, angeblich auf der Ruine des vorherigen Anwesens „Villa Inselblick" errichtet. Im II. WK wurde die Villa beschlagnahmt. NS-Propagandaminister Goebbels nutzte sie als Landhaus. Nach Kriegsende war sie bis 1989 das „Haus der evangelischen Jugend", danach verwaiste sie, bis dann 1999 ein neuer Besitzer renovierte.

[105] Aus: Flanieren in Berlin: Gebaute Reiseimpressionen 2019.

[106] Kulturdenkmal, geschützt nach §2 Denkmalschutzgesetz.

Eine Inschrift am Gebäude informiert in Kurzform über seine Geschichte[107]. (Abb. Inschrifttafel). Als das nach Plänen von Weinbrenner 1812–14 errichtete ursprüngliche Gebäude der Karlsruher Museumsgesellschaft 1918 einem Brand zum Opfer fiel, erstellten Pfeifer und Großmann an derselben Stelle zwischen 1922–24 den Nachfolgebau.

Die Museumsgesellschaft Karlsruhe ging aus der Lesegesellschaft von 1784 hervor und vergrößerte sich kontinuierlich, so dass ihre Räumlichkeiten nicht mehr ausreichten. Zudem entwickelte sich die Lesegesellchaft inhaltlich mehr und mehr von ihrer bibliophilen Ausrichtung zum gesellschaftlichen Treffpunkt und nahm den Namen Museumsgesellschaft oder kurz Museum an. In dem für sie 1814 fertiggestellten Weinbrennergebäude fanden in der Folgezeit Diskussionen, zahlreiche Feste, Bälle, Konzerte und Ausstellungen statt. Gegen Ende des 19. Jahrhunderts ging in der Stadt das Interesse an der Museumsgesellschaft dann mehr und mehr zurück. Der Brand 1918 war dann der Anlass, das Gebäude durch Pfeifer und Großmann als Bankgebäude für die Rheinische Creditbank zwischen 1922 und 1924 wiederaufbauen zu lassen.

Pfeifer und Großmann orientierten sich zweifellos am Weinbrennerschen Klassizismus in der grundsätzlichen Gebäudekonzeption, z. B. mit der eingestellten Rotunde als Ecklösung. Allerdings besaß die Rotunde bei Weinbrenner die herausgehobene Funktion des Eingangs. Dieser befand sich rückversetzt unterhalb des auf Stützen aufgesetzten Rotundenkörpers. Stark verändert wurden allerdings die Weinbrennerschen Proportionen beim Neubau. Eine Konstante

107 Vgl. Clemens Brünenberg: Das Architekturbüro Pfeifer und Grossmann (sic), in: Bauen in Baden. Architektur in Karlsruhe 1920–30, Karlsruhe 2005, S. 21–28.

blieb das nun nach oben verschobene Gurtgesims und die Rustifizierung der unteren Fassade[108].

Abweichend vom Vorgängerbau erhebt sich das neue Gebäude dank des flacheren Daches über vier Geschosshöhen. Bei Weinbrenner waren die Gebäudeflügel fast gleichschenklig, beim Neubau erstecken sie sich mit einem langen Seitenflügel entlang der Ritterstraße und einem kürzeren auf der Kaiserstraße. Dorthin wurde mittig der Haupteingang verlegt, und damit ein Bedeutungszuwachs auf die Kaiserstraße verlagert Ein durchlaufendes Gurtgesims mit geometrischer Ornamentik trennte nun die Fassade in zwei fast gleich hohe Zonen. Die beiden oberen Geschosse des nun mit einer „Bauchbinde“ versehenen Gebäudes zeigen glatte Fronten in regelmäßiger Fensterrasterung. Weinbrenner hatte mit einem durchlaufenden Simsband das rustifizierte Erdgeschoss betont. Nun erhielt das Gebäude veränderte Maßstabsverhältnisse[109].

Der breite, zwei Geschosse hohe Eingang an der Kaiserstraße rückt in einer arkadenartigen Nische in den Hintergrund. Die Nähe zur Karlsruher klassizistischen Bautradition ist offenkundig. Die Nische schließen vier schlanke, ionische Säulen frontplan ab, gerahmt von quadratischen Pfeilern. Es bilden sich drei Joche, die einen mittleren Eingang ermöglicht hätten. Dort plazierte man aber in einer Konche eine lebensgroße weibliche Figur von Hermann Binz. Der Eingang „rutschte“ an die linke Seite. Ornamental gefüllte Rundbögen überfangen Fenster und Bankeingang in der Eingangsarkade. Ein historisierender Zahnfries und ein Gurtband trennen unterhalb der stark profilierten Dachtraufe Fassade und Dachzone.

1995/96 erfolgte der letzte Umbau zum Ladengeschäft mit Durchbruch der Erdgeschossfenster der Eckrotunde, starke formale Einschnitte.

35 1922–23 Mülheim an der Ruhr

Objekt: Verwaltungsgebäude
Standort: Kassenberg 2/Heuweg
Bauherr: Ludwig Lindgens Lederfabrik
Architekt: Hans Großmann

Das kleine Verwaltungsgebäude an der Düsseldorfer Straße in Mülheim zählt zu den wenig bekannten Gebäuden von Pfeifer und Großmann. Hans Großmann hat den Bau nach eigenem Bekunden 1922 ausgeführt[110]. Dabei handelt es sich

108 Edgar Wedepohl, in: WMB 11, H. 2 (1927), S. 77–82, hier Abb. 78 u. 79.

109 Ebd., S. 80; u. Joachim Göricke: Bauten in Karlsruhe. Ein Architekturführer, Karlsruhe, Kat. Nr. 526 (hier fälschlich um 1928 datiert). Grund-, Auf- und Seitenrisse von Keramikverkleidungen in der Vorhalle und der Kassenhalle u. Entwürfe für einen Schalteraufsatz s. GLA Findbuch 69, Sign. Z-104.

110 Schreiben von Pfeifer und Großmann vom 1.5.1922 an Oberbürgermeister Jarres in Duisburg mit einer Bewerbungsliste gebauter oder im Bau befindlicher Objekte. Das Schreiben steht im Zusammenhang mit der Wettbewerbsteilnahme

um ein kleines Eckgebäude aus Backstein. Der Bau hat sich zu behaupten gegen das große Fabrikationsgebäude der Lederfabrik an der Düsseldorfer Straße, das 1915/16 von dem Mülheimer Architekten Franz Hagen errichtet wurde[111].

Der zweigeschossige Backsteinbau mit vieleckigem Walmdach von Pfeifer und Großmann steht auf einem unregelmäßigen Eckgrundstück. Auf den Rückseiten finden sich drei abgewalmte und teils dreieckvergiebelte Dachgauben. Zur Fabrik hin beschreibt der Bau einen sanften Bogen, so daß sich zwischen Verwaltungsbau und großem Fabrikationsgebäude ein kleiner Hof öffnet. Eine breite Toreinfahrt führt in den Hinterhof.

Das zweigeschossige Gebäude zeigt eine lebhafte Silhouette. Die Fassade am Kassenberg tritt an der rechten Gebäudeseite in einem kurzen Segment zurück. An der Schnittstelle liegt der schmale Hauseingang, geschützt hinter einem kurzen Pfeilervorbau, der oben in einer kleinen Terrasse mündet. Wie oft bei Pfeifer und Großmann verläuft ein helles, auffallendes Sandsteinsims über dem Hauptgeschoss auf der gesamten Fassade. Zusammen mit der regelmäßigen Reihung

für das „Hotel Duisburger Hof" in Duisburg, s. StA Du 951/7; dazu auch: StA MH 1440/80.30/20.

111 Zur Lederfabrik Lindgens des Architekten Franz Hagen: Architekturführer Mülheim, op. cit., Nr. 78; heutzutage wird schon lange nicht mehr an dem Traditionsstandort produziert. Die Lederfabrik Lindgens ging 1994 in der Seton Company auf, die wiederum 2011 von der GST AutoLeather Company übernommen wurde. Heute vermarktet eine Projektentwicklungsgesellschaft, eine GmbH von Sparkasse Mülheim, Wohnungsgenossenschaft Mülheimer Wohnungsbau eG, das Firmengelände.

der Fenster ergibt sich eine deutliche, ruhige Betonung der Horizontalen. Der hell kontrastierende Sandstein kehrt als Gurtband unter dem Dachgesims und als Fensterbänke wieder. Das Obergeschoß mit den kleineren Fenstern erscheint optisch leicht verjüngt. Einziger dezenter Schmuck sind die Pseudoschlußsteine der Fensterrahmung an der Kassenbergfassade.

36 1923 Karlsruhe-Südweststadt

Objekt: Villa
Standort: Schwarzwaldstraße 9[112]
Bauherr: Erich Krah, Lebensmittelgroßhändler

Neoklassizistische Villa mit Walmdach. Zweigeschossiger Massivbau, mit jeweils drei, auf den Seitenfronten zwei abgewalmten Gauben. Die beiden Hauptgeschosse trennt ein dunkel abgesetztes Sandsteinsims. Ein haushoher, flacher Mittelrisalit an der Straßenfront erwirkt eine Dreigliederung der Fassade. Dieser Mittelachse ist im ersten Geschoss ein Balkon angesetzt, breitere Dreiflügelfenster im Gegensatz zu den ansonsten zweiflügeligen Fenstern. Eine ruhige Symmetrie kennzeichnet die Fassade.

Das Haus wurde im II. Weltkrieg durch Luftangriffe und Besatzung stark beschädigt. Beim Wiederaufbau 1946 wurde der Dachstuhl wiedererrichtet, und das Treppenhaus für den Umbau zu einem Mehrfamilienhaus verlegt.

37 1924 Karlsruhe-Südweststadt

Objekt: Villa Stöber: Doppelhaus mit eingeschossigem Verbindungsbau
Standort: Schwarzwaldstraße 8/Klosestraße 2[113]
Bauherr: Emil Stöber, Kaufmann

Eine vergleichbar symmetrische Anlage wie Kat. Nr. 36 zeigt das benachbarte Haus Schwarzwaldstraße 8, die Villa Stöber. Es handelt sich um eine zweigeschos-

112 Geschützt nach §2 Denkmalschutzgesetz
113 Cremers II, wie zit., Abb. Schwarzwaldstraße, Ecke Gutschstraße; Denkmal nach § 2 Denkmalschutzgesetz.

sige Doppelhausanlage, verbunden durch einen eingeschossigen Verbindungsbau mit rundbogigem Doppeleingangsportal. Städtebaulich verbindet die Doppelhausanlage zwei parallele Straßenzüge mit Seitenfronten an der querenden Gutschstraße.

Ein niedriger, gemauerter Sockel bildet die Gebäudebasis. Dreiachsig zeigen sich die Fassaden zu Schwarzwald- und Klosestraße hin, einschließlich dreier vergiebelter Dachgauben. Ein runder, eingeschossiger Erker mit runder Terrasse ist den Fassadenfronten an Schwarzwald- und Klosestraße jeweils vorgelagert. Die Doppelfronten längs der kreuzenden Gutschstraße sind lediglich zweiachsig.

Die Fassadenglierung der Hauptfront betonen geschossübergreifend weiße Rahmungen der Fensterachsen. Zwischen den Fensterachsen befanden sich ursprünglich als einziger Schmuck flache, rechteckige Felder mit nautischen Applikationen, wie sie heute noch die Front an der Schwarzwaldstraße zeigen. Die Zwillingshäuser unterscheiden sich heute in einigen Details voneinander. Die ursprüngliche Fassadengestaltung ist nicht erhalten.

38 1924 Karlsruhe-Weststadt

Objekt: Privatvilla für RA Dr. Alfred Bopp
Standort: Moltkestraße 38/Erzbergerstraße[114]

Ein schönes Beipiel für einen Neorenaissancebau bietet die Villa, die Pfeifer und Großmann 1924 für Rechtsanwalt Dr. Alfred Bopp erbauten. Die Handschrift von Pfeifer und Großmann und die Nähe zu Villa Stöber sind deutlich. Auch die weiteren Gebäude der Straßenzeile stehen sich in Proportionen und Stil sehr nahe. Sie verkörpern einen Lokalstil neorenaissance-, bzw. neoklassizistischer Prägung mit klarer Gliederung der Fassaden, aus dem Klassizismus entlehnten Schmuckformen und symmetrischen Proportionen.

Das Gebäude ist ein zweistöckiger Bau mit hohem Walmdach. Der Eingang liegt an der Front in der Erzbergerstraße, in der sich auch die repräsentative Fassade befindet. Deren Parterre setzt über einem gemauerten Sockel an und übertrifft im Höhenmaß das darüberliegende Geschoss, das fast gedrungen wirkt. Auf das Parterre konzentrieren sich alle architektonischen Besonderheiten und Dekorelemente. Dem Erdgeschoss vorangestellt ist ein zentraler

[114] Geschützt nach §2 Denkmalschutzgesetz; die Abbildung ist leider unzulänglich.

Runderker mit Balkon und Austritt. Im Zentrum des Dachgeschosses befindet sich darüber eine Fledermausgaube mit drei kleinen Fensterluken, ihrerseits die Mitte des Gebäudes betonend. Kleine Gauben an den drei weiteren Dachseiten.

In der Höhe der Balkonbrüstung des Erkers umläuft ein kräftiges Sandsteingurtsims das gesamte Gebäude. Unter der Dachtraufe ein Kranzgesims mit Zahnfries.

Während die Obergeschossfenster einfache Holzläden begleiten, sind die Fensteröffnungen des Erdgeschosses in eine flach nischenähnliche Umrahmung mit rundbogigem Abschluss und Ziergeländer eingestellt. Die Fensterlaibung ist faszienartig gestaffelt mit einem mittleren Kragstein. Im grau hinterlegten Bogen der „Nische" weiße florale Ornamente. Der Erker wird durch braune, kannellierte Stützen unterteilt, in deren Zwischenräumen sich über den Fensteröffnungen weiß gerahmte Kassetten mit Medaillons befinden.

39 1925 Mülheim–Altstadt

Objekt: Wohnhaus[115]
Lage: Bleichstraße 9
Bauherr: K. Brügemann, Kaufmann

Es handelt sich um einen Backsteinbau mit getrepptem Vorderfrontgiebel. Die Front zeigt zwei Fensterpaare pro Geschoss, ein Segmentfenster im Giebel sowie halbseitig einen Erker im Erdgeschoss mit steinerner, ornamentaler Balkonbrüstung. Der Treppengiebel besaß ehemals als spielerischen Dekor Kugeln auf den Enden der Stufen. Einziger Schmuck auf der seitlichen Eingangsseite ist mittig ein kleines florales Ornament. Ursprünglich überzogen regelmäßige helle Sandsteinlagen Fassaden,

[115] Denkmalgeschützt nach DSchG NRW, seit 1984 in der Liste der Baudenkmäler, Nr. 51; die Datierung ergibt sich aus Mülheimer Adressbuch, Jg. 1926, im Jg. 1925 existierte das Haus noch nicht; Abb. StA MH 1510/90.00/II, 21.

Fenstergewände und Giebeltraufen. Die Sandsteinlagen in Verbindung mit dem dunklen Backstein ergaben eine reizvolle Fassadenstruktur[116].

Das Haus ist nachträglich einheitlich weiß überstrichen worden. Es ist fraglich, ob der auf der seitlichen Eingangsseite über die Dachtraufe hinausragende Dachausbau dem ursprünglichen Zustand entspricht.

40 Mitte 20er Jahre Mülheim

Objekte:	Wohnhaus
Standort:	Dohne 111[117]
Bauherr:	Dr. Dinsing
Datierung:	vor 1928

Walmdach und Backsteinfassade mit hellen, fassadenumspannenden Sandsteineinlagen als konturierende Elemente kennzeichnen das Wohnhaus. Auffallend ist die Ornamentierung der dunklen Backsteinfassade durch kräftige, helle Mauerstreifen. Alle Fenster, die gesamten Fensterzonen und Fassadenecken werden von den hellen Mauerstreifen überspannt. Beim Eingang erscheint die weiße Rahmung geradezu wuchtig. An den Hausecken und am Erker suggerieren versetzte, weiße Mauersteine eine statische Qualität.

Auf der linken Seitenfront des Hauses befindet sich ein Erker mit Balkon im ersten Stockwerk. Die Balkonbrüstung zeigt durchbrochenes, helles Ornamentmauerwerk ähnlich dem Haus Brügemann (Kat. 39).

Die Fotografie zeigt die Eingangsseite des zweigeschossigen Hauses. Auch hier ist frontseitig Achsensymmetrie das auffallende Merkmal. Ein Mittelrisalit mit einem Frontispiz (Giebeldreieck über einem Mittelrisalit) bildet die Eingangsfront. Das zweiflügelige Portal besitzt eine auffällige Kassettierung mit kreisrunden Einlagen. Durchgängig leicht hochrechteckige Fenster, am Mittelrisalit zusätzlich schmal hochrechteckige Sprossenfernster.

Das Gebäude ist heute stark verändert.

[116] Die Information der Denkmalliste, dass es sich hierbei um das Wohnhaus von Pfeifer und Großmann handelte, ist irrig. Adressbuch Mülheim an der Ruhr 1940 weist Wilhelm Möhlenbeck, Lederfabrikant, als Bewohner aus.

[117] Abb. bei Cremers I, wie zit. 1928, S. 39, Abb. 43. (Dr. Dinsing). Dr. jur. Fritz Dinsing, Rechtsanwalt u. Notar war lt. Adressbuch von 1927 Prokurist und später stellvertretender Geschäftsführer bei RWW.

41 1922–25/26 Mülheim an der Ruhr–Broich Stadthalle

Objekt: Stadthalle[118]
Standort: Stadtteil Broich, Theodor-Heuss-Platz 1
Datierung: Vorgeschichte 1911, Bau 1922–26, Wiederaufbau und Erweiterung nach Kriegszerstörung durch Prof. Gerhard Graubner 1953–57
Bauherr: Stadt Mülheim an der Ruhr.
Wettbewerb in zwei Schritten: 1.) unter den in Deutschland ansässigen Architekten und Baukünstlern, nachträglich auch Danziger Architekten, Einreichung bis 1.9.1922.
2.) engerer Wettbewerb unter den Preisträgern der 1. Ausschreibung.
Preisgericht: Geh. Baurat Dr. Ing. Ludwig Hoffmann, Berlin; Oberbaurat Prof. Hermann Billing, Karlsruhe; Prof. Paul Bonatz, Stuttgart; Prof. Adolf Muesmann, Dresden; Oberbaudirektor Dr. Ing Fritz Schumacher, Köln; Verbandsdirektor Dr. Ing. Robert Schmidt, Essen[119].
161 Entwürfe: 1. Preis Adolf Abel, Stuttgart; 2. Preis Baurat R. Lembb, Stuttgart, mit Hans Seytter und Hans Mayer, Esslingen; 3. Preis Pfeifer und Großmann, Mülheim an der Ruhr/Karlsruhe.
Ankäufe: Prof. Emil Fahrenkamp; Arthur Hauk & Kurt Meyer, Köln; Dr. Ing. Alfred und Alfons Schmidt, Stuttgart; Karl Sieben u. Willy Dyck, Aachen.
Bauauftrag: Pfeifer und Großmann, Innenausbau Emil Fahrenkamp.

Schon 1905 wurde die Idee für ein „würdiges Konzerthaus" für Mülheim geboren. Wenig später entstand dazu aus Spenden der Bürgerschaft ab 1908–09 ein zweckgebundener Baufonds, der von der Mülheimer Leonhard-Stinnes-Stiftung weiter aufgestockt wurde. 1911 traf die Stadtversammlung einen offiziellen Beschluss zum Bau eines Konzerthauses[120]. Beratungen der zuständigen Rathaus- und Stadthallenkommission, an deren Sitzungen Hans Großmann wegen des Rathausprojektes regelmäßig teilnahm, waren schon 1912 so weit gediehen, dass der Münchener Großarchitekt Hofrat von Thiersch um ein Urteil zum Grundriss für den Bau angehört werden sollte[121].

Hans Großmann vermittelte die Teilnahme an den Sitzungen unmittelbare Kenntnis der Planungen für eine neue Stadthalle, so dass er schon vor dem späteren, offiziellen Wettbewerb einen ersten Entwurf für ein sog. „Volkshaus" anfertigte[122] (s. Text Abb. 60). In drei Sitzungen im September 1912 sowie Januar und Juni 1913 wurden von der Kommission Vorschläge zum Stadthallenbau be-

118 Geschützt nach DSchG NRW, Liste der Baudenkmäler MH, Nr. 175.

119 ZBV 56. Jg. (1922), S. 274, 339, 387.

120 Vorgeschichte siehe: StA MH 1200/597; zum Beschluss der Stadtversammlung: StA MH 1200/539: Bildung der gemeinsamen Rathaus- und Stadthallenkommission 1911.

121 StA MH 1200/539, Protokoll d. Rathaus u. Stadthallenkommission v. 14.9.1912; Friedrich von Thiersch (1852–1921) war ein bedeutender Architekt, Bauingenieur und auch Maler des Deutschen Reiches.

122 Bes. Sitzung der Rathaus- und Stadthallenkommission vom 9.6.1913: StA MH 1200/539; der von ihm dann entwickelte Entwurf wirkte in seinem Äußeren wie ein dem gegenüberliegenden Stadtbad von Karl Helbing von 1912 angepasstes Modell, s. MB XX. Jg., H. 5 (1921), Abb. S. 159–160; zur Vorgeschichte siehe auch: Deutsche Bauhütte 30. Jg. Nr. 5 v. 24.2.1926, S. 55–58.

raten, die im Juni 1913 dann mit dem Beschluss, das Projekt zu verlegen, vorerst beendet wurden.

Der frühe Entwurf von Pfeifer und Großmann zeigt einen trutzigen, vielgliedrigen Saaltrakt mit kirchenähnlichem Apsidenabschluss des Bühnenhauses, dem ein niedrigerer, dreigliedriger Vorbau mit flacheren Zwischentrakten vorgeblendet war, eine offene Kollonadengalerie einschließend, eine beliebte Anordnung des späten italienischen Barock. Der wenig elegante, etwas klobig wirkende Bauentwurf orientierte sich formal und in seinen Ausmaßen vage am Fassadenaufbau des gegenüberliegenden Stadtbads. Einzelformen und Struktur des Gebäudeprospektes weisen auf antikisch-römische Villenarchitektur bzw. Neorenaissancevorbilder. Auch der Entwurf des Saals im Inneren schwelgte in Neorenaissance-Anleihen.

Das Ufergrundstück zwischen Ruhrvorgelände und Vorster Straße entsprach den ehrgeizigen Vorstellungen der damaligen Stadtspitze, hier ein städtebaulich herausragendes Pendant zum 1912 eröffneten neuen Stadtbad von Karl Helbing[123] zu errichten, und der neuen Großstadt auf diese Weise ein angemessen großstädisches Stadtpanorama zu verschaffen. Am schließlich bevorzugten Standort am linken Ruhrufer bremste allerdings noch eine alte Schankwirtschaft und kleinteilige Wohnbebauung das Projekt[124]. Der Erste Weltkrieg machte zunächst alle Planungen aussichtslos.

Im offiziellen Wettbewerb von 1922[125] reichten Pfeifer und Großmann einen deutlich von der Planskizze des frühen Konzepts abweichenden Entwurf ein. Er zeigte nun längs der Ruhr die „städtebaulich hervorragende Baugruppe“[126] im Sinne der auslobenden Stadtspitze mit breit gestaffelten Baukuben in achsensymmetrischer Gliederung, die die lange Ruhrfront des Gebäudes ins Monumentale steigerten. 1923 konnte noch während der Besetzung des Ruhrgebiets durch französische Truppen mit dem Bau begonnen werden. Am 5.1.1926 wurde die Stadthalle feierlich eingeweiht[127].

Die Finanzierung dieses Prestigeprojektes in harten Zeiten von Ruhrkampf und Arbeitslosigkeit rief massive öffentliche Kritik hervor. Der städtische Finanzausschuss mahnte 1923 zu „schleuniger definitiver Feststellung des Plans,

123 Das Stadtbad wurde nach einem Entwurf des städtischen Beigeordneten Karl Helbing (1877–1964, seit 1906 städtischer Beigeordneter) am 30.12.1909 vom Rat der Stadt genehmigt, 1910 begonnen und 1912 vollendet; s.: Zs. Der Baumeister, XI. Jg. H. 9 (1913); ZBV Jg. 16, S. 253, 266, 278 u. 294, u. ebd., 1917, Nr. 1–2 v. 3. 1.1917, S. 1–6 mit zahlreichen Abbildungen; s. a. Melanie Rimpel: Das Stadtbad, in: Zeugen der Stadtgeschichte, hrsg. v. Geschichtsverein Mülheim an der Ruhr, Mülheim an der Ruhr 2008, S. 191–201.

124 StA MH 1200/2187, zunächst war als Standort die Viktoriastraße diskutiert worden.

125 StA MH 1200/596; s. a. Christoph Heuter: Emil Fahrenkamp 1885–1966. Architekt im rheinisch-westfälischen Industriegebiet (Arbeitshefte der rheinischen Denkmalpflege 59), Petersberg 2002, S. 294, Kat. Nr. 65: Angaben zum Wettbewerb mit Verweis auf: DBZ H. 56 (1922); s. a. Paul Joseph Cremers: Pfeifer und Grossmann (sic), in: Neue Werkkunst, Berlin-Leipzig-Wien 1928, Einleitung S. X–XI; s. a. DBZ Jg. 60 (1926), S. 137–143 u. 177–183.

126 StA MH 1200/596: Rathaus- und Stadthallenkommission; s. a. Melanie Rimpel, wie zit., S. 217.

127 StA MH 1200/596: Einladungs- und Gästeliste vom 20.12.1925; Absagen u. a. von Konrad Adenauer am 31.12.1925 und Arthur Pfeifer am 3.1.1926; Abb. s. StA MH 1510/90.00/010ff.

sowie Inangriffnahme des Baues", damit in Aussicht gestellte Erwerbslosenzuschüsse zum Stadthallenbau genutzt werden konnten. Die Stadthalle war unter anderem eine „Arbeitsbeschaffungsmaßnahme". Nur so ließ sich das Projekt überhaupt finanzieren und durchsetzen[128].

Bei dem schweren Bombenangriff auf Mülheim am 22./23. Juni 1943 war die Stadthalle bis auf den südlichen Gebäudeteil ausgebrannt. Ein schwieriger, langer Weg des Wiederaufbaus begann mit der notdürftigen Teilbenutzung Ende der 1940er Jahre. 1953 wurde vom Rat der Stadt der Wiederaufbau beschlossen, der 1957 mit der Neueröffnung vollendet werde konnte[129]. Gerhard Graubner ersetzte nach den Zerstörungen des II. Weltkrieges die zerbomte Rückfront durch eine moderne Fassade im Stil der 60er Jahre[130].

Beschreibung: Vom Rathausufer aus erweckt der Bau den Eindruck eines imposanten symmetrischen Baukubus mit seitlich erhöhtem Brückenkopf, der die Niveaudifferenz von etwa 5 m zwischen Ruhrvorgelände und Schloßbrücke ab-

128 StA MH 1200/596: Rathaus- und Stadthallenkommission, Sitzung v. 22.6.1923.

129 Melanie Rimpel, wie zit., S. 222–227.

130 Bauplanung und –leitung des Wiederaufbaus nach Kriegszerstörung 1956–57 durch Gerhard Graubner, s. Melanie Rimpel, wie zit. S. 223–24, weitere bauliche Veränderungen 1989, ebd. S. 228.

fängt. Die Fassadenfront verläuft in einer Länge von ca. 100 m parallel zur Ruhr. Beim Blick auf die Ruhrfront scheinen symmetrisch vier kubische Baukörper ineinander verschachtelt. Der höchste Bauteil im Zentrum enthält die große Festhalle, die als Konzert- wie als Theatersaal zu nutzen gedacht war. Mit Zuschauerraum und Bühnenhaus überragt sie mittig mit einer Länge von 63 m, einer Breite von 26 m und Höhe von 12 m den gesamten übrigen Bau. Auf drei Seiten umlief eine hohe Galerie den Raum. Der Saalbau ist eine stützenfreie Eisenkonstruktion. Hans Großmann betonte, dass die Anregung zu der Ausführung durch die Hallenbauten der Industrie beeinflusst wurde.[131]

Die sechzehnachsige mittlere Fassadenzone tritt leicht aus der Front des hohen Saalbaues heraus. Sie öffnet sich auf Ruhrniveau in zehn schlanken Arkadenbögen. Diese verdecken Treppenläufe vom Ruhrniveau aus in das innere Foyer, die einen klassischen Aufbau zeigen. Niedrigere Seitenflügel begleiten das Gebäudezentrum. Sie enthalten Foyersäle sowie Wirtschafts- und Arbeitsräume[132]. Die Nordflanke hinter dem Bühnenbereich zeigt einen hufeisenförmigen Grundriss. Im Übrigen entsprechen sich die Ruhrfront und die Gebäuderückfront an der damaligen Vorsterstraße in Dimensionen und Fassadengestaltung weitgehend.

Den Brückenkopf an der Schlossbrücke bildet ein mehrgeschossiger zurückversetzter Seitenkubus entlang der Brückenrampe, der sich in einem doppelsäuligen Arkadengang öffnet, wie er in vielen Beispielen frühchristlicher und romanischer Bauten und in der italienischen Renaissance zu finden ist. Der Arkadengang öffnete sich ehemals in seiner Mitte zu einem offenen, quadratischen Ehrenhof, ausgeschmückt mit Zierfriesen an Wänden und Bogenstellungen, mit Figurenschmuck und Brunnenplastiken. Künstler der Karlsruhe Majolikamanu-

131 StA MH 1200/596: Rede von Hans Großmann zur Eröffnung der Stadthalle, Typoskript o. S; s. a. Melanie Rimpel, wie zit. in: Zeugen der Stadtgeschichte, in: GVM (Hrsg.), 1908, S. 219.

132 StA MH 1200/2184: Entwurf f. eine Festschrift v. Hans Großmann.

faktur, Max Laeuger und Franz Naager, erhielten jeweils den Auftrag für einen Brunnen aus farbig glasiertem Ton. Vom Düsseldorfer Künstler Willi Hoselmann stammte eine Kortum-Gedenktafel.Nach Kriegszerstörungen wurde der Ehrenhof zu einem geschlossenen Gebäudeteil. Für den Außenbau entwarf Hermann Binz einen kleinen Delphin-Brunnen und über dem Portal in der Vorster Straße eine weibliche, liegende Figur in bukolisch anmutendem Hintergrund[133].

Die über 6000 qm umfassende Fassadenoberfläche ist mit Muschelkalk aus Brüchen bei Würzburg verkleidet[134], der hell verwittert, so dass alle dekorativen Elemente im Laufe der Zeit hell hervorgehoben werden und „im wechselvollen Spiel von Hell und Dunkel natürliche Reize schaffen"[135].

Die innere Ausgestaltung des Festsaals wurde Emil Fahrenkamp übertragen. Er setzte vollkommen konträre Akzente im Innenausbau. Wo sich Hans Großmann in seinem Stilmix von flächig stilisierten Art déco Formen leiten ließ, gestaltete Emil Fahrenkamp das Innere in der Art eines konstruktiven Expressionismus[136]. Fahrenkamps Vorbilder waren in expressionistischen Entwürfen etwa eines Hans Poelzig im Großen Schauspielhaus in Berlin von 1918/19 zu erkennen. Im Geist des Expressionismus schuf Jan-Thorn Prikker auch Glasmosaiken im Foyer[137].

Mit der Stadthalle war ein Bauwerk entstanden, das die zeitgenössische Kritik spaltete. Für die einen mutete es wie ein Fremdkörper aus einem anderen Kulturkreis an, seine ästhetische und stilistische Besonderheit schätzten wiederum die anderen. Seine ruhige Monumentalität überzeugte die Stadtspitze (siehe dazu Text S. 58–59).

Die Kritiker in der Mülheimer Öffentlichkeit sahen „eine Romantik, die nicht von dieser Industriewelt ist"[138] und „einem Volk, das hungert, (...) diesem Volk baut man keine luxuriösen und pompösen Musentempel"[139]. „Schon das Mülheimer Rathaus war in dieser Hinsicht nicht ganz am Platz"[140]. Die langgestreckte Ruhrfront mit ihrer tief ansetzenden Gebäudebasis wirke, „als ob der gesamte Bau unter Straßennieveau gesunken wäre, gleichsam, wie wenn der weiche Baugrund am Flußufer nachgegeben hätte". Andere Kritiker sprachen von modernistischem, „pseudo-konstruktivistischem Sparrenwerk

133 Abb. in: W. Hendel in: DKDeK Bd. XXIX (1926), S. 99.

134 StA MH 1200/596: Kurzfassung des Beitrags von Hans Großmann zur Eröffnung der Stadthalle am 6.1.1926; die Materialien wurden in der Mülheimer Öffentlichkeit kritisch kommentiert: "Das weit hergeholte Material gibt zu denken", so in der Kölnischen Zeitung vom 10.1.1926, aus: StA MH 1200/597: Pressespiegel.

135 Pläne StA MH 1500/1–47; siehe auch Planunterlagen, Fassadenaufrisse und –zeichnungen, Grundrisse, Ansichten verschiedener Teile 1:50 und 1:20 Bleistift, teilweise koloriert, Herbst 1924, in: GLA Karlsruhe, Findbuch 69, Sign: Z–140.

136 Zur inneren Gestaltung: Christoph Heuter: Emil Fahrenkamp, Kat. Nr. 94, S. 332–334; s. a. Arne Sildatke: Dekorative Moderne, wie zit., S. 372–376.

137 Roland Günther: Mülheim an der Ruhr, in: Die Denkmäler des Rheinlandes, Bd. 21, Düsseldorf 1975, S. 36–37.

138 Mülheimer Volkszeitung Nr. 4 (1926).

139 Mülheimer Tageblatt v. 23.1.1926, Nr. 53, s. StA MH 1200/2184 u.1200/597 Pressespiegel; siehe auch Text S.59.

140 Gesammelte zeitgenössische Kritik, ebd. 1200/597, auch für den weiteren Abschnitt.

über den vergewaltigten Rundbögen"[141]. Auch im Inneren bemängelten einige Zeitgenossen den „eigenartigen" Modernismus, bei dem im Gegensatz zur ruhig-geschlossenen Wirkung des Äußeren eine „willkürliche Modernität" auf die Spitze getrieben wurde[142].

42 1925–26 Mülheim an der Ruhr-Holthausen

Bezeichnung:	Klarahaus, heute Feierabendhaus[143]
Standort:	Tilsiter Straße 31
Bauherr:	Evangelischer Frauenbund e. V., gegr. am 6.7.1919 Wettbewerb: 1925
Ergebnis:	1. Preis für Pfeifer und Großmann; ein 3. Preis für Architekt B. Kersting, BDA Mülheim an der Ruhr[144]
Preisrichter:	Pastor Burbach, Mülheim an der Ruhr; städt. tech. Beigeordneter Artur Brocke, Mülheim an der Ruhr; Medizinalrat Gasters, Mülheim an der Ruhr; Landesoberbaurat Balzer, Düsseldorf; Emil Fahrenkamp, Düsseldorf; städt. Beigeordneter Pregitzer, Duisburg.
Einweihung:	28.4.1926, Fertigstellung bis auf den Südflügel
Zustand:	Verschiedene Besitzer, letzte Renovierung 1985

Der Architekturwettbewerb ergab am 25.3.1925 für Pfeifer und Großmann den ersten Preis mit dem unveränderten Ausführungsauftrag. Schon ein Jahr später, am 28.4.1926, war der vielgliedrige Bau bis auf den Südflügel fertiggestellt. Im ersten Bauabschnitt wurden Verwaltungsgebäude, das sog. Krankenhaus und das Waschhaus gebaut. Im Verwaltungsbau befand sich neben Wirtschaftsräumen auch ein Betsaal für 400 Personen und Schwesternräume. Der nächste Bauabschnitt umfasste eine Wöchnerinnenabteilung sowie Schlafsäle, Essräume, Schwestern- und Arztzimmer. Im Ganzen standen in den Gebäuden Räumlichkeiten für 106 „Pfleglinge" und 20 Säuglinge zur Verfügung. Der Baukomplex sollte das völlig unzulängliche „Heim für arbeitssuchende, hilfs- und schutzbedürftige Frauen und Mädchen" des Evangelisches Frauenbundes Am Muhrenkamp 9 ersetzen. Dieses quasi erste Frauenhaus in Mülheim wurde 1919 in einer übergangsweise von Hans und Julius Thyssen überlassenen, bald schon unzulänglichen Unterkunft betrieben[145]. Die Stadt hat dann für eine neu zu schaffende Heimunterkunft das Grundstück an der damaligen Hustadt-, heute

141 WMB 1926, S. 461.

142 WMB 1926, S. 469.

143 Geschützt nach DSchG NRW, in der Liste der Baudenkmäler MH seit 1985, Nr. 55.

144 In: Neue Baukunst, Zeitschrift für Architektur: Sonderdruck zu B. Kersting 1926, m. Abb.

145 StA MH 1200/3003/3/1 und Zeitungsausschnittsammlung, 55.01: Gen. Anz. v. 29.4.1926; Seit 1932 war es nur noch für ältere Menschen geöffnet. 1940 erwarb es der Mülheimer Bergwerksverein, der es als Wohnung für ihm angehörende Rentnerehepaare einrichtete. Auf dem Umweg über die Hibernia kam es in den Besitz der Veba. Am 1.5.1974 wurde es von der Stadt Mülheim erworben. Nach Diskussionen um einen eventuellen Abriß 1979 erfolgte 1985 schließlich die Renovierung.

Tilsiterstraße zu günstigen Konditionen zur Verfügung gestellt, die Reichsversicherungsanstalt zusätzlich ein größeres Hypothekendarlehen[146]. Die Leitung des neuen Heims übernahmen Diakonissen des Diakonissenmutterhauses Zoar aus Duisburg. Der Name Klarahaus bürgerte sich in Erinnerung an Clara Thyssen, geb. Bagel ein, Mutter der beiden Thyssen-Brüder.

Die damals landschaftlich reizvoll abgeschiedene Lage stellte in ihrer hügeligen Grundstückssituation eine komplizierte Bauaufgabe dar, die knappen Baumittel eine weitere. Pfeifer und Großmann entwickelten einen Komplex aus zwei- dreigeschossigen Putzbauten mit baumbestandenem, trapezförmigem Innenhof. Der Hügelsituation angepaßt waren die Gebäudetrakte unterschiedlich

146 StA MH 3003/3/1.

hoch gestaffelt. Turmartige Eckanbauten mit spitzem Dächern und spitzwinklige Erker setzen beim Klarahaus auch heute noch markante Akzente und reizvolle Kontrapunkte an den langgestreckten Fassadenfronten[147]. Die südliche „Berg-“ Fassade scheint sich in ihrer leicht konvexen Kurvung bollwerkartig gegen den Hügel zu stemmen. Bei aller Sachlichkeit der Putzbauten verstärkt der Dachreiter auf einem Verbindungstrakt den Eindruck einer landschloßähnlichen oder klosterburgartigen Anlage. Die Zwiebelecktürmchen erinnern an romantische Vorbilder süddeutsch/badischer Prägung. Das Gebäude strahlte die Ruhe und Geschlossenheit klösterlicher Anlagen aus[148].

43 1921–1924/25 Duisburg-Ruhrort

Objekt:	Beamtenwohnhausgruppe der Fa. Mathias Stinnes[149]
Standort:	Ruhrorter Straße 165–171
Datierung:	1921/1924/25
Bauherr:	Vereinigte Stinnes Rheinreedereien
Zustand:	verändert

Antrag auf Baugenehmigung für Planungen eines Büro- und Wohnkomplexes aus drei zusammenhängenden Neubauten der Mathias Stinnes GmbH an der damals Neuen Ruhrorter Straße 167–169. Pläne des Büros Pfeifer und Großmann mit Datum vom 29.9.1921, Unterschrift Großmann[150].

Ein breiter neunachsiger Mitteltrakt mit um 7 m rückversetzter Straßenfront bildete zusammen mit ursprünglich vierachsigen, quer dazu platzierten Seitengebäuden einen fast schlossähnlichen Gesamteindruck. Es handelt sich jeweils um dreistöckige Backsteinbauten mit Dachgauben in hohen Walmdächern. Kräftige Hausteinlagen sind um die Gebäudekanten verkröpft.

Die ursprünglichen Pläne von 1921 zeigen einen imposanten Mittelbau mit einer prächtigen Eingangslösung. Der überaus schmuckvolle Entwurf zeigt eine von einer Art Blendpfeilern gerahmte hohe Portalzone, die im Wechsel mit Steinlagen kleine Symbole schmücken sollten. Über dem Eingangsportal mit Zierlaibung sollte ein ebenso gerahmtes Fenster folgen, das ein kräftiger, gesprengter Giebel überfängt. Ein schmaler Austritt über dem Portal nimmt bei seinem Ziergitter Symbolformen des Blendbogens auf. Die Gestaltung im reali-

147 Zwei Abbildungen in: StA MH 1510/90.00/04a–c: Entwurfzeichnung mit einer Gesamtansicht von einem quadratischen Eckturm mit Zwiebelkuppelabschluss ausgehend, an den sich eine lange Längsfront anschließt, unterteilt durch schlanke spitzwinklige Erker; die Ausführung des Blattes zeigt deutlich expressionistische Einflüsse; ebd. Nr. 4b: Foto Wäscherei, Garage und Stallung.

148 Paul Joseph Cremers, wie zit., Bd. I, Einleitung S. XI–XII, Abb. 34–39, S. 32–37; Stilistisches Beispiel: Schloss Vollrads im Rheingau, Gesamtanlage, Zwiebelecktürme, Fassadenaufbau, s.: DBZ 43. Jg. (1909), Nr. 47 (12. Juni 1909), Abb. S. 316–17.

149 Abb. s. StA MH 1510/90.00/040; Adressbücher Duisburg erstmals 1925/26–1935.

150 Akten und Pläne im Bauaktenarchiv Duisburg; Pläne auch bei der Rhenus AG Duisburg, dem jetzigen Eigentümer.

Früher Entwurf des Portalgewändes

sierten Gebäude ist stark vereinfacht, geblieben ist oberhalb der Dachtraufe der breite Segmentgiebel in kräftigem Hausteingewände. Darin ein kleines Okulusfenster. Im ursprünglichen Entwurf füllten den Giebel um einen Lorbeerkranz mit den Insignien MS (Mathias Stinnes) herum Symbole für das Arbeitsfeld der Stinnes'schen Firma, Anker, Hammer und Rad, aus.

Die hochrechteckigen Sprossenfenster der Gebäude sind mit einem gefächerten, hellen Zierstein über dem Fenstersturz geschmückt. Das Mittelportal diente lediglich als Entree für die auf seiner linken Seite im Erdgeschoss befindlichen Büros. Dagegen führten seitliche Treppenhäuser zu den Geschossebenen.

Als Wohnhaus für höhere Angestellte der Fa. Mathias Stinnes erbaut, dienten die Gebäude wohl zwischenzeitlich nach dem II. Weltkrieg vorübergehend als Wohnheim.

44 1926 Mülheim an der Ruhr–Menden

Objekt:	Vereinshaus Jugendgroschen, evangelisches Freizeitheim und Gotteshaus
Standort:	Mülheim-Menden, Hahnenfähre 9
Datierung:	1926
Eigentümer:	Vereinte Ev. Kirchengemeinde
Zustand:	stark verändert

Auf einer leichten Anhöhe über der Ruhr auf 8000qm im Grünen gelegen. Es bot Freizeitaktivitäten auf der Ruhr für evangelische Jugendliche, im Untergeschoss befand sich der Bootsraum, im Kellergeschoss darüber waren die Wasch- und Geräteräume, im Erdgeschoss lagen Aufenthalts- und Leseräume[151].

Zur Ruhr hin war der Bau des abschüssigen Bodenniveaus wegen auf einer weiten Terrasse mit zentralem Treppenvorbau positioniert. Ehemals zeigte die Ruhrseite einen sechsachsigen traditionellen Haustyp mit langgestrecktem Walmdach. Die in den terrassierten Vorbau eingelassenen Okuli sind ein schon vertrautes Großmann'sches Motiv. Die Fassade zeigte im Erdgeschoss hoch-

151 Paul Joesph Cremers, wie zit. Bd. I (1928), Abb. 50 u. 51, S. 44 (Vorder- und Rückansicht); StA MH 1500/23/1–4: Ausbaupläne vom 29.8.1934, unterschrieben von Nocke; Entstehungsgeschichte und weiteres Schicksal müssen noch gründlich recherchiert werden. Das, was heute an derselben Stelle steht, hat mit dem Gebäude von Pfeifer und Großmann kaum etwas gemein.

rechteckige, rundbogige Sprossenfenster und Läden, kleiner waren die Fenster des Obergeschosses. Kleine Dachgauben im Walmdach.

Auf der Hausrückseite zur Anhöhe hin besaß der Bau zwei halbrunde Treppentürme, jeweils mittig den Haushälften vorgelagert. Sie endeten oberhalb der Dachtraufe in kleinen Terrassen. Senkrechte, kleinsprossige Fensterbänder, wie sie für die 20er Jahre typisch wurden, sorgten für Licht in den Treppenbauten, die Fensterordnung der Rückfront unterschied sich grundlegend von der Vorderseite. Das Gebäude dürfte ca. 1926 gebaut worden sein. Der Bau ist stark vereinfacht kaum wiederzuerkennen.

45 vor 1926 Mülheim

Objekt: Dienstvilla des Direktors der Broich-Speldorfer Wald- u. Gartenstadt AG
Lage: Uhlenhorstweg 14
Bauherr: Broich-Speldorfer Wald- u. Gartenstadt AG[152].

Großes, zweistöckiges Backsteingebäude mit hohem Walmdach, an der Frontseite drei kleine Dachgauben mit leicht geschwungenen Satteldächern. Dem mittigen Eingang vorangestellt ist ein säulengestützter Altan mit zwei Zugängen ins Obergeschoss. Die Säulen besitzen korinthisierende Kapitelle, aber keine Basen, ihre Schäfte verjüngen sich nach antikem Vorbild, der sog. Entasis. Sie stützen eine Architravplatte, auf der sich der Balkon aufbaut. Architrav und Säulen bestehen aus einem hellen Gestein oder sind hell verputzt, die Abbildungen aus der Entstehungszeit lassen keine Erkenntisse zum Material zu.

Ein breiter, hausumspannender, von einer hellen Gurtleiste gerahmter Fries bildet quasi ein Gesimsband zwischen Ober- und Untergeschoss. Es unterscheidet sich mit ornamental fischgrätartig verlegtem Backsteinmauerwerk vom sonstigen Mauerverbund. Eingangs- und Hausecken erhalten durch Klinkerriemchen die Andeutung konstruktiver Funktionen.

152 Cremers I, wie zit.1928, Abb. 46, S. 41; außerdem StA MH 1510/90.00/06; als Bürogebäude der Broich-Speldorfer Wald- und Gartenstadt AG am Uhlenhorstweg mit Foto aufgeführt.

An der rechten Seitenfassade befindet sich ein breiter Erker mit Terrasse, dessen Brüstung durch den Fries gebildet wird. Die Sprossenfenster variieren zwischen Untergeschoss und Obergeschoss leicht in der Größe. Klinkerfassade mit hellen Sandsteinbändernist ein typisches Merkmale einer Entstehung in den mittleren 1920er Jahren.

Im heutigen Zustand kaum wiederzuerkennen.

46 Ca. 1923–25 Mülheim

Objekt: Beamtenhaus der Firma Rauen AG[153] (Baustoffe).
Lage: unbekannt
Datierung: geschätzt

Der einzige Nachweis dieses Gebäudes befindet sich in einem Konvolut des Mülheimer Stadtarchivs mit Abbildungen von Werken der Architekten Pfeifer und Großmann. Nähere Angaben fehlen. Es zeigt sich ein dreigeschossiges Backsteingebäude auf einer Rustika-Basis. Der mittige Eingang besitzt ein profiliertes Sandsteingewände. Über dem Eingang beginnt mit einem dekorativ gemauerten Bogen ein fast unauffälliger pilasterartiger Mauerstreifen, der bis zur Dachtraufe reicht. In senkrechter Reihung zeigen sich kleine quadratische Treppenhausfenster. Zu beiden Seiten je Geschoss ein Fensterpaar. Auffallend an dem Gebäude sind in regelmäßigen waagerechten Abständen bis unter die Dachkante quer laufende helle Steinlagen wie das Rahmholz bei Fachwerkkonstruktionen, die auch die Fensterpaare umrahmen. Über dem kräftigen Dachgesims betont eine breite Treppenhausgaube mit einem Segmentfenster die mittlere Hauspartie, beidseitig flankiert durch kleinere Gauben.

Formal erinnert das Haus mit seiner dichten Hell-Dunkel-Optik und den Fensterbändern an niederländische Vorbilder aus den 20er Jahren. Großmanns überlieferte Reisen nach Belgien und Holland könnten ihren Nie-

[153] Foto in: StA MH 1510/90.00/05.

derschlag gefunden haben. In Mülheim lassen sich auch von Theodor Suhnel ähnliche Beispiele finden.

47 1925/26 Mülheim

Objekt: Wohnhaus
Lage: Leonhard-Stinnes-Straße 63
Bauherr und Eigentümer: Hans Großmann

Die Familie Großmann bezog das von ihm selbst erbaute Wohnhaus in der Leonhard-Stinnes-Straße 63 nach dem offiziellen Umzug der Familie von Karlsruhe nach Mülheim am 8. April 1926[154].

Es handelt sich um ein anderthalbgeschossiges Haus mit tiefen Dachschrägen des hohen Krüppelwalmdachs. Auf einem alten Foto der Hausschmalseite zeigt sich ein ländliches Wohnhaus in der Art der frühen Entwürfe des Büros im Badischen. Der Eingang liegt zentral auf der Breitseite mit einem in das Dach einschneidenden hohen Erker als Eingangsvorbau. Die hohe Giebelwand des Eingangs überragt mit ihrem profilierten Zieraufbau die Haushöhe. Das Eingangsportal sitzt in einem rundbogigen, tiefen Gewände. Mit seinen gestaffelten

154 Adressbuch Mülheim 1926; Abb. einer Schmalseite und des Besuchszimmers, in: Cremers, wie zit., Bd. I, Abb. 40 u. 41, S. 37 u. 38; StA MH 1550/90.00/II, 07.

turmartigen Aufbauten erinnert der Giebelaufbau entfernt an den englischen Tudorstil. Auf dem mittleren höchsten Aufbau sitzt als Zier eine verspielte Kugelform. Die glatte Fassade ist mit rechtwinklingen Mauerblenden konturiert. Sie gliedern optisch die fensterlosen Wandzonen. Die Neigungen der beiden Dachschrägen differieren. Dies wird vor allem an den profilierten Dachtraufen deutlich, die in kurzen Abschnitten und unterschiedlichem Niveau auf die Schmalseite des Gebäudes übergreifen.

Überliefert sind auch Fotographien einer Hausschmalseite und der Eingangssituation mit Portal[155] sowie eines Besuchszimmers (s. Text Abb. 13).

48 1925/26 u. 1937/38 Karlsruhe

Objekt:	ehemaliges Pfarr- u. Gemeindehaus
Standort:	Haizingerstr. 1/Seubertstr. 7
Bauherr:	Gottesauer Gemeinde
Datierung:	1925/26 von Pfeifer und Großmann erbaut[156]

Dreigeschossiges Gebäude mit Walmdach und Walmgauben an allen vier Seiten. Glatte, ockerfarbene Putzfassade an der Seubertstraße, ornamental geschmückt durch aufgebrachte kontrastierende Zierleisten. Sie umgeben das ganze Gebäude und rahmen darüberhinaus jeweils die schmalen äußeren und auch die

155 StA MH 1510/90.00/07: Eingangsfront.

156 Geschützt nach §2 Denkmalschutzgesetz; Abb. Liste der Karlsruher Kulturdenkmale.

dreiflügeligen mitteren Fenster. Senkrecht zwischen den Fenstern füllen sie die Zwischenräume mit engen Mauerblenden bzw. dichtem Rautenmuster aus.

An der Ecke Haizingerstraße überrascht wie ein Fremdkörper ein kleiner, vor die Gebäudekante gebauter, fast neubarocker, polygonaler Erker in Höhe des 1. Obergeschosses. Hohe, schmale Fenster sitzen in seinem Gewände. Der Erker besitzt eine kräftige Dachtraufe sowie der Größe entsprechend zarte Gurtgesimse unter den Fenstern und am Ansatz.

An der hinteren linken Hausecke erhebt sich um die Hausecke herum ein über die Dachtraufe hinausragender weiterer Erker.

49 1927 Duisburg-Wasserviertel

Objekt: Hotel Duisburger Hof, seit 2013 „Wyndham Duisburger Hof"[157]
Standort: Neckarstraße 2
Bauherr: 1922 Hotel- und Bürohaus AG, Duisburg
Ausschreibung: Ziel: Schaffung von 4000 m² für Büroräume, Hotel mit 170 Betten in 130 Zimmern, Speise- und Sitzungsräume, Theatersaal mit 700–800 Plätzen sowie drei bis vier Ausstellungsräume
Wettbewerb: Unter den in der Rheinprovinz und Westfalen ansässigen oder geborenen Architekten, dazu geladen Prof. Martin Dülfer, der Erbauer des Duisburger Stadttheaters gegenüber. Insgesamt 85 Einsendungen[158], darunter u. a. Emil Fahrenkamp, Düsseldorf; Pfeifer und Großmann, Mülheim/Karlsruhe; Theodor Suhnel, Mülheim; Prof. Alfred Fischer, Essen und Martin Dülfer, Dresden.
Preisrichter: Prof. Paul Bonatz, Stuttgart (Vorsitzender); Prof. Wilhelm Kreis, Düsseldorf; Prof. Heinrich Müller-Erkelenz, Köln; OB. Dr. Karl Jarres, Duisburg; Beig. Stadtbaurat Karl Pregitzer u. die Generaldirektoren Braumüller und Reuter, alle Duisburg
Ergebnis: Vier gleichdotierte Preise
Bauvergabe: 10.4.1922 an Pfeifer und Großmann sowie Regierungsbaumeister Karl Brocker, Duisburg
Eröffnung: 28.6.1927; Mitte 1928 wurde ein drittes Obergeschoss am Wirtschaftsflügel entlang der Lahnstraße hinzugebaut.
Zustand heute: Verschiedene Umbauten im Laufe der 30er Jahre bei Ausstattung und Raumorganisation. Nach Kriegsschäden ab 1950 komplette Erneuerung des Erdgeschosses, u. a. mit Tieferlegung der Deckenhöhe. Erhalten ist der Treppenaufgang von 1927 im Hauptvestibül, denkmalgeschützt.

Am 25.11.1921 fiel in Duisburg der Baubeschluss zur Errichtung eines größeren Hotel- und Bürohauses mit Ausstellungsräumen sowie Konzert- und Veranstaltungssaal, an dem sich die Stadt beteiligen werde. Am 31.12.1921 wurde dazu die „Hotel- und Bürohaus AG" unter dem Vorsitz des Oberbürgermeisters Karl Jarres gegründet. Kurz vor der Besetzung des Ruhrgebiets durch französische

157 Denkmal nach §3 (2) des Denkmalschutzgesetzes NRW.
158 StA Du 951/7.

und belgische Truppen, in einer kritischen Zeit wirtschaftlicher und politischer Spannungen, schrieb die Duisburger Hotel- und Bürohaus-Aktiengesellschaft AG[159] am 3.1.1922 den „Wettbewerb für Vorentwürfe zu einem Hotelbau und Bureauhaus in Duisburg" am Königsplatz/Ecke Neckarstraße aus. An dem herausragenden Platz gegenüber dem Stadtheater von Martin Dülfer von 1910–12 war vor allem ein harmonisches Gesamtbild erwünscht.

Ein erster Preis im Wettbewerb wurde nicht zuerkannt. Im Ergebnis vergab das Preisgericht[160] vier gleich dotierte Preise für folgende Entwürfe: „Klare Betriebsübersicht" von Jean Flerus und Ludwig Konert in Dortmund, „Gruppe" von Jos. Tiedemann in Charlottenburg, „Dreiteilung" von Pfeifer und Großmann in Mülheim und „Rhein-Hansa" von Prof. Emil Fahrenkamp, Düsseldorf. Entgegen der ursprünglichen Absicht wurden gleich vier weitere Entwürfe angekauft[161].

159 Amtliche Bekanntgabe der Gründung s. StA Du 951/7. Am Aktienkapital dieser Hotel AG beteiligten sich die Stadt Duisburg sowie Industrie, Handel und Gewerbe anteilmäßig, Vorsitzender des Aufsichtsrates wurde der Duisburger OB Dr. Jarres. Seine Freigabe des Wettbewerbs auch für angestellte und beamtete Architekten, führte im Vorfeld zu Auseinandersetzungen mit dem Bund Deutscher Architekten über sein „dilettantisches und eigenartiges Geschäftsgebaren", weil so auch angestellte und verbeamtete Architekten der Stadt Duisburg am Wettbewerb teilnehmen konnten und das auch taten, s. DBZ 56. Jg. (1922), S. 28; Wettbewerbsunterlagen in: StA Du 951/7.

160 StA Du 951/7: Ursprünglich Auslobung von drei Preisen zu je 35000, 25000 und 20000 M und Ankauf von zwei weiteren Entwürfen zu je 10000 M.; Ergebnis des Wettbewerbs s. a.: DBZ, Jg. 56 (1922) S. 268.

161 Weitere vier angekaufte Entwürfe stammten von Prof. Alfred Fischer, Essen, mit „Viergespann", „Theoderich" von Architekt Fritz Fuß, Köln, „Deuseburg" von Stadtbaurat Hermann Bräuhäuser, Duisburg, und „Glückauf" von Arno Rieber, Köln; DBZ, ebd., S. 356.

Portikusseite

Gartenhof

Keiner der Entwürfe überzeugte gänzlich. Nach grundsätzlicher Zustimmung durch den Aufsichtsrat berief man am 10.4.1922 „zur näheren Durcharbeitung und künstlerischen Gestaltung Dr. Ing. h. c. Großmann … „unter steter und harmonischer Mitwirkung von Oberbaudirektor Carl Brocker“[162].

Die Herausforderung für die Architekten lag in der Komplexität der Gesamtanlage aus Bürohaus, Theater und Hotel. Es gelang Pfeifer und Großmann, ein Gebäude zu erstellen, das nach seiner Eröffnung als eines „der schönsten und vornehmsten Hotels des Kontinents“ in der zeitgenössischen Öffentlichkeit wahrgenommen wurde[163]. Es war ein „vornehmes Passantenhotel …, das durch seine Verpflegungsräume gleichzeitig einen gehobenen Lebensgenuß gewährleistet und durch Konferenzsäle den Wirtschaftsführern… schnelle erreichbare Sitzungsgelegenheiten bietet“[164]. Auf vier Stockwerken waren schließlich 200 Zimmer mit 240 Betten geplant. Davon wurden zunächst nur zwei Stockwerke als Hotel genutzt, 90 Zimmer mit 105 Betten. Die oberen Geschosse nutzte die städtische Verwaltung als Büroräume. Das Erdgeschoss nahmen die große

162 StA MH 1510/90.00/041ff: 14 Abbildungen; zum Bauauftrag an Pfeifer und Großmann s. a.: ZBV 42. Jg., Nr. 5 (1922) u. 42. Jg., Nr. 59 (1922), S. 347; nach Bekanntwerden der Preisvergabe an Pfeifer und Großmann gab es in der Öffentlichkeit Fragen nach der Berechtigung ihrer Teilnahme, da sie aus Karlsruhe seien. Mülheims OB Lembke stellte in einem Brief v. 25.4.1922 klar, daß Pfeifer und Großmann seit 1918 ein Büro in Mülheim hätten und im Übrigen seit 1919 in Mülheim steuerpflichtig seien; s. StA Du 951/7.

163 Deutsche Ill. Rundschau, Nr. 12 (1927), Schwerpunktheft Duisburg, S. 444; Entwurfspläne s. StA Du 951/10 u. 951/24; s. a. Paul Josph Cremers, wie zit. Bd. I (1928), S. XII u. Abb. 57–68.

164 Kurt Bloemers: Der „Duisburger Hof“ in Duisburg, in: Neue Werkkunst, Berlin-Leipzig-Wien 1928, Einleitung S. VII–XV.

Eingangshalle, die Empfangshalle und verschiedene Säle ein, deren größter, der Intarsienfestsaal, 230 m² maß.

Der Gebäudekomplex verläuft längs der Neckarstraße in einer breiten, 24-achsigen Front. Ein längerer Seitenflügel entlang der Querstraße Lahnstraße und ein kürzerer an der Landfermannstraße lassen einen größeren Hinterhof entstehen. Oberhalb der hochrechteckigen Fensterreihen des Erdgeschosses verläuft über den gesamten Bau hinweg ein Rautenfries, in dem regelmäßig abwechselnd kleine Köpfe, die fünf Erdteile versinnbildlichend, eingesetzt sind. Über dem Fries befinden sich über allen Fenstern halbrunde Lünetten mit abstraktem Gitterwerk. Lünetten tauchen bei Pfeifer und Großmann als Eigenzitat häufig auf, so auch bei der fast gleichzeitigen Mülheimer Stadthalle. Sie haben hier die Funktion der Belichtung und Belüftung eines niedrigen Zwischengeschosses für technische Installationen[165]. An der Landfermannstraße öffneten sich ursprünglich die Erdgeschossfenster in flachen Arkaden vor dem ehemals dort befindlichen Café.

Die hohe Sockelzone aus gesägten Muschelkalkplatten wird durch ein umlaufendes, stark profiliertes Gurtgesims in anderthalbgeschossiger Höhe von den darüberliegenden vier Geschossen abgesetzt und betont. Dieses Gesims trägt in Abständen abwechslend plastische, stiliserte Palmetten oder figürliche und florale Arrangements. An der Gebäudeecke etwa zeigt sich eine kleine Jagdszene. Die hohe Fassade ist mit Muschelkalk verkleidet. Das flache Walmdach besaß dichte Reihen von Schleppgauben. In einem flachen Fassadenrücksprung ist asymmetrisch im Verlauf der Bauflucht Neckarstraße ein mit elf Metern Höhe kleiner, kubischer Portikus als Haupteingang des Hotels eingestellt. Der prominent gegenüber dem Stadttheater positionierte Portikus setzt sich durch Proportion und Ornamentik von der ansonsten glatten Hauptfassade ab und durchbricht die Systematik der Fensterreihung. Insgesamt besticht das Gesamtgebäude durch die ruhige Regelmäßigkeit der Fassade und sparsam phantastische Ornamentik, die sich vor allem im Erdgeschoss zeigt.

Modernste Bautechnik der damaligen Zeit zeichnete den Bau aus. Aus Stahlbeton konstruiert, wurde erstmalig Gußbetontechnik für die Fertigung der Geschoßdecken verwandt. Die Eisenträger des Eisenbetonbaus wurden doppelt schallisoliert durch Preßkork und Torf. Für diesen technischen Bereich war vor allem der Duisburger Oberbaudirektor Carl Brocker zuständig[166]. Im Inneren sorgten neueste betriebstechnische Errungenschaften schon sehr früh für nachhaltige Haustechnik. Eine unter dem Innenhof gelegene, 200 Kubikmeter fassende Zisterne sammelte das gesamte Regenwasser des Gebäudes, anschließend wurde es in die Wäscherei gepumpt oder zur Kesselspeisung genutzt[167].

165 Eintragungstext des Unterschutzstellungsverfahrens nach dem Denkmalschutzgesetz § 3 (2), 2006, S. 3, dort auch detaillierte Beschreibungen.

166 StA Du 951/7; s. a.: Carl Brocker, in: Architektur in Duisburg, (hrsg. arch. ag. Duisburg) 1994, Nr. 13.20, S. 94/95.

167 Die technische Ausstattung siehe in: Deutsche Illustrierte Rundschau 12 (1927), Sonderheft Duisburg, S. 444–447; Architektur in Duisburg, ebd.

Der ursprüngliche Grundriss existiert nicht mehr. Man betrat das Hotel in einer 350 qm^3 großen zentralen Eingangs- und Empfangshalle, die Wände waren bis zur Decke in Langensalzaer Travertin ausgeführt, die Böden zum Teil mit Solnhofer Kalkstein oder mit Marmor aus Bayern verlegt. Die Bronzeläufe im Haupttreppenhaus sind Kunstschmiedearbeiten des Duisburger Kunstschmieds August Schönau. Deren Stützen zeigen eine technoid wirkende Kombination aus Bogenelement und tütenartiger Konträrform, die Gestaltung des Geländers assoziiert sofort den Stil der 1920er Jahre[168].

Im Erdgeschoss enstanden Hallen und Festsäle in großzügigen Dimensionen. Die kleineren Räume, Damensalon, Frühstücks- und Gartensaal, besaßen jeweils besonders ausgesuchte Ausführungen. Der Damensaal wurde ganz in poliertem Kirschbaumholz getäfelt. Der Gartensaal erfuhr eine erlesene künstlerische Bearbeitung. Seine Wände waren mit bemalter Rohseide bespannt, die stilisierte Lanschaftsallegorien zeigten, gemalt von den Düsseldorfer Malern Peiner, Gessner und Prof. Burmann. Es schloss sich ein offener Gartenhof an, der mit Majolikafliesen ausgelegt war[169]. In seiner Mitte stand ein farbiger Keramikbrunnen.

Im nördlichen Gebäudeteil lagen mehrere Festsäle, im südlichen Bauteil befand sich an der Landfermannstraße das öffentlich zugängliche Café unter den Arkaden. Ein „Schmuckhof" mit Terrasse im Anschluß an die große Konversationshalle überraschte in ihrer abwechslungsreichen Gliederung mit Abstufungen der Bauteile und Fenstervariationen[170]. Die Betriebsräume, Küche, Serviceräume etc., nahm die Gebäuderückseite auf (s. a. Text Abb. 64-66).

50 (1913)–1929 Mülheim an der Ruhr – Ruhranlagen

Bezeichnung: Die Ruhranlagen – Ruhruferplanungen
Objekte: a- Laufwasserkraftwerk Raffelberg
b- Laufwasserkraftwerk Kahlenberg mit Rückpumpwerk
c- Wasserbahnhof
d- Kahlenberg-Restaurant
e- Restauration am Kahlenberg /Jugendherberge

Ehemals sollen auf der Schleuseninsel der Ruhr fast 400 Personen Arbeit im Schiffbau gefunden haben. Als die Schiffahrt sich nicht mehr lohnte, errichtete die Stadt hier 1875 einen Schlachthof, der schon 1910 verlegt wurde. Die Schleuseninsel dämmerte danach lange vor sich hin. Ab 1913 schon hatte Mülheims Oberbürgermeister Paul Lembke zusammen mit dem städtischen Beigeordneten

168 Kurt Bloemers, wie zit, S. IX, Abb. 31, 32, S. 24, 25; Arne Sildatke: Dekorative Moderne, wie zit., S. 372–376.

169 Ausführliche Beschreibungen in: Bauwarte 3 (1927), S. 297–311, mit 4 Abb. und Grundriss s. a.: Paul Joseph Cremers, in: Wohnungskunst: mein Heim…, Nr. 38 (1927) S. 406–408; s. a. GLA Karlsruhe, Findbuch 69, Z-75, 3 Blätter mit Bleistiftzeichnungen.

170 Zahlreiche Abbildungen in: StA MH 1510/90.00/041 (a-l).

Das alte Ruhrufergelände

Baurat Brocke die Revitalisierung und Kultivierung des großen Ruhrufergeländes ins Auge gefasst. Aber erst 1923–26 wurde die Insel neu gestaltet. Dazu gehörten neben den Kraftwerken besonders ein wiederbelebter Schiffsverkehr mit entsprechenden Anlagen und Anreizen für die Öffentlichkeit.

Bis auf das „Haus Ruhrnatur", ein ehemaliges Schülerbootshaus, das nach Plänen des Architekturbüros Karl Helbing und Friedrich Voigt 1926/27 erbaut wurde, entstanden die übrigen Bauten der Ruhranlagen nach Entwürfen von Pfeifer und Großmann. Zu den ehrgeizigen Projekten zählen besonders die Planungen für die technischen Bauten der Ruhruferanlagen: zwei Laufwasserkraftwerke, sowie Wasserbahnhof und Florabrücke und die Restauration am Kahlenberg (später Jugendherberge).

Auch wenn das besagte Haus Ruhrnatur nicht von Pfeifer und Großmann erbaut wurde, nähert sich das Bootshaus durch das Bruchsteinmauerwerk dem Stil des Wasserkraftwerks an. Haus Ruhrnatur ersetzte ein 1899 von Stadtbaumeister Linnemann erbautes erstes Schülerbootshaus, damals ein kleines Fachwerkgebäude. 1907 wurde es aufgestockt. 1924 wich es schließlich dem Bau des Laufwasserkraftwerks und wurde abgerissen. Das Architekturbüro Helbing und Voigt, das schon das Stadtbad, das Solbad Raffelberg sowie das Kaiser-Wilhelm-Institut für Kohlenforschung entwickelt hatte, schuf 1926/27 das neue Bootshaus, Einweihung war am 30.4.1927. 1991/92 folgte im Zusammenhang mit der Müga, der Mülheimer Landesgartenschau, die Umwandlung in eine ökologische Station und ein Erlebnismuseum[171].

Zwischen 1923 und ca. 1928/29 plante und entwickelte das Büro Pfeifer und Großmann die wesentlichen, heute noch bestehenden Bauten der neu angelegten Ruhranlagen.

50a 1923–26 Mülheim-Speldorf

Objekt: Laufwasserkraftwerk Raffelberg (mit Ruhrschleuse Raffelberg)[172]
Auftraggeber: Wasserkraftwerk Raffelberg GmbH
Datierung: 1922–1926 – Ruhrschleuse 1928

Die Gesellschaft für Bau und Betrieb des Wasserkraftwerks Raffelberg wurde 1922 von der Stadt Mülheim an der Ruhr und der Deutsch-Luxemburgischen Bergwerks- und Hütten AG Friedrich-Wilhelms-Hütte als Wasserkraftwerk Raffelberg GmbH gegründet[173]. Zweck der Gesellschaft waren Hafenbau und Stromerzeugung. Mülheims Schiffahrtstradition sollte mit der Befahrbarkeit der Ruhr durch große Rheinschiffe bis zur Friedrich-Wilhelms-Hütte zu neuem Leben erwachen. Das Kraftwerk in Raffelberg war Teil des ehrgeizigen Projekts eines größeren Industrie- und Handelshafens in Speldorf[174], dessen Pläne auf das Jahr 1910 zurückgingen. Nicht zuletzt sollten Anreize zur Ansiedlung neuer Firmen am neuen Hafen geschaffen werden. Durch den natürlichen Zufluss des Ruhrwassers konnte Strom für Industriewerke und die Stadt erzeugt werden.

Das Kraftwerk ist als Querbauwerk im Ruhrkanal ausgeführt. Die Originaltechnik von 1922, Francisturbinen, gebaut von den Siemens-Schuckert-Werken, ist noch heute in Betrieb. Seit 1926 liefert die Anlage Strom. Während die technische Ausstattung durch die Siemens-Schuckert-Werke Berlin erfolgte, planten Pfeifer und Großmann die Gebäude. Die Bauarbeiten begannen 1923, am 26.2.1926 ging das Kraftwerk ans Netz.

Zum Kraftwerk gehört die Ruhrschleuse Raffelberg, unmittelbar am Kraftwerk liegend. Ihre Anlage wurde auch schon 1910 beschlossen, wegen des

171 Kurt Unbehau: Mülheimer Schwimmverein und Mülheimer Wassersportvereine und ihre Bootshäuser an der Ruhr einst und jetzt, Typographische Zusammenstellung 1962; RWW (Hrsg.): 10 Jahre Haus Ruhrnatur 1992–2002.

172 Denkmalgeschützt, seit 1986 in der Liste der Baudenkmäler Nr. 176.

173 Hinweis zu Gründung und Vertragsangelegenheiten: s. Archiv der Thyssen AG/FWH 1279–1282.

174 dazu: Kartei: Untere Denkmalbehörde; Mülheim an der Ruhr: Kraftwerk Raffelberg; zum Hafen: Günther Schreiber: Die Entwicklung des Mülheimer Ruhrtales, in: MJb 1966; S. 156/57; s. a. Rede des Oberbürgermeisters Dr. Paul Lembke bei der Eröffnung des Hafens am 18.12.1927: StA MH 1200/2302, die Schleuse war am 7.10.1927 fertiggestellt, das Kraftwerk schon 1925.

Kriegsbeginn 1914 und Materialproblemen dauerte die Bauzeit von 1914 bis 1927[175]. Eine Sanierung wegen Mängeln an Technik und Bausubstanz erfolgte seit 1998–99, dabei wurden die Fassaden 2011–2012 gereinigt.

Beschreibung: Wehrhaft präsentiert sich an der Oberwasserseite des Kanals das dreiflügelige Querbauwerk mit einer Fassade aus Tuffstein. Es ist in einen niedrigeren Mitteltrakt mit Flankentürmen gegliedert, die an Festungstürme erinnern. Der Mitteltrakt zeigt auf der stadtabgewandten Seite im unteren Gebäudesegment hohe schmale Fensterbänder. Über den Achsen dieser Fenster befinden sich kleine Okuli. Die Flankentürme besitzen im oberen Aufbau je zwei Fenster. Der Festungscharakter wird verstärkt durch einen gebäudeumspannenden zahnschnittähnlichen Fries unterhalb des Kranzgesimses. In den Flanken befinden sich die Transformatoren und Schaltanlagen im südlichen, der Freilaufkanal und Werkräume im nördlichen Teil. Auf dem südlichen Flankenturm zeigt sich über einem einfachen Eingang das Wappen der Stadt Mülheim. Ansonsten fehlt jeglicher Gebäudeschmuck. Dem Fundament ist ein Laufgang über flachen Korbbögen vorgelagert. Im Inneren findet sich eine dem Kahlenbergkraftwerk vergleichbare Kassettendecke und ein innerer Laufgang über der Fensterreihe[176](s. a. Text Abb. 77.)

Die Gegenseite besitzt eine in der Disposition kaum abweichende Fassade bis auf einen zweigeschossigen Baukubus, der in den Abhang gesetzt und mit einer seitlichen Treppe flankiert ist.

175 StA MH 1200/2302; in der Gästeliste zur feierlichen Eröffnung d. Schleuse am 7.10.1927 steht auch das Büro Pfeifer und Großmann.

176 Abb.: Bauwarte 4 (1928), 2 Abb., S. 314; Müller-Wulckow, Walter: Architektur der 20er Jahre in Deutschland, Bd. I, Bauten der Arbeit und des Verkehrs, in: Die Blauen Bücher, Neue Ausgabe Königstein u. Leipzig 1929, Neuausgabe in einem Band Königstein 1975, Abb. 14.

50b 1924–25, 1929 Mülheim

Objekt: Laufwasserkraftwerk Kahlenberg mit Rückpumpwerk Kahlenberg
Standort: Alte Schleuse 2
Datierung: 1924–25, Rückpumpwerk 1929

Das zweite Laufwasserkraftwerk in Mülheim an der Ruhr entstand an der Dohne-Insel in der Flucht des alten Schleusenkanals, Fertigstellung 1925. Die technische Ausstattung mit Francisdoppelkammerturbine sowie Kaplanturbine ist ähnlich ausgelegt wie die technische Ausstattung des fast parallel entstandenen Raffelberg-Kraftwerks.

Die Turbinenhalle des Kraftwerks trat an die Stelle der Alten Schleuse von 1846, wurde nach Plänen von Pfeifer und Großmann 1924 begonnen und 1925 fertiggestellt[177]. 1927 erster Probebetrieb. Ab 1929 entstand auch das Rückpumpwerk nach ihren Plänen. Es ist eines von acht Rückpumpwerken der Ruhr, um die Trinkwasserversorgung sicherzustellen. Diese Technikbauten haben neben ihrem technischen einen hohen ästhetischen Reiz.

Das Querbauwerk imponiert durch seine elegante Formgebung. Die Bruchsteinquadern aus Ruhrsandstein bewirken eine lebhafte Oberflächenstruktur des langgestreckten Baukubus. Die ansonsten planen Fassaden erhalten durch

177 Planzeichnung des Kraftwerks siehe Paul J. Cremers, Bd. I (1928), wie zit., Abb. 28, S. 27; s. a. GLA Karlsruhe, Findbuch 69, Z-96: Perspektivische Teilansicht einer Maschinenhalle mit Farbentwurf für die verkachelten Wände, Federzeichn. Aquarell auf Tr. Pap. und eine weitere Federzeichnung (1924), Auf- und Grundrisse für die Kachelverkleidung der Hallenwände (1924, Feder Tr.Pap. 3 Blatt); seit 1990 in der Denkmalliste der Stadt Mülheim an der Ruhr, Altstadt I, Nr. 602.

Das Innere des Turbinenhauses, früher Entwurf

die Reihung regelmäßig schmaler, gebäudehoher Wandeinschnitte den Eindruck von rhythmischer Pfeilerreihung. Verstärkt wird dieser Eindruck durch die Verkröpfung der Dachtraufe um die Wandeinschnitte, so dass sich ein Profil der Kontur von Pfeilerreihen mit Kapitellen ergibt. In 2/3 ihrer Höhe werden die Außenmauern von einem dünnen, aus dem Mauerwerk heraustretenden Gesims unterteilt. Dieses deutet eine Art Geschosseinteilung an. Hier setzen die niedrigen Oberlichtfenster mit Segmentbögen an. Auf der schmalen Eingangsseite des Gebäudes stellt diese Kante quasi die Kämpferlinie für einen großen, zentralen Fensterbogen über dem kassettierten Eingangstor dar. Das niedrige, kupferne Walmdach besitzt minimal kleine Fledermausgauben (s. Text Abb. 76).

Das Rückpumpwerk ist mit dem Kraftwerk durch einen offenen, dreifachen Bogengang, der die Kassenbergbrücke quert, unmittelbar verbunden. Über einem einfachen kubischen Betonsockel als hohem Fundament erhebt sich das kleine, zweigeschossige Gebäude aus Ruhrsandstein mit gering geneigtem Walmdach. Am Ansatz des Erdgeschosses beginnt die Sandsteinmauereinfassung, die ornamental ausgeführt mit flachen Bögen auf Kragsteinen ruht. Den hochrechteckigen Fenstern des unteren Geschossen entsprechen unterhalb des Daches kleine Lukenfenster.

Im zweigeschossigen Inneren bleiben heute die ungegliederten Wände roh in Quadermauerwerk. Eine flache Kassettendecke mit stark perpektivischer Längenwirkung deckt die Halle. Kapitellartige Konsolen tragen zu dritt jeweils in den Fensterzwischenräumen einen schmalen Laufgang.

Beide Gebäude stehen unter Denkmalschutz[178].

[178] 1988/89 sind die Gebäude renoviert und die technischen Anlagen überholt worden. 1986 eingetragen in die Liste der Baudenkmäler der Stadt Mülheim an der Ruhr, Nr. 602.

50c 1926 Florabrücke

Objekt: Dreigelenkbogenbrücke[179]
Standort: Ruhrkanal – Verbindung Ruhrinselweg/Mendener Straße/Dohne
Auftraggeber: RWW
Entwurf: Pfeifer und Großmann

Am Eingang des Schleusenkanals befand sich ursprünglich eine Zugbrücke. Sie wurde 1926 für den Bau der Florabrücke abgebrochen. Die kleine Brücke aus Stahlbeton bildet nun den Abschluss der Ruhranlagen mit ihren Fußwegen und Schiffsanlegestellen. Ihre lichte Spannweite beträgt 46,46m, die Breite 3,40m, die lichte Höhe über der Wasseroberfläche 5,95m. In das sonst einfache Stahlgeländer ist auf der Brückenmitte das Signet RWW eingefügt. Die Brücke verbindet über den Ruhrkanal hinweg die Ruhrinsel fußläufig mit der südlichen Stadtmitte.

Auf der Innenstadtseite seitlich am Fuß der Brücke errichteten die Gebrüder Krämer, häufig in Aufträge von Pfeifer und Großmann einbezogen, 1927 ein kleines Teehaus mit quadratischem Grundriss und geschwungenem Pyramidendach aus Kupfer.

179 Architekturführer Mülheim an der Ruhr, wie zit. Nr. 58 u. 59; Rolf Knapp: Die Stadt am Ruhrübergang, in: MJB 1972, S. 115–127, hier S. 126.

50d 1927/28 Wasserbahnhof

Objekt:	Wasserbahnhof, Anlegestelle der Mülheimer Weißen Flotte[180]
Standort:	Alte Schleuse 1
Datierung:	8.7.1927 – 1. Bauabschnitt; 1928 – 2. Bauabschnitt; Anfang 30er Jahre – 3. Bauabschnitt, 1992 komplette Wiederherstellung
Architekten:	Pfeifer und Großmann, Mülheim

Im Zusammenhang mit der umfangreichen Neugestaltung und Neuausrichtung der Schleuseninsel entstand an der Stelle der ehemaligen Bau- und Reparaturstation der Ruhr-Aakes (Timmerhelling) der heutige Wasserbahnhof als Umsteigestation für die Passagiere der nun wiederbelebten Passagierschifffahrt auf der Ruhr.

1926 gründete die Stadt zusammen mit der Rheinisch-Westfälischen-Wasserwerksgesellschaft mbH (RWW) die „Mülheimer Ruhrschiffahrtsgesellschaft m.b.H". Oberbürgermeister Lembke veranlasste im Namen der Stadt 1927 den Kauf zweier Schiffe, die „Mülheim" und die „Kettwig", die von da an einen regelmäßigen Personenverkehr zwischen dem Solbad Raffelberg und Kettwig begannen. Es kamen weitere Schiffe hinzu, 1929 auch die „Oberbürgermeister Lembke", deren Inneres von Pfeifer und Großmann gestaltet wurde[181]. Als An-

[180] DBZ 1933; StAM 1500/76/1: Pläne 1–34 Wasserbahnhof (1949–60): StA MH 1510/83/46 Fotosammlung Wasserbahnhof; StA MH 1510/83/42 Schleuse Wasserbahnhof; s. a.: Heinrich Wilms: Ruhrschifffahrt und Ruhrschleusen, in: ZGVM NF 1 (1934), 46 (1952), NF 8, S. 12–22.

[181] Hans Großmann entwarf für dieses Schiff Speisesaal und Rauchsalon. Gaststätteninterieurs sind im gemeinsamen Werk der beiden Architekten häufiger zu finden. Hier war „der Rauchsalon in Zebranoholz verkleidet, die Möbel mit

legestelle am Oberlauf, Kartenverkaufsstelle und auch Café bauten Pfeifer und Großmann ab 1927 in mehreren Bauabschnitten den „Wasserbahnhof" aus.

Er wurde die Umsteigestation zwischen Unterwasser und Oberwasser der Ruhr. Arthur Brocke baute dazu einen tunnelartigen Durchgang[182]. Der ursprüngliche Bau von 1924 war ein rechteckiger Flachbau als Wartehalle, Restaurant und Schifffahrtsbetriebsstätte. Er bestand aus einer anderthalbgeschossigen, unverblendeten Eisenbetonkonstruktion mit unverputzen Pfeilern und Wänden. Zu beiden Seiten flankierten Terrassen mit Treppenaufgängen die Gaststätte.

1927 bekamen Pfeifer und Großmann den Auftrag, den Wasserbahnhof zu vergrößern. Sie bauten an der südlichen Seite einen halbrunden Gebäudeabschluss an und erhöhten den Bau um ein Stockwerk. Er erhielt seine typisch schiffsrumpfähnliche Form mit tief gelegenem Wartebahnhof und darüberliegender Gaststätte. Die Weiße Flotte beförderte auf dieser Strecke zunehmend mehr Einheimische und Touristen. Ein Obergeschoss mit 150 Sitzen für Gastronomie entstand. Als Dachkonstruktion wurde eine innen offene Eisenplatte mit einem zeltartigen Spitzdach überwölbt[183]. 1928 bekamen Pfeifer und Großmann den Auftrag für eine weitere Aufstockung, bei der die gewohnte spitze Dachform erhalten blieb[184].

Der Umbau eines mittelalterlichen Befestigungsturms in Köln am Rhein zur Gaststätte „Bastei" 1923/1924 durch Wilhelm Riphahn[185] könnte Anregung für die Gestalt des Wasserbahnhofs geliefert haben. Die runde Schiffsbugform ist im «Neuen Bauen» der 20er Jahre auch in den Wohnungsbau gelangt[186].

Der Krieg unterbrach den Ausflugbetrieb. In den unmittelbaren Nachkriegsjahren war der Wasserbahnhof kurzzeitig als Offizierskasino der englischen Besatzung beschlagnahmt. Der Schiffsverkehr konnte ab 1947 zwar wieder

blauem Rips bezogen, die Metallarmaturen vergoldet. In Lindenblütenschleiflack mit Zebranoleisten glänzte der kleine Speisesaal. „Der graue Teppich kontrastiert entzückend zur Farbe des Lacks und dem Rot der Lederbezüge", so zeitgenössisch Paul Joseph Cremers, wie zitiert Bd. II, S. XII mit 2 Abb.; Die Form. Zs für gestaltende Arbeit 4. Jg. H. 5 (1929), Abb. S. 129; ausführlich siehe: Frank Jochims: Der Wasserbahnhof auf der Schleuseninsel in Mülheim an der Ruhr (=Zeugen der Stadtgeschichte), Hg. Geschichtsverein Mülheim a. d. Ruhr, 1. Aufl. Essen 2008, S. 262–268, S. 264. S. a. DBZ 67 (1933), S. 803–05; Fritz Bauer: Wasserbahnhof Mülheim-Ruhr, in: DBZ Jg. 65 (1931), S. 489–96.

182 S. dazu Barbara Kaufhold: Der Wasserbahnhof in Mülheim an der Ruhr, in: MJB 2008, S. 19–31, hier S. 20.

183 Frank Jochims, wie zit., S. 265.

184 Anfang der 30er Jahre folgte ein dritter Bauabschnitt mit südlicher Erweiterung und Aufstockung. StA MH 1200/2302; Kartei: Untere Denkmalbehörde; Cremers, Paul Joseph, in: Neue Werkkunst II, op. cit., Abb. o. S.; Friedhelm Winnesheit, in: Ill. Stadtspiegel Jg. 18 (1984), Heft 2, S. 24–25; Krapp, Franz-Rolf, in: ebd. 19 (1985), H. 4, op. cit., S. 16–19. Schon früh erhielt der Wasserbahnhof reichlich Spitznamen: Zuckerhut, Ruhrbastei, Inselhotel mit und ohne Betten, Kleine Stadthalle, Café Altes Schlachthaus, s. MZ u. Gen. AZ v. 18.12.1927, aus StA MH 1200/2302.

185 Wilhelm Riphahn setzte 1924 auf den runden Turmstumpf eine freie Kragenkonstruktion, so dass die Wand ihre tragende Funktion verlor. Sie ist hier vollrund verglast. Ein flaches, gezacktes Dach wird mit einer Spitzhaube gekrönt. Siehe: Richard Klapheck: Neue Baukunst in den Rheinlanden, B. II, Düsseldorf 1928, Abb. 186, s. a.: StA MH 1500/76/1 u. ebd. Fotosmgl. 1510/83.42/1 u. 83.46.

186 Müller-Wulckow, Walter: op. cit. Bd. III: Bauten der Gemeinschaft, S. 58; s. a. Zukowsky, John (Hrsg.): Architektur in Deutschland 1919–1939, München 1994, S. 75, 58; Beispiele auch: Ernst May, dem Leiter des Frankfurter Stadtbauamtes von 1925–1930, ebenso bei Hans Großmann: Villa Prof. Arnsperger in Karlsruhe, Abb. bei Paul-Joseph Cremers, in: Neue Werkkunst, op. cit., Bd. II, o. S.; in der Denkmalliste der Stadt Mülheim an der Ruhr.

aufgenommen werden, allerdings ohne Ausflugslokal. 1950 stand der Wasserbahnhof wieder gänzlich dem Schiffs- und Ausflugsbetrieb zur Verfügung. 1958 war wegen der zwischenzeitlich vernachlässigten Bausubstanz eine aufwändige Innensanierung notwendig. Ende der 60er Jahre wollte man ihn sogar zugunsten eines Hotelbaues abreißen[187]. Auch in den folgenden Jahrzehnten erlebte das Gebäude verschiedene Krisen wegen seiner schlechten Bausubstanz. Erst 1992 erstand er in neuem Glanz.

50e 1926 Restauration am Kahlenberg (Jugendherberge)

Auftrag: Ausbau des Restaurants[188], Anlage eines Musikpavillons

Seit den 1880er Jahren richtete der von der Stadt geförderte Mülheimer Verschönerungsverein sein Augenmerk auf die Umgestaltung der darniederliegenden Ruhranlagen. Nachdem er 1890 unterhalb des Kahlenbergs ein Restaurant errichtet hatte, erfreute sich dieses so großen Zuspruchs als Ausflugsziel, dass das Büro Pfeifer und Großmann 1926 den Auftrag zur Erweiterung des Restaurationsbetriebes erhielt, u.a. durch den Bau eines Musikpavillons.[189] Es zeigt sich heute ein mehrgeschossiges Backsteingebäude auf einer hohen Sockelbasis.

187 StA MH Zeitungsausschnittsammlung WAZ v. 30. u. 31.12 1969 (Hotelgebäude), v. 4.7.1975 (Brand); Dirichs in: DBH 1929.

188 StA MH 1516/57.07/ 1 u. 2; s. a. Architekturführer, Mülheim a. d. Ruhr 1992. Nr. 62.

189 StA MH 1500/189/24: Pläne für einen Musikpavillon, April 1926, unterschrieben von Robert Schmidt (kaufmännischer Leiter des Mülheimer Büros).

51 1928/29 Mülheim

Objekt:	Hauptverwaltung der Rheinisch-Westfälischen Wasserwerksgesellschaft m.b.H (RWW)
Standort:	Am Schloss Broich 1–3
Bauherr:	Rheinisch-Westfälische Wasserwerksgesellschaft m.b.H.
Aufgabe:	1928/29 Umbau der alten Broicher Papiermühle und neuer Kopfbau. 1990–92 innen und außen umfassend „modernisiert", durch Architekten Hofstadt & Schneider, Düsseldorf.

Im Rahmen der Ruhrauen-Gestaltung ließ die Rheinisch-Westfälische Wasserwerksgesellschaft 1928/29 am Rande der Schleuseninsel gegenüber der Stadthalle an Stelle der ehemaligen, wenig sehenswerten Broicher Papiermühle eine moderne Hauptverwaltungszentrale errichten[190]. Der Auftrag lautete, die bisher vorhandene alte Broicher Papiermühle umzubauen. Nach Abriss zweier historistischer Wohnhäuser aus den 1890er Jahren entwickelte das Büro Pfeifer und Großmann 1928/29 am Brückenkopf der Ruhr den Neubau des neuen Hauptverwaltungsgebäudes der RWW[191]. Später bezogen die Architekten hier sogar selbst Büroräume[192].

Ein sehr früher Entwurf von Pfeifer und Großmann zeigte am Fuß der Schloßbrücke eine Arkadenhalle mit überdimensioniert hohen Säulen im Verhältnis zur Gebäudehöhe. Ein umlaufender Girlandenfries füllte als Kranzgesims den Raum unterhalb der Dachtraufe. Die Gestaltung erinnert an den historistischen Rundbogenstil des 19. Jahrhunderts Münchener Prägung. Auch die umgestaltete Papiermühle längs der Ruhr sollte darin mit Lisenen zwischen den Fensterachsen klassizistisch verkleidet werden[193]. Der Viertelkreisplatz vor den Arkaden wurde von einem denkmalartigen Arrangement aus Obelisk und weiblicher Statue gefüllt. Die Dachspitze krönte eine spielerische Vasenplastik. Dieser sehr frühe Entwurf ist nicht

[190] Die Rheinisch-Westfälische Wasserwerksgesellschaft m.b.H. ging aus der Vereinigung des Oberhausener u. des Thyssen'schen Wasserwerks mit dem kommunalen Wasserwerk der Stadt Mülheim 1912 hervor, s. dazu auch: Christian Eiden: Von der Brunnengemeinschaft zur Wasserindustrie, in: ZGMH 68 (1996), S. 150–211, S. 197–199; s. a.: Architekturführer Mülheim an der Ruhr, Mülheim an der Ruhr 1992, Nr. 10.

[191] Dazu: 75 Jahre Wasserversorgung 1912–1987, Hrsg. Rheinische Wasserwerksgesellschaft, Mülheim 1987, S. 31; Fassadenaufriss und Bauerlaubnisschein aus Archiv RWW durch freundliche Unterstützung von Frau Bethge und Herrn Macat; Abb. der Situation vor dem Umbau s. Christian Eiden: Von der Brunnengemeinschaft zur Wasserindustrie, in: ZGVM, Heft 68 (1996), S. 150–211, Abb. 4, 7.

[192] Pläne im Archiv des RWW.

[193] Abb. bei Paul J. Cremers, wie zit., Bd. I (1928), Abb. 27, S. 27.

zur Ausführung gekommen. Das dann tatsächlich realisierte Gebäude folgt dem versachlichten Bauen am Ende der 1920er und Beginn der 1930er Jahre.

Es setzt sich aus zwei Gebäudeteilen zusammen, dem langen, neuen Verwaltungstrakt, der aus dem Umbau der alten Broicher Papiermühle hervorging. Diese wurde zum langgestreckten, eher schlichten Bürogebäude verändert, dessen Basis die schon vorhandenen, im Wasser stehenden, flachbogigen Stützen bilden. Daran schließt sich in stumpfem Winkel ein in Richtung Schloßbrücke abknickender Bauteil an, der im Inneren Ausstellungshalle und rundes Vestibül enthält. Den unscheinbaren Eingang gegenüber der Stadthalle schmückt ein Relief oberhalb eines schmalen Balkons. Es weist thematisch auf die Bedeutung des Wassers für den Menschen, ganz im Sinne des Auftraggebers. Die Fassade des langen Verwaltungstraktes besteht aus Tuffstein.

Zur Stadtseite hin ist als Annex an diesen Kopfbau eine schmale Halle mit einem Portikus eines offenen Arkadengangs ohne Verbindung zum Verwaltungsgebäude angebaut. Er öffnet sich mit schlanken, fast gebäudehohen Pfeilern, die nahtlos in einen rundbogigen Abschluss übergehen Der kleine Viertelkreisplatz vor den Arkaden auf der Brückenrampe ist geblieben[194]. Das edlere Material der Fassade ist hier Muschelkalk wie bei der Stadthalle.

In einer für Pfeifer und Großmann charakteristischen Weise korrespondiert das Brückenkopfgebäude mit dem Arkadenvorbau der Stadthalle, wodurch sich von der Altstadtseite aus wie angestrebt der Eindruck eines propyläenartigen Stadteingangs auf Broicher Seite ergibt. Diese städtebauliche Idee verrät ihre Herkunft von Vorbildern, wie Großmann sie ideal bei seinen Reisen in Italien und an Bauten Münchens studieren konnte.

Ein dritter Bauteil wurde im Rahmen der umfassenden inneren und äußeren Modernisierung erst 1990–92 durch den Ausbau eines ehemaligen Wohngebäudes in den Gesamtkomplex des RWW-Verwaltungsgebäudes eingegliedert.

52 1927 Mülheim an der Ruhr

Objekt Wohnhaus[195]
Standort: Am Uhlenhorst
Bauherr: Buhr (?)
Datierung: um 1927
Architekt: Fa. Pfeifer und Großmann

Fotografien zeigen einen blockartigen Villenkubus, vergleichbar mit Haus Möhlenbeck (Kat. Nr. 23). Das sehr hohe Mansardgeschoss des Daches besitzt drei Dachgauben. Dem Haus vorgelagert ist ein breiter, geschlossener Vorbau als Entrée, zu dem eine Treppe mit seitlichen Postamenten führt. Hohe, schlanke

194 WMB 1929, S. 543–545, 9 Abbildungen und StA MH 1510/90.00/023.
195 Cremers, Bd. I, wie zit., Abb. S. 41; s. a. StA MH 1510/90.00/06.

Kandelaber erheben sich auf den Postamenten. Zu beiden Seiten des Vorbaus befindet sich jeweils ein schmales, mit Rundbögen abschließendes Fensterpaar. Im ersten Geschoss nehmen drei hochrechteckige Fenster über dem Balkon dicht nebeneinander die Breite des Vorbaus auf.

Ein Entwurf von 1927 entspricht dem realisierten Gebäude weitgehend bis auf die Dachgauben, die nur vereinfacht ausgeführt wurden. Im Entwurf waren hier Wellengiebel und Fensterläden vorgesehen[196].

53 1926–1928 Mülheim

Objekt:	Parksiedlung Luisental. Großkomplex: Wohnanlage, Hotel und Behördenbauten[197]
Auftraggeber:	Stadt Mülheim
Standort:	Innenstadt Ruhrufer
Datierung:	1927/28
Architekten:	Pfeifer und Großmann

Unmittelbar am Schleusenkanal gelegen, der in seiner jetzigen Gestalt erst zwischen 1925 und 1928 neu und breiter ausgehoben wurde. Im Zusammenhang mit städtischen Planungen einer Ruhrbebauung steht diese viergeschossige Wohnanlage. Von dem Plan einer Dreiflügelkombination eines städtischen Finanzamtes, eines Stadthotels und eines Wohnblocks mit symmetrisch zu beiden Seiten vorgelagerten Hochbauten wurde nur der Wohnblock realisiert. Über die erste Baustufe 1928 ist dieses Vorhaben nicht hinausgekommen. Die Wohnanlage wurde in der Presse 1927, noch in der Bauphase, als modernste Wohnanlage

196 StA MH 1500/267/4 u. 8.

197 StA MH 1510/90.00/03,017,018: Grundrissplan, Fassadenentwürfe; s. a.: Arthur Brocke, Neues Bauen, wie zit. Abb. 21: Fassadenentwurf.

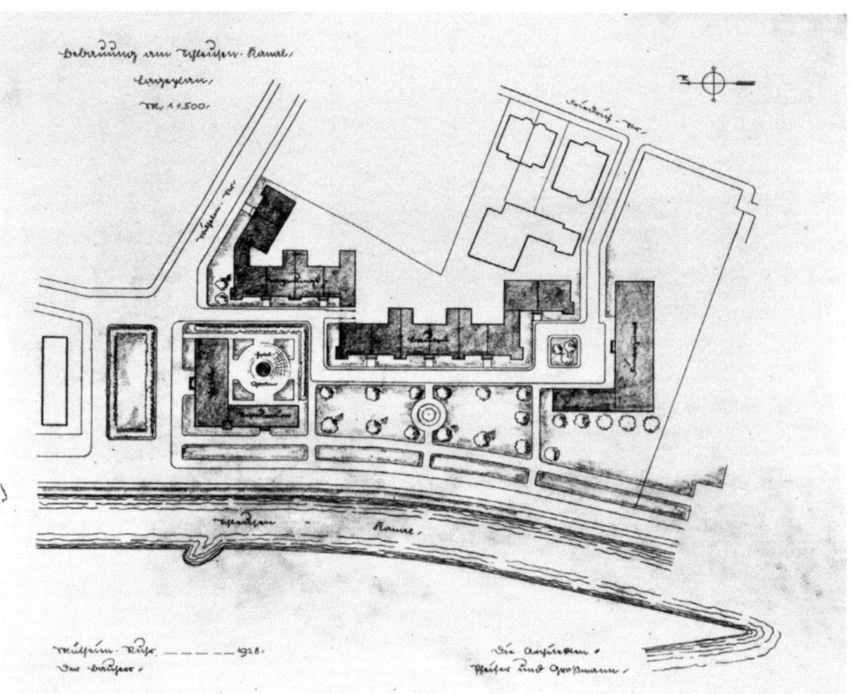

Mülheims beschrieben, ausgestattet mit Zentralwaschanlagen, gemeinschaftlichem großen Gartenhof und Garagen. Auch ohne die Nebenbauten stellte die Parksiedlung „Luisental" [198] ein beeindruckendes Projekt dar. Die Dreiflügelanlage mit zurückversetzten Seitenflügeln passte trotz ihrer Größe gut in die baumbestandene Uferlandschaft[199].

198 Bewertungen bei: Cremers II (1930). S. X, m. Abb.; s. StA MH 1200/2302, dort auch Fotos des Gipsmodells; s. a. WMB 1930, Heft 14, S. 485 mit 3 Abbildungen, einem Foto, einem Gipsmodell und einem Grundriss; s. a. Krapp, Franz-Rolf: Ill. Stadtspiegel 1988, Heft 4; Architekturführer Mülheim an der Ruhr 1992, wie zit., Nr. 14.

199 StA MH 1500/198: Fotosammlung: Polizeipräsidium, früher Wohnhaus d. Siedl. Luisental (Kellergeschoss) o. D.; ebd.: Postkartensmgl. 1516/15.85 m. zahlreichen Ansichten m. Schleuse u. Wasserbahnhof.

Der Gesamtkomplex ist nicht symmetrisch angelegt. Längs des Schleusenkanals erstreckt sich die breite, zentrale Gebäudeflucht der mehrflügeligen Anlage[200]. Ursprünglich waren 56 Wohneinheiten, zum Teil sieben-achträumig geplant. Seitlich der langen Hauptfassade schließen sich rückversetzt zu beiden Seiten kleinere Seitentrakte an. Dadurch bildet sich an der Hinterseite ein weiter Hof. Die Gebäudeanordnung der Seitenflügel unterscheidet sich erheblich. Der nördliche Flügel hat die doppelte Größe des südlichen und wird an seiner Außenseite mit einem kurvig ansetzenden weiteren Flügel fortgesetzt. Das Flachdach besitzt einen niedrigen, zurückversetzten Speicheraufbau. Die Gliederung der Gebäude wird durch farbige Akzente erreicht. Ein kleiner Kontrast zu den geraden Winkeln aller Bauelemente sind die halbrunden glasierten Backstein-Eingangsnischen, die von einem dunklen Kragstein überfangen werden. Voluminöse 3-geschossige Erker, die die Hauskanten überspielen, bilden auf der Rasterfassade einen Kontrapunkt. Es zeigt sich eine von den Prinzipien des Neuen Bauens geleitete Architektur.

54 1927 Mülheim

Objekt:	Siedlung Muhrenkamp[201] Blockrandbebauung
Standort:	Muhrenkamp 104–108/Adolfstr. 61, 65–69/Eduardstr 1–5/Kämpchenstr. 8, 18–24
Bauherr:	Gemeinnütziger Bauverein AG, Essen
Datierung:	1927
Architekten:	Pfeifer und Großmann

Die Siedlung Muhrenkamp ist eine große, im Stadtbild noch präsente Wohnanlage. Einige Häuser in der Eduardstraße 9–13 wurden nach Kriegszerstörung 1950 wiederaufgebaut.

Als weites Häusercarrée umschließt das gut erhaltene, denkmalgeschützte Gesamtensemble in geschlossener Blockrandbebauung eine großzügige, vom Muhrenkamp aus erreichbare Gartenanlage. Insgesamt 174 Wohneinheiten umfasste die Stadtsiedlung. Die in ihrer Fassadengestaltung einheitlichen Straßenfronten der Häuser sind, dem Niveauunterschied der Straßen angepasst, dezent angemessen höhengestaffelt. Die straßenmittleren Gebäude an Muhrenkamp und Eduardstraße besitzen jeweils zwei Treppenhäuser. Sie werden seitlich von schmäleren Eintreppenhaus-Bauten flankiert, deren Fassaden aus der Flucht

200 StA MH Fotosammlung 1510/90.00/ 03.

201 Baudenkmal: s. Liste der Baudenkmäler Mülheim an der Ruhr, Altstadt I seit 1986, Nr. 39; Abb.: StA MH Konvolut 1510/90.00/011: Eingang Innenhof an der Adolfstraße u. 1510/90–00/031.

des Mittelhauses hervorragen. Am Muhrenkamp sind dies jeweils eines, an der Eduardstraße beidseitig je zwei seitliche Bauten. An Kämpchen- und Adolfstraße unterbrechen ältere Gründerzeitbauten den Rhythmus der Gebäudefluchten.

Es handelt sich um viergeschossige Putzbauten mit Flachdächern. Das für die 20er Jahre nicht untypische, fensterlos geschlossene Mezzanin unter der Dachtraufe scheint die Bauten nach unten zu drücken. Kräftige Mauerrahmungen betonen die zentralen Eingänge zu den Treppenhäusern. Darüber erheben sich bis zur Höhe der oberen Geschossfenster schmale, senkrechte Fensterbänder mit kräftigem Gewände (s. Text Abb. 72). Zeittypische geometrische Gitterformen füllen diese zentralen Fensterbänder. Mit den starken Sohlbänken geben die übrigen Fenster der Fassade zusätzliche Akzente. Sie zeigen sich in einem Rhythmus kleiner, lukenartiger Fensteröffnungen neben größeren, quadratischen Sprossenfenstern an den Hausaußenseiten. Ein seltener Nesterputz evoziert den Eindruck von kraftvollem Mauerwerk. Alle Fenster besitzen starke Sohlbänke.

In ihrer schnörkellosen Sachlichkeit folgt die Architektur mit ihrer sparsam eingesetzten Ornamentik der Charakteristik des sog. Neuen Bauens[202].

55 1927/28 Karlsruhe Weststadt

Objekt:	Villa mit Vorgarten
Standort:	Hagenstraße 5[203]
Bauherr:	Dr. Ferdinand Ruh
Heute:	Ev. Pfarramt der Lukaspfarrei

Zweistöckiges Stadtpalais als dreiflügelige Villa im neoklassizistischen Stil mit umfriedetem Vorgarten und großer Gartenanlage hinter dem Haus. Hohes Walmdach des Haupthauses, niedriger dagegen die Walmdächer der tiefen Seitenflügel.

Die fast schlossähnliche Dreiflügelanlage mit dem breiten Haupthaus und zweiachsigen, im Dach niedrigeren Seitenflügeln umschließt einen Eingangshof mit zentralem Eingang. Das Portal wird flankiert von Pfeilern, die einen kurzen, darüberliegenden Balkon mit Austritt stützen, den ein zierliches Geländer schmückt. Fabelwesen dekorieren den Pfeilerarchitrav. Die Eingangspartie krönt im Dachbereich ein breiter Dreiecksgiebel. Symmetrisch flankiert wird er von zwei kleinen Spitzgiebelgauben. Alle Fenster besitzen eine stark profilierte Laibung mit kräftiger Sohlbank, im Erdgeschoss sind es durchgehend Rundbogen-Fenster, im oberen Geschoss hochrechteckige Fenster mit geradem Sturz.

202 P. J. Cremers: Peter Behrens, Essen 1928, Abb. S.122: Ähnlichkeit mit Miethausbauten der Gemeinde Wien von Peter Behrens von 1924/25; stilistisch vergleichbar Arthur Brockes Klönnestift von 1929/30, Friedrichstraße 64, Mülheim; s. Franziska Bollerey/Kristina Hartmann: Siedlungen aus dem Reg. Bez. Düsseldorf, 1978, M17, mit Abb.; StA MH 1510/90.00/011 (Eingangssituation).

203 Geschützt nch §2 Denkmalschutzgesetz; Abb. in P. J. Cremers, wie zit., Bd. II (1930), o. S.

An die Rückfront wurden den Seitenflügeln im Erdgeschoss große, runde Erker angesetzt. Sie nehmen die dreigeteilte Struktur der Vorderfont in anderer Form auf.

Spät in den 1920er Jahren wird an diesem Bau dem klassizistischen Erbe Karlsruhes in seltener Klarheit gehuldigt. Auch die Anschauung italienischer Palazzi dürfte hier ihren Niederschlag gefunden haben. Heute ist der Backsteinbau mit seinen Steinlagen weiß verputzt.

56 1927/28 Karlsruhe

Standort: Karlsruhe-Grötzingen, Karl-Jäck-Weg 1[204]
Objekt: Friedhofskapelle
Bauherr: Stadt Karlsruhe

1924 wurde der heutige Friedhof in Grötzingen in der Augustenburgerstraße 104, heute Karl-Jäck-Weg 1, eröffnet. In der Verlängerung der breiten Auffahrt steht die Friedhofskapelle. Sie wurde 1927/1928 nach Plänen von Pfeifer und Großmann errichtet.

Im vorderen Teil erblickt man einen oktogonaler Bau über einer Bruchsteinbasis mit zwei seitlichen runden apsidengleichen Kapellen neben dem zentralen Eingang. Eine Art Laterne überragt als Glockengehäuse das oktogonale Zeltdach. Das Oktogon zeigt unterhalb der Dachtraufe ringsum Oculi-Fenster. Ein kleiner, flacher Portikus, dessen kräftige Quaderpfeiler in Rundbögen auslaufen, umgibt das in strahlendem Blau gehaltene Eingangsportal. Auf dem Sturzbogen erscheinen vorne und seitlich jeweils weibliche Figuren. Eine goldene Inschrift ist über dem Portal in den Stein gemeißelt (Christus spricht ich lebe – und ihr sollt auch leben).

204 Geschützt nach § 2 Denkmalschutzgesetz.

Auf der Hinterseite ist dem Oktogon ein breites Querschiff mit hohem Walmdach angesetzt, dort befindet sich der Altarraum. In seinem Zentrum überragt ein schmaler, giebelbekrönter Chorbau die breiten Querflügel. An der Fassade des Querschiffes wechseln unregelmäßig kleine rundbogige Fenster, der Chorbau selbst zeigt in enger Dreiergruppierung schlanke Hochfenster.

Auffallend ist die Farbgebung der Fassaden. Der ziegelrote Verputz wird an den Gebäudekanten, an der Gebäudebasis sowie unterhalb der kräftigen Dachtraufe von weißen Kanten abgegrenzt. Im Inneren werden lichtes Hellblau und dezentes Grau, getrennt durch breite Gold-Blau-Streifen, kombiniert[205]. 1992/1993 wurde das Bauwerk in seiner ursprünglichen Farbigkeit restauriert.

Die Friedhofskapelle verbindet zeitgenössisch expressive Formen mit Elementen des Jugendstils sowie Vorbildern spätantiker Zentral-/ Mausoleumsbauten.

57 1927/28 Mülheim

Objekt: Israelitische Friedhofskapelle
Standort: Jüd. Friedhof An der Gracht
Bauherr: Jüdische Gemeinde

Der Mülheimer Friedhof An der Gracht soll als jüdischer Begräbnisplatz schon zwischen 1730 und 1740 in Gebrauch gewesen sein. Jeweils 1779, 1879 und 1920

205 Datenbank der Karlsruher Kulturdenkmale.

wurde er erweitert[206]. Nach dieser letzten Vergrößerung entstand 1927/28 die heute noch vorhandene Totenhalle.

Pfeifer und Großmann entwarfen ein Backsteingebäude mit Bruchsteinsockel. Über seinem einstöckigen, quadratischen Grundriss erhebt sich in verringertem Grundmaß ein niedriges, fensterloses Oktogon mit flach geneigtem Zeltdach. An der Rückfront erweitert ein Vorbau mit Satteldach und Giebel den Grundriss. Er endet in Höhe der Dachtraufe des Untergeschosses.

Die kräftigen Dachtraufen formen sich an den Seitenfronten mittig zu Giebelandeutungen aus. Durch den Wechsel von quadratischem Grundriss im Erdgeschoss und des Oktogons darüber ergibt sich der Gesamteindruck einer Vieleckigkeit, die an die Symbolik des Davidsterns erinnert. Schlanke, hohe Fenster in Dreiergruppierung befinden sich an den Fassadenseiten, das Eingangsportal besitzt eine sparsame Ornamentierung in Kassettenelementen[207]. Das Gebäude gehört in seinem Zick-Zackstil zu Beispielen expressionistischen Bauens.

206 Dazu: Geschichtsverein Mülheim an der Ruhr (Hrsg.): Denkschrift zur Hundertjahrfeier der Stadt Mülheim an der Ruhr, 1908, Nachdruck Mülheim an der Ruhr 1983, S. 185–186; Hans Weber: Bestattungsstätten Mülheims in Geschichte und Gegenwart, in: 900 Jahre Mülheim an der Ruhr 1093–1993, hrsg. v. ZGVM, Mülheim an der Ruhr 1993, S. 529–530.

207 Bauwarte 4. Jg. (1928), Abb., S. 364; s. a. StA MH, Fotosammlung 1510/90.00/29: 1510/ 1510/15.33/11–13.

58 Vor 1928 Gelsenkirchen-Buer

Objekt: Geschäftshaus
Lage: Hochstraße 17
Bauherr: Duncker-Meese[208]

Über einem hohen Sandsteinsockel, der die gesamte Schaufensterzone ummantelt, erhebt sich der dreigeschossige Backsteinbau. Er ist achtachsig auf der breiten und vierachsig auf der Schmalseite.

Eine dichte Reihe Dachgauben zeigen sich über breiter, abgetreppter Dachtraufe. Die insgesamt glatte Backsteinfassade erhält an ihrer Hausecke durch einen quer einschneidenden Mauerriegel, der über das Dach hinausragt, einen Akzent. Große Buchstaben mit dem Schriftzug „Uhren" sind senkrecht als Werbungslettern auf der Vorderseite des Mauerriegels angebracht, auf der Gegenseite hängen dicht übereinander zwölf Glocken. Der Mauerriegel ruht auf zwei kräftigen Konsolfiguren, die übereinander lagernd einen Uhrzeiger zu halten scheinen.

Auf der Spitze des Mauervorsprungs erkennt man das Großmann'sche Motiv einer Zierstange mit Kugel (siehe Entwurfzeichnung Kat. Nr. E6).

59 Vor 1928 Mülheim

Objekt: Druckereigebäude Selb und Wohnung[209]
Lage: Am Schloß Broich 31
Eigentümer: Arthur Selb

Ein mit Nr. 58 vergleichbarer kräftiger, hoher Sandsteinsockel umgibt das Sockelgeschoss der Druckerei Selb. Auch hier handelt es sich um einen Backsteinbau. Der Eingang befindet sich mittig zwischen seitlichen Schaufenstern und jeweils einem weiteren schmalen Eingang und einer Garageneinfahrt. Der Sandsteinsockel endet im ersten Geschoss mit einer Art Krag- oder Konsolgesims gleichen Materials. Darüber erstreckt

208 Gelsenkirchener Geschichten (digit), Foto S. 19; eigene Fotos von Dr. Lutz Heidemann, Gelsenkirchen, dankenswerterweise erhalten.

209 Bauwarte, 4. Jg. (1928), S. 357 und Abb. S. 363 u. 364; denkmalgeschützt.

sich eine sechsachsige dreigeschossige Backsteinfassade mit hohen Geschossebenen. Oberhalb der drei Geschosse verschmälert sich die Fassade auf vier Achsen, es bilden sich seitliche Austritte mit Metallgeländer, deren Ecken durch Metallzierrat betont werden. Unterhalb des Daches befinden sich vier hochkantige, rautenförmige Fensterluken. In deren Mitte zeigte sich ursprünglich eine geflügelte Figur (Merkur?).

Dem Gebäude fehlen heute die Sprossenfenster und die Figur unterhalb des Dachansatzes.

60 1928 Mülheim

Objekt: Solbad Raffelberg Eingangspavillon[210]
Standort: Akazienallee 61–69
Auftraggeber: Aktiengesellschaft Solbad Raffelberg

Mülheims Stadtbaumeister Karl Helbing erbaute 1908/09 das Solbad Raffelberg mit Badehaus und Kuppelhalle, Kurhaus mit Hotelbetrieb und verschiedenen Bäderabteilungen. Es war in einen großen Park eingebettet, der sich an den bewaldeten Höhenzug „Monning" und die Duisburger Kaiserberganlagen anschließt. Bodenbeschaffenheit und tiefer Grundwasserstand boten die Vorbedingungen für den Badebetrieb. Die Sole konnte aus einer Tiefe von 200–500m und einer Temperatur von 25 Grad für verschiedenste Heilanwendungen gewonnen werden. 1911 schon erfolgte eine Erweiterung durch einen Saalbau mit 800 Plätzen[211].

Nach dem Vorbild klassischer Badeanlagen gehörte zu einem Kurbad auch ein entsprechender Kurpark, den der Düsseldorfer Gartenarchitekt, Freiherr von Engelhardt, nach Art englischer Landschaftsparks gestaltete. Im Zusammenhang mit einer Erweiterung dieses Parks schufen Pfeifer und Großmann

210 StA MH Pläne 1500/3/239–240: Erweiterung 1925–27, Umbau nach Kriegsschäden 1946; StA MH Fotosmgl. 1510/7120; s. a. Konvolut StA MH 1500/90.00/ 026.

211 O. Dresemann, in: Deutschland. Zs. F. Heimatkunde u. Heimatliebe, Nr. 22, VII. Jg. (2.11.1916), S. 689; ausführlich zum Solbad Raffelberg: Erich Bocklenberg: Das Solbad Raffelberg, in: Zeugen der Stadtgeschichte. Bodendenkmäler und historische Orte in Mülheim an der Ruhr, ZGVM e.V. (Hrsg.), Mülheim an der Ruhr 2008, S. 208–215; s. a.: Cremers: Op. cit., Bd. II, Abb. o. S.

1928 am nördlichen Eingang oberhalb einer geschwungenen Freitreppe den neuen Eingangspavillon.

Er wurde als „im Bauhausstil gestalteter Baukörper“[212] beschrieben. Sein Grundriss näherte sich einer Malteser- oder Johanniterkreuzform. Um einen runden Gebäudekern gruppierten sich an vier Seiten rechteckige Vorbauten, die im Dachbereich in Terrassen endeten. Den runden Innenkern krönte auf dem flachen Terrassendach eine kleine, polygonale Glaskuppel mit breit vorkragendem Dach. Jeweils drei schmale, hohe Fenster sorgten an den Vorbauten für Lichteinfall. Der schlichte hohe Eingang war seitlich begleitet von ebenso hohen, sehr schmalen Fensterschlitzen, so dass die stehengebliebenen Wandstücke fast wie glatte Pfeiler wirken konnten. Über dem Engang befand sich der Schriftzug Solbad Raffelberg.

Der Eingangspavillon ist das Beispiel eines Backsteinbaues im Zackenstil, wie man ihn im Expressionismus und Art déco häufig findet. Der Pavillon existiert nicht mehr, er wurde nach dem Krieg abgerissen[213].

61 1928–1930 Mülheim

Objekt:	Altenhof[214]
Standort:	Kaiserstraße 2–8
Bauherr:	Evangelische Altstadtgemeinde
Wettbewerb:	1927, 15 Wettbewerbseingänge, im zweiten Durchgang beschränkter Konkurrenzwettbewerb unter den drei ersten Preisträgern, darunter Theodor Suhnel mit einem preisgekrönten Wettbewerbsbeitrag[215].
Bauauftrag:	Pfeifer und Großmann, Bauleitung durch örtliche Architekten und, ausdrücklich gefordert, lokale Handwerker.
Einweihung:	5.1.1930
Nachkrieg:	Zerstörungen 1943, 1949 noch unter Beteiligung Hans Großmanns Wiederaufbau. Ab 1985–87 Komplettsanierung und Wiedereröffnung.

Städtebaulich anspruchsvoll war der Plan der Evangelischen Altstadtgemeinde zum Bau eines neuen evangelischen Gemeindehauses, des „Altenhof“, in mehrfacher Hinsicht. Einmal wegen der geschichtsträchtigen Bedeutung des

212 Erich Bocklenberg, wie zit., S. 213.

213 Planunterlagen 1927 in: StAM 1500/3/239–240; Josef Paul Cremers, Bd. II, wie zit., Abb. ohne Seitenzahl; kleine Abb. auch in: Neues Bauen in Mülheim-Ruhr, hrsg. von Beig. Brocke (Neue Stadtbaukunst), Berlin-Leipzig-Wien 1929, S. 26; in einem Gespräch mit der Autorin äußerte der Stiefsohn Hans Großmanns, Gerd Großmann-Hensel (+) 1996, der Pavillon sei nach dem Krieg abgerissen worden, weil er wegen seines Grundrisses an ein Eisernes Kreuz erinnert habe, eine Assoziation, die man nach dem II. Weltkrieg nicht verdenken kann; Entwurfzeichnung StA MH Pläne 1500/3/239.

214 Denkmalgeschützt, Liste der Baudenkmäler, Nr. 1.

215 Zum Wettbewerb: Theodor Suhnel, preisgekrönter Wettbewerbsbeitrag, in: Neue Werkkunst, Berlin-Leipzig-Wien 1929, m. e. Vorwort von Wilhelm Kästner, 2 Abb.: Zeichnung u. Modell, S. 45; s. a.: Krumm, Uwe: Architektur der 20er Jahre. Der Altenhof, in: MJb 1988, S. 167–171; s. a. Nachrichtendienst der „Westdeutschen Bauschau“, Jg. 1 (1927), Nr. 25, S. 2: Vorgaben: der Gemeindesaal sollte 1200 Personen fassen, zwei weitere Säle 80–100 Personen.

Bauplatzes. Der Name erinnert an den untergegangenen ehemaligen Altenhof, den Wirtschaftshof der Herren von Mülheim auf dem Kirchenhügel[216], der Keimzelle Mülheims. Zum Zweiten war das zum Kaiserplatz abfallende Terrain und eine leicht kurvige Straßenführung der Kaiserstraße eine Herausforderung. Das Grundstück wurde zusätzlich beengt durch die Abtretung eines 5 m breiten Streifens für den Bau der katholischen Marienkirche des Architekten Emil Fahrenkamp[217]. Die Altstadtgemeinde hatte das hügelige Gelände 1927 mit zwei Fachwerkhäusern für ca. 150 000 M gekauft. Wenig später wurde ein Modellwettbewerb ausgeschrieben, zu dem 15 Modelle eingingen.

Der Entwurf von Hans Großmann im 1. Wettbewerbsdurchgang[218] zeigte eine dreiflügelige Anlage. Großmann sah einen breiten Saalbau mit Flachdächern vor, der als quer gelagerter Block die seitlichen, aus der Fluchtlinie hervortretende Gebäudetrakte deutlich überragte und sie auf diese Weise verklammerte. Schmale hohe Fensterschlitze auf der glatten Fassade kontrastierten mit einem vorgelagerten unteren Gebäudedrittel, dessen Fensteröffnungen eine waagerecht niedrige Fensterreihe vorsah. Eine Treppenanlage führte zu dem zentralen Bau hinauf. Der Entwurf macht auf einen Blick klar, dass hier Bauten unterschiedlicher Funktionen zusammengefügt sind. Die wesentlich niedrigeren Seitenflügel sollten Wohnungen und Geschäfte beherbergen, die in einer Ladenzeile hinter großflächigen Schaufenstern angesiedelt werden sollten. Dem linken Seitenflügel war als markantes Charakteristikum im Straßenniveau ein höherer Eckturm in quadratischem Grundriß vorangestellt. Er bildete im Sockel einen Pfeilerdurchgang. Zwei niedrige, horizontale Fensterbänder waren dem Turm in den Obergeschossen hineingeschnitten. Stark profilierte Fensterbänke und -gesimse betonten die Breite des Turms. Ansonsten bildeten die in allen Geschossen kleinen Sprossenfenster ein regelmäßiges Fassadenraster über einer Schaufensterzone.

Nach der eingeschränkten Konkurrenz unter drei Favoriten übertrug die Altstadtgemeinde Pfeifer und Großmann für einen revidierten Entwurf den Bauauftrag. Nach einjähriger Bauzeit von 1928 bis Ende 1929 konnte die Einweihung des Gemeindezentrums am 5.1.1930[219] gefeiert werden.

Die realisierte Gesamtanlage beschreibt einen vom ersten Entwurf stark abweichenden Grundriss, bei dem der Saalbau und ein langer Gebäudeschenkel

216 Günther Schreiber: Der Altenhof auf dem Kirchenhügel. Vom Fronhof zum Saalbau, in: MJb 1958, S. 152–157.

217 Zs. DBH 1930, S. 329–331, dort auch Grundriss, Lageplan und Fotos; s. a. Paul J. Cremers: Ev. Gemeindehaus „Altenhof" in Mülheim-Ruhr, in: DBZ Nr. 51 (Juni 1930), S. 393–400, m. Grundrissen u. zahlreichen Abbildungen.

218 Paul J. Cremers, wie zit., Bd. I (1928) Abb. 26, S. 26 (Straßenfront der Kaiserstraße); ders. Bd. II, S. VIII; genaue Quellen zum Wettbewerb fehlen; s. a. Arthur Brocke (Hrsg.): Neues Bauen in Mülheim-Ruhr 1929, Abb. S. 20.

219 Erich Bocklenberg, Der Mülheimer Kirchenhügel, in: Zeugen der Stadtgeschichte, Baudenkmäler und historische Orte in Mülheim an der Ruhr, Hrsg., ZGVM, Essen 1908, S. 38–47, bes,.S. 43.

längs der Althofstraße rechtwinkling ineinandergreifen[220]. Das hohe Gemeindehaus bot einen geräumigen Versammlungssaal mit 1170 Plätzen, der mit zwei kleineren Seitensälen bei Bedarf zusammengeschlossen werden konnte. Von der Kaiserstraße aus vermittelte sich zur Zeit der Entstehung der Eindruck einer fast symmetrischen Anlage, aus deren Zentrum das hohe Gemeindehaus tief zurückversetzt herausragte. Durch fünf hohe rundbogige Eingänge gelangt man von der Kaiserstraße aus in ein vorgelagertes Vestibül. Auf alten Abbildungen bildete sich durch die Höhenstaffelung des Saalgebäudes, dem Vestibül mit den hohen Rundbögen und dem niedrigen, quadratischen Turm rechts des Saalbaus der Eindruck eines Kirchengebäudes mit Seitenschiff. Hohe Rundbögen bilden auch die Westfassade der benachbarten St. Marienkirche.

Die flankierenden Nebengebäude an der Straßenflucht haben wegen der Geländesituation unterschiedlich lange Flankenseiten und bilden mit dem Haupthaus den breiten, U-förmigen Eingangshof mit Treppenanlage. Der linke Seitentrakt umgrenzt an der Althofstraße einen kleinen geschlossenen Innenhof, den sog. Ehrenhof. Die beidseitigen Anbauten waren vorgesehen für Büros, Ladenlokale, Praxisräume, Wohnungen sowie eine Gaststätte. Sie öffnen sich im Erdgeschoss in bodentiefen Arkaden mit flachen Segmentbögen. Besonderes Charakteristikum der Fassade ist eine helle Tuffsteinverkleidung mit lebhafter, unregelmäßiger Marmorinkrustation. Die hofseitigen Gebäudefassaden sind lediglich verputzt (s. Text Abb. 87).

Der Altenhof hat in seiner Geschichte als Versammlungsort vielfältige Funktionen erfüllt. Im Zuge des großen Angriffs auf Mülheim wurde er im Juni 1943 zerstört, er brannte aus. Nach notdürftiger Reparatur nutzte man ihn danach als Lazarett und Schlafsaal. Dienststellen der amerikanischen und später britischen Besatzungstruppen waren hier untergebracht. Auf der Empore des Saales lagerten Care-Pakete. An den Nachkriegsreparaturen war Architekt Hans Großmann 1949 beteiligt. Als einziger großer Ort für Veranstaltungen der Stadt – die zerstörte Stadthalle war erst 1957 wieder zu benutzen – diente er nach dem Krieg auch als kulturelles Zentrum Mülheims. So fanden Theateraufführungen, Konzerte und Kinoveranstaltungen statt. Schon zum 1.11.1943, vier Monate nach der

220 Grundrisse s. Paul J. Cremers: Ev. Gemeindehaus „Altenhof" in Mülheim-Ruhr, in: DBZ Nr. 51 (1930), S. 393–400, hier S. 394.

Bombardierung, hatte die evangelische Altstadtgemeinde für 750 RM monatlich drei Säle an die Deutsche Filmtheater GmbH vermietet[221]. Selbst die Stadtverordneten tagten hier nach dem Krieg. Der große Saal konnte ca. 1000 Personen Platz bieten[222].

Seit 1971 dachte der Gesamtverband der evanglischen Kirchengemeinden als Eigentümer über eine Vermietung des „maroden" Altenhofs nach. Die Krise gipfelte 1973 in der realen Möglichkeit eines Abrisses. Seit 1980 stand der große Saal aus technischen Gründen leer. 1985 begann dann die Komplettrestaurierung mit Innenausbau und Fassadensanierung, 1987 konnte der Altenhof wiedereröffnet werden[223].

62 1928 Mülheim

Objekt: Wohnsiedlung
Standort: Werdener Weg[224]
Bauherr: Gemeinnütziger Bauverein AG
Datierung: vor 1928

Die Entwurfzeichnung zeigt dreigeschossige, lange Blockrandbauten mit Flachdächern und bis zur Dachzone vorgelagerten Treppenhausrisaliten, farblich unterschieden. Sie sollen den schmucklosen Gebäudefronten eine Taktung geben. Querrechteckige Sprossenfenster wechseln mit längsrechteckigen Fens-

221 Archiv Vereinte Ev. Kirchengemeinde Mülheim an der Ruhr; s. a. Stadtkurier 1990.

222 RP 1948; NRZ 1953 mit Bericht über Modernisierung; WAZ 1955.

223 StA MH: Zeitungsausschnittsammlung Ruhrnachrichten 1971, WAZ 1973, 1987, Stadtkurier 1990, NRZ 1997.

224 P. J. Cremers, Bd. I, wie zit., S. 42, Abb. 48 (Entwurfzeichnung vor 1928); s. a. StA MH Konvolut 1510/90.00/055 und Fassadenaufrisse 1:200 ebd. 1510/90.00/014.

tern der Treppenhauszone ab. Vorgesehen war ähnlich wie an den Bauten der Karlsruher Straße (Kat. Nr. 69) als Gestaltungsmuster die Kontrastierung waagerechter und senkrechter Elemente.

63 1928 Mülheim

Objekt: Geschäftshaus
Standort: Schloßstraße 16 (Durchbruchstraße)
Bauherr: Haus Höfmann

Haus Höfmann war laut Mülheimer Adressbuch ein Geschäft für Haus- und Küchengeräte bzw. Eisenwarenhandlung an der Schloßstraße 16[225] (s. a. Text Abb. 89).

Das breite, viergeschossige Geschäftshaus folgte dem Straßenverlauf mit einer leicht konkaven Kurvung. Es handelt sich um einen mit Tuffstein verblendeten Eisenbetonbau. Mit kleinen Variationen entspricht der Bau dem zu dieser Zeit von Pfeifer und Großmann entworfenen und gebauten Geschäftshaustypus. Ähnlich dem Aufbau des Hauses Haus Nathanael (Kat. Nr. 67) gliederte sich die Fassade in einen zentralen Baukörper mit betonten Flanken. Auf den kaum vorspringenden Schaufenstersockel, der das Gebäude auf der rechten Seite an Breite übertrifft, folgte ein der Achsenrhythmik der Sockelzone entsprechendes waagerechtes Fensterband als Mezzanin. Das Flachdach war an der Straßenfront im mittleren Teil rückversetzt, so dass die dachhohen Gebäudeflanken wie Turmstümpfe wirkten. Im Gegensatz zur glatten Fassade mit regelmäßigen Fensterachsen besaßen diese Seitenpartien mehrflügelige große Fenster mit kleinen Balkonaustritten und flache Segmentfenster unter der Dachtraufe.

Das heutige Gebäude erinnert nur noch rudimentär an die einstige Erscheinung. Der Turmcharakter der Ecken ist verlorengegangen.

225 P. J. Cremers, Bd. II (1930), wie zit., S. XI, Abb. o. Seitenzahl; s. a.: WMB 1930, Abb. S. 324 (Grundriss), S. 325 (irrtümliche Bildunterschrift als Haus Stadtmitte in Oberhausen); StA MH Zeitungssausschnittsammlung 1440/80.30/35; Arthur Brocke, Neues Bauen, wie zit., Abb. 19.

64 1928 Mülheim

Objekt: Geschäftshaus
Standort: Leineweberstraße 92 (heute 72–76)
Bauherr: Gebr. Alsberg Mülheim
Datierung: 1928

Die Familie Alsberg unterhielt in mehreren Städten Textilgeschäfte mit formal selbständigen Einzelhandelsunternehmern, so u. a. in Bochum, Gelsenkirchen und Neuss.

In Adressbüchern lässt sich seit 1898 ein Geschäftshaus der Gebrüder Alsberg in Mülheim nachweisen. Zunächst in der Bachstraße 8/10 als „Manufacturenwaarenhandlung", bzw. „Manufacturen und Modewaaren". Scheinbar sind sie Mieter dieser Adresse gewesen. Ab 1901 waren sie dann in der Bachstraße 36 ansässig. 1910 nannte sich ihr Geschäft „Kaufhaus für Konfektion und Modewaren". In der Leineweberstraße 92 wurde 1928 das Kaufhaus Alsberg als stattlicher Neubau eingeweiht[226]. Nach der nationalsozialistischen Machtüber-

[226] StA MH Konvolut 1510/90.00/ 028; Fr. K. A. Rose: Zwei neuere Bauten der Architekten Pfeiffer und Grossmann (sic) in Mülheim-Ruhr, in: DBZ 64 (1930), Nr. 83/84; Abbildung der Einweihung 1928 bei Gerhard Bennertz: Jüdische Schick-

nahme 1933 erfolgte die Deportation des jüdischen Besitzers Carl Pless, das Geschäft ging an die neuen Besitzer Berger & Lindner über[227].

Das 1928 erbaute Geschäftshaus entspricht kaum der in der Literatur überlieferten Entwurfzeichnung von vor 1927[228]. Im Entwurf überwog die Betonung auf waagerechte Fassadengestaltung. Über einem Untergeschoss mit großen Schaufenstern lag ein umlaufendes, waagerechtes Mezzaningeschoss mit einem Fensterband, das mit einem kräftigen, gestuften Gurtgesims abschloss. Ein schmales, in die Fassade eingeschnittenes Erkerteil auf kleiner Konsole gab dem Gebäude einen interessanten Akzent. Die Fenster waren in der für die Zeit typischen querversprossten Breite geplant.

Das schließlich realisierte Haus zeigt einen Funktionsbau, dessen Front im Erdgeschoss mit einer niedrig gehaltenen Schaufensterzone beginnt. Darüber erstreckte sich über mehrere Geschosse hoch aufstrebend die Fassade mit senkrechten, eng aneinandergereihten, hohen Fensterbändern in profilierten Sandsteinrahmungen, die stark die Vertikale betonten[229]. Oberer Abschluss war ein schmales Mezzaningeschoss mit kleinen, quadratischen Fenstern unter dem Dachgesims. Der Kontrast von senkrechter Rippenstruktur des Wandaufrisses mit horizontaler Akzentuierung in Sockel und Mauerstirnbändern im Obergeschoß war in der Architektur der 20er Jahre allgemein ein beliebtes Gestaltungsmittel.

Das Gebäude ist heute stark verfremdet. Die vertikalen Sandsteinrahmungen der ehemaligen Fensterbänder sind noch zu erkennen. Sie rahmen heute abweichend geschossweise Kunststofffenster. Das niedrige Mezzaningeschoss zeigt noch die quadratischen Fenster, auch die Gesimse erkennt man wieder. Die elegante Schaufensterreihe ist einer uneinheitlichen Schaufensterlandschaft mit überdimensionalen Werbeboxen statt Gesims gewichen.

sale und Namen, in: 900 Jahre Mülheim an der Ruhr 1093–1993, in: ZGVM 66 (1993), S. 547–568, Abb. 4, S. 552.

227 Siehe StA MH Adressbücher; nach 1933 wurde der jüdische Besitzer Carl Pless mit seiner Frau 1941 nach Theresienstadt und dann Riga deportiert und vermutlich 1942 ermordet, lt. G. Bennert, wie zit., 1945 für tot erklärt; s. dort S. 564: Namensliste der Ermordeten; die drei Söhn des Ehepaares Pless flohen 1934 nach Israel, Frankreich und Südafrika, ebd. S. 559; s. a. Biographien zu den Stolpersteinen in Mülheim an der Ruhr, in: J. Roepstorff: Mülheimer Zeitzeichen vom 18.6.2019: Stolperstein in der Viktoriastraße 26.

228 Frühe Entwurfzeichnung bei: P. J. Paul Cremers, wie zit. Bd. I, 1928, Abb. 75, S. 63; identisch mit StA MH 1550/90.00/III, 45.

229 Realisierter Entwurf s. G. Bennertz, wie zit, Abb. 4, S. 552; der Entwurf dazu s.: StA MH 1510/90.00/028 u. Arthur Brocke: Neues Bauen, wie zit. 1929, Abb. S. 19.

65 1928 Mülheim-Kahlenberg

Objekt: Doppelwohnhaus
Lage: Lembkestraße 4–6
Auftraggeber: Kaiser-Wilhelm-Institut für Kohlenforschung

Pfeifer und Großmann entwarfen für das damalige Mülheimer Kaiser-Wilhelm-Institut für Kohlenforschung[230] zwei Bauten. 1928 entstand ein schräg dem Institut in der Lembkestraße Nr. 4/6 gegenüber liegendes Doppelwohnhaus für leitende Abteilungsvorsteher. In einem weiteren Auftrag entwickelten sie den Bauplan für einen dringend notwendig gewordenen, neuen Hörsaal, der als separates Gebäude nördlich neben dem Hauptgebäude stehen sollte.

Das Wohngebäude für Abteilungsleiter in der Lembkestraße 4/6 wurde als relativ einfacher Putzbau mit Ziegeldach erbaut. Das Grundstück erwarb das Forschungsinstitut, um zu verhindern, dass dem Institut von Westen aus etwa Licht weggenommen werden könne[231]. Der Entwurf variiert bekannte Gestaltungsformen der Pfeifer und Großmann'schen Haustypen: hohes Walmdach mit Gauben, senkrechte Gliederung der Fassade mit hohen Lisenen, Schmuckkartuschen und breitem Mittelfries. Die Eingänge befinden sich an den Seitenfronten. Im Entwurf ist eine Dreiteilung der Fassade mit Betonung der Hausmitte durch großzügigere Fenster und einem breiten Rautenfries zu sehen. In einem Vorentwurf[232] ähnelte die sechsachsige Fassade noch stärker den biedermeierlich heiteren Beamtenwohnhäusern der Firma Mathias Stinnes (Kat. 28), unweit entfernt in der Leonhard-Stinnes-Straße gelegen. Im ausgeführten Bau ist der Gebäudeschmuck zeitgemäß zurückhaltender. Durch die Rückversetzung der Gebäudemitte erhält die Fassade eine Konturierung. Technisch war das Haus durch einen Kanal unter der Straße an die Warmwasserversorgung des Instituts angeschlossen.

230 1814 erbaut von Architekt Karl Helbing (1877–1964), tech. Beigeordneter und Regierungsbaumeister a. D.; s. Manfred Rasch: Baugeschichte des Kaiser-Wilhelm-Instituts für Kohlenforschung 1912–1945, in: ZGVM, Heft 65 (1993), S. 25–28.

231 Ders. ebd. zum Doppelwohnhaus: S. 88, Abb. 53 a/b, S. 89; zum Hörsaalgebäude, S. 91–99, mit Abb. 57, S. 95.

232 Manfred Rasch, ebd. Abb. 53 a/b; alle weiteren Details siehe dort, S. 88/89 u. Anm. 191.

66 1929 Mülheim-Kahlenberg

Objekt: Hörsaalgebäude des 1914 eröffneten Kaiser-Wilhelm-Instituts für Kohlenforschung, seit 1948 Max-Planck-Institut für Kohlenforschung
Standort: Kaiser-Wilhelm-Platz 1
Bauherr: Kaiser-Wilhelm-Gesellschaft zur Föderung der Wissenschaften
Fertigstellung: 1929, Einweihung 1930

Das Kaiser-Wilhelm-Institut für Kohlenforschung wurde in Mülheim an der Ruhr als eine der dezentralen Forschungseinrichtungen der Kaiser-Wilhelm-Gesellschaft, Berlin, im Juni 1912 gegründet. Bei der Wahl des Standortes für das Forschungsinstitut fiel im Laufe des Jahres 1912 die Entscheidung zugunsten eines 4 Morgen großen Grundstückes auf dem Kahlenberg. Nach Plänen des städtischen Beigeordneten, Regierungsbaumeisters und Architekten Karl Helbing (1877–1964) begannen im April 1913 die Bauarbeiten. Helbing entwarf ein historistisch neoklassizistisch geprägtes Gebäudeensemble. Die Einweihung erfolgte nach ca. 14-monatiger Bauzeit am 27.7.1914[233].

Der vorhandene Hörsaal des Gebäudes mit maximal 80 Plätzen konnte im Laufe der Zeit die zunehmende Zahl von Teilnehmern diverser Veranstaltungen, Vorführungen und Experimente nicht mehr fassen, so dass ein zusätzlicher Hörsaaltrakt unausweichlich wurde. Darüberhinaus lagen die Sitzreihen in einer Ebene und erlaubten den hinteren Plätzen kaum Sicht. Hans Großmanns günstige Baukalkulation brachte ihm den Bauauftrag. Unmittelbar nördlich neben dem Hauptbau des Kaiser-Wilhelm-Instituts an der Lembke Straße stellte die Leonhard-Stinnes-Stiftung kostenlos ein Grundstück zur Verfügung[234]. Zum

233 WMB, H. 1 (1914/15), S. 466–472, m. Abb.; Manfred Rasch, wie zit., Anm. 230, S. 24–28.
234 Manfred Rasch, wie zit., S. 91, u. Anm. 193.

15-jährigen Bestehen des Kaiser-Wilhelm-Instituts konnte im November 1929 das neue Hörsaalgebäude mit ca. 280 Sitzplätzen in Betrieb genommen werden.

Ein Rustika-Sockel aus Ruhrsandstein verband das neue Gebäude mit dem schon vorhandenen Institut. Dem fast quadratischen Kubus war im Erdgeschoss ein schmaler Portikus mit breitem Treppenzugang vorgelagert. Er öffnete sich in drei hohen, schmalen Eingängen. Im ersten Stock entsprachen dieser Gliederung drei hochrechteckige Fenster auf dem Balkon der Eingangsarkaden. Der Portikus diente als „Windfang“ vor der dahinter liegenden großen Halle mit Garderobe, Aufenthaltsraum und Hausmeisterwohnung sowie 13 m langem, zweistöckigem Verbindungsgang in das Laborgebäude. Die schmucklose Empfangshalle entsprach größenmäßig dem Hörsaal. Sieben quadratische Pfeiler mit einer Art Kragstein als Kapitellersatz hatten tragende Funktion für den darüberliegenden Hörsaal. In der Fensterstaffelung der jeweils nach oben hin kleiner werdenden fünf schmalhochrechteckigen Fenster der Nordwand bildete sich im Äußeren der ansteigende Hörsaal ab. Zusammen mit zwei Dreiergruppen niedriger Erdgeschoß-Hallenfenster und kleinerer senkrecht übereinander angeordneter Nebenraumfenster erhielt die Nordseite ein reizvolles Fenstermuster[235] (s. a. Text S. 78 im Umbruch).

Der Putzbau wurde mit Ettringer Tuff als Verblendung für den Portikus und die Fensterrahmung ausgestattet, der Sockel ist mit Ruhrsandstein verblendet. Durch einen zweigeschossigen Verbindungsgang war das neue Gebäude mit dem eigentlichen Institut verbunden. Der Bau existiert nicht mehr.

67 1928/29 Mülheim

Objekt: Haus Nathanael[236]
Bauherr: Christlicher Verein Junger Männer CVJM
Standort: Aktienstraße 163

Der Christliche Verein Junger Männer plante an der Aktienstraße 1927 ein größeres Bauvorhaben aus Festsaal, Sporträumen und Kindergärten für die christliche Jugend. Das Projekt gedieh nur bis zum 1. Bauabschnitt, in dem Geschäftsräume und Wohnungen Platz fanden. Als erster und einziger Bauteil entstand nach dem Entwurf von Pfeifer und Großmann ein fünfstöckiger, schlichter Putzbau im Stil des Neuen Bauens mit Flachdach und Putzfassade. Durch schmale, senkrechte Fassadennischen mit Balkonaustritten an den seitlichen äußeren Gebäudeachsen ergibt sich eine optische Dreigliederung. Auf der rechten Seite ragt die Hausflanke turmartig über das Dach hinaus, und bildete eine hochgelegene Terrasse, die ein bei Großmann bekannter Ziermast krönte.

235 S. a. WMB 14 (1930), S. 376–380, mit zwei Abb. u. Grundrissen.
236 P. J. Cremers, Bd. II, wie zit., S. XI u. Abb. o. S., dort auch Materialangaben.

Linksseitig ist die Gebäudeflanke kompakt fensterlos. Ein Netz rastermäßiger, hochrechteckiger Fenster, deren oberste kleiner sind, überzieht die Fassade. Die Fensterordnung an der Turmflanke weicht mit schmalen Fenstern in Dreiergruppierung je Geschoss von der übrigen Regelmäßigkeit ab.

Die Sockelzone soll ehemals mit „selten schönem" blauem Sandstein verkleidet gewesen sein[237], bodenlange Schaufenster nahmen die gesamte Parterrezone ein, darüber ein Gurtgesims, überfangen von einem breiten Mauerband, das einen gebäudeumspannenden optischen Rahmen bildete. Heute ist das Haus kaum wiederzuerkennen, es ist durch eine graue, stumpf wirkende Faserzementplattenverblendung verunstaltet, der Turmaufbau gekappt, das Mauerband ersetzt durch Werbeplazierung.

68 1926–1928/29 Mülheim-Dümpten

Objekt:	Wohnsiedlung
Standort:	Anne-Frank-Platz (ehemals Adolf-Stöcker-Platz) M-Dümpten[238]
Auftraggeber:	Stadt Mülheim
Datierung:	1928/29

Nach den Ideen des Mülheimer Beigeordneten und Oberbaurats Arthur Brocke war ab 1926 im Bereich Oberheidstraße eine großzügige Eigenheimsiedlung mit kleinen Familienhäusern in jährlichen Bauabschnitten geplant und teils auch schon im Bau. Auf Grund der allgemeinen, schlechter werdenden wirtschaftlichen Lage und den daraus resultierenden Sparzwängen musste dieser städtebauliche Plan zugunsten günstigerer Mietwohnkomplexe aufgegeben werden. So entstand unter dem Diktat strikter Sparmaßnahmen am heutigen Anne-Frank-Platz eine Mietwohnanlage in strenger Blockbebauung und einfacher, schlichter Ausführung. Die zeitgenössischen Abbildungen zeigen eine schnörkellose Platzrandbebauung, die an einem der schmalen Platzflanken offenblieb. Insgesamt entstanden vier gegenüberliegende dreigeschossige Dreispännerhäuser. Ein breiter Kopfbau befindet sich an einer der Schmalseiten des Platzes. Im Platzwinkel schließen kleinere, kubische Flügelbauen den Zwischenraum.

237 Ebd.

238 WMB 1931, S. 457–459, Abb. 1–8 mit Lageplan sowie Auf- u. Grundrissen, alle Angaben zur Farbigkeit S. 459; StA MH 1550/90.00/II, 13.

Ein gleichmäßiges Fensterraster wird nur von flachen, farbig abgesetzten geschosshohen Nischen der Eingänge unterbrochen. Allein die Mittelpartie des Kopfbaus wird durch hohe Betonlisenen zwischen den Fenstern besonders herausgehoben. Hier kündigt sich die Architektur der 1930er Jahre an. Ursprünglich handelte es sich um Putzbauten aus silbergrauem Terranova-Putz. Die Fenster waren stahlblau und die Haustüren in neapelgelbem Schleiflack ausgeführt[239].

Die Wohnungsgrößen beschränkten sich auf 2-3-Raum-Wohnungen, vereinzelte 4-Zimmer-Wohnungen waren die Ausnahme. Alles war dem Spardiktat untergeordnet. Es gab in den Kellern aber Waschküchen und Trockenräume. Die Siedlung existiert noch.

69 1928/29 Mülheim

Objekt: Wohnsiedlung[240]
Standort: Karlsruher Straße 12–16/ Haydnweg 2–6 u. 8–18
Auftraggeber: Arbeiter Spar- und Bauverein Oberhausen
Datierung: 1928/29

Angedacht schon vor 1927[241], wurde in den Jahren 1928–29 die große Wohnhausgruppe entlang des Haydnweg, Ecke Karlsruher Straße nach Plänen von Pfeifer und Großmann realisiert. Sie entwarfen in rhythmisch gestaffelter Blockrandbebauung drei- und vierstöckige Wohnbauten mit insgesamt 78 Wohnungen verschiedener Größe. An der Karlsruher Straße 12–16 entstanden versetzt drei

239 Vgl. Anm. 224.

240 Arthur Brocke: Neues Bauen, op. cit., Vorwort S. VII; die Gebäude wurden irrtümlich Emil Fahrenkamp zugeschrieben; Abb.: StA MH Fotosammlung Konvolut 1510/90.00/ 016.

241 Entwurfzeichnung s. P. J. Cremers, wie zit. Bd. I, S. 42, Abb. 47, s. a. StA MH 1550/90.00/016 a–d.

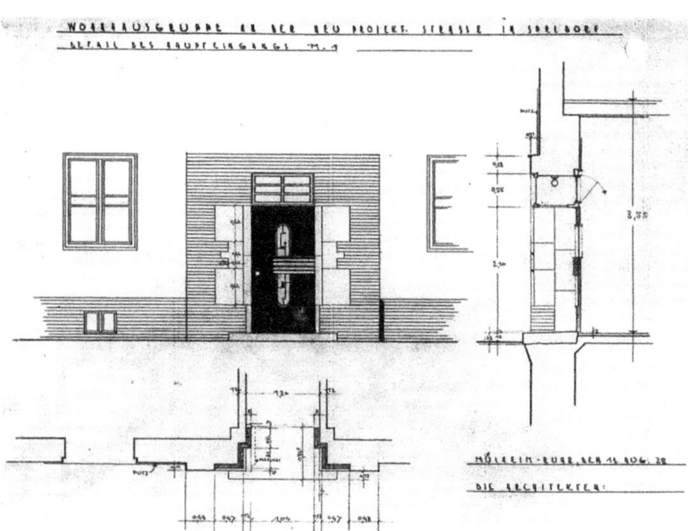

Wohnhäuser mit jeweils vier Stockwerken, an der Haydnstraße 2–6 und 8–18 schlossen sich drei Stockwerke hohe Bauten an, die in dem leicht konkaven Straßenverlauf zentralsymmetrisch gruppiert sind. Zwischen dem zentralen Dreierblock und den äußeren Randbauten ist jeweils eine Hauseinheit zurückversetzt. Diese Anordnung entspricht in etwa der Hausgruppierung der von Emil Fahrenkamp gegenüber gebauten Wohnsiedlung Hundsbuschstraße/Karlsruher Straße/Haydnweg[242]. Der breite mittlere Bauabschnitt öffnet sich mit einer Toreinfahrt zur Hofseite. Die Flachdächer besitzen zurückversetzte niedrige Speicheraufbauten.

Viererreihen großer, zweiflügeliger Fenster zeigten die langen Fassaden, die Flanken Dreiflügelfenster[243]. Durch Backsteinmauerung und eine Art flachem Pilaster an der Hauskante erhielten sie eine optische Betonung. Es ergab sich damit ein Wechselsspiel von waagerechter Fensterreihung zu senkrechter Eckbetonung. Heute sind die Doppelfenster der Entstehungszeit durch „moderne“ Einbaufenster ersetzt.

Für die Entstehungszeit typisch sind auch die farbbetonten Hauseingänge. In einer auffallenden, quadratischen Klinkerrahmung sitzt die Eingangstüre leicht vertieft in einer ornamentalen Ziegelaussparung. Ein türbreites Oberlicht mit noch heute waagerechter Sprossung nimmt die Aussparungsmaße auf. Die heutige farbliche Gestaltung entspricht nicht der Enstehungszeit.

242 S. dazu: Christoph Heuter: Emil Fahrenkamp, wie zit., Kat. Nr. 141, S. 392–93, 4 Abb.: Grundriss, von 1929 u. 2 Abb. von 1994; genaue Angaben zu Wohnungsgrößen; irrtümlich von Bollerey/Hartmann: Siedlungen aus dem Reg. Bez. Düsseldorf, wie zit., MH 16, Pfeifer und Großmann zugeschrieben.

243 Zeitgenössische Beschreibung bei Cremers, wie zit., Bd. II, Einleitung S. X.

70 1928/30 Karlsruhe

Objekt: Villa Dr. med. Bernhard Arnsperger
Standort: Seminar-Straße 12
Datierung: 1928–30
Architekt: Pfeifer und Großmann, Büro Karlsruhe

Die Villa Dr. Arnsberger ist ein Beispiel für eine neobarocke Architekturrezeption.

Es zeigt sich ein zweistöckiges Palais mit hohem Pyramiden- oder Turmdach. Auffälliges Merkmal des Gebäudes ist eine umfriedete Aussichtsterrasse auf dem Dach an Stelle eines spitzen Dachabschlusses, möglicherweise eine Anlage für optische Telegrafie. Das zweistöckige Gebäude mit seitlichem Torhäuschen erhebt sich über quadratischem Grundriss. Dreiachsig ist die Hauptfront gegliedert, in der Art von Lisenen werden die Gebäudeachsen konturiert. Im oberen der Geschosse ist der Mittelachse ein kleiner Balkon auf Konsolen vorgelagert. Die Fenster mit kräftiger Sandsteinlaibung besitzen Rundbögenabschlüsse bzw. im oberen Geschoss Segmentbögen. Auf allen vier Dachseiten befinden sich zentral Dachgauben mit stark profilierten Segmentbögen. Unterhalb der Dachtraufe verläuft rundherum ein Gesimsfries, der geometrische Ornamente zeigt.

An der Eingangsfront setzt sich die dreigeteilte Fassadenstruktur in variierter Form fort. Hier flankieren einen breiten, flachen Mittelrisalit jeweils vier Fensterpaare, deren Form denen der Vorderfront entsprechen. Der Mittelrisalit besitzt an seiner Oberkante ein kleines Ochsenauge, wie es im Barock häufig vorkommt.

Das heute in Seminarstraße 12 anzutreffende Gebäude ist nur rudimentär in dem vorhandenen Baubestand erkennbar.

71 späte 1920er Jahre Karlsruhe

Objekt: Wohnbebauung
Lage: Karl-Hoffmann-Straße
Datierung: ca. 1929
Architekten: Fa. Pfeifer und Großmann, Büro Karlsruhe

Die lange Wohnzeile ist an der konkav kurvig verlaufenden Karl-Hoffmann-Straße als dreigeschossige Häuserzeile in Blockrandbebauung erbaut. Auf der Rückfront ein begrünter Hof. Oberhalb des zweiten Geschosses tritt die Fassade zurück zugunsten eines umlaufenden schmalen Austritts entlang der gesamten Front. Im Dach Gauben über den Fensterachsen.

Der große Wohnblock teilt sich in drei Hauseinheiten in der Karl-Hoffmann-Straße und ein Eckhaus an der Ecke Am Fasanengarten. Ruhige, symmetrische Anlage der Fassade mit drei Fensterachsen beiderseits der drei Hauseingänge. Die Fenster haben eine helle, vorkragende Sandsteinlaibung. Der mittleren Fensterachse ist jeweils ein kleiner Balkon vorgesetzt. Das Eckhaus Am Stadtgarten besitzt je fünf Achsen pro Hauseinheit, ähnliche Fenster mit kräftiger Laibung und hier seitlichen Eingängen. Am Stadtgarten sind dreigeschossige, flache Erker, in der Karl Hoffmann-Straße kleine Balkone angebracht.

Wieweit die Rückfront der Häuserzeile dem ursprünglichen Zustand entspricht, ist ungewiss. Dort finden sich heute große Balkone und Dachgauben verschiedener Variationen. Bemerkenswert ist der Aufriss der drei Treppenhausfronten, der unterhalb der Dachtraufe ein Pfeifer und Großmann'sches Motiv zeigt, Okulifenster.

72 1929 Mülheim

Objekt: Ruhrschiff „Oberbürgermeister Lembke"
Auftrag: Schiffsausstattung
Ausführung: Hans Großmann

Hans Großmann erstellte für das letzte gebaute Schiff der Ruhrflotte eine elegante Raumausstattung. Der Zeitgenosse Paul Josef Cremers lieferte eine Beschreibung der edlen Raumentwürfe. Der Rauchsalon sei mit sog. Zebranoholz verkleidet, eine Holzart, die vorwiegend in Westafrika vorkommt. Wegen seiner dekorativen Zebrastruktur war es in der Innenausstattung äußerst beliebt. Die Möbel waren mit blauem Rips bezogen, die Metallarmaturen vergoldet. Der kleine Speisesaal zeigte sich in „Lindenblütenschleiflack", die Lederbezüge waren rot[244].

73 Ca. 1930 Karlsruhe-Beiertheim-Bulach

Objekt: Privatvilla
Standort: Beiertheimer Allee 72[245]
Bauherr: Prof. Dr. Ludwig Arnsperger

Gegensätzlicher könnte die Villa Prof. Dr. Arnsperger zu der des Namensvetters (Kat. Nr. 70) kaum sein.

Das zweigeschossige Gebäude zeigt sich mit Walmdach und breiten Dachgauben, flach gedeckt, begleitet von kleinen, lukenartigen Dreieckgauben. Es besitzt eine Art Architrav, einen schmalen Wandstreifen unterhalb der Traufe. Das hohe Dach endet in einer Aussichtsplattform. Die Fassade erscheint in schlichtem, schmucklosem Aufriss. Dreiachsig begleiten an der Straßenfront schmale Sprossenfenster breitere Mittelfenster.

Die Gartenfront erscheint wie ein anderes Gebäude. Die Fensterordnung ist grundverschieden. Im oberen Geschoss öffnet sich mittig eine tiefe Pergola. Bemerkenswert ist eine haushoher, halbrunder und lichter Erker mit Terrasse und großen, dem Halbrund folgenden kurvigen Fenstern. Bei diesem Bau zeigt sich ein zweckmäßiger, klarer Stil des Neuen Bauens am Ende der 1920er Jahre. Das Wohnhaus wirkt heutzutage verbaut und vernachlässigt.

74 1927/28 Gelsenkirchen-Buer

Objekt: Privatvilla [246]
Lage: Cranger Straße 46
Bauherr: Karl Hochheimer Kaufmann, Direktor des Kauhauses Althoff in Buer

Zweigeschossige, dreiachsige Backsteinvilla in Bockhorner Klinkerverblendung mit flach auslaufendem Walmdach[247]. Darunter ein helles Traufgesims. Zentra-

244 P. J. Cremers, wie zit, Bd. II (1930), S. 12 mit zwei Abbildungen o. S.

245 GLA Findbuch 69, Sign. 246: farbige Federzeichnung, sign. v. Pfeifer und Großmann 25.9.1928, eines Wandbrunnens für den Wintergarten, auf kompaktem Unterbau ruhender Bottich, Wasserspeier von einem Vogel bekrönt, Maßstab 1:10; sehr verändert, lt. Liste der Kulturdenkmale Karlsruhe wird die Denkmaleigenschaft geprüft.

246 Denkmalgeschützt seit 1989: Denkmalliste der Stadt Gelsenkirchen, Stand 2011, Inv. Nr. A 228, dort 1927/28 datiert; s. a.: StA MH, Fotosammlung, Konvolut 1510/90.00/043 (a–f).

247 Entwurfzeichnung, in: J. P. Cremers, wie zit., Bd. I, S. 40, Abb. 44; s. a.: Untere Denkmalbehörde Gelsenkirchen Kommentar zur Denkmalliste.

les, zweiflügeliges Eingangsportal. Ihm vorgelagert erhebt sich auf einer kurzen Treppe ein pfeilergestützter Altan mit Balkon und dekorativem Ziergeländer. Durch hellen Sandstein (Muschelkalk?) bildet der Altan einen Kontrast zum dunklen Backstein. Drei rundbogige Fenster öffnen sich auf den Balkon. Sie besitzen kräftige, helle Einfassungen. Die Fassade über dem Altan erhält zusätzlich eine Überhöhung durch einen attikaartig über die Traufe herausragenden Fassadenstreifen. Die Werksteinpfeiler des Altans sind sparsam mit geometrischen Formen im Charakter des Art déco gearbeitet. Seitlich des Eingangs befinden sich im Erdgeschoss je drei schmale Fenster, im Obergeschoss jeweils ein Kreuzstockfenster[248].

Die Hausrückseite zeigt eine großzügige Staffelung von Zugängen ins Freie. Ein schmaler Erker verfügt über einen Balkon, darunter befindet sich eine weite Terrasse mit Treppenanlage für den Zugang in den Garten. Im Gegensatz zur relativ geschlossenen Vorderseite öffnet sich die Rückseite mit drei Fensterpaaren im Obergeschoss, im Erker darunter mit drei Rundbogenfenstern, seitlich begleitet von je einem Fensterpaar. Das Haus besitzt insgesamt eine klare Gliederung und eine klassische Symmetrie. Sparsam sind Dekorformen eingesetzt. Die ehemaligen Sprossenfenster sind modern ersetzt, Anbauten und Fensterumbauten stammen von 1969. Karl Hochheimer war ein angesehener jüdischer Kaufmann, der selbst schon 1930 verstarb. Seine Kinder wurden 1943 Opfer des Holocaust[249].

248 S. a. Arne Sildatke: Dekorative Moderne. Das Art Deko in der Raumkunst der Weimarer Republik, Diss FU Berlin 2013, S. 134, Anm. 445.

249 Informationen von Dr. Lutz Heidemann, Gelsenkirchen. Der Auftrag an Großmann wurde 1927 vergeben, 1928 zog die Familie in das neue Haus ein; s. a. https://gelsenkirchener-geschichten.de.

75 1929/30 Mülheim

Objekt: Reitanlage Uhlenhorst
Lage: Broicher Waldweg 183
Auftraggeber: Mülheimer Reit- und Fahrverein e. V., seit 1920
heute: Mülheimer Reit- und Fahrverein am Uhlenhorst e. V.

Die Anlage befindet sich in der Broich-Speldorfer Wald- und Gartenstadt. Stallungen, Reithalle, Garagen und das Wohnhaus des Leiters der Anlage gruppieren sich um einen zentralen, rechtwinkligen Hof. Vom Broicher Waldweg aus vorbei am Wohnhaus des Leiters gelangt man in das Innere des Geländes. Dem Haus des Leiters gegenüber steht die breite Reithalle. Flache Stallungen schließen die Seiten des Hofes ab. Überlierfert sind zwei Entwürfe, die sich vor allem in der Gestaltung der Reithallenfassade unterscheiden[250].

Die realisierte Reithalle mit Tribüne, Wasch- und Umziehräumen ist das markanteste Gebäude. Im Stil des Neuen Bauens zeigt die Fassade eine Folge von 16 hohen, quadratischen Pfeilern, die eine kraftvolle Wirkung entfalten. In ihrem oberen Bereich befinden sich schmale Fenster. Der mittig gelegene, überdachte Eingang wird ebenfalls von quadratischen Pfeilern getragen. Die Pfeiler und der hohe Sockel aller Gebäude einschließlich der Stallungen sind ebenso wie der schlichte Wohnkubus des Leiters verklinkert, die sonstigen Oberflächen hell verputzt.

Der heutige Zustand des Reiterhofes weicht vom ursprünglichen Gesamtentwurf ab. 2010 wurde bei einem Brand das Dach stark beschädigt.

[250] Pläne und Enwürfe zweier Varanten, s. Bauwarte, Jg. 4 (1928), S. 309–313; Entwurf auch bei Brocke, Arthur (1929), wie zit, S. 20; s. a.: StA MH, Konvolut von 6 Abb. 1510/90.00/054.

76 vor 1930 Herne[251]

Objekt: Privatvilla
Eigentümer: Haus Dr. med. Wilhelm Reckendorf, Stadtrat in Herne ab 1938
Nachweis: Abbildungen, undatiert

Backsteingebäude mit Walmdach, zur Traufe hin ausschwinged. Klare, gerade Formen mit wenigen Schmuckelementen, einzig einer hoch angebrachten Figur an der glatten, fensterlosen Eingangswand. Die breite Gartenfront überragt ähnlich wie bei Nr. 74 eine mittig über die Traufe herausragende Fassadenpartie mit kräftigen, gestuften Dachkanten. Unterhalb fällt im oberen Geschossbereich zentral auf der Gebäudemitte ein kräftig zahnschnittgerahmtes Fenster auf.

251 S. bei P. J. Cremers, wie zit., Bd II (1930) 2 Abb. o. S.; s. a.: StA MH 1510/90.00/044.

77 vor 1930 Mülheim

Objekt: Geschäftshaus[252]
Lage: Löhberg 22–30
Eigentümer: Albert Herz

Es handelt sich um einen Eisenbetonbau, verkleidet mit Kärntner Marmor und Tuffstein. Auf der dreistöckigen Fassade verteilen sich regelmäßig hochrechteckige Sprossenfester. Über den breiten Erdgeschoss-Schaufenstern bildet eine um die Hausecken verkröpfte, stark vorspringende Gesimsplatte eine Art Austritt, eingefasst durch ein schmales Balkongitter. Die Fassade wird durch eine deutliche Rahmung eingefasst. Die rechte Hausecke ist oberhalb des Sockelgeschosses leicht zurückversetzt. Das Gebäude teilt mit den anderen Kaufhäusern einen Gebäudetypus mit klarem, harmonischem Fassadenaufbau, dezenten Akzenten durch Zierbrüstung, Eckbetonung und breite Verglasung des Schaufensterbereichs.

252 J. P. Cremers, wie zit., Bd. II (1930), S. XI u. eine Abb. o. S., dort auch die Materialangaben; Entwurfzeichnung in: Bauwarte 5. Jg. 1929, S. 31.

78 1931 Oberhausen-Sterkrade Stadtmitte

Objekt: „Stadtmittehaus"[253]
Lage: Steinbrinkstraße 215–17/Ecke Bahnhofstraße 51
Bauherr: Bauaktiengesellschaft Sterkrade Stadtmitte
Fertigstellung: 1931

Bis 1929 besaß Sterkrade eigene Stadtrechte. Das Zentrum war die Kreuzung zweier Durchgangsstraßen Steinbrinkstraße und Bahnhofstraße, offiziell von der Stadtverwaltung Sterkrade 1914 als „Stadtmitte" bezeichnet. Als Osterfeld und Sterkrade 1929 mit Oberhausen zusammengelegt wurden, entstand hier 1929 das sog. „Stadtmittehaus"[254].

Das Gebäude entstand in zwei Bauabschnitten, 1929–1930 zunächst der zehnachsige, dreigeschossige Trakt längs der Bahnhofstraße, dessen regelmäßige Fensterrasterung durch rhythmisch verteilte, kleine Balkone aufgelockert wurde[255]. Im zweiten Bauabschnitt wurde der breite Baukomplex in der Steinbrinkstraße errichtet. Laut Baubeschreibung von Hans Großmann vom 20.5.1930 sollte die Fassade des Eisenbetonbaues „in Bockhorner Klinker mit teilweiser Verwendung von Muschelkalk und Keramik in vornehmer Bauweise

253 J. P. Cremers, wie zit., Bd. II (1930, S. XI und Abb. o. S. im Anzeigenteil; Bauakte Stadt Sterkrade Bauverwaltng Nr. 5; heute ist das Gebäude kaum wiederzuerkennen, nur der übriggebliebene Glockenturm ist denkmalgeschützt nach §3 DSchG.NRW, Nr. 56 der Liste der Baudenkmäler in Oberhausen.

254 Stadtmittehaus wurde schließlich die amtliche Bezeichnung für das Gebäude, Anlage zur Denkmalliste Stadt Oberhausen.

255 StA MH Fotosammlung Konvolut 1510/90.00/042. Diese Balkone sind im heutigen Zustand nicht mehr vorhanden.

durchgeführt"[256] werden. Ein Betonflachdach war vorgesehen. 1931 wurden Turm und Flügel in der Steinbrinkstraße fertiggestellt.

Der Gebäudekomplex an der Steinbrinkstraße besteht aus vier gestaffelten Baukörpern aus breitem, über fünf Stockwerke und zwölf Achsen reichenden Hauptgebäude mit rückversetzten Seitenflügeln, die um ein Geschosss reduziert sind. Der Kontrapunkt zu dieser Symmetrie war der an der kreuzenden Bahnhofstraße eingestellte schlanke, hohe Eckturm in überraschender Streifenoptik. In einer einfacheren Version am Seitentrakt wird das Turmmotiv in der Bahnhofstraße wiederholt. Die auffällige Streifenoptik ergibt sich durch blaugrüne Glasurkacheln. In seiner Gestaltung wird häufig eine stilistische Verbindung zu den Inkrustationen am Campanile des Domes von Siena aus der 1. Hälfte des 14. Jahrhunderts gesehen[257]. Eine Spitze war für den Turm nicht vorgesehen, sie wurde nachträglich 1953 hinzugefügt. Das erste Obergeschoss des Haupttraktes nahm in der ursprünglichen Gestalt den hellen Ton des Eckturms in einem Muschelkalkband auf, dessen enge Fensterreihung wie die Sequenz von Filmrollen wirkte[258].

In Form und Reihung der Fenster zitierte sich Hans Großmann selbst. Die kleinen, flach segmentbogenförmigen Fenster unter der Dachzone finden sich verschiedentlich an seinen Bauten. Die Fassade an der Bahnhofstraße wurde durch die genannten kleinen, rhythmisch versetzten Balkons aufgelockert, die heute fehlen.

Im Krieg massiv zerstört, hat der Bau sein ursprünliches Aussehen beim Wiederaufbau zum Teil verloren. Einzig der – allerdings modifizierte – Eckturm mit der charakteristischen Streifenmauerung erinnert an den ehemaligen Zustand. Fassaden und Fenster entsprechen nicht dem ursprünglichen Bau[259].

256 Hausaktenarchiv der Stadt Oberhausen: Pläne von Pfeifer und Großmann vom September 1928 und April 1930, Maßstab je 1:100, sowie Baubeschreibung von Hans Großmann vom Mai 1930.

257 Hausaktenarchiv Oberhausen: Planzeichnung von Hans Großmann vom 12.5.1930; Hans Großmann kannte durch seine Reisen zweifellos den Campanile von Siena. Der Vergleich mit dem Turm des Stadtmittehauses erscheint überzogen; Bauantrag für eine Turmspitze und -uhr sowie Glockenspielanlage vom 5.10.1953; Fotografie in: Wochenanzeiger Oberhausen v. 5.10.1994.

258 Abb. o. S. bei P. J. Cremers, wie zit., Bd. II (1930) und Werbeseite; Abb. des Seitentraktes in der Bahnhofstraße in: WMB H. 7 (1930), S. 323. Irrtümlich wurde S. 325, Abb. 7 als Stadtmittehaus in Sterkrade angegeben; es handelt sich dagegen um Haus Höfmann in Mülheim an der Ruhr (Kat. Nr. 63).

259 Trotz der Veränderung ist der Uhrenturm denkmalgeschützt, s. Liste der Baudenkmäler in Oberhausen (online).

79 1934/35 Karlsruhe

Objekt: Wohnbebauung
Standort: Lorenzstraße 2–10 (zwischen Garten- und Schwindtstraße)
Bauherren: Verschiedene private Bauherren

Zeilenbauweise mit rückwärtigem Gartenhof, bzw. teilweise Garagen. Die Häuserzeile zeigt sich in drei dreistöckigen, zusammenhängenden Hauseinheiten mit Gauben im Dachgeschoss und seitlich je einem leicht in der Straßenfront hervortretenden Einzelflankengebäude. Der Gesamtkomplex besitzt Walmdächer wie auch die Dachgauben abgewalmt sind. Die Flankenbauten werden in der Lücke zwischen Nr. 4 und 2 und Nr. 8 und 10 mit einer Mauer verbunden, die die Rückseite der Gebäude abschließt und durch ein Tor Zufahrt und Zugang zum Hinterhausgelände erlaubt. Die glatte Putzfassade zeigt ein regelmäßiges Fensterraster mit Fenstern in betonter Laibung. Die Hauseingänge werden von breiterem Sandsteingewände gerahmt, der mittlere Eingang ist durch einen Schmuckstein hervorgehoben. Die plane Fassade besitzt an den äußeren Fensterachsen halbrunde, kleine Balkone, die bei den Flankenbauten abweichend flach rechteckig in der Mitte angesetzt sind. Mindestens eine rückwärtige Garage entstand für Nr. 8 schon in der Entstehungszeit. Nr. 10 wurde nach Fliegerschäden neu aufgebaut[260].

Das Gesamtensemble entspricht einem gängigen Haustypus der 30er Jahre in seiner zweckmäßigen, schmucklosen Putzfassade und der regelmäßigen sandsteingerahmten Fensterrasterung.

[260] StA KA Bauakten 1/BOA 12615–18 u. 1/BOA 4159.

80 1938 Mülheim

Objekt: Ufa-Palast-Kino
Lage: Schloßstraße
Bauherr: Dr. Otto Niehoff

Am 20.12.1938 wurde nach Plänen des Büros Pfeifer und Großmann der Neubau des zu der Zeit größten Kinos für Mülheim und Umgebung eröffnet, des Ufa-Palast Kinos. Das neue Lichtspielhaus entstand nach neunmonatiger Bauzeit auf einem von dem Rechtsanwalt und Notar Dr. Otto Niehoff 1937 erworbenen städtischen Grundstück im Zentrum der Stadt an der Schloßstraße am Rand des Viktoriaplatzes. Gemeinsam mit Pfeifer und Großmann entwickelte Dr. Otto Niehoff die Pläne für das Lichtspielhaus mit 1000 Plätzen. Es entstand ein großes, repräsentatives Gebäude mit 640 Sitzplätzen im Parkett und zusätzlich 340 Plätzen im Rang, sowie einem Luftschutzkeller für 500 Personen[261].

[261] Jens Roepstorff, in: Mülheimer Zeitzeichen v. 23.1.1916.

Das dreistöckige Gebäude besaß ein flaches Walmdach. Das auffallend helle Sockelgeschoss trennte ein breites Gurtgesims vom Mittelgeschoss. Darüber schloss sich ein niedriges Mezzanin unter dem Dach an. Während das Erdgeschoss breite Eingangs- und Schaufenster besaß, reihten sich im 1. Geschoss schmale, hochrechteckige Fenster in einigem Abstand um die Fassade, in deren Achse im Mezzanin kleine Okulifenster folgten. Dazwischen gliederten kurze, frei über den Fenstern platzierte Gesimsstücke die hohe Fassade und markierten zugleich die Geschosshöhe[262]. Der zentrale Eingangsbereich mit drei Eingangsportalen verfügte über ein Schutzdach, das weithin sichtbar auf seiner Kante Filmtitel ankündigte. Die Fassadennische darüber konnte mit großformatiger Werbung für die angekündigten Spielfilme bestückt werden.

Um für Bau und Betrieb die notwendige Professionalität zu garantieren, verpachtete Otto Nierhoff das Kino an die Universum-Film AG, Berlin, daher der Name Ufa-Palast-Kino.

Beim großen Bombenangriff auf Mülheim 1943 brannte das Kino nieder. Als kriegswichtiger Betrieb zunächst behelfsmäßig instandgesetzt, beauftragte Rechtsanwalt Niehoff nach dem Krieg 1948 Hans Großmann als Architekt „seines“ Gebäudes mit dem Wiederaufbau. Er orientierte sich an seinen Plänen der Vorkriegszeit. Ende 1973 schloss das Kino für immer[263]. Der große Kinosaal wurde danach für Verkaufsflächen genutzt.

[262] Fotos siehe StA MH, Bestand 1510/45.00/1–4.

[263] Material von RA Dr. Otto Nierhoff; s. a. Jens Roepstorff in: Mülheimer Zeitzeichen vom 13.1.2016 u. Holger Klein-Wiele: Kinoarchitektur, wie zit., S. 119, S. 413, Abb. 59 (Foto von 1972).

Entwürfe

E 1 1909–1927 Entwürfe Majolikamanufaktur

Jubiläumsausstellung für Künstler und Kunstgewerbe im Markgräflichen Palais 1906: Dielenentwürfe[264], Öfen, Beleuchtungskörper.

Öfen:

1. 1906–07 Farbiger Entwurf einer Ofenecke im Atelierhaus für Prof. H. in Otterndorf bei H.
   (MB 1907, Tafel 88) Über einer kastenförmigen, weißen Basis erhebt sich ein runder weißer Corpus, dem bronzefarbige Metallbänder spiralförmig aufgesetzt sind.

2. 1906–07 zwei farbige Entwürfe für die Ofenfabrik F. Geisendörfer in Karlsruhe. Formal unterscheiden sie sich durch kantige Volumina einerseits, durch vieleckig runde Formen mit grüner Ornamentik im zweiten Beispiel (DK 1907, Bd. 21, Tafel 90)(s. Abb. Text 32).

3. 1910 Aquarell eines weißen Kachelofens für das Restaurant im Künstlerhaus Karlsruhe. Ein hoher zylindrischer Corpus wird durch bronzefarbene Ringe regelmäßig optisch gegliedert, Lüftungsschlitze befinden sich unterhalb der Oberkante (MB IX (1910), Tafel 9).

4. Zwei Ausstellungsöfen in den Ausstellungsräumen der Manufaktur in Karlsruhe, beide weiß glasiert. Einer der Öfen steht als zierlicher Zylinder fast unauffällig in einer Nische mit kleinem Dekor des ansonsten funktionalen Objekts eine Zierschale auf der Oberkante. Der zweite Ofen ragt in den Raum hinein mit einer kompakten halbrunden Front, der darauf befindliche ebenfalls runde Aufsatz erscheint gläsern (Arch Ru 28. Jg. 1912, Tafel 127).

Dielen:

1906 Einfache schwarz/weiße Entwurfskizze einer Dielensitzecke (für die Karlsruher Jubiläumsausstellung zu Ehren des 80. Geburtstags des Großherzogpaares, ausgetragen vom Kunstgewerbeverein und der Karlsruher Künstlerschaft 1906). Pfeifer und Großmann beteiligten sich an der Aus-

264 Katalog der Ausstellung 1906: Abt. Kunstgewerbe S. 47, Nr. 6a, ohne Abb.; Entwurfzeichnung in: Karl Widmer, wie zit., in: MB VI. Jg., H. 12 (1907), Abb. S. 514–15.

stellung mit der Ausstattung ganzer Interieurs (Karl Widmer in: MB 6 (1907), S. 514, 515).

1910 Farbiger Entwurf einer Wohndiele für die gemeinsame Karlsruher Architektenausstellung. Farb- und musterintensives Aquarell eines Raumes mit rundem Deckengemälde, kassettierten Wänden, einer hellen Fensternische. Insgesamt ein Gemisch aus vielen traditionellen Bestandteilen, einschließlich einer bäuerlichen Truhe auf einem gemusterten Teppich. Die von der Decke hängende weiße Lampe erscheint unproportional voluminös (MB 9 (1910), Tafel 60).

Keramische Innenräume:

Mit der Erweiterung der Produktionsanlage der Manufaktur seit 1909 ergaben sich die technischen Möglichkeiten für umfangreichere Baukeramikaufträge. Baukeramik trat darauf mehr und mehr in den Mittelpunkt der künstlerischen Produktion. Hans Großmann wurde deren Leiter und Kontrolleur. Die Entwürfe von Hans Großmann sind teilweise in Aquarellen von Wilhelm Volz überliefert[265].

1 – 1910–11 Ausgestaltung der Schwimmhalle und luxuriöser Bäder, Thermen und einer Eisbahn sowie römische Cafés im Admiralspalast in Berlin, drei farbige Aquarelle: Großmann lieferte zusammen mit dem Architekten des Admiralspalastes, Heinrich Schweitzer, Majolika-Entwürfe für insgesamt sechs Räume, darunter für Bäder nach Art römischer Thermen und in Anknüpfung an pompejanische Vorbilder[266]. Die Schwimmhalle im vierten Stock des Hauses zeigte auf schwarzem Grund starkfarbigen, dekorativen Schmuck. Eine kassettierte Tonnendecke mit seitlichen Kappen überwölbte den Raum. Die Rosetten der einzelnene Felder waren in weiß-blauer Majolika ausgeführt. Graue Säulen mit korithisierenden Kapitellen gliederten die Wände. Gekachelte Pfeiler, in denen in eingelassenen, schmalen Nischen auf schlanken, gedrehten Säulen kleine Figurinen standen. Die Wanddekorationen mit Nischen- und Konsolfiguren führte Hermann Binz zusammen mit Christian Ferdinand Morawe (1871–1945) aus. Alle Gattungen künstlerischer Keramik, in der Fläche, Zierfliesen, Reliefs und Freiplastik wurden hier vereinigt[267].

2 – 1912–13 Kaufhaus Wertheim, Leipziger Straße, Lichthof, persp. Ansicht einer Halle, Bauzeichnungen verschiedener Bauteile, 46 Blatt Bleistift auf Transparentpapier und ein Aquarell von Wilhelm Volz[268].

265 MB 12 (1913), Tafel 51–54, 57, 303.

266 Moufang, wie zit., S. 59, Abb. 55; s. a.: Max Wagenführ, Der Admiralspalast und seine Bäder in: Moderne Bauformen 11 (1912), S. 136–152. s. a. GLA Findb. 69, Sign. Z-398,.1,2.,3.

267 Ausführlichere Beschreibung bei Moufang, wie zit., Abb. 219 u. S. 60.

268 GLA Findbuch 69, Z-58–62, drei Fotos Z-399; MB 12 (1913), Tafel S. 303.

Nr. 8 Baderaum auf dem Gut Mariahalden bei Baden Baden

3 – 1912 Entwurf für einen vornehmen Verkaufsraum eines Geschäftshauses in Berlin (A. Wertheim, Königstraße): perspektivische Teilansicht der Lebensmittelhalle von reich dekorierten Pfeilern getragene Hallenkonstruktion und durchbrochene Rückwand, Aquarell von Wilhelm Volz, Feder auf Zeichenkarton[269].

4 – 1912 Confitürenlager Kaufhaus A. Wertheim Farbige Wandfelder mit Ornamentik, figürliche Darstellungen, Beistiftzeichnung 1:10[270].

5 – 1912–1913: Entwurf einer Schrifttafel am Kaufhaus Wertheim:

„Entwurf und Ausführung von
der Großherzgl. Manufaktur
Karlsruhe in Baden
unter Mitwirkung der Architekten
Pfeifer und Großmann Karlsruhe
und des Bildhauers
Prof. Josef Wackerle, Berlin"[271].

6 – 1912 Essen: Kaufhof Althoff, Bauzeichnung für keramische Gestaltung der Lebensmittelhalle, reiche Ornamentik, Bleistift 14 Blatt[272].

7 – 1913 Vorsaal zum Fürstenzimmer eines Bahnhofs, weiß glasierte Wände, Kachelkamin mit hohem Aufsatz, Deckenmalerei und weißer Lüster, Arch. H. Großmann, Aquarell von Wilhelm Volz[273].

8 – 1913 Ein Baderaum auf dem Gut Mariahalden bei Baden Baden, durch-

269 GLA Findbuch 69, Z-55; Abb. Kat. Majolika 1979, Nr. 571; MB 12 (1913), Tafel 53.
270 GLA Findbuch 69, Z-57.
271 Ebd., Sign. Z-13.
272 Ebd., Sign. Z-77.
273 MB 12 (1913) Tafel 52.

Nr. 9 Entwurf für ein Café in Düsseldorf

gehend gefliester Raum, in der Mitte ein gläserner Tempietto mit schuppenartiger Kuppel gedeckt, von acht Säulen gerahmt, durch zwei Bögen mit der Wand verbunden. Aquarell von Wilhelm Volz, Feder auf Zeichenkarton[274] (s. Abb. vorige Seite).

9 – 1913 Entwurf für ein Café in Düsseldorf, farbige Glasurwände und Pfeiler, ornamentierte Wandabschlüsse, zierliche Deckenmalerei, zwischen den Fensternischen weiß glasierte Öfen, Ziervasenkörper in deren Aufsatz[275].

10 – 1913 Innenansicht des Café Jansen in Köln, Raumecke mit Nischen in reicher Ornamentrahmung, Aquarell von Wilhelm Volz, Feder auf Zeichenkarton, links unten signiert „Hans Grossmann"[276] (Abb. s.o.).

11 – 1914 Essen: Villa Hügel, Krupp-, von Bohlen- und Halbach-Stiftung, Schwimmbad im Haupthaus auf dem Hügel, Grund- und Aufrisszeichnung des Bodenraumes, 25 Bl. Bleistift auf Transparentpapier[277].

12 – 1927 Bochum: Verkachelung Lebensmittelraum Kaufhaus Gebr. Alsberg, Bauzeichnungen, 3 Bl. Bleistift auf Transparentpapier[278].

13 – 1927 Gelsenkirchen: Kaufhaus Gebr. Alsberg, Bauzeichnung f. Verkachelung des Lebensmittelraumes, u. für Pfeiler, Wände, Theken, Aquarelle, 6 Blatt[279].

14 – 1928 Bochum: Wandverkachelungen Polizei-Dienstgebäude[280].

274 Kat. Karlsruher Majolika 1979, Nr. 575.

275 MB 12 (1913), Tafel 54.

276 GLA, Findbuch 69, Sign. Z-117, 118, Z-398; Kat. Karlsruher Majolika 1979, Nr. 571; MB 12 (1913), Tafel 54 u. 57.

277 GLA Findb. 69, Sign. Z-184.

278 GLA Findb. 69, Sign. Z-63.

279 Ebd. Sig. Z-84.

280 Ebd., Sign. Z-64.

E 2 Anfang bis Mitte 20er Jahre Oberhausen-Sterkrade

Objekt:	Geschäftshaus
Lage:	unbekannt
Auslober:	unbekannt
Wettbewerb:	keine näheren Angaben, preisgekrönt[281]

Der Standort und die Datierung eines „preisgekrönten Entwurfs" eines Geschäftshauses in Oberhausen-Sterkrade bleibt unklar.

Es zeigt einen aus den frühen 20er Jahren stammenden, noch sehr traditionalistischen Gebäudetyp. Über gebäudeumgreifenden, spitzbogigen Arkaden im Erdgeschoss erhebt sich ein vielgliedriger Großbau am Schnittpunkt zweier Straßen. Die dreigeschossigen Fronten besitzen eine lebhafte Dachgestaltung mit mehreren hohen, dreiachsigen Zwerchhäusern mit Spitzgiebeln an beiden Straßenzügen. Am Schnittpunkt der Straßen erhebt sich ein markanter, fünfstöckiger, quadratisch massiver Turm mit Zeltdach, formal den Zwerchgiebeln vergleichbar. Die Giebelspitzen und Dachecken werden von kleinen Figurinen oder Gefäßformen betont. Lange Fensterreihen, die von hellen Gesimsbändern eingefasst werden, betonen eine horizontale Fassadengliederung. Eventuell handelt es sich um einen ersten Entwurf für das Stadtmittehaus in Oberhausen-Sterkrade, Steinbrinkstraße/Bahnhofstraße.

281 Cremers, wie zit., Bd. I (1928), Abb. 74, S. 63; unklar, aus welchen Personen das Preisgericht bestand und wer es einberufen hat.

E 3 um 1925 Bochum Kommunalbank[282] (heute Sparkasse Bochum)

Das Gebäude wurde nach einem Entwurf von Wilhelm Kreis von 1925 in den Jahren 1927–1929 fertiggestellt. Nähere Angaben zu einem Architektenwettbewerb fehlen. Pfeifer und Großmann entwarfen dazu den abgebildeten Entwurf.

Ein spitzwinkliges Grundstück zerlegten Pfeifer und Großmann asymmetrisch in ein langes Hauptgebäude mit flach konkav gewinkeltem Gebäudekopf, in dessen Winkel ein breiter Treppen- und Uhrturm fast frei vorangestellt ist. Dadurch bildet sich eine spitzwinklige Nische. Eine Seitenkante des Turms geht diagonal zur Turmfassade in einen schachtartigen Baukörper über, auf dessen Dach wie ein Ausrufezeichen eine ornamentierte Turmspitze steht, wie sie häufig an Großmanns Geschäftsbauten auftauchen. Sehr „modern" war das hohe Bauelement für senkrechte „Lichtwerbung" angedacht. Bei dem vorliegenden Entwurf treffen Gebäude in unterschiedlichen Winkel- und Höhengraden aufeinander, wie es charakteristisch für expressionistisches Bauen der Zeit um 1925 war.

282 Abb. bei P. J. Cremers I, wie zit., S. 60, Abb. 69.

E4 1927 Mülheim

Objekt: Wohnhaus[283]
Lage: Am Uhlenhorst

Zwei Entwürfe für stattliche Villen. Es ist offen, ob sie als alternative Entwürfe eines Objekts gedacht waren. Einer der Entwürfe entspricht dem späteren Haus Buhr, s. Kat. Nr. 52.

E5 o. D. Hückelhoven

Objekt: Ev. Gemeindehaus[284]
Vorgesehene Lage und Realisierung nicht bekannt.

Zweiflügelige Gebäudeanlage mit hohen Walmdächern. Die Gebäude erheben sich über einem niedrigen Kellergeschoss mit Fenstern. Einem breiten Haupthaus mit Okulifenstern unter der Dachtraufe ist quer ein eher einem Wohngebäude ähnelnder Flügel vorgelagert. Der Zugang führt an der Schmalseite des Flügels über eine doppelläufige Treppe zu einem breiten Eingangsportal mit stark betontem Gewände. Dieser wohnlichere Teil besitzt an jeder Dachseite Dachgauben. Die flirrende schwarz-weiße Zeichnung lässt Vieles im Unklaren. In jedem Fall zeigt sich eine in den Traditionen des Heimatschutzstils retrospektive Architektur.

283 StA MH 15.10/90.00/II.
284 Ebd. 15.10/90.00/049; auch in: Nachrichtendienst der „Westdeutsche Bauschau“, 2. Jg. (1927), Nr. 30, S. 1.

E6b vor 1928 Gelsenkirchen-Buer Drei Geschäftshäuser

Objekt:	Geschäftshaus[285]
Ehem. Lage:	Hochstraße
Inhaber:	Duncker-Meese

Der Entwurf zeigt ein breites, drei-bis viergeschossiges Eckgebäude mit Flachdach und regelmäßger Fensterrasterung. Unterhalb eines hellen Gurtgesimses verläuft die Ladenzeile mit breiten Auslagenfenstern. Wie bei Pfeifer und Großmann häufig anzutreffen, wird die Gebäudeecke durch eine Überhöhung mit einem weiteren Geschoss und einer Art Turmgeschoss betont. Diesem ist ein schmales, turmartiges Verbindungsglied zur langen Gebäudefassade eingeschnitten. Auf seiner Oberkante ragt ein Ziermast hoch hinaus. Ihr entspricht auf der entgegengesetzten Gebäudeseite ein auf einem kurzen Erker aufsetzender Mast, aus einer Kugel hervorragend. Als spielerischer Zierrat brechen diese Elemente die Strenge der Fassade auf.

Das tatsächlich von Pfeifer und Großmann erbaute Geschäftshaus[286] ist insgesamt schmaler, zeigt aber alle Merkmale der Fassadengestaltung wie im

285 Abb. bei Cremers, wie zit. Bd. I, Abb. 70, S. 61.

286 Abb.: ein Zufallsfund aus: https//www.gelsenkirchener-geschichten.

Entwurf vorgesehen. Die Ladenzeile setzt sich hier mit dominant kräftigen Formen stark vom übrigen Gebäude ab. Wiederzufinden ist das eingeschnittene Turmelement, das wie im Entwurf auf einer figürlichen Konsole ruhend das Dach überragt. Im Unterschied zum Entwurf ist ein flaches Satteldach mit Gauben in den Fensterachsen vorzufinden. Das Haus existiert nicht mehr.

Das Duncker-Meese Haus reiht sich ein in die von Pfeifer und Großmann in großer Zahl entworfenen und gebauten Geschäftshäuser aus den 20er Jahren. Klare Strukturen, die mit gegensätzlichen Elementen wie Erker, schmalen Türmen, rechtwinkligen Einschnitte mit sehr sparsamen Zierformen belebt werden.

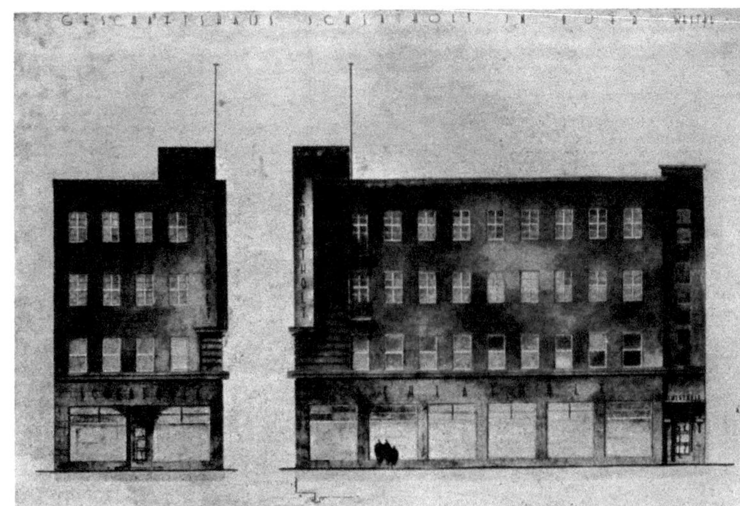

E6a vor 1928 Gelsenkirchen-Buer

Objekt: Geschäftshaus[287]
Lage: Hochstraße/Ecke Ophofstraße
Eigentümer: Schlatholt

Das Geschäftshaus Schlatholt war ein Schuhgeschäft. Es wurde 1889 von Hermann Schlatholt (†1927) mit Sitz in der Hochstraße 16 gegründet.

Bis auf die Gestaltung der Eckfassade ist Pfeifer und Großmanns Entwurf mit dem des Gebäudes für Duncker-Meese fast verwechselbar. Die gleiche schnörkellose, glatte Fassade mit großen Schaufenstern im Erdgeschoss wie bei den meisten Geschäftsbauten, regelmäßige Fensterachsen, rechtwinklig sich durchdringende, turmartige Bauglieder im Eckbereich, die durch Fahnenmasten mit Kugelende zusätzlich betont werden, kennzeichnen diese Skizze. Der Eckturm zeigt eine durch Steinstreifen herausgehobene Oberflächengestaltung wie im Stadtmittehaus Oberhausen.

287 Bauwarte 4. Jg. (1928), drei Abb., S. 359; Cremers, wie zit., Bd. I, S. 62, Abb. 72; s. a.: StA MH 1510/90.00/048.

E6c vor 1928 Oberhausen-Sterkrade[288]

Objekt: Geschäftshaus
Lage: unklar

Alle Stilelemente dieses Entwurfs ähneln den beiden vorangehenden Geschäftsbauten. Die Ladenzeile, die klaren Fassaden, ein flaches Dach, eine zurückversetzte Turmecklösung, auch hier wird der Turm zusätzlich dekorativ in Streifenoptik gedacht, insgesamt eine kubistisch wirkende Komposition unterschiedlich hoher Gebäudekuben.

288 Abbildungen bei J.P. Cremers, wie zit., Bd. I, Abb. 73, S. 62 sowie Entwurf eines Geschäftshauses ohne Ortsangabe, ebd. Abb. 71, S. 61.

E7 vor 1930 Herne-Sodingen

Objekt: Ev. Gemeindehaus[289]
Lage: Lutherstraße 1

Auf der Entwurfskizze zeigt sich ein breiter, zweistöckiger Funktionsbau über hohem Kellergeschoss. Regelmäßige Fensterachsen hochrechteckiger und quadratischer Fenster überziehen die Fassade. Ein abgetrepptes Gurtgesims leitet über zum flachen Walmdach. Der zentrale Eingang ist über eine zweiläufige Treppe erreichbar. Das Portalgewände scheint mit plastischem Schmuck umrahmt, das Mauerwerk darüber in besonderer Art optisch betont. Die Gebäudemitte bekrönt ein (Großmann'scher) Zier- oder Fahnenmast.

E8 1928 Düsseldorf

Objekt: Bebauungsplan für eine Siedlung[290]
Lage: Hüttenstraße

Um einen geschlossenen Platz gruppierte, von Bäumen umsäunte Wohnbebauung. In der Platzmitte ein Brunnen, geplante Kinderspielplätze, an der

289 StA MH 1550/90.00/050; J. P. Cremers, wie zit., Bd. I (1928), Abb. S. 40, Nr. 45, Entwurfzeichnung, ebenso Bd: II, Abb. o. S.; ebd. eine Geschäftsanzeige einer Baufirma, August Weinreiß aus Mülheim, die für die evangelische Gemeinde Plattierungsarbeiten durchgeführt hat und die Entwurfzeichnung als Projeknachweis abbildet.

290 Bauwarte 4. Jg. (1928), S. 357 mit 2 Lageplänen 1:200 und Schaubild, S. 360–61, s. a.: 2 Abb. StA MH 1510/90.00/047.

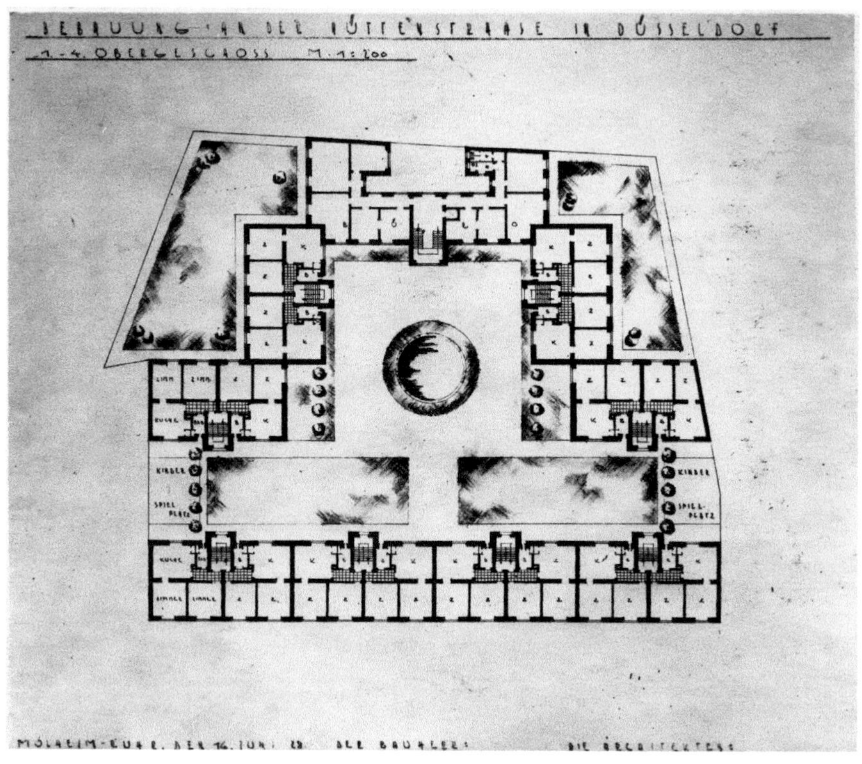

Außenseite des Platzes sechs Läden. Geplant waren viergeschossige Bautrakte. Ein in expressionistischer Manier gezeichneter Entwurf zeigt im Hintergrund des Areals einen turmartigen Mittelerker, wie so häufig in dieser Zeit bekrönt von einem Ziermast.

E 9 1929 Mülheim an der Ruhr

Objekt:	Werkbundsiedlung
Lage:	Forstbachtal, Mülheim-Menden
Auftraggeber:	Stadt Mülheim und Deutscher Werkbund
Teilnehmer:	Prof. Alfred Fischer und Edmund Körner, Essen; Emil Fahrenkamp und Heinrich de Fries, Düsseldorf; Theodor Veil, Aachen; Georg Metzendorf mit Baurat Jacob Schneider aus Essen; aus Mülheim Theodor Suhnel; Oberbaurat Arthur Brocke; Pfeifer und Großmann

Die Siedlung im Forstbachtal war eine vom Beigeordneten der Stadt und Oberbaurat Arthur Brocke gemeinschaftlich mit dem Werkbund geplante Mustersiedlung. Ohne sozialreformerische Ansätze sollte hier die Architektur des Neues Bauens demonstriert werden. Mülheim an der Ruhr wurde ihrer topogra-

phischen Struktur, ihrem besonderen Charakter einer Hügelstadt und besonders des landschaftlichen Reizes des Forstbachtales wegen für die Mustersiedlung ausgewählt, als „Treuhänder der Natur", wie es idealistisch hieß[291]. Außerdem sei die Stadt auch wegen der Boden- und Baupreise für das Vorhaben besonders geeignet, dessen „Ergebnis für das ganze Industriegebiet von Bedeutung" sein könne. Das Ziel, eine beispielgebende, moderne Siedlung zu schaffen, war letztlich nicht zu verwirklichen. Zeitbedingt, die Weltwirtschaftskrise begann Ende 1929, musste das vielversprechende Projekt aus wirtschaftlichen Gründen aufgegeben werden.

Geplant war auf stadteigenem Gelände die Errichtung von 20 Häusern, die nicht allein von lokalen Architekten, sondern von überregional bekannten Vertretern ihres Faches entworfen werden sollten, die alle im Deutschen Werkbund organisiert waren. Beteiligt waren die Professoren Alfred Fischer und Edmund Körner, Essen, Emil Fahrenkamp und Heinrich de Fries, Düsseldorf, Theodor Veil, Aachen, und Georg Metzendorf mit Baurat Jacob Schneider aus Essen sowie aus Mülheim Theodor Suhnel, Oberbaurat Arthur Brocke und Pfeifer und Großmann. Die Entwürfe waren völlig freigestellt. Zu den Ausschreibungsbedingungen gehörte allerdings die Festlegung der Bausumme der einzelnen Häuser auf höchstens 18000 Mark pro Haus. Ein engerer Ausschuss kontrollierte die Entwürfe hinsichtlich Normung der Bauteile und konstruktiver Notwendigkeiten der Gestaltung[292].

291 „Die Form" Zeitschrift für gestaltende Arbeit, Organ der Dt. Gewerbeschau, hrsg. für den Dt. Werkbund von Dr. W. Riezler (off. Organ der Werkbundausstellung „Wohnen und Werkraum" Breslau), H. de Fries: Werkbundsiedlung Mülheim-Ruhr, H. 14 (1929), S. 373–386, hier S. 376; s. a. Neues Bauen in Mülheim an der Ruhr, hrsg. v. Beig. Brocke (=Neue Stadtbaukunst), Berlin-Leipzig-Wien 1929, Einleitung Paul Joseph Cremers, S. VIII u. Abb. S. 34–35; s. a. StA MH Fotosammlung 1510/60.22/8.

292 Ebd. Lageplan mit Grundstücken, s. de Fries, S. 375; s. a. Heuter, wie zit.: Emil Fahrenkamp, Kat. Nr. 150, S. 401–02.

Die vorgesehenen Einzelgrundstücke besaßen ansehnliche Gärten von durchschnittlich 1500qm. Das Gelände bot wegen der nicht unerheblichen Hanglage einige Herausforderungen. Die vorgesehene 400 m lange Straße sollte kurvig von Südwesten nach Nordosten durch die Siedlung verlaufen. In der Mitte erweiterte sie sich zu einem kleinen Platz, wo die Häuser von Brocke und Fahrenkamp im rechten Winkel zueinander angeordnet werden sollten. Längs der Straße verteilten sich die gestaffelten Häuserkuben im überlieferten Gipsmodell in lockerer Reihung, individuellem Zuschnitt und angemessenem Abstand. Das Modell kann natürlich die später realisierten Gestaltungen von Fassaden, Fenstern, Terrassen in Material und Farben nicht oder nur im Ansatz vermitteln, die der Siedlung erst ihr charakteristisches Profil gegeben hätten.

Es wäre interessant gewesen, wie sich die lockere Komposition aus zweigeschossigen Reihenhäusern, Doppel- und Einzelhäusern entwickelt hätte. Pfeifer und Großmann haben zwei Einfamilienhäuser beigetragen, die als Nummer 4 und 5 in der südwestlichen Mitte der langgestreckten Anlage vorgesehen waren. Ihre Eingänge waren zum Nordosten hin angelegt, ebenso wie Küche und WC im Erdgeschoss, sowie eines der Schlafzimmer und das Bad im oberen Geschoss. Wohn- und Esszimmer waren nach dem größtmöglichen Sonneneinfall ausgerichtet. Beiden Häusern war nach Südwesten hin jeweils eine Terrasse angesetzt. Die Terrasse des Hauses Nr. 5 ergab sich durch einen einstöckigen Anbau zum Ausgleich der Hanglage. Treppenab- und -aufgänge spielen in dieser Siedlung wegen der Niveauunterschiede eine große Rolle. Die isometrische Darstellung der Hausentwürfe kann bei allen Hausentwürfen nur glatte Fassaden mit wenig tief sitzenden Fenstern ohne viel Gewände zeigen[293]. Die Gestaltung der Fassaden durch Materialien und Farbgebung war in diesem Projektstadium noch nicht angedacht.

E10 1929 Mülheim

Projekt: Passage Wallstraße/Kohlenkamp[294]

Eine geschwungene, erleuchtete Deckenkonstruktion sollte den Eingang der Passage bilden, deren innere Wände aus geschosshohen, belichteten Schaufenstern gebildet werden sollten. Die Passage blieb ein Entwurf.

[293] Abbildungen aus: WMB Nr. 14 (1929).

[294] Bauwarte, 4. Jg. (1928), S. 357 mit 3 Abbildungen S. 357–58;

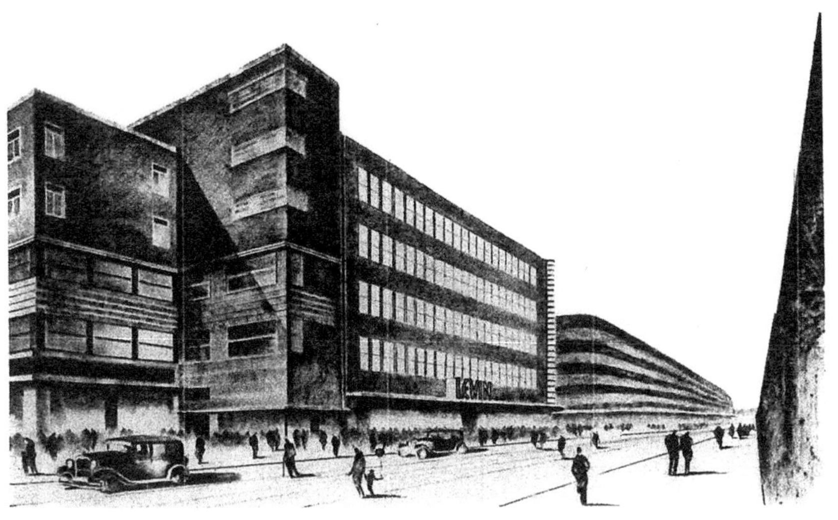

E11 vor 1930 Mülheim

Objekt: Kaufhaus Lewin
Lage: Hindenburgstraße 16
Auftrag: Martin oder Moritz Lewin

Zu den projektierten Geschäftsbauten zählte auch das in der Literatur erwähnte Herrenkonfektionshaus Lewin. Der Mülheimer jüdische Kaufmann für Herrenbekleidung Moritz Lewin konnte nach der Machtübernahme der Nationalsozialisten 1933 rechtzeitig in die USA emigrieren[295]. Das Kaufhaus ist nur dank der Abbildung einer Entwurfzeichnung bekannt (s. a. Text S. 77 u. Abb. 90).

Das Gebäude teilte sich in zwei Baublöcke. Die breite Front der vierstöckigen Hauptfassade bestand im Wesentlichen aus langen Fensterreihen. Das Untergeschoss soll eine pfeilerlose Verglasung besessen haben, von einem breiten Gesims überfangen. Eng angebaut an diesen breiten Block erhob sich als Annex ein in Höhe und Gestaltung abweichender, turmartiger Flügel mit Querhaus und sehr variantenreichen Fensterlösungen. Zeittypisch waren die zum Teil Gebäudekanten überspielenden Fenster. Zurückversetzt schloss sich, an einer Straßenkreuzung liegend, ein niedrigerer Querbau an, bei dem Fensterformen und dekorative Streifenoptik identisch wiederkehren.

In der Literatur wird der Bau als „rassiger" Eisenskelettbau beschrieben, dessen Fassade vollständig aus Kannstädter Travertin bestand. Die Fenster sollen in Markuria-Silberrahmen ausgeführt worden sein[296].

295 Gerhard Bennertz, in: 900 Jahre Mülheim an der Ruhr, wie zit. S. 558.

296 P. J. Cremers, Bd. II, wie zit., S. XI, eine Abb. o. S. Ob der beschriebene Annexbau überhaupt zu dem Hauptgebäude gehörte, bleibt unklar.

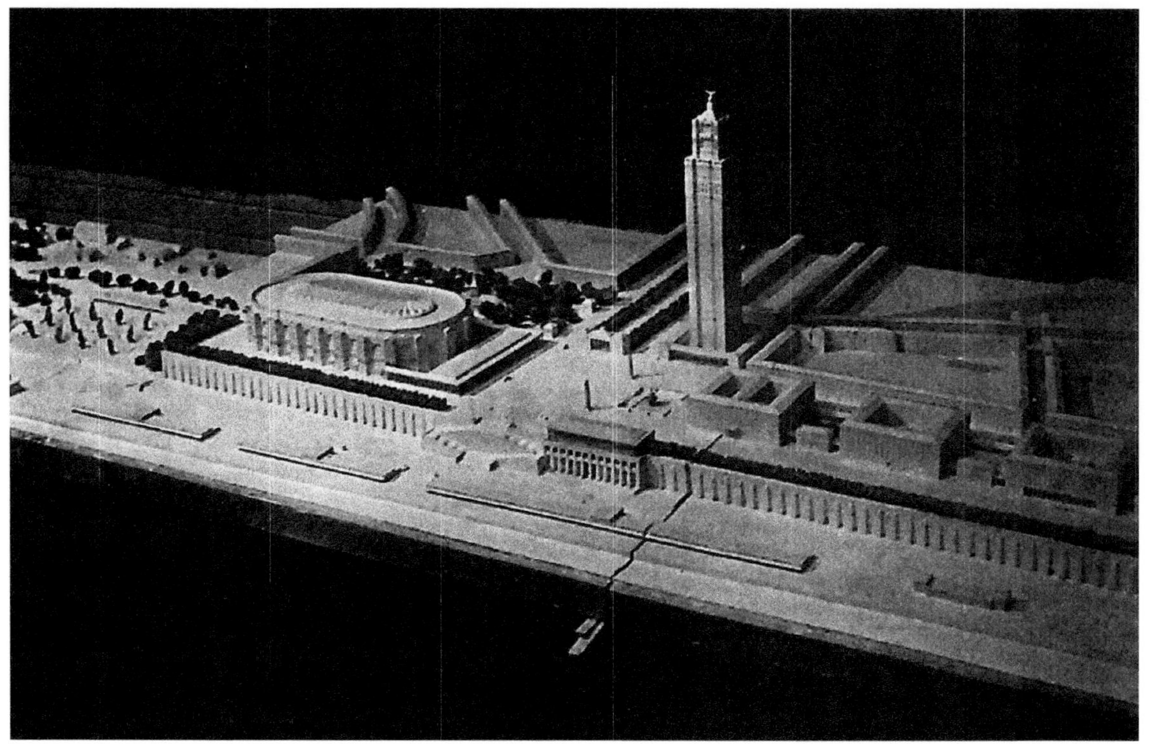

E12 1937 Hamburg

Projekt:	Gauforum
Lage:	Elbufer
Wettbewerb:	Fünf berufene Architeten: Paul Bonatz, Werner March, Erich zu Puttlitz, Konstanty Gutschow, Hermann Giesler, nach Ausfall Gieslers nachträglich auf Wunsch Hitlers Hans Großmann nominiert[297]
Bauauftrag:	Architekt des Elbufers: Konstanty Gutschow Das Projekt wurde aufgegeben.

Hamburg gehörte als „Stadt des Außenhandels“ zu den fünf sog. Führerstädten, die zum Ruhm des Reiches in einer „sinnoffenbarenden Form“ gewaltig ausgebaut werden sollten. Neben Hamburg waren es Berlin („Germania“), München („Hauptstadt der Bewegung“), Nürnberg („Stadt der Reichsparteitage“) und Stuttgart („Stadt der Auslandsdeutschen“), die mit groß dimesionierten Gauforen ausgestattet werden sollten.

Hitler hatte für Hamburg ehrgeizige Ziele. Seine Vision war es, in Konkurrenz zur gerade gebauten Golden Gate Bridge Hamburg mit einer Elbhochbrücke von

297 Durth, Werner/Niels Gutschow: Träume in Trümmern. Planungen zum Wiederaufbau zerstörter Städte im Westen Deutschlands 1940–1950, 2 Bde., Braunschweig 1988, Bd. II, S. 599.

700 m Spannweite und 180 hohen Pylonen als „Tor zur Welt" zu präsentieren. Maßstab war das amerikanische Vorbild, dem Hitler mit einem monumentalen Hochhaus als „Stadtkrone" ... „deutsche Tektonik" entgegensetzen wollte[298]. Mit der neuen, großangelegten Elbufergestaltung samt einer Hochstraße entlang der Elbe, dem Hochhaus von 250 m Höhe (!), mit Kraft-durch-Freude-Hotel, einer Volkshalle für 50 000 Personen und einem Aufmarschplatz für 100 000 Menschen sollte Größe „als Ausdruck der Sehnsucht, des Willens und des Glaubens unseres Volks" manifestiert werden[299].

Von städtischer Seite in Hamburg wurden 1937 fünf Architekten zur Teilnahme an einem Wettbewerb aufgefordert. Hitler persönlich diktierte das Bauprogramm und überwachte den Gang des Wettbewerbs. In die Architektenriege wurde angeblich auf Wunsch Hitlers am 30.11.1937 nachträglich Hans Großmann berufen. Um ihn nicht zu benachteiligen, verschob man den Abgabetermin für die Entwurfsmodelle um anderthalb Monate[300]. Am 27.4.1938 wurden die Ergebnisse in der Kunsthalle ausgestellt. Wie sehr Hitler an dem Projekt gelegen war, zeigt die Tatsache, daß die Modelle für seine persönliche Entscheidungsfindung in drei Eisenbahnwaggons nach Berlin transportiert und in der Reichskanzlei aufgestellt wurden.

Hans Großmann hatte sich bei seinem Entwurf an die programmatischen Vorgaben gehalten. Die Gebäude zeichneten sich durch achsensymmetrischen Aufbau aus. Das verfügbare Areal gliederte er wie verlangt durch großzügige Aufmarschplätze und -straßen. Das schlanke, hohe Hotel strebte wie ein Fingerzeig in die Höhe. Die Hochstraße gelang durch immense Aufschüttungen und sollte mit einer senkrechten Stützmauer befestigt werden. Senkrechte Festigungspfeiler würden auf ihr eng aneinander gereiht eine fast propyläenartige Wirkung erzielen und damit die hoch aufgeschüttete Anlage zusätzlich monumentalisieren.

Hitler entschied sich spät, am 21. Januar 1939. Er entschied sich für das Modell des Architekten Konstanty Gutschow, des späteren „Architekten des Elbufers". Wegen des Luftkrieges wurden die Planungen 1941 erst reduziert und nach massiven Zerstörungen 1943 aufgegeben[301].

298 Lafrenz, Jürgen: Städtebauliche Planungen zur Neugestaltung am Hamburgischen Elbufer im Dritten Reich, in: Der nordatlantische Raum. Festschrift für Gerhard Oberbeck (=Mitt.d. Geographischen Gesellschaft in Hamburg, Bd. 80), 1990, S. 285, 288.

299 Durth, Werner/Gutschow, Niels: Träume in Trümmern. Planungen zum Wiederaufbau Deutscher Städte im Westen Deutschlands 1940-1950, 2 Bde. 1988, S. 601; s. a. Durth, Werner: Deutsche Architekten. Biographische Verflechtungen 1900–1970, München 1992, S. 206-207.

300 Durth, Werner/Gutschow, Niels (1988), wie zit., S. 599; die berufenen Architekten waren: Paul Bonatz, Konstanty Gutschow, Erich zu Putlitz, Werner March; der Architekt Hermann Giesler sagte wegen Überlastung ab. Stattdessen wurde nachträglich Hans Großmann berufen; vgl. Lafrenz, Jürgen (1987), wie zit., S. 291 und Höhns, Ulrich (Hrsg.): Das ungebaute Hamburg. Visionen einer anderen Stadt in architektonischen Entwürfen der letzten 150 Jahre (=Schriftenreihe des Hamburgischen Architektenarchivs), Hamburg 1991, S. 84, 86, 88, 100, 101, 275.

301 Durth/Gutschow: Träume in Trümmern, Taschenbuchausgabe, München 1993, S. 242.

E13 1937/40 Bayreuth (Gauforum und) Hotel

Objekt:	Gauhotel mit Führersuite und Theater
Ausschreibung:	Oberbürgermeister Dr. Kämpfler, Bayreuth, zus. m. Generalbauinspektor für die Reichshauptstadt, Architekt Albert Speer.
Wettbewerb:	1939 engerer Wettbewerb unter 12 Architekten
Sieger:	Hans Großmann und C. Reissinger, Bayeuth.
Bauauftrag:	Hans Großmann Das Projekt wurde nie verwirklicht.

Zu Bayreuth hatte Hitler eine besondere, persönliche Beziehung. Anläßlich eines Festspielbesuches hat er wohl schon 1937 Anweisungen für ein großes „Gauforum" gegeben, das ihm so wichtig war, dass „... die Reichskanzlei und Albert Speer diesem Bauvorhaben besondere Aufmerksamkeit" widmeten[302]. Im Zusammenhang mit diesem Gauforum sollte außerdem ein „würdiger und ausreichender Hotelneubau"[303] die Pflege des Festspielerbes unterstützen.

Bayreuth wurde am 17.2.1939 per Führererlass in den Kreis der „Neugestaltungsstädte" aufgenommen. Das vorgesehene Baugelände lag zentral in unmittelbarer Nähe zu Hofgarten und dem alten markgräflichen Stadtteil und neben geplanten Bauten für ein Theater und eine Volksbühne. In zwei Projektschritten sollte die Stadt „neugestaltet" werden. Projekt I von 1934–37 umfasste

302 Nerdinger, Winfried, 1988, wie zit., S. 34.

303 Stephan, Hans: Zum Wettbewerb Hotel Bayreuth, in: Die Baukunst. „Die Kunst im Deutschen Reich", hrsg. v. Beauftragten des Führers für die Überwachung der gesamten geistigen und weltanschaulichen Schulung und Erziehung der NSDAP, 7. Jg., Juli/August 1943 (Sonderdruck), S. 123: Empfohlenes Vorbild: Hotel Elefant in Weimar.

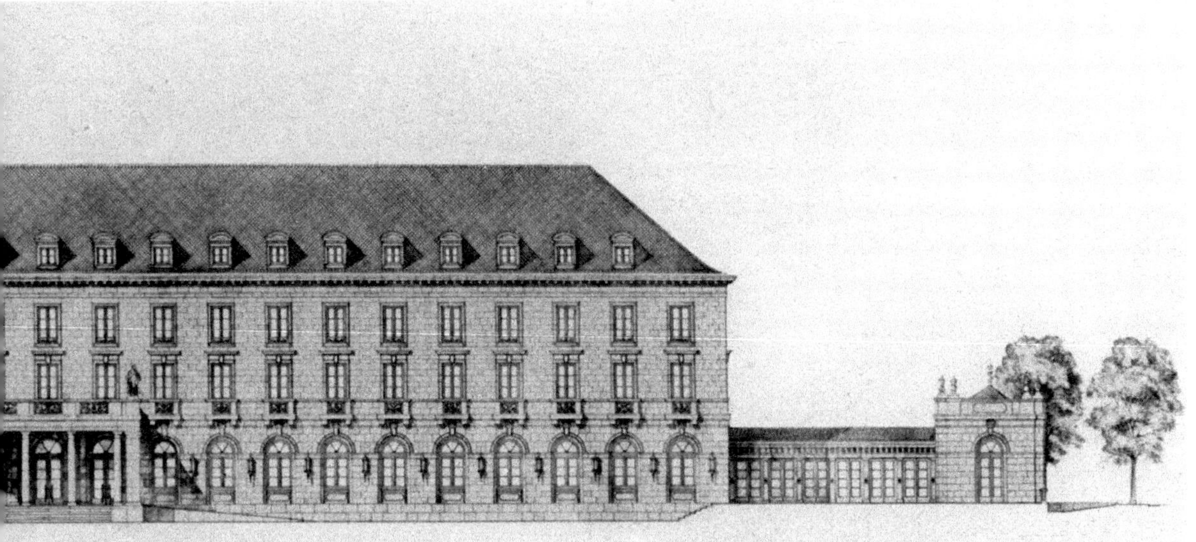

ein Gauforum mit Aufmarschplatz. Hitler selbst gab 1937 die Anweisung, in einer noch größeren Variante, Gauleitungsgebäude, Aufmarschplatz, Theater und Hotel sowie Gebäude für SA und SS auf über 55 ha zusammenfassend südlich der Innenstadt zu planen. Die Gesamtplanung wurde dem Bayreuther Architekten Reissinger übergeben.

1939 entschied sich Hitler, für den Hotel- und Theaterneubau einen engeren Wettbewerb unter zwölf geladenen Architekten auszuschreiben. Aus dieser Konkurrenz gingen zwei Entwürfe als Sieger hervor: der Entwurf Hans Großmanns und der des Bayreuthers Hans Reissinger. Beide wurden anschließend zu einer Überarbeitung aufgefordert. Hitler ließ sich wie bei der Planung in Hamburg die Modelle zur Begutachtung nach Berlin transportieren. Nach der Überarbeitung entschied er sich im März 1940, „daß der Hotelneubau nach dem Entwurf des Architekten Großmann weitergeplant und durchgeführt werden solle"[304].

Zum geforderten Raumprogramm des Hotels gehörte eine Führersuite mit direktem Zugang zum neu zu erbauenden Theater. Die Räumlichkeiten umfassten Platz für 200 Betten, davon 70 Einzelzimmer und

[304] Stephan, Hans, in: Die Kunst im Deutschen Reich, 7. Jg., Folge 7/8, Juli/August 1943, S. 122–129, hier S. 123, 126.

130 Doppelzimmer, überwiegend mit eigenem Bad. Neben einer Hotelhalle von 350qm waren eine weitere Empfangshalle von 65qm, ein Konferenzzimmer von 200qm sowie diverse Speiseräume projektiert. Auf zweckmäßige Möbilierung, gute Belichtung und Belüftung wurde Wert gelegt. Für Hitler und seine Begleitung war eine überdachte Direktverbindung zum geplanten, benachbarten Theaterneubau vorgesehen.

Großmann entwarf nach dem Vorbild italienischer Renaissance-Paläste für das Hotel einen 23-achsigen Hauptbau, das Corps de Logis, mit einem zentralen, säulengestützen Portikus. Unabhängige, schmale Seitengebäude umrahmen wie Orangeriebauten das symmetrische Gartenparterre vor dem Hauptbau. Dort sollten Läden, Reisebüro und Cafés untergebracht sein. In der Fassadengestaltung erinnert der Hotelbau etwa an den Palazzo Farnese in Rom aus dem 16. Jahrhundert. Für den innerhalb des linken Gebäudeflügels liegenden Schmuckhof gilt dasselbe Vorbild. Typisches Merkmal sind ein säulengestützter Arkadenumgang mit dorischen Säulen und klassischer Entasis (leichte Schwellung der Säulen) und antikischem Metopen-Triglyphenfries am umlaufenden Gebälk. Ein 11-achsiger Verbindungsgang zu dem geplanten Theater war zweigeschossig angedacht. Die mittleren 7 Achsen bildeten risalitartig einen höheren Gebäudeteil, die Okulifenster in den Achsen sind ein übliches Motiv bei Großmann[305].

Albert Speer hat augenscheinlich der italienische Einfluss im Entwurf von Hans Großmann nicht zugesagt. In einem Schreiben vom Oktober 1941 dankte er Großmann, aber er wünschte sich, dass er „die starken Anklänge an italienische Renaissance-Architektur" in einer neuen Überarbeitung des Entwurfs vermeiden solle[306] (s. Kat. E 13, Abb. Schmuckhof). Der für August/September 1939 vorgesehene Baubeginn fand verständlicherweise nicht statt. Kriegsbedingte Kontingentierung von Baumaterialien hinderten die weiteren Arbeiten.

305 Abb. StA MH 1510/90.00/051; das gesamte Ausmaß der Planungen bei Nerdinger (1988), S. 34–35 u. 375; dort angegebene Textquellen: HStA Bayreuth, Büro Speer, Nr. 3055–3061 u. Modelle im Stadtmuseum Bayreuth.

306 Bundesarchiv R3/1581 Reichsministerium für Rüstung und Kriegsproduktion, Ministerbüro Speer: Kopie eines Schreibens an Großmann vom 22.10.1941; der Einfluss italienischer Vorbilder ist in einem früheren Entwurf noch deutlicher.

E14 1944/45 Mülheim Wiederaufbauplanungen

Auftrag: Planung des Wiederaufbaus der im Juni 1943 kriegszerstörten Stadt Mülheim u. a. durch Hans Großmann

Auftraggeber: Albert Speer unter Einschaltung des Ruhrsiedlungsverbandes

Am 11. Oktober 1943 erließ Hitler auf Initiative Albert Speers den Erlaß über die Vorbereitung des Wiederaufbaus bombengeschädigter Städte, veröffentlicht im Reichsgesetzblatt am 26.10.1943. Kurz vor Weihnachten organisierte Reichsminister Speer dazu den „Arbeitsstab für den Aufbau bombenzerstörter Städte"[307]. In einer Rede vom 30.11.1943 bekräftigte er dazu, daß man die Stäbe und Architekten zur Verfügung stellen werde, „die schon vor dem Kriege an der Neugestaltung der deutschen Städte tätig waren"[308]. Es folgten Mitte Juli Richtlinien zur Statistik und Darstellung der Schadensfeststellungen. Schließlich schickte das Büro Albert Speer fast ein Jahr später am 19.9.1944 eine Liste der 43 am schwersten beschädigten Städte an den Chef der Staatskanzlei mit der Bitte, „diese Städte durch Führererlaß zu Wiederaufbaustädten zu bestimmen"[309].

Mülheim erschien in dieser Liste (Stand vom 1.5.1944) an 20. Stelle mit einer Schadensbilanz von 29.99 % des Gesamtbestandes. Im ganzen Reich erhöhte sich bis November die Zahl der zerbombten Städte weiter auf 80, aber nur 42 von ihnen erhielten den ersehnten Status als „Wiederaufbaustadt"[310]. Selbst Städte wie Leipzig oder Königsberg bemühten sich vergeblich um die Aufnahme. Mülheim an der Ruhr aber gehörte als eine von vier Aufbaustädten im Gau Essen neben Essen, Oberhausen und Duisburg dazu.

Großmann plante in einem Areal längs der Ruhr nördlich der Stadthalle das sog. Ruhrforum unter Einbeziehung der erweiterten Vorster Straße. Vom Rathausufer aus gesehen ergab sich eine symmetrische Gesamtansicht mit einem zentra-

307 Durth, Werner/Gutschow, Konstanty, wie zit. (1988), S. 209.

308 Durth, Werner: Träume in Trümmern. Stadtplanung 1940–1950, dtv Taschenbuch, München 1993, S. 52.

309 Durth/Gutschow, wie Anm. 287, S. 66.

310 Ebd., S 80.

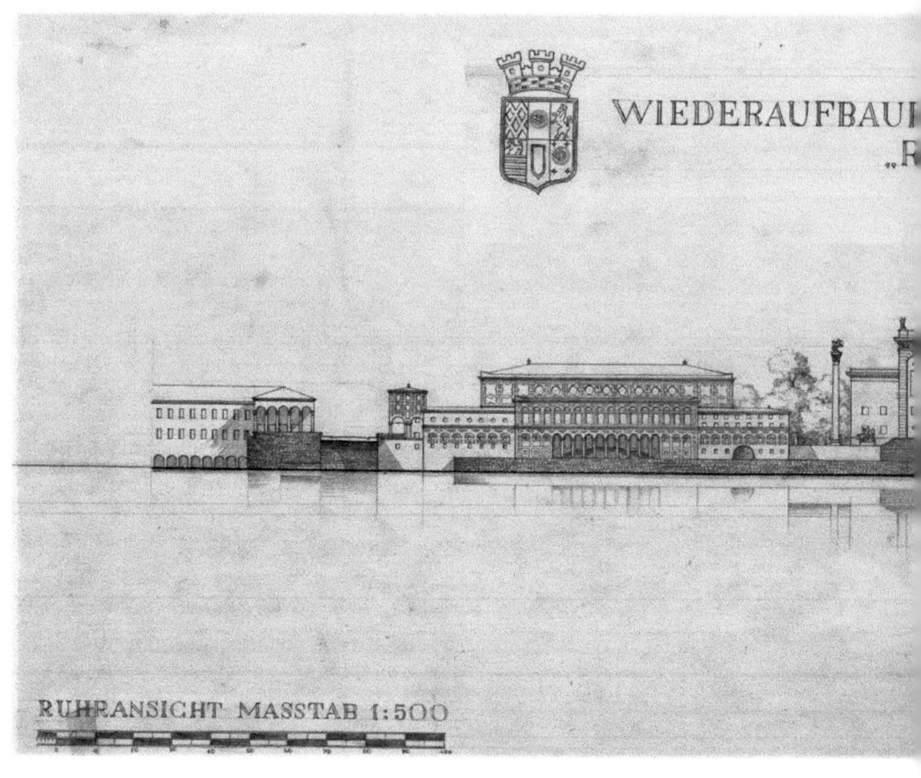
WIEDERAUFBAU
RUHRANSICHT MASSTAB 1:500

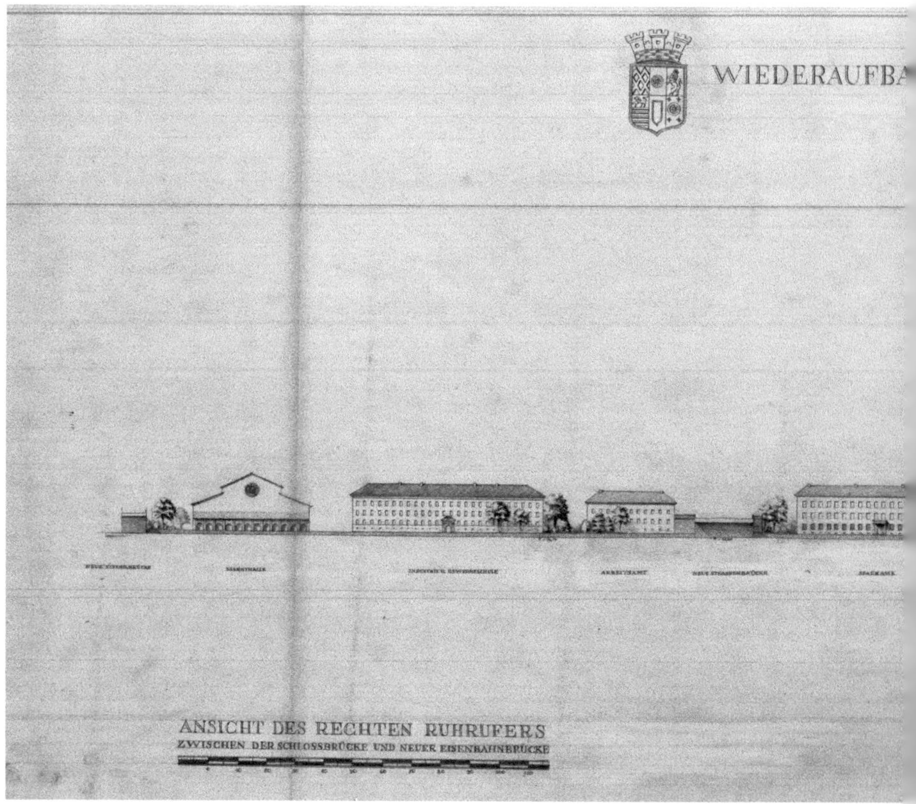
WIEDERAUFB
ANSICHT DES RECHTEN RUHRUFERS
ZWISCHEN DER SCHLOSSBRÜCKE UND NEUER EISENBAHNBRÜCKE

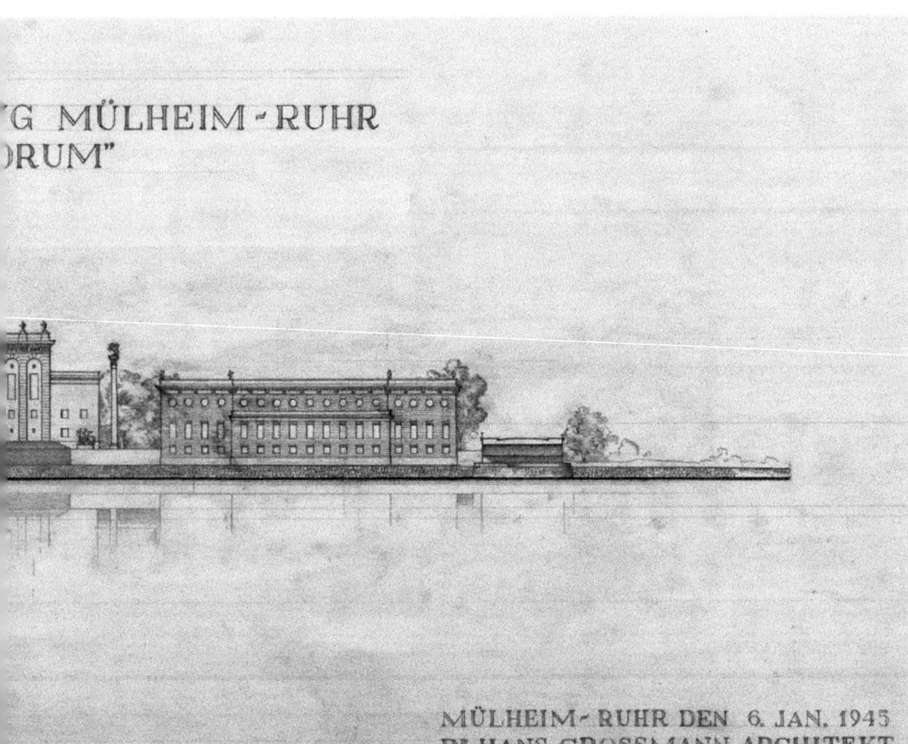
G MÜLHEIM-RUHR
RUM"
MÜLHEIM-RUHR DEN 6. JAN. 1945
Dr HANS GROSSMANN ARCHITEKT

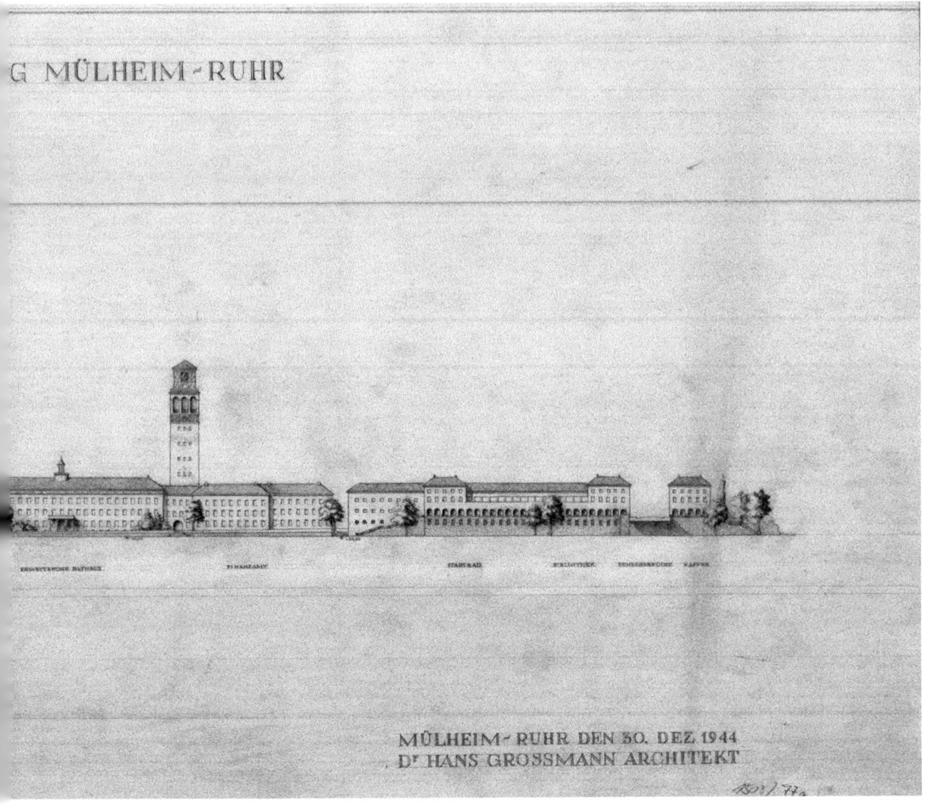
G MÜLHEIM-RUHR
MÜLHEIM-RUHR DEN 30. DEZ. 1944
Dr HANS GROSSMANN ARCHITEKT

len Volkshaus, sozusagen als erhöhte „Akropolis“ oder hohem Dom, und breiter, mit Obelisken umstandener Aufmarschallee[311].

Entwürfe (Maßstab 1:500) zeigen in einer isometrischen Darstellung das monumentale Ausmaß der Anlage. Das Gebäudeensemble sollte aus einem Dreiklang von Stadthalle, dem zentralen Volkshaus und einem die Größe der Stadthalle überragenden Gebäude an der Vorster Straße bestehen, zwischen denen der Aufmaschplatz angelegt werden sollte. Aus der Distanz wirkten Stadthalle und der zusätzliche Bau wie Seitenflügel des großen, mittig zurückversetzten Volkshauses, das im Entwurf die Maße des benachbarten Schlosses Broich übertraf. Es sollte eine basilikale Grundform mit einer tiefen Vorhalle, vergleichbar einem Narthex der frühchristlichen Sakralarchitektur, erhalten. Eine hohe rundbogige Arkadenreihe bildet deren Front, dicht bekrönt von Skulpturen. Niedrigere, schmale Seitenannexe bestärken den Eindruck eines Sakralgebäudes mit Seitenschiffen. Die Arkadenreihe erinnert entfernt an die Eingangshalle der Kirche St. Mariae-Geburt in Mülheim.

Dem Ruhrforum entsprach im Entwurf auf der gegenüberliegenden Ruhrseite eine einheitlich gestaltete Behördenfront mit dem alten Rathaus im Zentrum, einem Finanzamtsbau und in nördlicher Richtung einer Sparkasse, einem Arbeitsamt, einer Industrie- und Gewerbeschule sowie einer Markthalle.

Die Planungen wurden nie ralisiert.

E 15 1944/45 Mülheim Wiederaufbauplanung Hauptbahnhof

Der Aufbauplan für den Hauptbahnhof an der Eppinghoferstraße sah eine achsiale Dominante mit einer breiten Baumallee vor, die auf das Bahnhofsgebäude zuführen sollte[312].

Der hohe Haupteingang des Empfangsgebäudes teilt sich im Entwurf in zwei Zonen, die von einem breiten Rautenfries unterteilt sind und mit einem Gurtgesims abschließen. Die Erdgeschosspartie zeigt beidseitig des breiten Portals je vier schmale, hochrechteckige Fenster. Oberhalb des Frieses setzt sich die Front in einer fensterlosen Wandpartie fort, die seitlich abgestuft mit Kranzgesims und Zahnschnitt abschließt.

Der Eingangsbereich wird von dem hohen Rundbogen eines Fensters überhöht. Dieser zentrale Bauteil erhält eine weitere Akzentierung durch eine oberhalb auf einem getreppten Absatz befindliche, weit sichtbare Adlerfigur im Anflug.

Insgesamt lassen die Mauerstruktur, der geometrische Fries und der abgetreppte Fassadenaufbau an späte Art déco Einflüsse denken.

311 Entwürfe Ruhrforum und rechte Ruhrseite: StA MH 1503/75, 75a, 76, 77a, 78a, 79, 79b, 80, 80a, Oktober 1944–Jan. 1945, Bleistift/Tusche auf Transparentpapier/Pergament und auch Rotpausen, Maßstab 1:500; s. a. StA MH 1510/60.22,1–3.

312 StA MH 1503/80 u. 80b, s. a. StA MH 1510/60. 22/10 u.11, dat.: 27.10.1944 und 6.1.1945 .

E 16 Mülheim Wiederaufbauplanung Kirchenhügel

Objekt: Wiederaufbauplanung Kirchenhügel
Wettbewerb 1. Preis beim Wettbewerb

Hans Großmann entschied sich bei seinen Plänen für das historische Zentrum, den Häuserkranz der ehemaligen Fachwerkbauten um die Petrikirche mit ihren unterschiedlichen Größenverhältnissen weitgehend beizubehalten.

Zweigeschossige Reihendoppelhäuser mit Zierbrüstungen und Schmuckhaustüren an der Bachstraße hätten den ehedem „dörflichen" Charakter des Kirchenhügels wiederaufleben lassen. Und er knüpfte an frühe regional kleinstädtische Entwürfe an. Im Gegensatz zum Ruhrforum und der Behördenzeile zeigte sich in seinen Planungen ein behutsamer Umgang mit der alten Stadtstruktur[313].

[313] Entwürfe Hans Großmanns, s. StA MH 1503/ 17–20, Maßstab 1:300, datiert 10.12.1944, Bleistift auf Transparentpapier; s. a. StA MH 1510/60.22/4–8, dat.: 1.10., 3.10. u. 5.10.1944.

Entwürfe im Zusammenhang mit der Majolikamanufaktur[314], teils nicht identifizierbar

o. D.	Mülheim-Broich: Grundriss im Wettbewerbsentwurf für Gemeindehaus Mülheim-Broich OG Saal, Maßstab 1:200[315].
1911	Wöchnerinnenheim Altenhof: Mülheim an der Ruhr: Baldachin am Haupteingang GLA KA, Findbuch 69, Z-43.
1912	Berlin Kaufhaus A. Wertheim: Z-55 bis 62; bes. Z-57 mit Entwürfen einer Schrifttafel u. farbiger Wandfelder mit figürlichen u. ornamentalen Zeichnungen (Bleistift).
1912	Kaufhaus Althoff, Essen: keramische Gestaltung der Lebensmittelhalle, ebd., Z-77.
1911/12	Rathaus Mülheim an der Ruhr: Große Halle an der Stadtkasse, ebd. Z-139.
1912/13	Dampfer Imperator u. Vaterland: keramische Ausstattung eines Wandbrunnens und Nischenbrunnens, Tusche auf Transparentpapier, Sign. Z-252.
1923	Rhein. Creditbank Karlsruhe: Grund-, Auf-, und Seitenrisse für Keramikverkleidung in Vor- und Kassenhalle, 3 Federzeichn., fünf Entwürfe für Schalteraufsatz ebd., Z-104.
1926	Mülheim an der Ruhr: Haupttreppenhaus Mittelschule Lichtpause Auf- und Grundrisse eines Treppenhauses, zwei Blatt Kohlezeichnung, ebd. Z-138.
1926	Polizeigebäude Hamborn: Fassadenentwurf, perspekt. Zeichnungen EG und Treppen, Grundrisse, 4 Bl. Ebd., Z-88.
1927	Düsseldorf: 1927 Entwurf für Verkleidungen von Jugendstilsäulen im Wohnhaus des Architekten Walter Furthmann in Düsseldorf, Witzelstraße 150[316].
1927	Gebr. Alsberg Bochum: Verkachelung des Lebensmittelhalle; Alsberg Gelsenkirchen: Fassade u. Halle EG und Treppen, ebd. Z-63 und Z-84.
1928	Bochum: Polizeigebäude Verkachelungen 9 Bl, Aquarell, Bleistift Z-64.
Undatiert	Hardtwaldsiedlung Karlsruhe, Plattenboden, verschiedene Farbvorschläge, ebd. Z-100.
Undatiert	Düsseldorf: Bauzeichnungen, variierte Darstellung halbhoher, in Feldern aufgeteilter Wandverkachelungen, Bleistift drei Blätter, ebd., Z-74.
Undatiert	Bochum: Realschule, umfangreiche Verkachelungen in Erd- u. Obergeschoss, für Vorhalle mit Balustrade, Portalwand, Nebenhalle u. Vorraum zur Aula, 30 Blatt, ebd., 69, Z-65

314 Quelle GLA Karlsruhe, Findbuch 69

315 StA MH 1550/90.00/II/02.

316 Walter Furthmann war ein bekannter Düsseldorfer Architekt zahlreicher Verwaltungsbauten und des Rathauses in Düsseldorf-Benrath (1905–07), u. a. Werkarchitekt der Fa. Henkel AG, Düsseldorf.

Bauwettbewerbe

W 1 1906 Freiburg/Schweiz

Objekt: Konzerthalle
Ausschreibung: Stadt Freiburg
Wettbewerb: 1906

Wettbewerb für eine Konzerthalle in Freiburg in der Schweiz[317]. Der frühe Entwurf zeigt ein flaches, zweistöckig schlichtes Gebäude mit niedrigschrägem Dachansatz. Der breitgelagerte Bau zeigt im Erdgeschoss eine regelmäßige Fensterfolge hochrechteckiger Form mit Giebelabschluss. Im geduckt niedrig wirkenden Obergeschoss wechseln sie zu fast quadratischen Fensterformen. Die beiden Geschosse trennt ein Gesimsband.

Das Bauwerk zerfällt in der Vorderansicht in zwei völlig disparate Hälften. Über dem giebelbekrönten, weit hervortretenden Haupteingang auf der rechten Gebäudeseite dominiert ein hoher kubisch-quadratischer Baukörper mit Walmdach und einer Reihe halbrunder Lünettenfenster. Der markante Haupteingang wird zusätzlich durch einen davor plazierten Obelisken mit Randfiguren betont. Als Pendant zu dem mächtigen Kubus auf der rechten Dachseite erhebt sich links ein gedrungener Rundturm mit flacher Kuppel aus dem Dach heraus. Die

[317] Lediglich überliefert in: Karl Widmer: Pfeifer und Großmann in Karlsruhe, in: MB VI. Jg., H. 12 (1907), S. 520, Entwurfzeichnung, S. 513.

Vorderfassade ist weitgehend schmucklos, sie wird mittig zwischen den Fensterachsen von einem kleinen Eingang unterbrochen. Klassizistische Dekoranleihen in der Fensterzone des Untergeschosses wie giebelbekrönte Fensterlaibungen, umlaufendes Gurtgesims sowie Girlandenfries am Rundturm offenbaren einen in sich unharmonischen Entwurf.

W 2 1906/1907 Hamburg

Objekt:	Wasserturm[318]
Standort:	Hamburg, nicht bekannt
Wettbewerb:	Okt. 1906, Einsendeschluss Jan. 1907
Ausschreibung:	Freie und Hansestadt Hamburg
Teilnehmer:	u. a. Hermann Billing, Joseph Maria Olbrich, Hans Poelzig, Pfeifer und Großmann, alle nicht prämiert
Preisrichter:	u. a. Karl Hofmann, Darmstadt; Ludwig Hoffmann, Berlin; Emil Meerwein, Hamburg[319]

Die Stadt Hamburg schrieb 1906 zur Neuordnung der Hamburger Wasserversorgung einen Wettbewerb zur Errichtung dreier Wassertürme aus. Zugelassen waren allgemein deutsche Architekten. Neben ihrer Funktion als Wassertürme sollten sie auch als Aussichtstürme dienen. Gefordert war Monumentalität, eine weithin sichtbare Erscheinung. Für welchen genauen Standort in Hamburg der Entwurf von Pfeifer und Großmann gedacht war, ist unbekannt.

Pfeifer und Großmann entwarfen ein oktogonales Vieleck mit gestaffelter Fassadengliederung. In den beiden hohen Untergeschossen mildern rundbogige Nischen den Eindruck lastender Schwere des kolossalen Baues. Einen fast wehrhaften Charakter zeigt die obere Gebäudehälfte. Schmale, waagerechte Mauerbänder, dazwischen schlitzartige Öffnungen wie Schießscharten an Burgtürmen, umziehen den Baukörper wie die Fassreifen bei Weinfässern. Eine flache Kuppel bildet den Dachabschluss.

318 Karl Widmer, wie zit., in: MB VI. Jg., H. 12. (1907), Abb. S. 516.

319 Details aus: Gerhard Kabierske: Hermann Billing, wie zit., Kat. Nr. 198, S. 229.

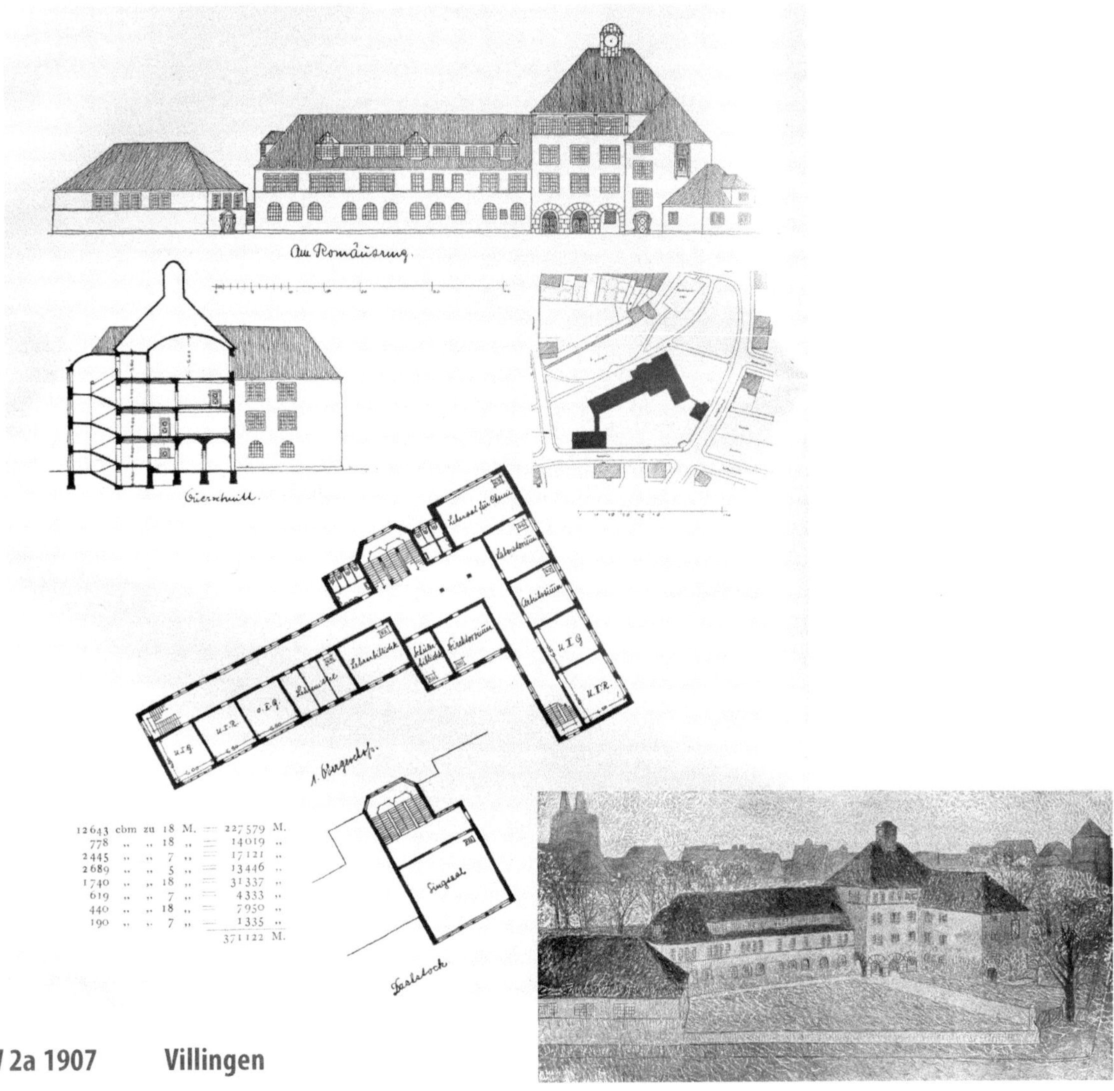

W 2a 1907 Villingen

Objekt: Realschule

Wettbewerb: Unter badischen Architekten ausgeschrieben am 9.2 1907; Dreistöckigkeit gefordert; „Auf malerische Gruppierung der Baumassen wird Wert gelegt" (S. 3)

Preisgericht: Prof. Eugen Beck, Karlsruhe; Prof. Aug. Stürzenacker, Karlsruhe; Oberbauinspektor Albert Hauseer, Mannheim; Bürgermeister Dr. Braunagel, Gemeinderatsmitglied Gröninger, Villingen. Pfeifer und Großmann Nr. 34: Kennwort „Zwischen Wahl und Karneval"

Beurteilung: Das Preisgericht hielt den Entwurf als Nr. 8 „im Grundsatze und in Stellung dem Platz vortrefflich angepasst, vor der die äußere Gestaltung demgegenüber zurücktritt"[320]. Kein Bauauftrag.

[320] DK XXII. Bd., Heft 5 (1907), S. 1–32, Tafeln 29–31.

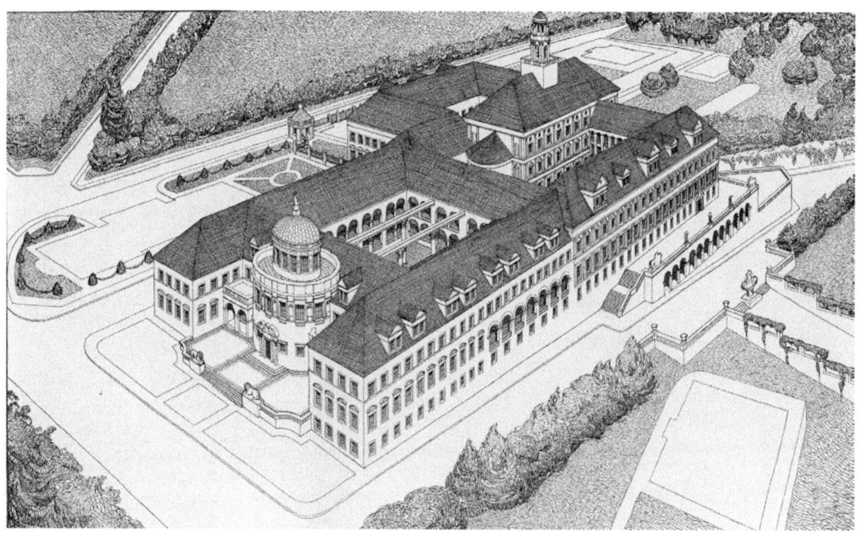

W 3 1908 Zürich

Objekt: Kollegiengebäude der neuen Universität
Standort: Hirschengraben
Ausschreibung: 1908, Curjel und Moser gewannen den Wettbewerb[321].

Pfeifer und Großmann's Entwurf für die Universitätsbauten zeigt einen langgestreckten Gebäudekomplex, der auf dem leicht abschüssigem Areal einen deutlichen Niveauausgleich der langen Gebäudeflügel erforderte. So besaßen die beiden Längsseiten eine unterschiedliche Anzahl von Geschossen. Der lange rechte Gebäudeflügel ist dreigeschossig angelegt, auf Grund der Niveauunterschiede ist der linke, kürzere zweigeschossig.

Die komplexe Anlage umfasste zwei Hauptteile, einen Kollegienbau mit Aula und das biologische Institut mit einem besonderen Hörsaalbau. Sie rahmen zwei Innenhöfe, in dessen größerem ein kapellenartiger Bau mit einer hohen Laterne und halbrunder Apsis eingestellt ist.

Die Haupteingangsfront an einer der Schmalseiten besitzt einen geradezu schlossartigen Charakter. Dreiflügelig mit mittlerem zurückversetztem, italienischer Renaissance nachempfundenem Rundbau, der oben mit einem Umgang mit Balustrade um eine kleine Laternenkuppel herum endet, umrahmen die Längsseiten der langen Gebäudefronten die seitlichen Flügel des Rundbaues.

Die lange Gebäudefront unterscheidet die einzelnen Bauteile durch jeweils leicht geänderte Fensterformen. Insgesamt bietet sich ein harmonisches Gesamteindruck der unterschiedlichen Baukörper.

321 Karl Widmer in: MB IX. Jg. Nr. 10 (1910), S. 503 u. Abb. S. 504–05; Curjel und Moser konnten 1914 ihre Pläne realisieren.

W 4 1908–09 Donaueschingen

Objekt:	Rathaus u. Sparkasse
Bauherr:	Stadt Donaueschingen
Wettbewerb:	Herbst 1908 -15.2.1909, zugelassen: Badische Architekten, 112 Einsendungen[322]
Preisrichter:	u .a. Prof. Paul Bonatz, Stuttgart; Baudirektor Max Meckel, Freiburg; Prof. August Stürzenacker, Bürgermeister Fischer, Donaueschingen
Ergebnis:	Rathaus: 1. Preis Eugen Beck, Karlsruhe, 2. Preis Billing & Vittali.
Bauauftrag:	Rathaus 1909–11 nach Plänen von Eugen Beck Sparkasse ab 1910 nach Plänen v. Vittali, ohne Beteiligung Billings

Ein Großbrand im Sommer 1908, bei dem auch die Altstadt von Donaueschingen in weiten Teilen zerstört wurde, machte einen Neubau der beiden Gebäude notwendig[323]. Den Wettbewerbsentwurf von Pfeifer und Großmann charakterisierten streng klassizistische Formen. Für den Haupteingang war ein kubischer Portikus mit Dreiecksgiebel und säuleneingefasstem Eingangsportal hinter einer vorgelagerten Treppe mit gegenläufigen Armen vorgesehen war. Die darüberliegende betont hohe Fensterreihe deutet im Äußeren darauf hin, dass dort der Sitz des Ratssaals vorgesehen war.

Ein umlaufendes Gesims erstreckt sich im Entwurf um Hauptgebäude und Portikus. Das hohe Walmdach mit Dachgauben zeigt mittig einen hohen Uhrenturm mit Zwiebeldachhaube. Der Entwurf von Pfeifer und Großmann wurde nicht prämiert.

322 S. Bauzeitung f. Württemberg, Baden, Hessen, Elsass-Lothringen VI. Jg., Nr. 11 (1909), S. 88; DK Bd. 24 (1909), S. 14; s. a.: MB IX. Jg., H. 10 (1910), S. 503 und Entwurf Tafel 506.

323 Siehe dazu Gerhard Kabierske, wie zit., Kat. Nr. 222, S. 243.

W 5 1909 Rheinfelden (ungesichert)

Standort:	Rheinfelden in Baden
Fertigstellung:	15.12.1912
Objekt:	Stahlbeton-Bogenbrücke[324], 147 m lang, teilt sich im Winkel von ca. 120° in zwei Brückenflügel.
Wettbewerb:	45 Entwürfe, darunter Pfeifer u. Großmann zusammen mit Brenzinger & Co. Cementwaarenfabrik, Freiburg i. B., nicht prämiert. Gebaut von Robert Maillart, Ingenieur Zürich, und Joss&Klauser, Architekten Bern, zweitplazierte des Wettbewerbs. Fälschlich Pfeifer und Großmann zugeschrieben.

Nach dem Brand der ursprünglichen hölzernen Rheinbrücke 1897 wurde 1909 ein Wettbewerb ausgeschrieben, der eine zwischenzeitliche eiserne Notbrücke ersetzen sollte. Es gingen 45 Entwürfe ein. Pfeifer und Großmann reichten einen Gemeinschaftsentwurf zusammen mit Brenzinger & Cie., Freiburg i. B., ein. Brenzinger & Cie. war ein 1872 gegründetes Bauunternehmen in Freiburg mit Spezialität Betonbau/Eisenbetonbau und seit 1907 häufig im Brückenbau tätig.

Die Brücke in Rheinfelden sollte das badische Rheinfelden am Rhein mit dem gegenüberliegenden schweizerischen Rheinfelden verbinden. Sie führt über ein in der Mitte des Rheins liegenden Muschelkalkfelsen, Brückeli genannt. An dieser Stelle der Brückenüberführung verbreiterten Pfeifer und Großmann die Brücke durch eine Ausbuchtung und platzierten dort einen schlossturmartigen Mittelbau mit kleiner Zwiebelhaube. Eine symbolhafte Andeutung der Grenze mitten auf dem Fluss.

324 Zur Geschichte der alten Rheinfeldener Brücke s. DBZ 46. Jg. Nr. 21 (13.3.1912), S. 204; sie wurde Ende 1911 abgerissen; Ausschreibung für eine neue Brücke schon 1909, s. DBZ 43. Jg. (1909), Nr. 5, S. 32, Nr. 7, S. 44. Möglicherweise fälschlich Pfeifer u. Großmann zugeschrieben von Karl Widmer in: MB IX. Jg. Nr. 9 (1910), S. 503, farb. Tafel 61.

W 6 vor 1910 Zürich (ungesichert)

Objekt: Überbauung des Papierwerdes[325]
Wettbewerb: Kennwort „Zwingli"

Ein Brückenobjekt über den Fluss Limmat zwischen Rheinfelden/Schweiz und Rheinfelden/Deutschland. An der Stelle befand sich eine schmale Insel mit einer Papiermühle. Im Entwurf von Pfeifer und Großmann wird die Insel zwischen zwei Brückenarmen mit einem mehrstöckigen Gebäudecarrée mit Innenhöfen überbaut. Augenscheinlich ist ein älterer, höherer Bau mit Treppengiebeln in das Ensemble integriert.

325 Abb. des Entwurfs bei Dietert, wie zit., S. 68 u. Abb. S. 84.

W 7 1910 Karlsruhe

Objekt:	Brunnenanlage
Standort:	Karlstorplatz (Bahnhofvorplatz)
Auslober:	Badischer Architekten- und Ingenieursverein, Mittelrheinischer Bezirksverein[326].
Ausschreibung:	Ideenwettbewerb zur Erlangung von Entwürfen für die Umgestaltung des Platzes am Karlstor zum 12.5.1910
Wettbewerb:	Für die Mitglieder d. Badischen Gesamtvereins sowie die in Karlsruhe wohnenden oder aus Karlsruhe stammenden Bewerber. Verlangt wurden Lageplan und perspektivische Skizzen
Preisgericht:	Geh. Oberbaurat Dr. Ing. R. Baumeister; Oberbauinsp. Hemberger, die Prof. Laeuger und Ostendorf
Ergebnis:	38 Einsendungen. 1. Preis: Fr. Rößler, 2. Preis: Pfeifer und Großmann[327] Das Projekt wurde nie realisiert.

W 8 1910/1911 Karlsruhe

Objekt:	Denkmal Großherzog Friedrich I. von Baden
Standort:	Geplant: Nördlicher Teil des Friedrich-Platzes
Wettbewerb:	Engerer Wettbewerb zum 15.12.1909 unter den in Baden tätigen oder im Großherzogtum geborenen Künstlern[328]. Die Entwürfe sollten auch die Gestaltung des Platzes in der Umgebung des Denkmals umfassen.
Auslober:	Stadt Karlsruhe
Peisgericht:	Julius Gräbner, Dresden; Wilhelm Kreis, Düsseldorf; Bildhauer Prof. Brütt, Weimar; Prof. Adolf v. Hildebrand, München; Prof. Louis Tuaillon, Berlin; Ersatz: Prof. Dr. F. v. Thiersch; Bildhauer Prof. Jos. Floßmann, München[329]
Ergebnis:	4. Juni 1910: 36 Bewerbungen: 2. Preis: Hermann Binz mit Pfeifer und Großmann, 3. Preis Hermann Binz

Ein gemeinsamer Entwurf von Hermann Binz und Pfeifer und Großmann[330] wurde ebenso wie ein Entwurf Hermann Billings in der Architektenausstellung der kurz vorher gegründeten „Vereinigung Karlsruher Architekten“, der besonderen Vertretung der Privatarchitekten, im Kuppelsaal der Großherzoglichen Orangerie ausgestellt. Besonders gelobt wurde die architektonische Gestaltung des Sockels, während der etwas statische Entwurf der Reiterstatue „nicht von gleicher künstlerischer Qualität sei“. Der Stadtrat forderte von den Künstlern

326 DBZ Jg. 44, Nr. 31 (16.4.1910), S. 236.

327 Das Ergebnis des Wettbewerbs, in: ebd. Jg. 44, Nr. 47 (Juni 1910), S. 368.

328 Wettbewerbsankündigung: DBZ Jg. 43, Nr. 45 (5.6.1909), S. 308; Jury: ebd. Nr. 51 (1909), S. 348; das Wettbewerbsergebnis vom 4.6.1910 in DBZ XLIV. Jg. No. 62 (3.8.1910), S. 489–491: 2. Preis an Pfeifer und Großmann zusammen mit Hermann Binz; ebd. XLIV. Jg. No. 85 (22.10.1910), S. 687/88.

329 Preisgericht in: DBZ XLIII. Jg., Nr. 51 (26.6.1909), S. 348.

330 Abb. in: MB 9 (1910), H. 10, S. 503, Abb. S. 507.

vorbehaltlich einer Ausführung eine weitere Neubearbeitung[331].

Der Sockel ruht auf vier bzw. an der Schmalseite drei Wandpilastern ohne Basis. Ein als Kapitell wirkendes kanneliertes Gesimsband bildete den oberen Abschluss. Darüber folgt ein abwechselnd mit Figuren und Relieftafeln geschmückter Fries, über dem sich die Reiterstatue erhebt[332].

Schließlich kam Ende 1911 die Überlegung auf, das Denkmal zugunsten einer harmonischen Neugestaltung der Platzanlage vom nördlichen auf den südlichen Teil des Platzes zu verlegen[333]. Das Denkmal wurde nicht ausgeführt.

W 9 1918 Mülheim Papenbuschsiedlung

Lage:	Zwischen Mellinghofer und Mühlenstraße
Bauherr:	Gemeinnützige Baugesellschaft m.b.H Mülheim (Ruhr)
Wettbewerb:	Offener Wettbewerb 1918: Kleinwohnungen
Preise:	1. Preis Pfeifer und Großmann; 2. Preis J. Hunger und W. Hamberg, Bruckhausen, gemeinsam mit Architekt Otto Schwer, Essen
Bauauftrag:	Schwer, Essen, mit Franz Hagen, Mülheim
Baubeginn:	1919

Pfeifer und Großmann nahmen 1918 am offenen Wettbewerb zum Bau von Kleinwohnungen zwischen Mellinghofer und Mühlenstraße teil, ausgeschrieben von der schon erwähnten „Gemeinnützigen Baugesellschaft m.b.H Mülheim

331 DBZ Jg. 44, Nr. 85 (22.10.1910), S. 685–88, hier S. 687; zur Neubearbeitung: ebd. XLV. Jg. (11.1.1911), Nr. 3, S. 32.

332 Friedrich Dietert, wie zit. S. 68, Abb. S. 84.

333 Zur längeren Vorgeschichte einer Verlegung des Denkmals: DBZ Jg. XLV, Nr. 88 (Nov. 1911), S. 756; DBZ Jg. XLIX, Nr. 24, H. 3 (24.3.1915), S. 154–155.

(Ruhr)". Sie errangen den 1. Preis, der 3. Preisträger, Architekt Schwer in Essen[334], erhielt schließlich zusammen mit Franz Hagen den Bauauftrag. Die sog. „Papenbuschsiedlung" entstand ab 1919 nach Grundsätzen der Gartenstadtbewegung. d. h. kleine Reihen- und Doppelhäuser in verschiedenen Variationen, für jedes Haus ein Garten zur Selbstversorgung. Pfeifer und Großmann waren an der Entstehung der Siedlung nicht mehr beteiligt[335].

W 10 1916/24 Karlsruhe

Objekt:	Festplatzbebauung im Rahmen des Stadterweiterungswettbewerbs
Lage:	Ehemaliges Bahngelände am Ettlinger Tor[336]
Entwurf:	Entwurf von Pfeifer und Großmann, vor 1916[337]
Wettbewerb:	1924 Beteiligung Hans Großmanns am engeren Wettbewerb unter drei zugelassenen Karlsruher Architekten: Hermann Billing, Hans Großmann (Büro Pfeifer und Großmann) und Fritz Rösler

Erste prämierte, wenn auch nie realisierte Bebauungspläne des Büros Billing & Vittali stammten schon von 1904–05. Auf Grund von Kompetenzstreitigkeiten zwischen Stadt und Bahn zogen sich die Planungen für das Gelände über Jahre hin. 1908 wurde erneut ein Wettbewerb „in Aussicht genommen" [338]. Schließlich verlangten Künstlerschaft und Architekturgemeinde für das mitten in der Stadt liegende, große Gelände eine offizielle Ausschreibung, die dann 1912 in einem engeren Wettbewerb unter ausschließlich Karlsruher Architekten erfolgte. Krieg und Nachkriegszeit verhinderten die Realisierung geplanter Monumentalbauten wie Landesmuseum und Landesgewerbeamt. Die Karlsruher Architektenschaft machte nichtsdestotrotz unverdrossen „eine kaum überblickbare Zahl"[339] von Bebauungsvorschlägen, an denen sich auch Hans Großmann beteiligte.

Ein früher Entwurf, der Pfeifer und Großmann zugeschrieben wird und wahrscheinlich in diesem Zusammenhang entstand[340], zeigte im Stil der italienischen Hochrenaissance gehaltene, römisch antikisierende Fassaden.

334 Ergebnis der Ausschreibung s. DBZ 52. Jg., Nr. 50 (1918), S. 224; s. a.: Barbara Maas, in: ZGVMh 63 (1991), S. 35; s. a.: StA MH 1360/2348–2362 u. Zeitungsausschnittsammlung StAM 1440.

335 Denkmalinventarisation s. StA MH 1360/1361//2348–2362. Im Lebenslauf anlässlich der Feier der Bürgergesellschaft Mausefalle in Mülheim zur Ehrendoktorwürde Hans Großmanns wird u. a. angegeben, er habe die „Kolonie Papenbusch ... ausgeführt", dies ist nicht korrekt, s. StA MH 1550/151 A.

336 Die lange Vorgeschichte bei: Gerhard Kabierske, wie zit. Nr. 262, S. 263–64.

337 Pfeifer & Großmann. Architekten. Karlsruhe. Sonderdruck der Zeitschrift Wohnungskunst, Berlin W 15 [ohne Jahr], hier S. 68, Abb. S. 82.

338 DBZ 42. Jg., Nr. 103/04 (1908), S. 716: Wettbewerb f. in Baden tätige oder dort geborene Künstler „in Aussicht genommen"; s. a.: Bauzeitung f. Württ. VI. Jg., Nr. 29 (Juli 1909), S. 229.

339 Kabierske, wie zit. Nr. 262, S. 264.

340 Friedrich Dietert: Süddeutsche Bau- und Raumgestaltung. Zu den Arbeiten der Architekten Pfeifer & Großmann, Karlsruhe, in: Wohnungskunst. Vereinigt mit der Münchner Halbmonatsschrift Die Raumkunst. Illustrierte Monatshefte für Hausbau, Wohnungskunst, Kunstgewerbe und verwandte Gebiete, 8. Jg. März 1916, S. 65–94 (id. Anm. 336, S. 68, Abb. S. 82).

THEATER- UND KONZERTHALLE
AUSSTELLUNGSHALLE

Den langrechteckigen Platz umschlossen bei ihrer Planung eine Theater- und Konzerthalle, eine Ausstellungshalle im Gewand ionischer Rundtempel, ein Landesmuseum, die Festhalle mit Jubiläumssäule sowie ein Landesgewerbeamt, während Wohnhäuser die gegenüberliegende Breitseite des Platzes umschlossen. Kleine Obelisken sollten den Eingang der Festhalle markieren. Markant ist bei dem Entwurf ein schlanker, freistehender Pfeiler, der an seiner Basis von einem runden Doppelsäulenkranz eingefasst wird. Die Oberfläche des Pfeilers zitiert mit ihren Relieftafeln und der figürlichen Bekrönung in sehr freier Abwandlung die Art römischer Siegessäulen. Charakteristisch für die Platzgestaltung von Pfeifer und Großmann ist die Anlehnung an feierlich neoklassizistische Formen im Gesamtentwurf und in den einzelnen Bauten.

Die sich hinziehenden, lange diskutierten Wettbewerbsergebnisse wurden letztlich dann mit Planungen für das bevorstehende 200jährige Stadtjubiläum 1915 verküpft. Zu diesem Anlass war eine große Ausstellung „Badische Jubiläums-Ausstellung für Industrie, Handwerk und Kunst Karlsruhe 1915“ geplant, die die Leistungen des „badischen Gewerbefleißes“ auf allen Gebieten zeigen sollte. Der I. Weltkrieg kam dazwischen.

Es dauerte dann knapp zehn weitere Jahre, bis 1924 nach einem erneuten engeren Wettbewerb, zu dem nur Hermann Billing, Hans Großmann und Fritz Rösler zugelassen waren und Hermann Billing's Entwurfsplanungen zur Ausführung bestimmt wurden.

W 11 1927–30 Duisburg-Neudorf

Objekt:	Einschornsteinsiedlung: Wild-/ Kortum-/ Mozartstraße[341]
Ausschreibung:	Gemeinnütziger Bauverein AG Essen
Preise:	1. Peis: Johannes Kramer u. Walter Kremer mit Stadbaurat Hermann Bräuhäuser, Duisburg, 2. Preis: Emil Fahrenkamp, Düsseldorf, 3. Preis nicht vergeben, dafür zwei 4. Preise: Wilhelm Riphahn u. Caspar Maria Grod, Köln, sowie Pfeifer und Großmann, Mülheim an der Ruhr[342]
Bauvergabe:	Kramer/Kremer mit H. Bräuhäuser

Pfeifer und Großmann waren an der Realisation nicht beteiligt.

341 Architektur in Duisburg, hrsg. von ag. arch ruhrgebiet und Stadt Duisburg mit Beiträgen v. Sabine Haustein, Jutta Heinze, Burkhard Biella, Duisburg 1992, Nr. 16.2, S. 122–23.

342 ZBV 47. Jg. (1927), S. 102–03 u. S. 226; Eberhard Grunsky: Vier Siedlungen in Duisburg, Arbeitsheft 12, hrsg. v. Landeskonservator Rheinland, Köln 1975, bes. S. 49; Christoph Heuter: Emil Fahrenkamp 1885–1966 (Arbeitsheft der Rhein. Denkmalpflege 59, hrsg. v. Landschaftsverb. Rheinland), Petersberg 2002, S. 351.

W 12 1927 Mülheim

Objekt: Verbandsstraßenbrücke
Standort: Bundestraße 1 zwischen Menden und Saarn
Bauherr: Stadt Mülheim
Wettbewerb: Engerer Wettbewerb unter 14 Firmen.
Ergebnis: Kein 1. Preis; 2. Preis: Emil Fahrenkamp mit Philipp Holzmann AG, beide Düsseldorf; zwei dritte Preise: a) Pfeifer und Großmann mit Carl Rudolphi & Franz Schlüter, Mülheim/Essen sowie Prof Spangenberg, München (zwei Entwürfe: Kennworte „Anger" (3. Preis) und „Klosterkamp" (engere Wahl))[343], b) Georg Metzendorf und Jacob Schneider, Essen, mit Dyckerhoff/Widmann AG, Düsseldorf.

Der Siedlungsverband Ruhrkohlenbezirk plante schon länger eine Verbandsstraße Nord-Süd von Düsseldorf nach Essen, die zwischen Saarn und Menden die Ruhr queren sollte. Ab 1926 wurde das Vorhaben konkreter, als mit Hilfe von Zinsverbilligungen Arbeitsbeschaffungsgelder in den Brückenbau gelenkt werden konnten.

Pfeifer und Großmanns Entwurf sah eine Segmentbogenbrücke vor, die die Ruhr in drei großen, die Ruhrauen in kleineren Bögen überspannen sollte. Auf der Mitte der Saarner Seite, sollte ein Brückenkopf als kubischer, seitlicher Anbau mit einem kleinen Fahnenturm stehen, auf der südwestlichen Fahrbahnseite eine Treppe zum Ruhrufer hinab führen.

Ab 1928 entstand die „Verbandsstraßenbrücke" weitestgehend nach dem Entwurf von Emil Fahrenkamp durch die Arbeitsgemeinschaft Ruhrbrücke Mülheim. 1929 konnte sie dem Verkehr übergeben werden[344].

343 Verdingungsunterlagen StA MH 1200/2356 u. 1200/2337–38; ebd. Fotosmgl. 1510/90.00/020; Entwürfe von P&G abgebildet in: Bauwarte, 3. Jg. (1927), S. 312 u. P. J. Cremers, wie zit., Bd. I (1928), S. 31 u. Abb. S. 32 u. 33; s. a.: Christoph Heuter, wie zit., Kat. Nr. 121, S. 368 und WAZ v. 20.12.1979.

344 Zur Gründung des Siedlungsverbandes Ruhrkohlenbezirk: StA MH 1200/2140; Verbandsberichte: 1200/214; Geschäftsberichte von 1927 (die Ruhrbrücke wird als Baustelle bezeichnet) u. von 1929 (dem Verkehr übergeben).

.W 13 1928 Karlsruhe

Objekt:	Erweiterungsbau der Karlsruher Lebensversicherung
Lage:	Kaiserallee-Grashoffstraße-Hildapromenade
Wettbewerb:	Engerer Wettbewerb 1928.
Preisgericht:	Stadtbaudirektor und Leiter des Städtischen Hochbauamtes Friedrich Beichel, Prof. Hans Freese, Technischen Hochschule Karlsruhe, Generaldirektor Kimmig, Direktor Dr. Ehrhart.
Ergebnis:	2. Preis mit „Karlsruhe-West" für Pfeifer und Großmann bei 8 Einreichungen.

Den 2. Preis erhielt das Büro Pfeifer und Großmann, weil er „fraglos in der Anordnung der Baumassen die Grundlage zu der besten künstlerischen Lösung bietet" und „Die ruhige Eingliederung des Neubaus in den Gesamteindruck zeigt große künstlerische Reife..."[345]. Dennoch kein Bauauftrag.

[345] Bauwettbewerbe, Heft 35, Febr. 1929, S. 4, 15–17 und 29 mit Grund- und Aufrissen.

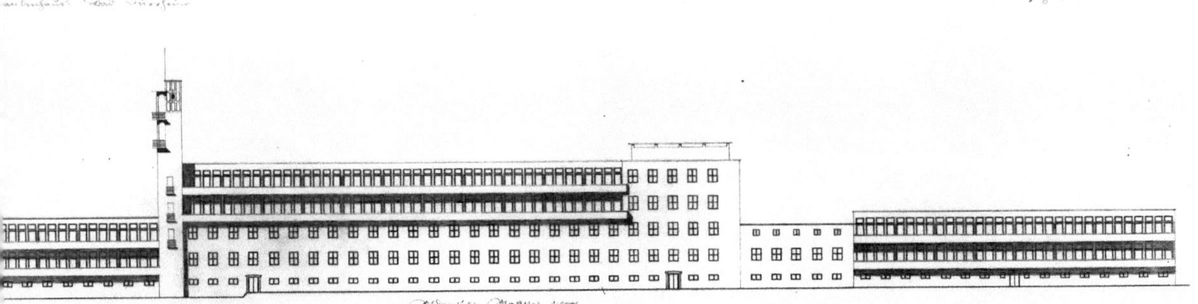

W 14 1929 Bad Dürrheim

Objekt: Krankenhaus
Wettbewerb: 1. Preis Pfeifer und Großmann
Entwurf mit Kennwort „Heilinstrument"[346], Aufrisszeichnung Maßstab 1:100
Hermann Billing war Preisrichter.

Die Beschreibung beruht auf der publizierten Entwurfzeichnung von Pfeifer und Großmann Mülheim/Ruhr. Die in vielen Winkeln zusammenkomponierten Gebäudegruppen erstrecken sich in freier Assoziation auf hügeligem Gelände. Eine nördliche Flanke verbreitert sich zu einem geräumigen quadratischen Innenhof und rahmt ihn ein. In südlicher Richtung bildet ein schmaler Zwischentrakt die Verbindung zu der mit der Front ganz nach Süden hin ausgerichteten langen Gebäudeflucht. Alle Krankenzimmer liegen nach Süden hin. Offene Liegenhallen mit starkem Sonneneinfall sind als durchgehende Obergeschosse um die Südlage der Gebäudegruppen geplant.

Über fünf Geschosse erstreckt sich die breite Hauptfront im Süden, die kleineren Seitenannexe sind dreigeschossig. Im Schnittpunkt von Haupthaus und westlichem Nebentrakt war in der Entwurfzeichnung von Pfeifer und Großmann ein schmaler Turm eingestellt, wie ihn auch seine Geschäftsbauten zeigen.

Insgesamt stellt sich ein Funktionsbau vor, der in zwangloser Staffelung der Geschosse und asymmetrisch ungebundener Gliederung die sachliche Architektursprache der 30er Jahre darstellt.

346 Baurichtertätigkeit von Hermann Billing siehe G. Kabierske, wie zit, Nr 23, S. 302, Hinweis auf: Bauwettbewerbe. Heft 44 (1929); Abb. bei: P. J. Cremers, wie zit, Bd. II (1930), S. XII, 2 Abb. o. S.; StA MH 1510/90.00/052.

W 15 1933 Berlin

Objekt: Reichsbankneubau
Wettbewerb: Beschränkter Wettbewerb unter 30 geladenen Architekten Februar bis Mai 1933
Wettbewerbsjury: Vorsitz: Martin Kießling, dazu neben drei Reichsbankdirektoren Peter Behrens, Paul Bonatz, Fritz Schumacher und Martin Wagner.
Ergebnis. 1. Preis: Entwurf von Mies van der Rohe[347].
6 Entwürfe wurden ausgezeichnet: Fritz Becker (Düsseldorf), Kurt Frick (NSDAP-Mitglied), Paul Mebes und Emmerich, Pfeifer und Großmann mit Frisch und Fries (Mülheim an der Ruhr), Pinno und Grund (Parteimitglied) sowie Mies van der Rohe.

Nach Führerentscheidung bekam schließlich der Entwurf von Reichsbankbaudirektor Wolff, der am Wettbewerb nicht teilgenommen hatte, den Bauauftrag mit seinem außerhalb des Wettbewerbs vorgelegten Entwurf in Formen des Neoklassizismus[348].

Es war der letzte große Wettbewerb, in dem nach Hitlers Machtergreifung die Vielfalt moderner architonischer Ansätze präsentiert wurde und Mies van der Rohe den ersten Preis erhielt. „Der konservativste und schwächste Entwurf stammt von Pfeiffer(sic) und Großmann…Die Jury kritisierte die Höhenentwicklung sowie die engen, schlecht belichteten Höfe; die historisierende Pfeilerarkade als repräsentativer Eingang fand jedoch Gefallen", so kommentierte Wilfried Nerdinger den Wettbewerbsentwurf von Hans Großmann zusammen mit den Architekten Frisch & Fries.

347 Zur Geschichte des Wettbewerbs s. J. Umlauf BDA Berlin, in: Die Form 8, H. 9 (1933), S. 268–273; DBZ 1933, H. 32, m. Abb., S. 63; Teilnahme von Pfeifer und Großmann unter Mitarbeit von Frisch&Fries (Mülheim an der Ruhr); ebd. H. 31, S. 612/13; s. a.: Uta Karin Schmidt: Vom Bauhaus zur Bauakademie, Diss. Berlin 2015, Teil I, Text S. 246.

348 Winfried Nerdinger: Versuchung und Dilemma der Avangarden im Spiegel der Architekturwettbewerbe 1933–35, S. 65–87, in: Hartmut Frank (Hrsg.): Faschistische Architekturen. Planen und Bauen in Europa 1930–1945, Hamburg 1985, hier S. 67, 68, 71, Abb. S. 69.

Jurortätigkeit

1928 Düsseldorf Polizeipräsidium und Landesfinanzamt

Hans Großmann war Juror im Wettbewerb um den Neubau des Landesfinanzamtes und des Polizeipräsidiums in Düsseldorf zusammen mit Prof. Veil, Aachen; Arch. Prof. A. Fischer, Essen; Arch. E. Mewes, Köln[349].

Ungeklärte Projekte

1910 Rastatt

Objekt: Hotel Kreuz Wirtschaftsraum[350]

Nachkriegs Auftrag: Wirtschaftsraum

Vor 1914 Karlsruhe

Objekt: Wettbewerb Denkmal Kaiser Wilhelm, 1. Preis

1918–20 Mülheim

Objekt: Wohnhausgruppen
Standort: Zwischen Steinkampstraße und Deichstraße Styrum[351]
Bauherr: Deutsch-Lux FWH 1918, Abt. Norddeutsche Siedlungsges. mbH.

Bebauungsplan vom Dezember 1918 von Pfeifer und Großmann für verschiedene Wohneinheiten, Doppelhäuser und Häusergruppen. Ein ursprünglicher Bauplan der Architekten Pfeifer und Großmann sah zweistöckige Bauten in of-

349 ZBV 48. Jg., Nr. 4 (1928); s. a. Bauwarte Jg. 4, H. 8 (1928), Ausschreibung 17.3.1928 u. H. 18 (1928) S. 183/84 u. S. 198 das Wettbewerbsergebnis m. Abb.

350 Einzige Erwähnung in: Dietert, Friedrich, in: Wohnungskunst, wie zit., 1 Abb.

351 Thyssen-Archiv, FWH/553–554: FWH/553 mit einem ersten Baukonzept; in einem Schreiben von OB Lembke an die Deutsch Luxemburgische Bergwerks AG vom 16.12.1918 wird der zwischen Adolf Wirtz und Hans Großmann abgesprochene Bebauungsplan im Maßstab 1:1000 zum Gelände Steinkampstraße erwähnt. Häuser in lockerer Bauweise mit viel Garten und mehreren Plätzen. Insgesamt 438 Wohneinheiten, davon 77 Doppelhäuser mit je 4 Wohnungen, 11 Häuser mit je zwei Wohnungen,Bad Dürrheim 7 Häusergruppen mit 8 und 3 Häusergruppen mit 12 Wohnungen sowie eine halbrunde Hausgruppe mit 16 Wohnungen; evtl. unidentifzierte Entwürfe in: StA MH 1550/90.00/II/55 u. 56.

fener Bauweise mit jeweils 200qm großen Gärten für ca. 112 Wohneinheiten vor. Die Häuser sollten dabei „in denkbar einfachster Weise“ ausgeführt werden.

Weiterer Bauplan auf einem „sichelförmigen“ Gelände sollte Häuser in lockerer Bauweise mit viel Garten, mehreren Plätzen an den Wegekreuzen innerhalb der Siedlung entstehen lassen. 77 Doppelhäuser mit jeweils 4 Wohnungen, 11 Wohnhäuser mit 2 Wochnungen, 7 Häusergruppen mit je 8 Wochnugen, 3 Häusergruppen mit je 12 Wohneinheiten sowie eine halbrund angedachte Hausgruppe mit 16 Wohnungen waren in zweistöckiger Bauweise für insgesamt 438 Wohneinheiten angestrebt. Die Häuser sollten zweistöckig ausgeführt sein[352].

1930 Bad Dürrheim Kindersolbad

Geplanter Erweiterungsbau für das 1904 von Friedrich Ratzel erbaute Gebäude[353].

[352] ThyssenKrupp Konzernarchiv FWH/553: Drucksache der Stadtverordnetenversammlung vom 28.5.1920 über den Verkauf der Grundstücke mit 8553,5 qm an die Deutsch-Luxemburgische Bergwerks AG. Am 4.11.1920 Abschrift eines Gesellschaftervertrags in einem Schreiben der Deutsch-Lux Dortmunder Union, mit dem die Gemeinnützige GmbH zur Errichtung von Angestellten- und Arbeiterwohnungen gegründet wurde.Weiteres s. FWH/554–555.

[353] Cremers, wie zit, Bd. II, S. XII.

Nachkriegsarbeiten

Karlsruhe Wiederaufbau Schumannstraße 9, Wohnsitz und Atelier Arthur Pfeifers 1948

Mülheim Instandsetzung Altenhof vor 1949

Duisburg Residenzhaus Am Buchenbaum 17, erbaut für Jung& Co. 1949/1950, Rückwärtiges Gebäude hinter dem ehemaligen Kaufhaus Horten, 1950 nach Plänen von Pfeifer und Großmann erbaut[354], im Keller und im 1. u. 2. Geschoss mit einer Brücke mit dem Kaufhaus verbunden. Nicht mehr vorhanden.

Hannover Kaufhaus Magis;
Gutachten von G. Großmann-Hensel/Pfeifer und Großmann 1949. Einziges Zeugnis für eine Verbindung zwischen dem Büro Pfeifer und Großmann und dem Kaufhaus Magis ist die Typographie einer Baubeschreibung vom 24.5.1949 samt Kostenvoranschlag durch das Büro Pfeifer und Großmann, Mülheim, mit der Unterschrift des Stiefsohns Gerd Großmann-Hensel. Es ist nicht bekannt, wieweit das Büro dann tatsächlich in einen Wiederaufbau einbezogen worden ist.

Fragliche Beteiligungen

Berlin AEG Verwaltungsgebäude (Aussage des Stiefsohns Gerd Großmann-Hensel) ein genauerer Beleg konnte nicht gefunden werden.

Hochschulstadt Berlin: 1937
Im Rahmen der von Hitler geplanten und von Albert Speer entworfenen Welthauptstadt „Germania" war auf dem sog. Teufelsberg in Berlin das Großprojekt Hochschulstadt Berlin vorgesehen. Unweit des Olympiastadions sollte dafür ein riesiges Hochschulzentrum mit einer Wehrtechnischen Fakultät, einem immensen Auditorium und einer neuen Universitätsklinik entstehen. Hans Großmann soll in die Planungen miteinbezogen worden sein[355].

354 Siehe dazu: Christoph Heuter: Fahrenkamp, Kat. Nr. 277, S. 555; Gerd Schörken, Wiederaufbauplanung in Duisburg nach dem II. Weltkrieg 1945–1960 (Diss. TH. Dresden), Duisburg 1993.

355 Ebenfalls ein Hinweis von Gerd Großmann-Hensel; ein valider Beleg hierzu konnte nicht gefunden werden; s. Karl Schwarz: 100 Jahre Technische Universität Berlin 1879–1979, bes. S. 233–339.

Einzig die Wehrtechnische Fakultät gedieh bis zum Rohbau, wurde dann aber kriegsbedingt 1940 wie alle anderen Vorhaben eingestellt.

Irrtümliche Zuschreibungen

1911–13 Achern Krankenhaus

In der zeitgenössischen Literatur wird dem Büro Pfeifer und Großmann auch das Krankenhaus Achern, das heutige Ortenau Klinikum Achern, Bauzeit 1911–1913, zugesprochen. Diese Zuschreibung ist nicht zu halten. Erbauer war der ortsansässige Architekt Adolf Graf, der im Wettbewerb ebenso wie Pfeifer und Großmann einen der drei ersten Plätze neben Mallebrein aus Freiburg belegte. Wie Adolf Graf erhielten Pfeifer und Großmann für einen weiteren Wettbewerbsentwurf, der auch angekauft wurde, noch einmal ein Preisgeld[356].

356 Wettbewerbsergebnis s. DBZ 44. Jg., (15.1.1910), Nr. 5, S. 32; irrtümlich von Dietert, wie zit. S. 65, 4 Abb. S. 66–68, Abb S. 86 Pfeifer u. Großann zugeschrieben; dagegen s. Gorka, Cornelius: Festschrift 100 Jahre Krankenhaus Achern. Vom städtischen Krankenhaus zum Ortenau Klinikum Achern 1913–2013, Achern 2013; dort Hinweis auf Bestand A 1/692 im Stadtarchiv Achern. Nach einem Bauwettbewerb übertrug der Gemeinderat 1910 dem Acherner Architekten Adolf Graf die Bauleitung; Einweihung des neuen Krankenhauses am 13. Mai 1913; Adolf Graf baute in Achern u. a. auch die Volksbank in der Eisenbahnstraße u. die Kaiserliche Post in der Ratskellerstraße.

Quellen und Literatur

Quellen

Archiv d. Gesamtverbandes Ev. Kirchengemeinden in Mülheim an der Ruhr
Bundesarchiv Berlin, Aktenband R3/1581 sowie NSDAP Gaukarte
GLA KA Findbuch 69, Majolika Manufaktur, Sign. A: Personalia, Z: Werke
HAA Oberhausen: Hausaktenarchiv der Stadt Oberhausen
RWW Archiv, Mühlheim an der Ruhr
StA Du 951/10 u. 951/24
StA Du 951/7 (Hotel Duisburger Hof)
Bauaktenarchiv Duisburg (Ruhrorter Straße)

StA KA 1/H.Reg. A 2752 (Lohfeldsiedlung)
StA KA 8/StS 20, Nr. 843

1/BOA Bauordnungsakten, Nr. 3013, 3019 (Ahaweg 6/8 Pläne) 1913-1965.
Nr. 3058, 3084 (Ahaweg 6/8 Pläne) 1920-36.
Nr. 5219, 5216, 5220 (Werftstraße, Bau- u. Lagepläne) 1937-1944
Nr.797 (Baupläne Wohnhaus Kaiserallee 20, 5216, 5220,
Nr. 1/BOA 12615-18 (Gebäudegruppe Lorenzstraße 2-8
Nr. 1/BOA 4159 (Lorenzstraße 10)
8/PBS XIV 2 Plan- u. Bildersammlung Nr.01085 („Krokodil")
8/PBS XV Nr. 2333 (Haustypen Hardtwaldsiedlung) 1919-20
1/H-Reg-Hauptregistratur, Nr. 4355 (Denkmal Großherzog Friedrich I) 1911-1928 u. Nr. 4356 (Denkmal Großherzog Friedrich I), 912, 0168 (o. D)

StA MH 1210/3 (1 u. 2) Personalakte Brocke
StA MH 1211/1, 6-7 (Personalakte Hans Großmann)
StA MH: Akten der Stadt Mülheim an der Ruhr:
1200/2140-41 (Siedlungsverband Ruhrkohlenbezirk)
1200/2151 (Siedlungsangelegenheiten 1919-1934)
1200/2183 (Saarnbergsiedlung)
1200/539 (Kommissionssitzungen Rathaus u. Stadthalle)
1200/2184-2188 (Rathaus)
1200/2190 (Rathaus, Bildhauerarbeiten außen)
1200/2233 (Saarnberg, Skulptur Klönne)
1200/2302 u. 1200/2303 (Siedlung Luisental)
1200/2337-38 u. 2356 (Verbandsstraßenbrücke Mülheim)
1200/2561: Schriftverkehr m. Mülheimer Wohnstätten AG 1910-1935.
1200/596-597 (Stadthalle)

StA MH 1360/2348-2362 (Siedlung Papenbusch)

StA MH Zeitungsausschnittsammlung:
1430/49 Generalanzeiger f. Mülheim und Umgebung vom 1.8.1919 I-IV,
RP 1948, NRZ 1953, WZ 1955, Ruhrnachrichten 1971, WAZ 1973, 1987,
Stadtkurier 1990, NRZ 1997
1440/80.30/M (5)

StA MH Bestand Pläne 1503:
1503/14-20 Wiederaufbauplanungen Altstadt 1944
1503/75-79 Ruhrforum 1944
1503/35-36 Hauptbahnhof 1945-46

StA MH Bestand Pläne 1500
1500/2/35 u. 27, 28, 220, 232-254
1500/1-47 (Stadthalle)
1500/267/4 u. 8 (Wohnhaus am Uhlenhorst)
1500/3/241/42 (Eingangspavillon Solbad Raffelberg)
1500/224/1-4 (Margarethenplatz)
1500/267 (Wohnhaus Uhlenhorst)
1500/189/24 (Restaurant Kahlenberg, Musikpavillon 1926)
1500/198 Polizeipräsidium und Luisental
1500/23/1-4 (Haus Jugendgroschen)
1500/3/239-240 (Ufa-Palast-Kino)
1500/84 (Rennbahn Raffelberg)

StA MH Fotosammlung:
1510/90.00/01ff (Jugendfoto Hans Großmann und Werke)
1510/83/42 u. 46 (Schleuse, Wasserbahnhof)
1510/15.33/3 u. 11-13 (Jüdischer Friedhof)
1510/15.80/24 (Saarnbergsiedlung)
1510/45.00/1-4 (Ufa-Palast-Kino)
1510/55.01/2 (Klarahaus)
1510/15.96 (Altenhof)
1510/60.22/1 u. 2 u. 3 (Kirchenhügel, Broich, Stadthalle)
1510/71.20 (Ufa-Palast-Kino)
1510/80.41/2 (Kaufhaus Alsberg)
StA MH Postkartensammlung:
1516/15.85 (Schleuse und Wasserbahnhof)
1516/57.06/2 u. 3 (Haus Jugendgroschen)
1616/57.07/1 u. 2 (Rest. Kahlenberg)
1516/ 15.85/9,12,14 (Siedlung Luisental)
1516/80.13/R 02 u.03 (Hotel Retze)
1516/15.85/01 Leonhard-Stinnes-Straße 1 (Beamtenwohnhäuser d. Fa. Stinnes)
1516/1585/ 2 (Rathausmarkt)
1516/1531/34,42,43 (Ruhranlagen m. Blick auf Stadthalle)

ThyssenKrupp Konzernarchiv:
FWH 551, 553-555
FWH 1279-1282

Literatur

75 Jahre Wasserversorgung 1912-1987, Hrsg. Rheinische Wasserwerksgesellschaft, Mülheim a. d. Ruhr 1987.
Adressbücher Karlsruhe.
Adressbücher Mülheim an der Ruhr.
Ahrends: Der Admiralspalast in Berlin, in: Zentralblatt der Bauverwaltung, Jg. 31 (1911), Heft 69, S. 425-428, Abb. 1-11 u. Heft 71, S. 437-439, Abb. 12-14.
Alemann-Schwartz, Monika von: Das Rathaus in Mülheim an der Ruhr, in: ZGVM., H. 7 (1995), S. 9-68.
Allg. Künstlerlexikon Saur-Verlag, Leipzig und Berlin, seit 2010 de Gruyter, Berlin.
Architektur in Duisburg (hrsg. ag. arch. ruhrgebiet mit Stadt Duisburg) mit Beiträgen von Sabine Haustein, Jutta Heinze, Burkhard Biella, Duisburg 1992.
Architekturführer Mülheim an der Ruhr, hrsg. v. H. Becker, E. Bocklenberg u. a., Mülheim an der Ruhr 1992.
Ausstellung: Die Deutsche Werkbund-Ausstellung, Cöln 1914, Kölnischer Kunstverein Köln 1984 (= Der Westdeutsche Impuls 1900-1914).
Ausstellungskatalog „Karlsruher Majolika" im Badischen Landesmuseum Karlsruhe 1979.
Becher, H.: Konstruktion d. Admiralspalastes in Berlin, in: Bauwelt 2 (1911).
Bennertz, Gerhard: Jüdische Schicksale und Namen, in: 900 Jahre Mülheim an der Ruhr 1093-1993, in: ZGVM, Heft 66 (1993), S. 547-586.
Bloemers, Kurt: Der „Duisburger Hof" in Duisburg, in: Neue Werkkunst, Berlin-Leipzig-Wien 1928.
Bocklenberg, Erich: Das Solbad Raffelberg, in: Zeugen der Stadtgeschichte. Denkmäler und historische Orte in Mülheim an der Ruhr, Mülheim 2008.
Bocklenberg, Erich: Der Mülheimer Kirchenhügel, in: Zeugen der Stadtgeschichte. Denkmäler und historische Orte in Mülheim an der Ruhr, Mülheim 2008, S. 38-48.
Bollerey, Franziska/ Hartmann, Kristina: Siedlungen aus dem Regierungsbezirk Düsseldorf, hrsg. Kommunalverband Ruhrgebiet o. J. (1978).
Braun, G.: Festschrift zum 75-jährigen Bestehen der Gartenstadt Karlsruhe e.G., Karlsruhe 1982.
Brocke, Arthur: Neues Bauen in Mülheim-Ruhr, m. e. Einl. v. Paul Joseph Cremers, in: Neue Stadtbaukunst, Berlin-Leipzig-Wien 1929.
Brocker, Carl: Der Neubau des Duisburger Hotel- und Bürohauses (Hrsg.), Duisburg, Juni 1927.
Brünenberg, Clemens: Das Architekturbüro Pfeifer und Grossmann (sic), in: Bauen in Baden. Architektur in Karlsruhe 1920-30, (hrsg. vom Institut für Baugeschichte an der Universität Karlsruhe), Karlsruhe 2005, S. 21-28.
Busch, Wilhelm: Bauten der 20er Jahre an Rhein und Ruhr, Köln 1993.
Chronik der Stadt Karlsruhe, Jg. 34-35, Karlsruhe 1925, u. Jg. 36-39, Karlsruhe 1930.
Cremers, Paul Josef: Das Hotel „Duisburger Hof", in: Innendekoration: mein Heim, mein Stolz: die gesamte Wohnungskunst in Wort und Bild, 38 (1927).
Cremers, Paul Josef: Emil Fahrenkamps Innenraumgestaltung der Mülheimer Stadthalle, in: DKDek XXIX. Jg., H. 8, Mai 1926, S. 99-120
Cremers, Paul Josef: Ev. Gemeindehaus „Altenhof" in Mülheim-Ruhr, in: DBZ Nr. 51 (Juni 1930).
Cremers, Paul Josef: Peter Behrens, Essen 1928.
Cremers, Paul Josef: Pfeifer und Großmann, Pfeifer und Grossmann (sic), I. Bd. (Neue Werkkunst), Berlin-Leipzig-Wien 1928.

Cremers, Paul Joseph: Cremers, Paul Joseph: Pfeifer und Grossmann (sic), II. Bd. (Neue Werkkunst), Berlin-Leipzig-Wien 1930.

Damus, Martin: Das Rathaus. Architektur- und Sozialgeschichte von der Gründerzeit zur Postmoderne, Berlin 1988.

Datenbank der Karlsruher Kunstdenkmale.

Denkschrift zur Hundertjahrfeier der Stadt Mülheim an der Ruhr, 1908, Nachdruck Mülheim an der Ruhr 1983, S. 185-186.

Denkmalliste der Stadt Gelsenkirchen.

DBZ, Mitteilung über Zement, Beton- und Eisenbetonbau, 12. Jg. (1915), Nr. 1, Forts., Nr. 2.

Deutsche Illustrierte Rundschau, Nr. 12 (1927), Schwerpunktheft Duisburg.

DK ver. mit Architektur-Konkurrenzen, Bd. 21 (1907), H. 3, Nr. 243; DKDek Bd. 26 (1910/11), H. 12, H. 312.

Deutsche Kunst und Dekoration. Illustrierte Monatshefte für moderne Malerei, Plastik, Architektur. Wohnungskunst und künstlerische Frauenarbeiten, 1897-1932: 19 (1906-07), 32 (1913).

Die Form. Zeitschrift für gestaltende Arbeit 4 (1929), H. 14 (Werkbundsiedlung Mülheim).

Dietert, Friedrich: Süddeutsche Bau- u. Raumgestaltung. Zu den Arbeiten der Architekten Pfeifer und Großmann, Karlsruhe, in: Wohnungskunst. Vereinigt mit der Münchener Halbmonatsschrift Die Raumkunst. Illustrierte Monatshefte für Hausbau, Wohnungskunst, Kunstgewerbe und verwandte Gebiete, 8. Jg. (März 1916) (=Pfeifer und Großmann. Architekten Karlsruhe. Sonderdruck der Zeitschrift Wohnungskunst, Berlin W 15 (o- J.).

Durth, Werner: Deutsche Architekten. Biographische Verflechtungen 1900-1970, Braunschweig-Wiesbaden 1987, 2. Aufl. München 1992.

Durth, Werner/Gutschow, Niels: Träume in Trümmern. Planungen zum Wiederaufbau zerstörter deutscher Städte im Westen Deutschlands 1940-1950, Braunschweig 1988, 2 Bde.

Durth, Werner: Träume in Trümmern. Stadtplanung 1940-1950, dtv Taschenbuch, München 1993.

Düttmann: Rheinischer Kleinwohnungsbau Düsseldorf o. J.

Eiden, Christian: Von der Brunnengemeinschaft zur Wasserindustrie, in: ZGVM, Heft 68 (1996).

Ettlinger, Friedrich: 75 Jahre Gartenstadt Karlsruhe 1907-1982, Festschrift Karlsruhe 1982.

Fehl, Gerhard: Die Moderne unterm Hakenkreuz, in: Hartmut Frank (Hrsg.): Faschistische Architekturen. Planen und Bauen in Europa 1930-1945, Hamburg 1985, S. 88-122.

Festschrift: Gemeinnützige Baugenossenschaft Hardtwald-Siedlung Karlsruhe eGmbH 1919-1929.

Festschrift zur Eröffnung der Stadthalle in Mülheim an der Ruhr 1926 (StAMH 1200/596).

Frank, Hartmut (Hrsg.): Faschistische Architekturen. Planen und Bauen in Europa 1930-1945, Hamburg 1985.

Franziska Bollerey/Kristina Hartmann: Siedlungen aus dem Regierungsbezirk Düsseldorf, hrsg. Kommunalverband Ruhrgebiet o. J. (1978).

Fricke, J.: in: Zeitzeichen: Reihe zur Mülheimer Geschichte, zum Datum 29.9.1910 und 27.10.1946.

Generalanzeiger für Mülheim und Umgebung.

Göricke, Joachim: Bauten in Karlsruhe. Ein Architekturführer, Karlsruhe 1971, Kat. Nr. 526.

Gorka, Cornelius: Festschrift 100 Jahre Krankenhaus Achern. Vom städtischen Krankenhaus zum Ortenau-Klinikum Achern 1913-2013, Achern 2013.

Grunsky, Eberhard: Vier Siedlungen in Duisburg 1925-1930 (=Landeskonservator Rheinland, Arbeitsheft 4), Duisburg 1975.
Günther, Roland: Mülheim an der Ruhr, in: Die Denkmäler des Rheinlandes, Bd. 21, Düsseldorf 1975.
Hartmann, Kristiana: Die Siedlungen der Zwanziger Jahre, ihre historische Bedeutung und ihre aktuelle Gefährdung, in: Siedlungen der Zwanziger Jahre in Niedersachsen (=Arbeitsheft zur Denkmalpflege in Niedersachsen 4), Hannover 1985.
Hea-Jee Im: Karlsruher Bürgerhäuser zur Zeit Friedrich Weinbrenners (=Institut für Baugeschichte der Universität Karlsruhe), Karlsruhe 2004.
Helbing, Karl: Die Hochbauten der Stadtgemeinde Mülheim a. d. Ruhr seit den Eingemeindungen im Jahr 1904, Mülheim an der Ruhr 1912.
Helbing, Karl: Zwei städtebauliche Einzellösungen aus Mülheim an der Ruhr, in: DBZ, Nr. 60 v. 26.7.1924, S. 369-371.
Hendel, W. in: Festschrift zur Eröffnung der Stadthalle 1926.
Hendel, W.: Rathaus und Stadthalle in Mülheim an der Ruhr, in: WMB 62. Jg. (1926), S. 461-472.
Heun, Gustav: Der Umbau des Admirals-Palastes in der Friedrichstraße in Berlin, in: DBZ 57. Jg. (1923), S. 245-250.
Heuter, Christoph: Emil Fahrenkamp 1885-1966. Architekt im rheinisch-westfälischen Industriegebiet (=Arbeitshefte der rheinischen Denkmalpflege 59), Petersberg 2002.
Hoffmann, Godehard: Die Kunst im Herzen Europas, Köln 2003.
Hoffmann, Herbert: Neue Villen, Bd. I, Stuttgart 1929 (Villa Hochheimer).
Höhns, Ulrich (Hrsg.): Das ungebaute Hamburg. Visionen einer anderen Stadt in architektonischen Entwürfen der letzten 150 Jahre (=Schriftenreihe des Hamburgischen Architektenarchivs), Hamburg 1991.
Innendekoration: mein Heim, mein Stolz, die gesamte Wohnungskunst in Bild und Wort, Bd. XXXII (1921).
Jaumann, Anton: Der Konfitürenraum bei A. Wertheim-Berlin, in: DKDek, Nr. 32 (1913).
Jochims, Frank: Der Wasserbahnhof auf der Schleuseninsel in Mülheim an der Ruhr, in: Zeugen der Stadtgeschichte. Baudenkmäler und historische Orte in Mülheim an der Ruhr, ZGVM e. V. (Hrsg.) Essen 2008, S. 262-274.
Kabierske, Gerhard: Der Architekt Hermann Billing (1867-1946). Leben und Werk (=Materialien zur Bauforschung und Baugeschichte), Diss. Karlsruhe 1996.
Kampffmeyer, Hans: Die Gartenstadt, 2. Aufl. 1913.
Karlsruher Majolika. Führer durch das Museum in der Majolika. Zweigmuseum des Badischen Landesmuseums Karlsruhe, Karlsruhe 2004.
Katalog „Karlsruher Majolika“ Ausstellung im Badischen Landesmuseum, Karlsruhe 1979.
Kaufhold, Barbara: Der Wasserbahnhof, in: MJB 2008, S. 19-31.
Klapheck, Richard: Neue Baukunst in den Rheinlanden, Bd. 2, Düsseldorf 1928.
Klein-Wiele, Holger: Kinoarchitektur der 50er Jahre im Ruhregebiet, Diss. Bochum 2006.
Konter, Erich: Architekten-Ausbildung im Deutschen Reich, in: Kunstpolitik und Kunstförderung im Kaiserreich: Kunst im Wandel der Sozial- und Wirtschaftsgeschichte, hrsg. v. Ekkehard Mai, Hans Pohl und Stephan Waetzold, Berlin 1982.
Kranz-Michaelis, Charlotte: Rathäuser im deutschen Kaiserreich 1871-1918, in: Materialien zur Kunst des 19. Jahrhunderts, Bd. 23, München 1976.
Krapp, Rolf: Kraftwerke veränderten alte Schleuseninsel, in: Ill. Stadtspiegel 19, H. 4, S. 16-19.
Krumm, Uwe: Architektur der Zwanziger Jahre. Der Altenhof, in: MJB 1988.
Lafrenz, Jürgen: Planung und Neugestaltung von Hamburg 1933-45, in: Heineberg, Heinz: Innerstädtische Differenzierung und Probleme im 19. u. 20. Jahrhundert, Köln – Wien 1987.

Lafrenz, Jürgen: Städtebauliche Planungen zur Neugestaltung am Hamburgischen Elbufer im Dritten Reich, in: Der Nordatlantische Raum. Festschrift für Gerhard Oberbeck (= Mitt. d. Geograph. Ges. in Hamburg, Bd. 80), Hamburg 1990.

Landesdenkmalamt Berlin, Denkmaldatenbank, Objekt Nr. 09085445.

Liste der Baudenkmäler Mülheim an der Ruhr.

Liste der Baudenkmäler in Oberhausen.

Lohfeldsiedlung: Schrift des Vereins zum Erhalt der Lohfeldsiedlung e. V., Karlsruhe 2009.

Maas, Barbara: Im Hause des Kommerzienrats. Villenarchitektur und großbürgerliche Wohnkultur im Industriezeitalter. Das Beispiel Mülheim an der Ruhr, Mülheim an der Ruhr 1990.

Milde, Kurt: Neorenaissance in der Architektur des 19. Jahrhunderts, Dresden 1981.

Moufang, Nicola: Die Großherzogliche Majolika Manufaktur in Karlsruhe, Heidelberg 1920.

Müller-Wulckow, Walter: Architektur der 20er Jahre in Deutschland, Bd. I, Bauten der Arbeit und des Verkehrs, in: Die Blauen Bücher, Neue Ausgabe Königstein u. Leipzig 1929.

Müller-Wulkow, Walter: Architektur der Zwanziger Jahre in Deutschland, Nachdruck in einem Band, Königstein im Taunus 1975.

Necker, Sylvia: Konstanty Gutschow. Modernes Denken und volkswirtschaftliche Utopie eines Architekten, (=Hrsg. Forschungsstelle für Zeitgeschichte in Hamburg), Hamburg 2012.

Nerdinger, Winfried: Bauen im Nationalsozialismus. Bayern 1933-1945 (=Reihe Stadt-Planung-Geschichte 6), München 1988.

Nerdinger, Winfried: Versuchung und Dilemma der Avantgarden im Spiegel der Architekturwettbewerbe 1933-35, in: Frank, Hartmut (Hrsg.): Faschistische Architekturen, Hamburg 1985.

Neue Werkkunst, Berlin 1928, Nr. 87.

Ortmanns, Kurt: Nicht nur ein Mülheimer Steinbruch-Betrieb: Das Familienunternehmen Rauen, in: Pioniere der Wirtschaft. Unternehmergeschichte in der Stadt am Fluss seit dem Ende des 18. Jahrhunderts, hrsg. von Horst A. Wessel im Auftrag des Förder- und Trägervereins Gründer- und Unternehmermuseum Mülheim an der Ruhr e.V., Essen 2006, S. 333-340.

Pappit, Abt. Statik der Stadtverwaltung: Die Tragkonstruktionen des Rathaus-Neubaues in Mülheim a. d. Ruhr, in: DBZ Mitt. über Zement, Beton- u. Eisenbetonbau, XII. Jg. 1915 Nr. 1, S.1-5, Forts. Nr. 2, S. 11-14.

Rasch, Manfred: Baugeschichte des Kaiser-Wilhelm-Instituts für Kohlenforschung 1912-1945, in: ZGVM, Heft 60 (1987); Heft 65 (1993).

Rescher, Holger: Backsteinarchitektur der 1920er Jahre in Düsseldorf, Diss. Bonn 2001.

Rimpel, Melanie: Das Stadtbad, in: Zeugen der Stadtgeschichte, hrsg. v. Geschichtsverein Mülheim an der Ruhr, Mülheim an der Ruhr 2008, S. 191-201.

Rimpel, Melanie: Die Stadthalle, in: Zeugen der Stadtgeschichte. Baudenkmäler und historische Orte in Mülheim an der Ruhr, ebd., S. 216-228.

Rimpel, Melanie: Leder-Industrie-Architektur, Mülheim an der Ruhr 2004.

Roepstorf, Jens, in: Mülheimer Zeitzeichen vom 4.7.2019.

Roepstorff, Jens, in: Mülheimer Zeitzeichen v. 17.5.2016 (Ruhranlagen).

Schmidt, Uta Karin: Vom Bauhaus zur Bauakademie, Diss. Berlin 2015.

Schmieder, Ludwig: Saalbau Künstlerhaus Karlsruhe, in: DBZ XLVIII. Jg., Nr. 52 (Juni 1914).

Schmitthenner, Paul: Baukunst im neuen Reich (= Das neue Reich), hrsg v. der Deutschen Akademie, München 1934.

Schmitz, Jörg: Der Bau der Realschule Stadtmitte und der Durchbruch der architektonischen Moderne in Mülheim, in: Baukunst in Mülheim an der Ruhr, in: ZGVM, Heft 91 (2016), S. 13-66.

Schörken, Gerd: Wiederaufbauplanung in Duisburg nach dem II. Weltkrieg 1945-1960, Diss. TH Dresden, Duisburg 1993.

Schreiber, Günther: Die Entwicklung des Mülheimer Ruhrtales, in: MJb 1966.

Schrift des Vereins zum Erhalt der Lohfeldsiedlung e. V., Karlsruhe 2009.

Schumacher, Fritz: Das Wesen des neuzeitlichen Backsteinbaues, München o. J. (1917), S. 14.

Schwarz, Karl: 100 Jahre Technische Universität Berlin, Berlin 1879-1979.

Siedler, Eduard Jobst, in: Die Baugilde 5 (1926) Stadthalle.

Siedlungen der Zwanziger Jahre in Niedersachsen, in: Arbeitshefte zur Denkmalpflege in Niedersachsen 4 (1985).

Sildatke, Arne: Dekorative Moderne. Das Art Deko in der Raumkunst der Weimarer Republik, Diss. FU Berlin 2013.

Stadtkurier Mülheim an der Ruhr 1990.

Stephan, Hans: Zum Wettbewerb Hotel Bayreuth, in: „Die Kunst im Deutschen Reich", hrsg. v. Beauftragten des Führers für die Überwachung der gesamten geistigen und weltanschaulichen Schulung und Erziehung der NSDAP, 7. Jg., Folge 7/8, Juli/August 1943, (Sonderdruck).

Thieme-Becker: Allgemeines Lexikon der bildenden Künstler von der Antike bis zur Gegenwart, 37 Bände, Leipzig 1907-1950, Bd. 25, Leipzig 1931.

ThyssenKrupp Konzernarchiv: Findbuch zum Bestand Friedrich-Wilhelms-Hütte (1811-1969), Duisburg 1997: Signatur: FWH/551 u. 553.

Vaterstädtische Blätter, 9. Jg., Nr. 24, v. 21.6.1913, S. 1-2.

Weber, Hans: Bestattungsstätten Mülheims in Geschichte und Gegenwart, in: 900 Jahre Mülheim an der Ruhr 1093-1993, hrsg. v. ZGVM, S. 521-546.

Wedepohl, Edgar: in: WMB 1927, S. 77-82.

Werner, Josef: Bauen und Wohnen. 75 Jahre Hardtwaldsiedlung Karlsruhe, hrsg. Hardtwaldsiedlung Karlsruhe e.G., Baugenossenschaft, Karlsruhe 1994.

Westdeutsche Allgemeine Zeitung, Nr. 295 vom 20.12.1979.

Weihsmann, Helmut: Bauen unterm Hakenkreuz. Architektur des Untergangs, Wien 1998.

Widmer, Karl in: Pfeifer und Grossmann (sic) in Karlsruhe, MB VI. Jg., H. 12 (1907).

Widmer, Karl in: Innendekoration: mein Heim, mein Stolz, die gesamte Wohnungskunst in Wort und Bild, Jg. 22, H. 3 (1911), S. 139.

Widmer, Karl, in: Arch Ru Nr. 28 (1912).

Widmer, Karl, in: Innendekoration: mein Heim, mein Stolz; die gesamte Wohnungskunst in Bild und Wort, 2. Jg. Heft 3(1911).

Widmer, Karl, in: MB VI, H. 12 (1907), S. 503-520.

Widmer, Karl: Neubauten von Pfeifer und Großmann, in: MB IX. Jg., H. 10 (1910), Abb. S. 503. Tafel 61.

Wilhelm, Karin: Die „Musterfabrik". Büro- und Fabrikgebäude von Walter Gropius. in: Katalog Deutsche Werkbundausstellung 1914, Köln 1984.

Wilms, Heinrich: Ruhrschifffahrt und Ruhrschleusen, in: ZGVM 46 (1952), NF 8, S. 12-22.

Winnesheit, Friedhelm, in: Ill. Stadtspiegel, Jg. 18 (1984), Heft 2.

Wörner, Simone: Genossenschaftliches Bauen um 1920: Hardtwaldsiedlung (1919) und Lohfeldsiedlung (1920), in: Bauen in Baden: Architektur in Karlsruhe 1920-1930, hrsg. v. Institut für Baugeschichte a. d. Universität Karlsruhe, Karlsruhe 2005.

Zukowsky, John (Hrsg.): Architektur in Deutschland 1919-1939, München 1994.

Zeitschriften

Zeitschrift Wohnungskunst, Sonderdruck o. J.
Architektonische Rundschau 28. Jg. (1912), Heft 9
Bauwarte, Zeitschrift für Bauform und Raumkunst 3. - 5. Jg. (1927-1929)
Bauwelt 2 (1911), 3 (1912).
Bauwettbewerbe, hrsg. v. E. Deines Architekt BDA, Karlsruhe H. 35 (Febr. 1929) u. H. 44
Bauzeitung für Württemberg, Baden, Hessen, Elsass-Lothringen, V. Jg. (1908), VI. Jg. (1909)
Der Baumeister XI. Jg., H. 9 (1913)
Deutsche Bauhütte 1930
Deutsche Bauzeitung, Jahrgänge Jg. 41, 43-48, 53, 57, 58, 60, 62, 64, 65, 67, 68.
Deutsche Kunst und Dekoration 1913, Nr. 32
Die Baugilde 1926
Die Form, Zeitschrift für gestaltende Arbeit, Organ der Dt. Gewerbeschau, hrsg. für den Dt. Werkbund von Dr. W. Riezler; H. de Fries: Werkbundsiedlung Mülheim-Ruhr, H. 14 (1929); Die Form 8, H. 7 (1933)
Ill. Stadtspiegel Jg. 18 (1984), Jg. 19 (1985)
Innendekoration: mein Heim, mein Stolz; die gesamte Wohnungskunst in Bild und Wort 1911 u. XXXII, 1921
Kölnische Zeitung vom 10.1.1926
Moderne Bauformen, Monatshefte für Architektur und Raumkunst, mtl. erschienen ab 1902 bis 1944 im Julius Hoffmann Verlag, Stuttgart
Mülheimer Jahrbücher (MJB)
Mülheimer Tageblatt v. 23.1.1926, Nr. 53 (Stadthalle)
Mülheimer Zeitung vom 2.8. 1919, 15.1.1933
Vaterstädtische Blätter, 9. Jg., Nr. 24, v. 21.6.1913, S. 1-2
Wasmuths Monatshefte für Baukunst und Städtebau 1922/23, 1925, 1926, 1927, 1929, 1930, 1931
Zeitschrift des Geschichtsvereins Mülheim an der Ruhr (ZGVM) Bd. 46 (1952) NF 8, Bd. 60 (1987), Bd. 65 (1993), Bd. 67 (1995), Bd. 68 (1996) , Bd. 91 (2016)
Zeitschrift für Heimatkunde u. Heimatliebe, Nr. 22, VII. Jg. (2.11.1916).
Zeitzeichen: Reihe zur Mülheimer Geschichte: J. Fricke: Galopprennbahn zum 29.9.1910 u. 27.10.1946
Zeitzeichen: Reihe zur Mülheimer Geschichte: J. Roepstorff 4.7.2019, 18.6.1919 (Stolpersteine); 13.1.2016 (Ufa-Kino)
Zentralblatt der Bauverwaltung Jg. 30, (1910), Jg. 31 (1911)
Jg. 36 (1916).
Jg. 42 (1922) Nr. 5 und Nr. 59 (1922),
Jg. 46-48 (1926-28)
Jg. 60 (1940)

Abkürzungen

Arch Ru	Architektonische Rundschau
BW	Bauwelt
BWA	Bauwarte
BWB	Bauwettbewerbe
DBH	Deutsche Bauhütte
DBZ	Deutsche Bauzeitung
DK	Deutsche Konkurrenzen
DKDeK	Deutsche Kunst und Dekoration
ETH	Eidgenössische Technische Hochschule Zürich
FWH	Friedrich-Wilhelms-Hütte Mülheim
GLA KA	Generallandesarchiv Karlsruhe
MB	Moderne Bauformen
MJB	Mülheimer Jahrbuch
NRZ	Rhein-Ruhr Zeitung
RWW	Rheinisch-Westfälische Wasserwerksgesellschaft
StA MH	Stadtarchiv Mülheim an der Ruhr
StA KA	Stadtarchiv Karlsruhe
StA Du	Stadtarchiv Duisburg
WAZ	Westdeutsche Allgemeine Zeitung
ZBV	Zentralblatt der Bauverwaltung
ZGVM	Zeitschrift des Geschichtsvereins Mülheim an der Ruhr

Abbildungsnachweise

Moderne Bauformen 1907 (digit. Universitätsbibliothek Heidelberg)

1907	**Kat:** 1, 2, 3, W1, W 2	**Text:** 3, 20, 24, 32, 34
1910	**Kat** 1a, 6, 8, 9, 10, 13, 15, W3, W4, W5, W 8	**Text:** 2a, 19, 21, 25, 26, 27, 32a, 33, 40, 41
1911	**Kat.** 14	
1913	**Kat.** E1/8-, E1/9-	**Text:** 36
1921	**Kat.** 20, 41	**Text:** 37-39, 44-49, 60, 61

Bauwarte (digit.Universitäts- und Stadtbibliothek Köln)

3. 1927	**Kat.** 42, W12,	**Text:** 64, 101
4. 1928	**Kat.** 50b, 59, 75, E6(a), E8, E10,	**Text:** 72
5. 1929	**Kat.** 77	

Innendekoration: mein Heim.... (digit. Universitätsbibliothek Heidelberg)

1911	**Kat.** 14	**Text:** 18, 28
1921	**Kat.** 28a	

Deutsche Kunst und Dekoration

1907	**Kat.** 5	
1913	**Kat.** 16	**Text:** 35, 36
1926	**Kat.** 41	**Text:** 62a

Deutsche Konkurrenzen (digit. Universitätsbibliothek Stuttgart)

1907	**Kat.** 5, W2a	**Text:** 23
1911		**Text:** 42

Deutsche Bauztg. (digit. Brandenburg. Tech. Uni Cottbus/Senftenberg)

1910	**Kat.** W7	
1915		**Text:** 42, 43

Bauwettbewerbe

1929	**Kat.** W14	

Architek. Rundschau

1912		**Text:** 33b

Moufang, wie zit.

	Kat. 16	**Text:** 4

Wohnungskunst

	Kat. 7, 12, 15, 17, 18, W6, W10	**Text:** 29, 51

WMB

1922/23	**Kat.** 24	**Text:** 61
1926	**Kat.** 41	**Text:** 49, 59
1927	**Kat.** 34	

1929	**Kat.** 51	**Text:** 60, 69
1930	**Kat.** 53, 63, 69, 75, 77, 78	**Text:** 74, 89, 92, 102
1931	**Kat.** 68	**Text:** 75

Quelle	Kat.	Text
StA MH 1211/1 (6-7)		**Text:** 7
StA MH Fotosammlung 1500/90.00/	**Kat.** 20a, b, c, d, 27, 29, 39, 43, 45, 46, 47, 49, 50, 50b, 50c, 50d, 50e, 51, 52, 53, 57, 59, 60, 62, 64, 68, 74, 75, 76, 78, 80, W12, W 15, W17. E4, E5, E6 (b), E7, E 8, E14	**Text:** 11, 12-16, 50, 56, 58, 63, 64, 66, 68, 72, 73, 74, 78, 81-84, 90, 93, 96, 97, 99, 100, 103
StA MH 1516/1531/34		
1516/15.07/1-2	**Kat.** 50e	
StA MH 1510_15.50_13	**Kat.** 50c	
StA MH 1510/83/42	**Kat.** 50d	
StA MH 1510/45.00/1-4	**Kat.** 80	
StA MH Pläne 1500/267/ 4	**Kat.** 52	**Text:** 58 (Ausschnitt)
1500/3/139	**Kat.** 60	
150071/31		**Text:** 62
StA MH Pläne 1503 /75-77, 79	**Kat.** E1	**Text**: 96, 97
StA MH 1503/80	**Kat.** E15	
StA MH 1503/18	**Kat.** E16	
Hausaktenarchiv der Stadt Duisburg	**Kat.** 43	
W. Nerdinger, wie zit.	**Kat.** W15	
Matthias Pfeifer BDA	**Kat.** 11, 22, 31, 32, 36, 50e, 56, 71	**Text:** 5, 6, 8, 9, 17, 18, 30, 51, 52 (Ausschnitt), 70a, 70b
Durth/Gutschow, wie zit.	**Kat. E12**	
Bildarchiv Marburg	**Kat.** 21, 30	**Text:** 79
Müller Wulkow, wie zit.	**Kat.** 50a	**Text:** 77
Lafrenz, wie zit. 1990	**Kat.** E12	
Hans Stephan: „Die Baukunst im Deutschen Reich“, wie zit.	**Kat.** E 13	**Text:** 94, 95
Festschrift 100 Jahre Hardtwaldsiedlung	**Kat.** 25, 32	
Festschrift 75jähriges Bestehen der Gartenstadt 1982	**Kat.** 22	
Die Form 14. 1929	**Kat.** 72, 50d, E9	**Text:** 75 a u. b

Cremers I	**Kat.** 39, 40, 41, 43, 44, 45, 49, 50a, 50b, 51, 52, 61, 74, W13, E2, E3, E6 (a u. c)	**Text:** 50, 64, 85a u. b, 91, 100
Cremers II	**Kat.** 37, 50d, 55, 67, 70, 72, 73, 76, 77, 78 W14, E11	**Text:** 2b, 86, 89, 90
Brocke, A., wie zit.	**Kat.** 54, 64, 75	**Text:** 71
Bloemers, K. wie zit.	**Kat.** 49	**Text:** 65, 66
Gelsenkirchener Geschichten (digit)	**Kat.** 58	
Ver. Ev. Kirchengem.	**Kat.** 61	
G. Bennertz ZGVM 1993	**Kat.** 64	
Düttmann, wie zit.	**Kat.** 27	**Text:** 55
Max-Planck-Institut für Kohlenforschung	**Kat.** 65, 66	**Text:** 92
Kat. Karlsruher Majolika	**Kat.** E 2-8	**Text:** 10, 31
Architekturmus. Berlin		**Text:** 7
Fs. Hardtwaldsiedl. 1929		**Text:** 53a u. b, 54, 70a,
PR-Fotografie Köhring, MH		**Text:** 76
Anke Hüper f. Stadtwiki Karlsruhe	**Kat.** 26	
Maas: wie zit.	**Kat.** 23	
Datenbank der Kulturdenkmale Karlsruhe	**Kat.** 36, 38, 48, 70	
Liste der Kulturdenkmale in Berlin	**Kat.** 11, 30, 33	
Internet:		**Text:** 88
Pers. Fotos	**Kat.** 25, 27, 35, 78 (Postkarte)	**Text:** 2a, 57, 67, 80, 87,

Trotz aller Bemühungen ließen sich nicht alle Rechteinhaber von Abbildungen ermitteln bzw. mit ihnen in Kontakt kommen. Eventuell berechtigte Ansprüche werden selbstverständlich im Rahmen der üblichen Vereinbarungen abgegolten.

Namensregister